破旧立新
向阳而生

上海破产法庭
破产实务案例精选

2019－2024

俞秋玮／主编
徐子良　黄贤华／副主编

人民法院出版社

图书在版编目（CIP）数据

上海破产法庭破产实务案例精选 ： 2019-2024 / 俞秋玮主编 ； 徐子良， 黄贤华副主编. -- 北京 ： 人民法院出版社， 2025. 4. -- ISBN 978-7-5109-4468-0

Ⅰ. D922.291.925

中国国家版本馆CIP数据核字第2025Z78M26号

上海破产法庭破产实务案例精选（2019—2024）

俞秋玮 **主编**

徐子良 黄贤华 **副主编**

策划编辑 韦钦平
责任编辑 张 艺
执行编辑 张冰倩
封面设计 尹苗苗
出版发行 人民法院出版社
地 址 北京市东城区东交民巷 27 号（100745）
电 话 （010）67550667（责任编辑） 67550558（发行部查询）
65223677（读者服务部）
客服 QQ 2092078039
网 址 http://www.courtbook.com.cn
E－mail courtpress@sohu.com
印 刷 天津嘉恒印务有限公司
经 销 新华书店

开 本 787 毫米×1092 毫米 1/16
字 数 406 千字
印 张 23.25
版 次 2025 年 4 月第 1 版 2025 年 4 月第 1 次印刷
书 号 ISBN 978－7－5109－4468－0
定 价 70.00 元

前　言

营造市场化、法治化、国际化一流营商环境，构建高水平社会主义市场经济体制，是党中央的重大战略部署。破产制度有效实施对深化供给侧结构性改革、服务保障新质生产力发展、推动经济高质量发展具有重大意义，是国家治理现代化的应有内涵。办理破产作为市场出清和企业挽救的重要手段，是优化营商环境的重要内容，也是世界银行营商环境评估体系的重要评价指标之一。2019 年 2 月 1 日，在最高人民法院统一部署下，上海破产法庭作为全国首批成立的三家破产法庭之一，在上海市第三中级人民法院挂牌成立，标志着上海法院破产审判体制机制改革迈向深入，踏上了新征程。

上海破产法庭成立六年来，始终坚持以习近平新时代中国特色社会主义思想和习近平法治思想为指导，在上级机关指导、本院党组带领、市人大监督以及各方大力支持下，紧紧围绕国家发展战略和上海工作大局，秉持开拓创新、务实进取的创业精神，甘当排头兵、先行者，遵循市场化、法治化、专业化、信息化、国际化的办理破产理念，坚持司法为民、公正司法，充分发挥破产法律制度在经营主体及时出清和挽救重生方面的积极作用，为建设一流法治化营商环境提供了有力的司法服务与保障。

上海破产法庭在建设发展中，积极发挥破产审判职能，服务经济社会发展大局，始终对标最高标准、一流目标，致力于系统性推进破产审判专业化机制建设和队伍建设。截至 2025 年 3 月，审结了破产、强制清算、衍生诉讼等各类案件 17 739 件，精心审理了若干件重特大案件，以及一批具有全国影响力的案件，其中 1 件案例入选最高人民法院指导性案例以及全国法院十年环境资源审判重大影响力案件，8 件案例获评全国破产经典案例，20 余件案例入选或获评全国和上海法院优化营商环境、保障民营企业发展、保障长三角区域一体化发展等典型案例，破产审判专业化水平不断全面提升。

本书从上海破产法庭审结的案件中总结甄选了 40 个案例，全体编撰同志在繁忙办案的同时，利用业余时间整理汇编成书。案例包括企业重整和解、企业破产清算、跨境破产、衍生诉讼等各种类型，全面展示了破产制度对企业挽救重生、及时出清的独特功能，揭示了破产法在公平清偿保护债权人权益、促进资源再配置以及优化营商环境等方面的重要作用。希望本书的出版能唤起全社会对破产制度的重视，善用破产法律制度从困境中寻找转机，让全新的破产法治文化助力经营主体发展壮大。

本书收录的典型案例汇聚了全体办案和编撰同志的集体智慧和心血，展示了上海破产法庭的经验做法和成果。这些成果的取得离不开上级机关、院党组以及各方给予的指导支持和关心帮助，对此我们深表感谢！希望本书能够发挥典型案例示范参考或交流借鉴作用，为促进破产审判专业化水平提升，进一步推动破产法有效实施和完善破产法律制度作出积极贡献。

未来，上海破产法庭将始终坚持以习近平新时代中国特色社会主义思想为指引，对标上海打造国际一流营商环境的目标，更加积极主动地将破产审判工作与经济社会发展大局深度融合，砥砺奋进、精耕细作、追求卓越，做优优化营商环境功能，培育破产审判标杆地，努力为国家经济高质量发展提供强劲的司法服务保障。

编　者

2025 年 3 月

目　录

重整、和解篇

破产清算篇

跨境破产篇

衍生诉讼篇

其他篇

重整、和解篇

1. 司法重整推动企业绿色低碳转型

——上海某实业有限公司破产清算转重整案

关键词

长江流域　污染治理　环境债权　共益债务

裁判要旨

港口码头经营企业破产重整案件，应将所处流域环境污染治理作为重整价值的重要考量因素，相关环境治理费用作为共益债务由债务人财产随时清偿。本案在破产审判领域贯彻《民法典》绿色原则，坚持“边重整、边治理”，及时消除影响码头经营许可资质存续的环境污染状态。将绿色发展理念融入环境问题修复治理及费用安排、重整方案制定及执行等，引导投资人将环保经营方案和环保承诺事项写入重整计划草案，助推困境企业绿色低碳转型重生。通过对码头经营场所污水、大气整治，实现减污降碳源头治理及协同增效，兼顾了《企业破产法》公平清偿理念与《环境保护法》生态优先原则。有效推动长江流域减污降碳源头治理和企业绿色低碳转型，有利于实现生态保护、企业重生、债权人利益最大化的有机统一。

本案体现了服务保障长江大保护国家战略的审判理念，入选最高人民法院 214 号指导性案例，以及最高人民法院“十年环境资源审判有重大影响力案件”。

基本案情

上海某实业有限公司（以下简称实业公司）于 1993 年 9 月设立，主营业务为码头租赁及仓储、装卸服务等。所处位置毗邻长江口，东与外高桥港区、保税区相接，西临黄浦江，地理位置优越，名下拥有岸线使用许可证、港口经营许可证等无形资产，并拥有 150 米岸线长度，年货物吞吐量约 200 万吨。

2019年11月，经债权人申请，上海市第三中级人民法院（以下简称三中院）裁定受理实业公司破产清算案并依法指定管理人。经管理人调查发现，虽然码头拥有良好的无形资产和资质，但码头承租方经营管理混乱、设施设备陈旧老化，存在重大环境污染隐患，负责人下落不明，难以有效接管。审理期间，环保、交管部门联合下达整改通知，要求对码头污水及扬尘处理设施进行限期整改，否则实业公司名下的营运许可资质将被吊销。

为保住实业公司的优质资产和营运价值，维护全体债权人利益，法院依债权人申请，裁定本案转入重整程序。在法院指导下，管理人一方面与环保、交管部门紧急沟通协调，了解具体环保整改要求，另一方面迅速委托第三方进行施工整改，对污水沉砂池、水沟、地坪等设施设备进行施工扩建，确保地面雨水、喷洒水等统一汇集至污水沉砂池，经沉降处理后循环用于港内喷洒，大幅提高港口污水回用率，有效避免污水直排入江。另外，加装围墙、增加砂石料围挡遮盖及装车喷水装置，有效管控码头扬尘，防止周边区域大气污染物超标。但管理人经多方查找，无法联系到企业负责人而实现接管，相关施工、审价费用难以支付。对此，管理人依据《最高人民法院关于适用〈中华人民共和国企业破产法〉若干问题的规定（三）》（以下简称《破产法司法解释三》）第2条的规定，协调第三方先行垫付近60万元，待重整资金到位后按共益债务予以清偿，部分费用以租金抵扣方式协调租户随时整治并支付。同时依据《破产法司法解释三》第15条第1款的规定，在债权人会议中以专项议案充分披露码头经营中的环境问题，说明修复整治费用及其处理方式，并经债权人会议表决同意。从而有效解决了环保整改费用不足的问题，提高了环境整治效率，为确保码头绿色环保运营以及后续重整成功打下良好基础。

本案在招募投资人过程中，除关注投资人本身资金实力与企业背景外，还关注投资人在码头绿色经营上的意愿和能力。经两轮市场化公开招募，引入投资人投入资金8700余万元，并着重将码头后续环保经营方案纳入重整计划草案。重整后企业将从设施设备改造升级、码头规范智能管理及环保绿色经营三个维度提升码头经营能力，做好外高桥保税区、港区配套服务。经债权人会议表决，担保债权组、税务债权组及普通债权组均表决通过了重整计划草案，但出资人组各股东下落不明，穷尽送达方式并公告后仍逾期未表决。为此，管理人请求法院裁定批准实业公司重整计划草案。

三中院审查后认为，管理人依法制定了重整计划草案，并在法定期限内提交法院和债权人会议，符合法律规定，而对重整计划草案的审查批准，在合法性审查和尊重债权人会议决议的前提下，也要考虑能否在利益平衡基础上兼顾社会公共利益，实现社会价值最大化。实业公司已严重资不抵债，重整计划草案公平公正并充分利用了码头资产的地理优势，有助于恢复该公司的经营活力，提高债权人清偿率，具备可行性，遂依据《企业破产法》第 87 条第 2 款之规定裁定批准重整计划草案并终止重整程序。重整计划执行中，企业营业执照到期及港口经营许可证超期问题得到解决。2024 年 2 月，该公司重整计划执行完毕。

案例分析

一、关于重整企业环境权益的价值识别及重整强制批准权的运用

环境权益，是政府对行为主体在自然资源和环境容量消耗数量上设定许可总量控制产生的权益，主要包括基于污染物排放管理控制而拥有的排污权、碳排放权和基于资源开发利用管理控制而拥有的取水权、采矿权、用能权等权利。[①] 本案债务人企业基于码头经营许可，对码头周边水域、岸线等自然资源行使规划、建设、维护、经营、管理而形成环境权益。该权益是决定企业能否实现其重整价值的关键因素。然而一旦企业违反相关环境污染防治法律法规，面临剥夺行政许可资质的处罚时，将导致其重整价值减损甚至丧失。故，审理港口码头企业破产重整案件，在依据《全国法院破产审判工作会议纪要》第 14 条对重整企业进行识别审查时，应高度重视环境权益与企业重整价值的关联性，对企业上述环境权益准确识别，维护企业重整价值。

本案中，除出资人组外，其余各组均通过重整计划草案。出资人组表决程序，经邮寄、公告等方式依法送达，四名出资人处于下落不明状态，也未收到各出资人表决意见，故应视为出资人组未表决通过重整计划草案。依据《企业破产法》第 87 条第 2 款的规定，未通过重整计划草案的表决组拒绝再次表决或者再次表决仍未通过重整计划草案，但重整计划草案符合一定条件的，债务人或者管理人可以申请法院批准重整计划草案。管理人遂提请法院

---

① 参见史玉成：《环境利益、环境权利与环境权力的分层建构——基于法益分析方法的思考》，载《法商研究》2013 年第 5 期。

依据该规定，裁定批准重整计划草案。

法院审查考量如下因素：第一，出资人组权益调整方面，债务人企业经评估审计，已严重资不抵债，股东权益为零，故重整计划草案对出资人权益调整为零公平公正。第二，程序合法性方面，管理人通过符合法律规定的方式向四名出资人进行了重整计划草案送达，充分保障了出资人的知情权、表决权与参与权。除出资人组以外，其他组别均表决通过了重整计划草案，符合《企业破产法》第 87 条第 2 款规定的批准条件。第三，债权人利益保护公平性方面，该草案合理调整了不同类别的债权人利益，符合法定清偿顺位和同类债权同等对待原则。第四，重整计划草案发展前景和可行性方面，经营方案从设施设备改造升级、码头规范智能管理及环保绿色经营三个维度提升码头经营能力，具有较高可行性。涉案港口毗邻洋山—临港、外高桥地区核心港口区位，在长三角区域一体化发展背景下，具有较高的区位优势及战略价值。由此，在符合法定的审查要件前提下，法院运用重整计划强制批准权，既保护了全体债权人利益，又有助于促进码头向绿色低碳转型发展，并助力长江流域生态治理，服务长江大保护的国家战略。

二、关于重整企业环境污染治理的责任认定

重整企业的环境责任相伴继续营业、资产处置等程序动态演进。在非自行经营管理模式下的重整程序中，企业原有的契约、市场和受信义务构成的约束经营层的治理结构发生改变，[①] 转而形成了管理人监管、债权人会议决策的格局，且受制于司法程序。此时，企业环境责任不应是真空地带，而应由管理人、债权人等多方参与治理，延续企业环境责任直至企业恢复正常治理，促进企业环境责任落实。

1979 年出台的《环境保护法（试行）》曾规定："已经对环境造成污染和其他公害的单位，应该按照谁污染谁治理的原则，制定规划，积极治理。"随着《环境保护法》等相关法律法规的发展完善，污染者负担原则成为环境法律基本原则之一。本案中，虽然企业进入了重整程序，但是依据《港口法》第 26 条第 3 款"港口经营人应当依照有关环境保护的法律、法规的规定，采取有效措施，防治对环境的污染和危害"的规定，企业作为港口经营人对码

---

① 参见齐明：《论破产重整中的公司治理——美国经验及其借鉴》，载《当代法学》2009 年第 2 期。

头相关基础设施的建设、维护缺失，造成环境污染的，仍应承担环境整治的主体责任。管理人作为破产事务的执行者，应负责实施具体的整治行为。涉案码头作为货物运输流通集散枢纽，管理混乱，设备老化陈旧，易引发环境污染问题。重整程序中如环境污染持续，将导致周边水体、大气及生态系统环境污染，影响企业资质存续。故，法院有必要督导管理人强化污染治理责任，实施环境治理行为，为企业后续重整创造基础条件。

本案所涉码头污染主要集中于水体、大气污染两个方面，在法院指导下，管理人依法协同推进环污治理与重整程序：第一，府院协调。法院、管理人联动属地街镇、环境监管部门，充分了解所涉码头岸线环保责任要求及后续规划前景。经沟通协调，相关部门合理延长整改期限，为环境污染处置争取了时间，避免因短期内无法完成整改而使码头失去继续运营的资质和许可，确保债务人企业在符合环保标准前提下持续运营。第二，先行处置。整改通知下达时，管理人未能接管到应收租金及其他财产，为及时完成污染治理，保住企业经营资质，管理人沟通码头承租企业先行委托第三方专业机构对标整改，同步开展污水、防尘设施设备改造：对污水沉砂池、水沟、地坪等设施设备进行施工扩建，有效避免污水直排入江；加装围墙、增加砂石料围挡遮盖及装车喷水装置，防止周边区域大气污染物超标。第三，费用解决。主要费用由重整企业向码头承租方借款，待重整资金到位后以共益债务清偿，以解决启动整治资金难的问题。为准确核定工程费用，管理人委托第三方审价机构对整改费用进行审价，依规调减应付费用十余万元，确保环保整改费用及时到位清偿，从而有效落实码头环保要求，保住重整核心资产。第四，信息披露。企业环保改造发展信息关乎企业存续及其资产价值，根据《破产法司法解释三》第 15 条第 1 款“管理人处分企业破产法第六十九条规定的债务人重大财产的，应当事先制作财产管理或者变价方案并提交债权人会议进行表决，债权人会议表决未通过的，管理人不得处分”的规定，环境污染整治事项应当作为重大财产处分行为。据此，管理人制作专项议案报告债权人会议并征求意见，充分保障债权人知情权、参与权、监督权，也争取债权人支持配合重整工作。

三、关于重整程序中环境债权的性质及清偿顺位

环境债权，是指因债务人环境侵权或合同违约等产生的权利人要求债务

人给付一定金钱的请求权。[①]《民法典》侵权责任编关于环境污染责任的内容，以及相关生态环境损害赔偿的法律规定，均系基于正常经营企业对环境污染损害后果的责任承担规制，并未涉及企业进入破产程序等非正常情况下所形成的环境债权清偿，以及环境污染治理债务等问题。《企业破产法》亦未对该种特殊债权进行规定。实务中，对于环境债权的清偿顺位存在争议，有观点认为，应以发生时点为判断要素，破产受理前发生的环境债权应为普通债权，破产受理后发生的环境污染治理费用应为共益债务。也有观点基于环境债权兼具公共利益和人身权属性，认为部分环境债权涉及生态环境安全，以及民众基本生活条件，尤其是居民的生命安全、身体健康和生活质量。因此，涉人身性质的公益性环境债权具有优先性，其他类型的环境债权则不具有优先性。[②]

共益债务，系指破产程序中为全体债权人的共同利益由债务人财产及其管理人而产生的债务。其构成要件有三：（1）时间要件，共益债务产生于破产程序之中，即人民法院受理破产申请以后到破产程序终结之前；（2）目的要件，共益债务系为全体债权人的共同利益而发生；（3）原因要件，共益债务系以债务人财产和管理人履行职务为主要发生原因，如为了债务人财产保值增值的融资借款。[③] 本案将环境污染治理产生相关费用性质认定为共益债务，按照《企业破产法》第 42 条、第 43 条的规定，由债务人财产随时清偿。理由如下：第一，关于债权发生时间，本案企业经营过程中对环境的污染行为持续至破产受理后，在管理人未接管到可供清偿治理费用的紧急情况下，仅能协调由第三方企业先行垫付，向第三方借款用于环境治理，故该笔费用发生于破产受理后，符合共益债务的时间要件。第二，关于债权发生的目的，企业名下码头经营导致周边环境污染，如生态环境危害因素不消除，企业营运资质将丧失，债权人清偿利益将严重丧失。故因环境污染治理而产生的费用系为了保留企业运营和重整价值，提高债权人清偿利益而发生，如不及时清理将导致许可证被吊销，影响公司重整价值，故该治理费用从目的上系为

---

① 张钦昱：《企业破产中环境债权之保护》，载《政治与法律》2016 年第 2 期。

② 参见孔梁成：《企业破产清算中环境侵权债权之保护——以董事责任为视角》，载《政治与法律》2020 年第 9 期；李志、张明：《破产程序中环境侵权债权实现之司法进路——以利益衡量为视角》，中国法学会环境资源法学研究会 2019 年年会论文。

③ 最高人民法院民事审判第二庭编著：《最高人民法院关于企业破产法司法解释（三）理解与适用》，人民法院出版社 2019 年版，第 49 页。

了全体债权人利益而发生。第三，关于债权发生的原因，在管理人未接管到可供清偿治理费用的紧急情况下，仅能协调向第三方借款用于环境治理，属于为了保存企业价值的积极支出，且具有一定紧迫性和必要性，符合为债务人财产增值而发生的必要费用。综上所述，本案因环境污染治理产生的环境债权属于《企业破产法》第42条第4项规定的为债务人继续营业而应支付的共益债务。

关联索引

《中华人民共和国企业破产法》（2006年8月27日）

第四十二条 人民法院受理破产申请后发生的下列债务，为共益债务：

（一）因管理人或者债务人请求对方当事人履行双方均未履行完毕的合同所产生的债务；

（二）债务人财产受无因管理所产生的债务；

（三）因债务人不当得利所产生的债务；

（四）为债务人继续营业而应支付的劳动报酬和社会保险费用以及由此产生的其他债务；

（五）管理人或者相关人员执行职务致人损害所产生的债务；

（六）债务人财产致人损害所产生的债务。

第四十三条 破产费用和共益债务由债务人财产随时清偿。

债务人财产不足以清偿所有破产费用和共益债务的，先行清偿破产费用。

债务人财产不足以清偿所有破产费用或者共益债务的，按照比例清偿。

债务人财产不足以清偿破产费用的，管理人应当提请人民法院终结破产程序。人民法院应当自收到请求之日起十五日内裁定终结破产程序，并予以公告。

第八十七条 部分表决组未通过重整计划草案的，债务人或者管理人可以同未通过重整计划草案的表决组协商。该表决组可以在协商后再表决一次。双方协商的结果不得损害其他表决组的利益。

未通过重整计划草案的表决组拒绝再次表决或者再次表决仍未通过重整计划草案，但重整计划草案符合下列条件的，债务人或者管理人可以申请人民法院批准重整计划草案：

（一）按照重整计划草案，本法第八十二条第一款第一项所列债权就该特定财产将获得全额清偿，其因延期清偿所受的损失将得到公平补偿，并且其担保权未受到实质性损害，或者该表决组已经通过重整计划草案；

（二）按照重整计划草案，本法第八十二条第一款第二项、第三项所列债权将获得全额清偿，或者相应表决组已经通过重整计划草案；

（三）按照重整计划草案，普通债权所获得的清偿比例，不低于其在重整计划草案被提请批准时依照破产清算程序所能获得的清偿比例，或者该表决组已经通过重整计划草案；

（四）重整计划草案对出资人权益的调整公平、公正，或者出资人组已经通过重整计划草案；

（五）重整计划草案公平对待同一表决组的成员，并且所规定的债权清偿顺序不违反本法第一百一十三条的规定；

（六）债务人的经营方案具有可行性。

人民法院经审查认为重整计划草案符合前款规定的，应当自收到申请之日起三十日内裁定批准，终止重整程序，并予以公告。

《中华人民共和国港口法》（2018 年 12 月 29 日修正）

第二十六条 港口经营人从事经营活动，必须遵守有关法律、法规，遵守国务院交通主管部门有关港口作业规则的规定，依法履行合同约定的义务，为客户提供公平、良好的服务。

从事港口旅客运输服务的经营人，应当采取保证旅客安全的有效措施，向旅客提供快捷、便利的服务，保持良好的候船环境。

港口经营人应当依照有关环境保护的法律、法规的规定，采取有效措施，防治对环境的污染和危害。

《最高人民法院关于适用〈中华人民共和国企业破产法〉若干问题的规定（三）》（2020 年 12 月 29 日修正）

第二条 破产申请受理后，经债权人会议决议通过，或者第一次债权人会议召开前经人民法院许可，管理人或者自行管理的债务人可以为债务人继续营业而借款。提供借款的债权人主张参照企业破产法第四十二条第四项的规定优先于普通破产债权清偿的，人民法院应予支持，但其主张优先于此前已就债务人特定财产享有担保的债权清偿的，人民法院不予支持。

管理人或者自行管理的债务人可以为前述借款设定抵押担保，抵押物在破产申请受理前已为其他债权人设定抵押的，债权人主张按照民法典第四百一十四条规定的顺序清偿，人民法院应予支持。

第十五条 管理人处分企业破产法第六十九条规定的债务人重大财产的，应当事先制作财产管理或者变价方案并提交债权人会议进行表决，债权人会议表决未通过的，管理人不得处分。

管理人实施处分前，应当根据企业破产法第六十九条的规定，提前十日书面报告债权人委员会或者人民法院。债权人委员会可以依照企业破产法第六十八条第二款的规定，要求管理人对处分行为作出相应说明或者提供有关文件依据。

债权人委员会认为管理人实施的处分行为不符合债权人会议通过的财产管理或变价方案的，有权要求管理人纠正。管理人拒绝纠正的，债权人委员会可以请求人民法院作出决定。

人民法院认为管理人实施的处分行为不符合债权人会议通过的财产管理或变价方案的，应当责令管理人停止处分行为。管理人应当予以纠正，或者提交债权人会议重新表决通过后实施。

《全国法院破产审判工作会议纪要》（2018 年 3 月 4 日　法〔2018〕53 号）

14. 重整企业的识别审查。破产重整的对象应当是具有挽救价值和可能的困境企业；对于僵尸企业，应通过破产清算，果断实现市场出清。人民法院在审查重整申请时，根据债务人的资产状况、技术工艺、生产销售、行业前景等因素，能够认定债务人明显不具备重整价值以及拯救可能性的，应裁定不予受理。

案　号：（2019）沪 03 破 320 号

合议庭：郭大梁　刘　琳　姚　磊

编写人：刘　琳　张蒙蒙

2. 市场化重整高效化解上市公司可转换债券兑付风险

——上海某控股集团股份有限公司预重整转重整案

关键词

上市民营企业　预重整　可转换公司债券　信息披露

裁判要旨

上市公司可转换公司债券（以下简称可转债）发行人重整案件应妥善化解资本市场可转债兑付风险，保护债权人和中小投资者的利益。通过预重整衔接重整，最大程度提高重整成功率，助力民营企业盘活存量资产、激活偿债能力。同时注重信息披露，充分保障经营主体知情权。

本案是在上海证券交易所（以下简称上交所）上市的首例可转债发行人重整案，是通过预重整衔接重整，市场化妥善化解可转债兑付风险，保存民营企业上市资格，促进资本市场健康发展的典型案例。近年来，受行业大环境影响，部分行业重要公司债务违约，导致上下游公司陷入经营困境。本案债务人主营建筑装饰行业，因上游房地产企业债务问题而陷入危机，自身流动性出现严重问题，无法清偿自身负债。作为上市公司，上海某控股集团股份有限公司（以下简称股份公司）的重整涉及数千名持有可转债的中小投资者权益。本案以市场化、法治化为原则，通过积极运用重整制度，在各方努力下，通过预重整和重整的无缝衔接，最终高效化解可转债兑付风险。作为在上交所上市的首例可转债发行人重整案，本案对可转债发行人的重整进行了有益探索，积累了成功经验，具有良好的示范效应。

基本案情

股份公司成立于1998年，主营建筑装饰行业，于2015年在上交所上市。

2020 年股份公司公开发行总额 3. 84 亿元的可转债。受房地产行业大环境影响，股份公司大量应收账款难以收回，对外债务普遍违约，公司流动性严重枯竭，陷入经营危机。但股份公司具有良好的品牌商誉，在建筑装饰工程和设计领域拥有多项高等级专业资质，具有较好的经营发展潜力和较大重整价值。为提高重整可行性，上海市第三中级人民法院（以下简称三中院）依照《上海破产法庭预重整案件办理规程（试行）》（以下简称《规程》）受理了债权人对股份公司的预重整申请，并确定预重整期间的临时管理人。

预重整期间，临时管理人按照《规程》履职，协助股份公司召开债权人会议、临时股东大会和可转债持有人会议。临时股东大会表决通过“向下修正可转债转股价格”的议案。可转债持有人会议表决确定重整受理日后保留 15 个自然日可转债交易期及 30 个自然日转股期的议案。上述债转股方案在预重整期间经证监部门审核通过。

2023 年 11 月，三中院依债权人申请裁定受理股份公司重整，并指定临时管理人担任管理人。重整期间，依法批准债务人在管理人的监督下自行管理财产和营业事务。并将预重整程序中的成果延伸至重整程序，临时管理人在预重整阶段对 1045 户债权人申报约 25. 95 亿元债权进行了初步审核，预重整已经确认的债权，无须在重整程序中重复审核。预重整和重整期间，管理人和股份公司通过上交所信息披露平台等公开途径共计发布 146 份公告（其中有关可转债风险信息披露公告 33 份），在可转债交易期间和转股期间每日发布风险提示公告。重整受理后至转股期届满，选择市场化转股的债券持有人所持有金额达到可转债总金额的 82%，大大降低了股份公司的负债额。

经投资人招募，引入投资人注入资金 7. 1 亿元。2023 年 12 月，股份公司召开可转债持有人会议、债权人会议和出资人组会议。经表决程序，有财产担保债权组全票通过重整计划草案；普通债权组和出资人组均高票表决通过。同日三中院依法裁定批准股份公司重整计划并终止重整程序。

重整计划执行中，经中国证券登记结算有限责任公司上海分公司协作配合，按重整计划债权受偿方案，约 4000 名债券持有人办理了可转债本息兑付，选择保留债权的可转债持有人中，近 99%获得了全额现金清偿。通过重整，有效盘活了股份公司资产，依法保障了约 2 万名投资者和债权人的合法权益。2023 年 12 月 26 日，管理人报告股份公司重整计划执行完毕。经上交所批准，股份公司于 2024 年 5 月撤销退市风险预警，并于 2024 年 7 月撤销其他风险警示。

案例分析

一、运用预重整机制识别企业重整价值，提高重整可行性

预重整目前尚无统一定义和法律规定。有学者将预重整定义为，“在申请重整之前，债务人与债权人通过法庭外协商制定重整计划，并获得债权人多数同意后，借助重整程序使重整计划发生约束全体债权人的效力，以早日实现债务人复兴的一种拯救机制”。[①] 2017年，最高人民法院印发《关于为改善营商环境提供司法保障的若干意见》，提出“加强对预重整制度的探索研究”。2019年，国家发展和改革委员会、最高人民法院、工业和信息化部等联合印发的《加快完善市场主体退出制度改革方案》中提出了“明确预重整的法律地位和制度内容”。2021年，《国务院关于开展营商环境创新试点工作的意见》明确指示试点城市“推行破产预重整制度”。上海作为首批试点城市之一，市委市政府发布了《上海市营商环境创新试点实施方案》，明确提出“着力推行破产预重整制度”的工作目标。上海高院下发的《破产审判工作规范指引（试行）》对预重整作出了原则性指引。

近年来，为充分发挥破产制度的保护功能，北京、深圳、重庆、河南、南京、成都、温州等地纷纷出台了预重整规则。按照上述政策文件的精神和要求，上海破产法庭也于2022年发布了《规程》，进行预重整制度的探索。

（一）预重整聚焦重整价值识别

《规程》第1条规定：“在重整程序前开展预重整，充分发挥市场主导作用与司法指引功能，尽早挽救困境企业。鼓励陷入困境的尚有重整价值企业及其相关利益主体，依当事人意思自治原则进行协商谈判，促进重整可行性提高，减少企业直接进入重整程序可能面临的重整失败而转入破产清算的不可逆风险。”预重整程序以当事人意思自治为原则，鼓励债务人尽早启动破产保护，发挥法院监督协调和临时管理人的引导协助作用，推动各方利益主体通过自主谈判达成共识，既可以进一步判断企业是否具有重整价值，又降低了企业直接进入重整程序因程序无法逆转而可能面临的失败和破产清算风险。

在股份公司预重整程序中，三中院积极指导临时管理人重点研判和识别

① 胡利玲：《困境企业拯救的法律机制研究——制度改进的视角》，中国政法大学出版社2009年版，第188页。

股份公司自身的重整价值，明确重整可行性。股份公司在建筑装饰领域深耕二十余年，积累了丰富的建筑设计经验和项目现场施工、管理经验，品牌实力突出；公司控股的子公司在幕墙和系统门窗领域也有较好的独立经营能力，具有建筑幕墙工程专业承包一级、金属门窗工程专业承包一级、建筑幕墙工程设计专项甲级等专业资质，承担了中国银联业务运营中心项目幕墙工程、高邮金奥金帆中心项目等，业务覆盖国内主要城市和美洲、非洲、东南亚；虽然受房地产行业周期紧缩及主要客户资金链断裂影响而出现财务困难，但公司的核心团队及品牌优势依然存在，若重整完成，公司财务负担会大幅减轻，通过调整业务方向，积极拓展原有优势业务，仍是公司持续成长的基础。通过调整产业结构，保留核心优势业务，公司可快速恢复持续经营能力和盈利能力。预重整程序有效识别企业重整价值，进一步明确了重整可行性。

（二）预重整高效衔接正式重整程序

预重整是导向正式重整程序的先期重组程序，实现两个程序的顺畅衔接是其必然要求。本案实现了预重整转重整的高效衔接，具体体现为以下两个方面。

一是工作成果的衔接。《规程》对预重整的审查、案号、效力的延伸、与重整程序的衔接等内容作了规定。2023 年 5 月，法院依债权人的申请受理股份公司预重整。预重整期间，临时管理人依照《规程》的指引，协助股份公司召开债权人会议、临时股东大会和可转债持有人会议。临时股东大会表决通过向下修正可转债转股价格的议案。可转债持有人会议表决确定重整受理日后保留 15 个自然日可转债交易期及 30 个自然日转股期的议案。预重整期间相关工作成果均延伸至重整程序：预重整阶段已经确认的债权，管理人无须再审核；预重整期间已经表决通过的重整计划草案与重整程序中的重整计划草案一致的，已同意的债权人和出资人表决意见为重整程序中重整计划草案同意意见；预重整阶段确定的可转债转股价格向下修正议案和转股期议案在重整程序中也继续沿用。从而有效节省了重整程序成本，提高了重整程序效率。本案从受理重整到裁定批准重整计划仅用 32 天，快速完成了上市公司重整程序。

二是管理人的衔接。预重整期间，按照《规程》的相关规定，经主要债权人和债务人提名，法院确定临时管理人人选。临时管理人引导和辅助债务人推动各方利益主体通过自主谈判达成共识，为重整成功奠定基础。进入正式重整程序后，为最大化利用预重整期间的成果，降低程序成本，法院继续指定临时管理人担任管理人。

二、妥善处置可转债风险，保障广大中小投资者利益

可转债是公司向社会公开发行的一种债券，是常见的投融资工具。根据中国证券监督管理委员会发布的《可转换公司债券管理办法》，可转债是指公司依法发行、在一定期间内依据约定的条件可以转换成本公司股票的公司债券，属于《证券法》规定的具有股权性质的证券。作为上市公司的一项融资工具，因发行利率低，又兼具债权融资与股权融资的性质，长期以来是市场投资的热点，广受上市公司和投资者青睐。可转换性是这一融资工具的灵魂。但当可转债发行人出现债务危机，进入破产程序时，未到转换日的可转债便成为关注重点之一，鉴于可转债持有人人数众多，因此各方对可转债发行人债务风险化解工作高度重视。

本案中，面对发行人进入司法重整程序后，可能发生的可转债提前到期市场恐慌，在法院、监管部门、管理人等各方共同努力下，主要通过三个方面妥善化解可转债风险。

第一，依照《证券法》规定进行可转债转股价格向下修正。向下修正是指当公司股票价格连续多个交易日低于转股价格的一定比例时，发行主体有权对转股价格向下修正，从而鼓励持有人转股，降低发行人还本付息的压力。股份公司发行可转债时的《募集说明书》载明："在本次发行的可转债存续期间，当公司 A 股股票在任意连续 20 个交易日中至少有 10 个交易日的收盘价低于当期转股价格的 90%时，公司董事会有权提出转股价格向下修正方案并提交公司股东大会审议表决。"只有降低可转债的转股价，持有人的可转债金额相比发行时预定的转股价可获得更多的股票，这样才能提高持有人的债转股积极性。当时，股份公司已经触发《募集说明书》中规定的转股价格向下修正的条款。但是，如果大量的持有人以较低的转股价转股，又会稀释股份公司其他股东的股份，根据《证券法》的规定，这类行动需要充分信息披露并召开股东大会表决通过。因此，需要平衡好债券持有人和投资人之间的利益，促使债务风险化解工作成效最大化。本案预重整期间，经临时管理人和债务人充分的信息披露和风险释明，股份公司临时股东大会最终表决通过了向下修正可转债转股价格的议案。经上报，证券监管部门同意了上述可转债

转股方案，有力地提高了可转债投资者转股的积极性。

第二，设置合理的交易期和转股期。按照股份公司发行可转债时的《募集说明书》，转股期限至可转债到期日止，可转债期限为自发行之日起6年，即2026年到期。《企业破产法》第46条第1款规定：“未到期的债权，在破产申请受理时视为到期。”由此，债务人一旦进入正式破产程序，可转债将立即到期；而按照《募集说明书》的规定，一旦转股期限到期，则可转债持有人将不能行使转股期权，也不能在二级市场进行交易，仅能按照无财产担保的普通债权进行申报。同时，对于可转债发行人股份公司来说，如果3.8亿余元的可转债无法转股，则意味着该部分债务负担无法削减，潜在的战略投资人也不愿意投资，重整成功的可能性就大幅下降。因此，可转债的转股问题成为本案焦点之一。

转股权是持有人的核心权利，临时管理人就此问题专门请示了证券监管部门。证券监管部门高度重视，研判后许可临时管理人与股份公司依据《证券法》投资者合法权益保护的条款，拟定在重整受理日之后的一段时间内仍保留转股期限的议案，并提交可转债持有人会议表决。若决议通过，可依当事人意思自治的原则遵照执行，以尽力保护广大中小投资者权益。上述重整受理后仍保留转股期限的议案经可转债持有人会议高比例表决通过，有力降低了市场恐慌情绪。随着股份公司可转债风险化解方案有序推进，截至转股期届满，市场化转股金额高达3.15亿元，占可转债总金额的82%，可转债持有人人数也从约1.5万人下降至约0.4万人，通过市场化转股使股份公司减去约3.15亿元债务。

第三，重整计划规定了合理的现金清偿额度。约99%保留债权的可转债持有人获得全额现金清偿，现金清偿比例达到可转债债权金额的95%左右，有力保护了中小投资者的利益。本案对可转债发行人重整妥善化解债券风险进行了有益探索，实现了各方共赢。

三、注重信息披露，充分保障各方知情权

上市公司重整过程中的信息披露同时受《证券法》《企业破产法》和交易所相关规则的约束。《企业破产法》第81条规定了重整计划应包含的内容：债务人的经营方案、债权分类、债权调整方案、债权受偿方案、重整计划的执行期限、重整计划执行监督期限、有利于债务人重整的其他方案；第84条

第 3 款规定："债务人或者管理人应当向债权人会议就重整计划草案作出说明，并回答询问。"《最高人民法院关于适用〈中华人民共和国企业破产法〉若干问题的规定（三）》第 10 条规定："单个债权人有权查阅债务人财产状况报告、债权人会议决议、债权人委员会决议、管理人监督报告等参与破产程序所必需的债务人财务和经营信息资料……"《证券法》第 80 条规定，发生可能对股票交易价格产生较大影响的重大事件，公司应当公告，包括申请破产或者依法进入破产程序等。关于预重整阶段的信息披露相关法律法规则更少。《上海证券交易所上市公司自律监管指引第 13 号——破产重整等事项》规定："上市公司预重整程序转换或者结束时，上市公司应当及时披露预重整期间临时管理人等的履职情况、预重整程序取得的成效、预重整与破产重整程序衔接安排等内容。"

破产程序中，易产生债权人信息不对称的问题。知情权是债权人从管理人处获得必需信息的保障，也是债权人依法行使表决、决策和监督权利的前提。上述法律法规对债权人会议和债权人个人知情权保护问题进行了规定，总体而言，当前关于重整过程中信息披露的规定较为原则。为依法保障债权人和利害关系人的知情权，督促债务人和管理人履行信息披露义务，司法实践中应进一步加以细化。真实和完整的信息披露有助于利害关系人进行科学合理的决策，表决所需要的内容均应披露，如债务人陷入破产的原因、资产负债情况、审计评估情况、投资人情况和履约能力等。债权人对重整事项的表决，应建立在对债务人企业充分了解的基础上，从而保证债权人能够作出理性的选择，避免其利益因信息不对称而受到侵害。

在股份公司预重整及重整过程中，法院指导（临时）管理人和股份公司依法依规进行信息披露：一是全面、及时履行上市公司信息披露义务。重整过程中，管理人向债权人充分披露了债务人陷入困境的原因、资产负债情况、审计评估报告、债务人自行经营与管理情况、债权分类、受偿方案、债务人未来经营方案、重整计划执行期限等，并及时接受债权人的询问。另外，债务人自行管理过程中，管理人监督债务人规范履行证券法和上交所指引规定的义务，保障二级市场投资者知情权。特别对可转债持有人和中小债权人而言，需要充足的信息才能客观公正地评估重整计划草案尤其是转股方案对自身的影响。本案债务人作为信息披露的责任主体，在管理人的监督下分阶段向社会公众真实、准确、完整地披露公司财务状况、案件审理进展、重整计划草案等对投资决策有重大影响的信息，充分提示风险，依法依规保护中小投资者等全体债权人的合法权益。二是注意信息披露的范围。上市公司预重整和重整是多个部门、多方利益主体参与的系统工程，管理人、上市公司相关人员往往需要和各利益方进行多轮谈判，且相关重整方案需向主管部门报告，整个过程耗时长、介入人员多，同时交易所要求上市公司在实施预重整、重整、和解、破产清算期间原则上股票及其衍生品种不停牌，因此法院要求管理人、股份公司及有关各方做好内幕信息保密及内幕交易防控工作，分阶段披露破产事项的进展。

关联索引

《中华人民共和国企业破产法》（2006 年 8 月 27 日）

第四十六条 未到期的债权，在破产申请受理时视为到期。

附利息的债权自破产申请受理时起停止计息。

第八十一条 重整计划草案应当包括下列内容：

（一）债务人的经营方案；

（二）债权分类；

（三）债权调整方案；

（四）债权受偿方案；

（五）重整计划的执行期限；

（六）重整计划执行的监督期限；

（七）有利于债务人重整的其他方案。

第八十四条 人民法院应当自收到重整计划草案之日起三十日内召开债权人会议，对重整计划草案进行表决。

出席会议的同一表决组的债权人过半数同意重整计划草案，并且其所代表的债权额占该组债权总额的三分之二以上的，即为该组通过重整计划草案。

债务人或者管理人应当向债权人会议就重整计划草案作出说明，并回答询问。

第八十六条 各表决组均通过重整计划草案时，重整计划即为通过。

自重整计划通过之日起十日内，债务人或者管理人应当向人民法院提出批准重整计划的申请。人民法院经审查认为符合本法规定的，应当自收到申请之日起三十日内裁定批准，终止重整程序，并予以公告。

《中华人民共和国证券法》（2019年12月28日修订）

第八十条　发生可能对上市公司、股票在国务院批准的其他全国性证券交易场所交易的公司的股票交易价格产生较大影响的重大事件，投资者尚未得知时，公司应当立即将有关该重大事件的情况向国务院证券监督管理机构和证券交易场所报送临时报告，并予公告，说明事件的起因、目前的状态和可能产生的法律后果。

前款所称重大事件包括：

（一）公司的经营方针和经营范围的重大变化；

（二）公司的重大投资行为，公司在一年内购买、出售重大资产超过公司资产总额百分之三十，或者公司营业用主要资产的抵押、质押、出售或者报废一次超过该资产的百分之三十；

（三）公司订立重要合同、提供重大担保或者从事关联交易，可能对公司的资产、负债、权益和经营成果产生重要影响；

（四）公司发生重大债务和未能清偿到期重大债务的违约情况；

（五）公司发生重大亏损或者重大损失；

（六）公司生产经营的外部条件发生的重大变化；

（七）公司的董事、三分之一以上监事或者经理发生变动，董事长或者经理无法履行职责；

（八）持有公司百分之五以上股份的股东或者实际控制人持有股份或者控制公司的情况发生较大变化，公司的实际控制人及其控制的其他企业从事与公司相同或者相似业务的情况发生较大变化；

（九）公司分配股利、增资的计划，公司股权结构的重要变化，公司减资、合并、分立、解散及申请破产的决定，或者依法进入破产程序、被责令关闭；

（十）涉及公司的重大诉讼、仲裁，股东大会、董事会决议被依法撤销或者宣告无效；

（十一）公司涉嫌犯罪被依法立案调查，公司的控股股东、实际控制人、董事、监事、高级管理人员涉嫌犯罪被依法采取强制措施；

（十二）国务院证券监督管理机构规定的其他事项。

公司的控股股东或者实际控制人对重大事件的发生、进展产生较大影响的，应当及时将其知悉的有关情况书面告知公司，并配合公司履行信息披露义务。

《最高人民法院关于适用〈中华人民共和国企业破产法〉若干问题的规定（三）》（2020 年 12 月 29 日修正）

第十条 单个债权人有权查阅债务人财产状况报告、债权人会议决议、债权人委员会决议、管理人监督报告等参与破产程序所必需的债务人财务和经营信息资料。管理人无正当理由不予提供的，债权人可以请求人民法院作出决定；人民法院应当在五日内作出决定。

上述信息资料涉及商业秘密的，债权人应当依法承担保密义务或者签署保密协议；涉及国家秘密的应当依照相关法律规定处理。

《上海破产法庭预重整案件办理规程（试行）》（2022 年 5 月 27 日）

第一条 在重整程序前开展预重整，充分发挥市场主导作用与司法指引功能，尽早挽救困境企业。鼓励陷入困境的尚有重整价值企业及其相关利益主体，依当事人意思自治原则进行协商谈判，促进重整可行性提高，减少企业直接进入重整程序可能面临的重整失败而转入破产清算的不可逆风险。

第三条 符合《企业破产法》第二条规定的债务人，在进入重整程序前具有下列情形的，债权人或债务人可以申请预重整：

（一）企业及所在行业发展前景良好，具有挽救价值；

（二）企业治理结构完备、运作正常；

（三）具有基本自主谈判能力；

（四）债务人、主要债权人均有重整意愿；

（五）重整可行性尚需进一步明确。

第十条 债务人应当依法依规、准确、及时地向相关利益主体进行信息披露。

各相关利益主体应当依照法律规定或约定，对商业秘密等信息予以保密。

第十八条 注重预重整与重整程序的衔接，以提高重整效率和效果。预重整期间已经表决通过的重整计划草案，与重整程序中的重整计划草案一致的，已同意的债权人和出资人表决意见为重整程序中重整计划草案的同意意见。

重整程序中重整计划草案进行了修改且对相关债权人利益有影响的，受到影响的债权人有依法重新表决权；对出资人权益调整事项进行了修改且对出资人利益有影响的，受到影响的出资人有依法重新表决权。

案　号：（2023）沪03破870号
合议庭：陆韵华　刘建雷　姚　磊
编写人：刘建雷　江米昊

3. 市场化实践探索大型企业重整路径

——某开发总公司预重整转重整案

关键词

大型企业集团重整　单体联动式重整　市场化招募信托受托人　信托受益权兑换平台

裁判要旨

本案充分发挥市场主导作用与司法指引功能，尽早挽救困境企业，鼓励各方利益主体依当事人意思自治原则进行协商谈判，促进重整可行性提高。通过该案审理，探索了预重整理念和流程，为构建预重整制度积累了实践经验。上海市第三中级人民法院（以下简称三中院）遵循公司法上法人独立人格原则，运用高度盖然性证明规则，审慎把握法人人格混同的证明标准及适用实质合并破产的认定标准，综合考量各方面因素，对大型企业集团重整创新尝试采用“单体联动”模式，以母公司联动重点子公司单体重整为支点，撬动整个集团债务处置和资产盘活，实现最小司法成本达到社会资源利用最大化的效果，为大型企业集团重整模式提供借鉴参考。本案也尝试重整中以市场化方式引入信托计划，发挥信托财产独立性的制度优势，帮助债务人尽快恢复正常生产经营能力。同时引入信托受益权兑换平台，为债权人提供更多元灵活的权益处置方式，为解决大型企业集团融资困境探索了新路径。

本案系上海市首例探索运用预重整转重整挽救大型企业集团案件，获评2022 年度“全国破产经典案例”。

基本案情

某开发总公司（以下简称开发总公司）成立于 1991 年 8 月 27 日，是中国科学院行政管理局下属企业，主营业务为工程施工，注册资本 11 003. 15 万元。开发总公司下辖分公司39家，逾400家子公司分布在全国26个省份，形成体量庞大的企业集团。自2018年以来，开发总公司因沉重的对外担保负担及资金链断裂等原因陷入经营困境。审计报告和债权审核反映，开发总公司资产总额约133亿元，负债近800亿元，涉及债权人逾3000户，涉诉、涉执行案件达460余件。开发总公司作为集团的控股母公司，与集团内各层级公司资产负债交织，债务分布全国各地，社会影响面大，受到多方面广泛关注。开发总公司曾自行重组，但自救未果，亟须通过司法程序进行挽救。因公司负债规模庞大、企业层级多且关联关系复杂，重整价值及重整可行性尚需进一步明确，且对直接进入重整程序而承担失败后被清算之不可逆风险后果存有顾虑，故向三中院提出预重整申请。三中院受理了开发总公司预重整申请，并根据金融机构债权人委员会等债权人，以及债务人上级主管部门联合推荐确认预重整期间的临时管理人，同时监督指导各方开展预重整阶段工作。预重整期间，临时管理人清理审核了开发总公司逾八成的债权申报；协调开展审计、评估，摸排开发总公司集团下属公司重点资产，积极引导各方经营主体自主协商，重整可行性得到了进一步确定。根据开发总公司的申请，三中院裁定受理开发总公司破产重整一案，并指定临时管理人继续担任重整期间管理人，充分利用并无缝衔接预重整阶段工作成果。2021年10月，开发总公司向债权人会议及三中院提交了重整计划草案，该草案经债权人会议表决通过。2021年12月，三中院裁定批准开发总公司重整计划并终止重整程序。2022年12月，管理人向三中院提交了《重整计划执行监督工作报告》并附开发总公司《重整计划执行工作报告》，载明重整计划规定的执行完毕标准已经符合，三中院裁定确认开发总公司重整计划执行完毕。开发总公司通过重整程序成功化解了逾800亿元债务，最大限度保障了债权人平等受偿利益，也维护了经营管理层及集团秩序的基本稳定，优化改善了公司治理结构，企业获得重生。

案例分析

开发总公司资产负债牵涉面广、金额巨大，其中还涉及约470亿元金融机构债权以及相关金融产品的群体性个人投资者，关联企业间债权债务关系复杂，其重整工作不仅关系到企业本身的纾困解难，还关系到防范化解地方性金融风险、维护社会稳定，以及中科院“轻装上阵”，聚焦服务国家科技战略大局，受到各方广泛关注。

本案作为上海首例预重整转重整案件，在预重整阶段，三中院探索以市场化、法治化方式开展预重整工作，充分尊重市场在预重整中的主导地位，司法有限介入，法院仅给予指导、监督和必要司法协调，确认主要债权人及债务人上级主管部门推荐认可的中介机构担任临时管理人，以市场化方式促成相关利益主体自主谈判，提高了重整可行性。

一、尝试“单体联动式”重整模式，探索大型企业集团低成本重整路径

开发总公司作为集团的控股母公司，拥有400多家分公司、子公司。实践中对此类大型企业集团，一般采用自下而上逐层清算或实质合并模式。

传统自下而上模式是基于企业法人人格的独立性，对企业集团所属企业分别适用破产清算或重整等单一程序，逐层清理处置关联企业债权债务，待全部下属公司清理完毕，再对母公司进行清算或重整。该模式之于集团成员众多、关系错综复杂的大型企业集团，存在程序成本过高、耗时漫长的问题，逐层完成清理，往往需要数年之久。开发总公司集团下辖几百家子公司，母公司与子公司为集团整体运营和资产负债承担各自功能，若采用自下而上逐层全盘清理模式，对各成员企业破产原因的判断和清理处置以及程序成本和效率都不利。

至于关联企业实质合并破产，是在关联企业间存在法人人格严重混同的特定情况下，单个企业进入破产程序会对其他关联企业债权人等利害关系人造成整体清偿不公平时，例外适用的特别法律制度。实质合并破产程序中各企业的法人人格不再独立，各企业财产合并统一处置，以保障各企业债权人的整体公平清偿，提高破产效率；同时，实质合并模式还具有统一处理关联企业债权债务和节约司法资源的优势。由于《企业破产法》并无实质合并破产程序的规定，实务操作主要依据《公司法》法人人格否认原理及相关规定。综观本案，首先，对开发总公司与其关联企业法人人格是否高度混同的问题，运用高度盖然性证明标准进行审查，认定相关证据尚不足以证明存在混同情形。其次，该案并不存在区分开发总公司与各关联企业成员财产成本过高的情形。最后，法院审查也未发现不适用实质合并会严重损害债权人公平清偿利益的后果。因此，该案不符合适用关联企业实质合并破产的条件。此外，

考量社会效果，开发总公司企业集团体量庞大，若实质合并，必定需要对横跨不同业务板块的各集团成员的资产、财务、人事关系重新进行整合，易造成企业集团内部动荡，并外溢波及上下游产业链，增加社会稳定风险。

在排除逐层清理和实质合并模式后，针对开发总公司集团债权债务体量庞大、关系复杂的实际情况，该案积极探索大型企业集团重整新路径，尝试“单体联动式”重整，即母公司率先单体重整，自上而下全面厘清整个企业集团内的资产负债情况，并联动重点子公司单个破产程序协同推进。待母公司等核心企业债务危机化解、恢复治理能力后，自主盘活资产或清理下属公司资产，从而解决整个集团债务。“单体联动式”重整模式主要具有以下特点。

第一，“单体联动式”重整有利于减少对企业集团内部经营秩序的影响，有利于维系企业集团经营秩序稳定，降低关联企业实质合并破产程序可能对整个集团运行带来的震荡和商誉影响，以及集团成员之间财务、人事、经营等关系的重塑成本，从而最大程度维护企业集团的整体运营价值。在稳定企业集团运营价值的基础上，承担了集团担保等大部分负债的母公司重整成功，既能奠定企业集团整体盘活的基础，又能使企业集团内有营运价值的部分重点子公司生产经营活动相对稳定，有利于各子公司因企施策，采取继续运营、重组盘活、股权转让、剥离处置等定制化措施，予以精准灵活处置。对于具备破产原因的重点子公司，则依法通过单个破产重整或清算程序进行盘活或处置，从而尽可能实现各子公司资产运营或处置价值最大化。

第二，“单体联动式”重整在保持企业内部秩序稳定的同时，也有利于防止不稳定风险外溢，避免对上下游企业供应链造成震荡。以开发总公司为母公司的企业集团，其旗下子公司层级多、数量大，除建设工程施工领域外，还涉足投融资、国内外贸易、新材料研发生产、文化旅游、矿业、能源、汽车配件、农业养殖等多个行业，有大量上下游企业与其发生交易往来。若关联企业实行实质合并司法程序，必然发生大量合同履行不稳定情形，从而影响集团上下游生产，导致交付停滞等后果，进而可能影响社会面稳定。“单体联动式”有助于旗下公司生产经营相对不受影响，有助于维持上下游供求关系稳定，并避免引发社会矛盾。

第三，“单体联动式”重整有利于节约司法资源和程序成本。大型企业集团“单体联动式”重整，通过在庞大的企业集团中筛选识别单个核心企业作为单体重整“支点”，从而带动整个集团的资产盘活和内部债务化解。该模式无须司法程序对整个集团作高成本的整体性处置，仅需对“支点”企业进行单体重整，恢复改善“支点”企业治理能力，也能在有限的重整期间有效节约司法资源和程序成本，以达到在节约司法资源前提下最大化维护债权人合法权益的效果。

二、市场化引入信托计划，破解巨额债务清偿难题

在重整实践中，传统债权清偿方式有现金清偿、以物抵债、债转股等方式。

现金清偿方式一般需要有外部投资人注入资金的前提条件，但债务规模巨大又未能招募到投资人的大型企业集团重整案件，无法实现现金清偿。以物抵债方式则需要明确抵债的财产及其相应金额，对于债权人逾3000户、资产和债务情况复杂的开发总公司案，为每一位债权人确定与其债权金额相匹配的抵债财产，并获得债权人认可，难度较大，况且重整所需的维持企业持续经营的核心资产不能用于以物抵债。因此，该案也无法适用以物抵债的偿债方式。债转股方式在实践中应用较多，即通过将债权人债权转换为对债务人股权的方式进行清偿。但该模式面临《公司法》等相关法律法规对股东人数强制性规定的限制。开发总公司案债权人人数众多且结构多元，既有金融机构、大型企业，也有私募基金、小微企业、自然人等，各类债权人诉求不一。例如，商业银行债权人持有企业股权受到《商业银行法》等相关法律法规限制，难以达成债转股合意。此外，某科建设持有的资产多为对外应收账款、长期股权投资等，变现耗时长、难度大，也影响了债权人债转股的意愿。因此，该案无法采用债转股偿债方式。

在大量研究和探索基础上，本案重整计划确定引入信托计划，以实现企业在债权人管理控制下恢复经营而重生。信托制度的风险隔离、灵活处置特点，对破产案件财产处置具有独特优势。

（一）市场化招募遴选信托计划受托人，破解巨额债务化解难题

开发总公司旗下资产类型繁多，资产盘活和处置需要合适时机才能实现资产价值最大化。本案通过2轮遴选、9次对接会议、5场谈判，由债权人代表、行业专家等组成的遴选委员会最终确定了信托计划受托人。市场化的公开招募、充分竞争，一方面可以遴选出更契合案件情况、更具备专业能力的专业机构担任信托受托人，另一方面提升了案件办理的透明度，更大程度上

获得了广大债权人对信托计划的公认度，彰显了程序公开公平原则。

信托计划将重整企业除现金之外的全部资产，包括工程资质、工程项目、对外投资、应收账款等全部纳入信托计划，以信托受益权清偿债务。第一，基于信托财产独立性原则，开发总公司的应收款等资产纳入信托计划后，能够充分发挥信托财产隔离功能，有利于开发总公司“轻装上阵”，利用保留的一级建筑资质，尽快恢复正常生产经营活动；第二，由于开发总公司待处置资产规模大且具有多样性，若短期内资产仓促变现，市场受疫情影响，价值必然遭到贬损，需要合适的处理时机，以实现资产价值最大化，最大限度维护债权人的受偿利益；第三，信托公司完成信托计划的设立登记手续，将信托受益权按照裁定书确定的债权顺位及受偿比例分配给全体债权人，债权人持有信托受益权份额确认书。债权人转让信托受益权份额，仅需向信托公司办理变更登记手续，债权人兑现债权利益较为便利，也能增强信托受益权份额的流动性。

（二）信托计划附加受益权份额兑换平台及保管服务，确保债权人利益最大化

基于信托受益权流通性强、便于交易的特点，从中小额债权人实际需要出发，本案以“同质同价”“完全自愿”为原则，创新引入信托受益权兑换平台，为债权人实现债权提供商品、权益兑换的选择，从而使债权人可以更多元灵活的方式处置权益，极大提高了中小债权人对于重整计划的接受度，有力促成了重整计划的表决通过。

此外，因开发总公司关联企业众多，互相交叉担保，故同一笔债权中，除开发总公司外，还可能存在其他主债务人或担保人等偿债责任人。债权人的债权被纳入信托计划后，考虑到其在向其他偿债责任人主张权利时，其他偿债责任人可能提出债权已获重整程序信托受益权处置而责任归于消灭的抗辩，为切实保障债权人依法享有对其他偿债责任人主张的权利不受影响，重整计划提供信托受益权份额的保管服务，即债权人可以申请信托公司保管其信托受益权偿债权利。保管期间，债权人不仅仍有权基于该信托受益权份额行使参加信托受益人大会、投票表决等权利，还可以要求其他主债务人或担保人等偿债责任人承担相应的清偿责任，从而为债权人向其他共同偿债责任人主张权利减少争议。该可选择方案充分保障了债权人实现权利的选择权，得到债权人的认可。由此可见，信托计划附加信托受益权份额兑换和保管服

务，为债权人实现利益提供了最大限度的保护。

关联索引

《中华人民共和国企业破产法》（2006 年 8 月 27 日）

第二条 企业法人不能清偿到期债务，并且资产不足以清偿全部债务或者明显缺乏清偿能力的，依照本法规定清理债务。

企业法人有前款规定情形，或者有明显丧失清偿能力可能的，可以依照本法规定进行重整。

第七条 债务人有本法第二条规定的情形，可以向人民法院提出重整、和解或者破产清算申请。

债务人不能清偿到期债务，债权人可以向人民法院提出对债务人进行重整或者破产清算的申请。

企业法人已解散但未清算或者未清算完毕，资产不足以清偿债务的，依法负有清算责任的人应当向人民法院申请破产清算。

第七十条 债务人或者债权人可以依照本法规定，直接向人民法院申请对债务人进行重整。

债权人申请对债务人进行破产清算的，在人民法院受理破产申请后、宣告债务人破产前，债务人或者出资额占债务人注册资本十分之一以上的出资人，可以向人民法院申请重整。

第八十六条 各表决组均通过重整计划草案时，重整计划即为通过。

自重整计划通过之日起十日内，债务人或者管理人应当向人民法院提出批准重整计划的申请。人民法院经审查认为符合本法规定的，应当自收到申请之日起三十日内裁定批准，终止重整程序，并予以公告。

案　号：（2020）沪 03 破 307 号

合议庭：俞秋玮　吴　炯　陆韵华　孙红日　姚　磊

编写人：陆韵华

4. 共益债助房地产企业完成烂尾楼续建

——上海某房地产开发公司预重整转重整案

关键词

预重整转重整　共益债　房地产企业复工续建

裁判要旨

本案响应国家对支持房地产企业健康发展的政策导向，依《上海破产法庭预重整案件办理规程（试行）》（以下简称《预重整规程》），通过“预重整+重整”，提高重整可行性，降低破产成本，提高破产审理质效。并依据《企业破产法》及相关司法解释规定和当事人意思自治原则，以市场化促成相关利益主体自主谈判，达成共识，运用共益债制度成功融资促成续建，通过重整协议约定共益债偿还优先性，烂尾楼得以盘活，企业得以挽救。

基本案情

上海某房地产开发公司系某集团旗下专门负责某项目开发与建设的项目公司，该项目位于上海市中心，土地用途为办公、住宅、社区级公共设施，总占地面积约3.7万平方米，其中住宅用地面积约2万平方米。因受房地产行业整体形势及股东流动性危机影响，上海某房地产开发公司资金链断裂，继而引发一系列诉讼、仲裁及执行案件，导致项目地块遭受多轮司法查封，项目于2022年3月底全面停工。根据项目在停工时点的开发进度，可处置资产仅为土地使用权和低价值在建工程，变现价值有限，且交易税费金额极高。经初步测算，公司总资产变现金额不足以支付建设工程款以及有财产担保债权，普通债权清偿率极低。但若采用重整方式进行资产盘活，实现复工续建，则预计可售货值约为183亿元，可足额覆盖建设工程款、有财产担保债权以及普通债权等，并且股东权益仍有剩余的可能，能够实现各方利益最大化。

但因某集团整体债务危机，导致该项目已无法通过获取后续商业融资而陷入困境。

项目停工后，引发债务人职工安置、项目总包方管理人员工资及劳务班组农民工工资欠付等一系列影响社会稳定的问题。加之房地产市场形势并不理想，如不快速推进建设销售，资产价值岌岌可危，亟须通过司法程序进行挽救。鉴于房地产市场总体走势疲软，而债务人资产负债规模庞大、债权债务关系复杂，重整价值及重整可行性有待进一步明确，同时也为了消除债务人对直接进入重整程序可能面临的重整失败而转入破产清算的不可逆失败风险后果的顾虑，债务人和金融债权人在困境中展示出自救勇气和社会责任感，申请启动预重整程序，上海市第三中级人民法院（以下简称三中院）充分考虑项目重整的紧迫性和必要性，依申请及时受理了债务人预重整，并根据主要债权人及债务人联合推荐，确定预重整期间临时管理人，协助指导各方开展预重整工作。

临时管理人在法院指导下有序推进预重整期间的审计与评估、债权申报与审查、财产调查与重整价值研究分析、意向投资人招募、项目总包方工程款的审核、职工安置、预重整期间重整计划草案分组表决等各项工作。在确定审计及评估机构、遴选投资人、重整方案设计与讨论等重要事项上，临时管理人均充分听取债权人意见，组织主要债权人参与听证、打分评选，并成功引入共益债投资人。投资人在破产申请受理后，将向债务人提供共益债借款 7.5 亿元，并提出包含重整模式、项目复工续建、债务人后续经营方案、债权调整及受偿方案等关键要素的预重整计划草案，经预重整期间债权人会议分组表决通过。根据预重整计划草案，项目复工续建所需工程款，在经公开选聘确认的第三方造价咨询机构、跟踪审计机构审核确认后，共益债借款资金经管理人最终复核后直接支付至项目总包方、分包方及供应商，以保障下游施工方、供应商顺利收到款项，避免项目施工再次出现停滞情况。

在预重整程序对债务人重整价值、重整可行性进行充分评估的基础上，三中院依债务人申请，裁定债务人转入重整程序。立足于预重整期间取得的工作成果，项目在重整期间即实现正式复工续建，同时也妥善解决了总包方人员管理费用及农民工工资欠付问题。此外，债务人保留全部员工岗位 36 个，职工工资经管理人审核后按月足额发放。以上举措保证了项目复工续建工作的稳定持续开展。重整计划草案表决中，依《预重整规程》第 18 条的规定，预重整期间已经表决通过的重整计划草案，与重整程序中的重整计划草案一致的，已同意的债权人和出资人表决意见为重整程序中重整计划草案的同意意见。重整计划草案经各表决组高票通过。

2023年8月，三中院依据《企业破产法》第86条规定，裁定批准债务人重整计划并终止重整程序。进入重整计划执行后，债务人在管理人监督下严格执行重整计划。通过重整程序，债务人成功化解了逾110亿元债务，顺利盘活在建工程资产，最大限度保障了债权人受偿利益，企业获得重生。

案例分析

债务人资产负债牵涉面广、金额巨大，其中还涉及约84.5亿元金融机构债权，涉诉、涉仲裁案件法律关系复杂，同时牵涉职工安置、农民工工资欠付等影响社会稳定的问题，其重整工作不仅关系到企业本身的纾困解难，还关系到防范化解地方性金融风险、维护社会稳定等问题。

一、预重整与重整相结合助力企业再生

为更好地服务保障上海优化法治化营商环境建设，最大限度发挥司法服务大局职能和破产制度保护功能，满足经营主体司法需求，在重整程序前开展预重整，充分发挥市场主导作用与司法指引功能，尽早挽救困境企业，鼓励陷入困境的尚有重整价值企业及其相关利益主体，依当事人意思自治原则进行协商谈判，促进重整可行性提高，减少企业直接进入重整程序可能面临的重整失败而转入破产清算的不可逆风险，上海破产法庭依照《企业破产法》及相关司法解释的规定精神，参照最高人民法院《全国法院破产审判工作会议纪要》《全国法院民商事审判工作会议纪要》等指导意见，结合实践，制定《预重整规程》，鼓励困境企业在正式重整程序前先行开展预重整，以尽早对困境企业予以拯救，尽力保住经营主体，满足经营主体司法需求。

世界银行新一轮营商环境评估指标体系（B-READY）（以下简称BR）中“商事破产”项下“整体效率”维度共设4个评价指标：破产清算程序的时间、破产清算程序的成本、重整程序的时间、重整程序的成本。在房地产企业破产中引入预重整，将预重整中的工作成果延续到重整程序，能有效降低破产成本，提升重整效率。

近年来，面对宏观经济环境变化、融资难度加大、市场竞争加剧等多重

挑战，房地产行业进入深度调整期，不少房地产企业面临巨大生存压力。房地产行业健康稳定发展在保障居民住房需求、维护经济社会稳定、防范金融风险、优化资源配置等方面有着重大影响。国家发布《关于进一步优化营商环境更好服务市场主体的实施意见》等一系列政策措施稳定房地产市场，支持和引导房地产企业健康发展。

因房地产企业一般体量较大，牵涉农民工工资、购房人权益、金融风险防范等方方面面的问题和利益，实践中多适用重整制度拯救困境房地产企业。但是，出于房地产企业本身的特殊性，例如，涉工程续建，投资者准入门槛高；涉及大量购房者，易引发群体性事件；涉金融贷款，可能影响金融稳定等，重整具有很大的不确定性。在挽救房地产企业中引入预重整程序，能够尽可能地保持企业商誉，增强市场信心，向投资者、债权人乃至购房者传递积极信号，为企业融资、续建和销售创造有利条件，提高重整可行性，促成多方共赢，维护社会稳定。

本案债务人陷入经营困境后，虽经债务人努力，终因商业融资受挫而未能成功自救。为进一步明确重整可行性，消除债务人对于重整不成进入破产清算程序的顾虑，法院受理债务人预重整申请。公司进入预重整程序后，公司债务危机得到暂时控制。在预重整程序中，债务人经营管理团队拟定具体经营方案，各方通力合作反复论证，就重整具体事宜达成一致，既保持了债务人经营的连贯性，也保障了债务人资产的运营效率。同时，也提振了投资人的投资信心。重整可行性得到极大提高。

预重整期间，临时管理人在法院指导下有序推进审计评估、债权申报审查、财产调查、重整价值研究分析、意向投资人招募、项目总包方工程款审核、职工安置、重整计划草案分组表决等各项工作，并成功引入某资产管理公司作为共益债投资人，与担保债权人等各利益相关方共同签署《共益债投资协议》。最终各方形成了包含重整模式、项目复工续建、债务人后续经营方案、债权调整及受偿方案等内容的预重整计划草案，并经分组表决通过，为后续进入司法程序重整成功奠定了扎实基础。

案件转入重整程序后，预重整中签订的《共益债投资协议》效力自动延续，确保了共益债融资的一贯性。在沿用前期工作成果和预重整计划草案基础上形成重整计划草案，提高了重整效率。债权人在预重整期间对草案的同意意见视为对正式草案的同意，不需要重复表决，提高了重整质效。

本案通过“预重整+重整”程序获得新生，资产得到盘活。项目从停工时地基尚未完成状态，到首批住宅完成续建，开盘销售，仅用时不到十个月。目前，首批住宅已基本售出。

二、通过共益债融资模式实现资产盘活

共益债融资是破产程序一种特殊的融资手段，旨在为资金链断裂的困境企业提供必要的资金支持，使其能够继续运营或完成特定的项目，助其盘活资产，从而提高企业的重整价值和重整成功率，进而保护全体债权人的利益。《企业破产法》第42条第4项对为继续营业而产生的共益债作了定义：“人民法院受理破产申请后发生的下列债务，为共益债务：（四）为债务人继续营业而应支付的劳动报酬和社会保险费用以及由此产生的其他债务。”《最高人民法院关于适用〈中华人民共和国企业破产法〉若干问题的规定（三）》（以下简称《破产法司法解释三》）第2条进一步明确了共益债融资的性质、清偿顺序，“破产申请受理后，经债权人会议决议通过，或者第一次债权人会议召开前经人民法院许可，管理人或者自行管理的债务人可以为债务人继续营业而借款。提供借款的债权人主张参照企业破产法第四十二条第四项的规定优先于普通破产债权清偿的，人民法院应予支持，但其主张优先于此前已就债务人特定财产享有担保的债权清偿的，人民法院不予支持。管理人或者自行管理的债务人可以为前述借款设定抵押担保，抵押物在破产申请受理前已为其他债权人设定抵押的，债权人主张按照民法典第四百一十四条规定的顺序清偿，人民法院应予支持”。BR将“破产程序启动后融资的可用性及优先性”作为“商事破产”的指标项之一，该指标规定：“允许潜在债务人在正式破产程序启动后获得信贷，以及预先确定的此类程序启动后信贷相关的优先权。”进入破产程序的房地产企业，主要资产往往涉及在建工程。如果将在建工程在破产清算程序中进行拍卖，虽然可以快速变现，但也存在在建工程价值易被低估的可能，潜在买家可能会因为工程的不完整性和后续建设成本的不确定性而压低报价；且在建工程拍卖涉及土地使用权、规划许可、施工许可等多项手续，耗时较长，增加程序成本，还可能引发施工单位、供应商等群体性矛盾，带来社会稳定隐患。因此，对在建工程进行续建，实现交楼销售，更有利于维护资产价值、保障债权人利益、降低破产成本、维持社会稳定。但房地产企业重整中的在建工程续建需要引入大量增量资金，共益债

融资是困境企业引入增量资金的有效方式。

本案债务人的核心资产为项目土地使用权，其价值会随着土地闲置时间的延长而面临贬损风险。快速实现资金注入的共益债融资有利于满足项目需求。对股东而言，仍可持有企业剩余权益而分享资产盘活所带来的收益，具有推动项目复工续建的积极性。对于债权人而言，在预重整程序中尽早引入共益债融资，可明确重整预期，赢得其对重整的支持配合。对于投资人而言，共益债借款清偿的优先性令其能够在获得投资回报的同时得以安全退出。本案临时管理人在预重整阶段即启动投资人公开招募，债务人、主要债权人以及临时管理人组成评审委员会对意向投资人进行评审，确定共益债投资人。《破产法司法解释三》第 2 条明确融资性的共益债优先于普通债权，但并不支持优先于担保债权。就此，本着当事人意思自治原则，临时管理人积极引导、协助债务人、投资人与有财产担保债权人、建设工程款优先债权人开展多轮协商谈判，最终关键诉求协商一致，担保债权人等各利益相关方共同签署《共益债投资协议》，明确约定共益债投资人获得优先于有财产担保债权人、建设工程款优先债权人的债权清偿顺位。该约定内容纳入重整计划，经债权人会议及出资人组表决通过。得到清偿优先保障后，投资人参与项目续建的投资信心和动力得到极大增强，为重整成功奠定了坚实的基础。

根据《共益债投资协议》及重整计划，重整投资人向债务人投入不超过 7.5 亿元共益债借款，作为项目的续建资金，推进资产盘活与复工复产。履行中，根据项目复工续建的实际需要，管理人协助债务人向投资人分四次发出共益债提款指令，共得到共益债借款 4.5 亿元，共益债借款额度 3 亿元余额未予使用。对于投资人投入的资金，管理人开设专门账户，用于共益债借款的接收、复工续建资金支付、偿债资金分配等费用收支，并就账户资金管理嵌套第三方机构工作制度，费用收支均需由第三方机构审核后由管理人审批统一安排。共益债资金主要用于支付复工续建工程款、清偿部分普通债权、项目管理费用等。在共益债借款解决流动资金不足问题后，债务人项目复工续建进展顺利。首批住宅 4 幢共计 228 套房屋，预售备案价格按市场价确定，取得职能部门预售许可证，并于 2024 年 6 月实现开盘销售。截至 2024 年 11 月 26 日，首批次住宅总销售金额超过 30 亿元。预售回款已对有财产担保债权人进行了两次分配。该项目以 7.5 亿元共益债盘活百亿规模资产，化解困境房地产企业债务危机，同时体现了保障农民工权益、创造新工作岗位的稳民生精神，并起到了保障城市公共配套设施和更新城市界面的积极意义。

关联索引

《中华人民共和国企业破产法》（2006年8月27日）

第二条 企业法人不能清偿到期债务，并且资产不足以清偿全部债务或者明显缺乏清偿能力的，依照本法规定清理债务。

企业法人有前款规定情形，或者有明显丧失清偿能力可能的，可以依照本法规定进行重整。

第七条 债务人有本法第二条规定的情形，可以向人民法院提出重整、和解或者破产清算申请。

债务人不能清偿到期债务，债权人可以向人民法院提出对债务人进行重整或者破产清算的申请。

企业法人已解散但未清算或者未清算完毕，资产不足以清偿债务的，依法负有清算责任的人应当向人民法院申请破产清算。

第七十条 债务人或者债权人可以依照本法规定，直接向人民法院申请对债务人进行重整。

债权人申请对债务人进行破产清算的，在人民法院受理破产申请后、宣告债务人破产前，债务人或者出资额占债务人注册资本十分之一以上的出资人，可以向人民法院申请重整。

第八十六条 各表决组均通过重整计划草案时，重整计划即为通过。

自重整计划通过之日起十日内，债务人或者管理人应当向人民法院提出批准重整计划的申请。人民法院经审查认为符合本法规定的，应当自收到申请之日起三十日内裁定批准，终止重整程序，并予以公告。

《最高人民法院关于适用〈中华人民共和国企业破产法〉若干问题的规定（三）》（2020年12月29日修正）

第二条 破产申请受理后，经债权人会议决议通过，或者第一次债权人会议召开前经人民法院许可，管理人或者自行管理的债务人可以为债务人继续营业而借款。提供借款的债权人主张参照企业破产法第四十二条第四项的规定优先于普通破产债权清偿的，人民法院应予支持，但其主张优先于此前已就债务人特定财产享有担保的债权清偿的，人民法院不予支持。

管理人或者自行管理的债务人可以为前述借款设定抵押担保，抵押物在破产申请受理前已为其他债权人设定抵押的，债权人主张按照民法典第四百一十四条规定的顺序清偿，人民法院应予支持。

《上海破产法庭预重整案件办理规程（试行）》（2022年5月27日）

第一条 在重整程序前开展预重整，充分发挥市场主导作用与司法指引功能，尽早挽救困境企业。鼓励陷入困境的尚有重整价值企业及其相关利益主体，依当事人意思自治原则进行协商谈判，促进重整可行性提高，减少企业直接进入重整程序可能面临的重整失败而转入破产清算的不可逆风险。

第二条 债务人或债权人可在正式启动重整程序前，向法院提出预重整申请。债务人在专业中介机构引导和辅助下开展各项事务，与相关利益主体开展自主谈判。法院给予相应指导、监督和必要司法协调，推动各相关利益主体积极协商形成重整计划草案，保障庭外重组与重整程序顺利衔接。

第十八条 注重预重整与重整程序的衔接，以提高重整效率和效果。预重整期间已经表决通过的重整计划草案，与重整程序中的重整计划草案一致的，已同意的债权人和出资人表决意见为重整程序中重整计划草案的同意意见。

重整程序中重整计划草案进行了修改且对相关债权人利益有影响的，受到影响的债权人有依法重新表决权；对出资人权益调整事项进行了修改且对出资人利益有影响的，受到影响的出资人有依法重新表决权。

案　号：（2023）沪03破366号

合议庭：陆韵华　刘　琳　黄宗琴

编写人：陆韵华

5. 民营上市公司市场化重整路径解析

——上海某防务装备技术股份有限公司重整案

关键词

市场化　重整　上市公司　自行管理

裁判要旨

破产重整案件审理应遵循依照市场化、法治化原则，注重发挥市场在资源配置中的决定性作用，尊重经营主体意思自治，确保相关信息及时充分披露，充分维护债权人权益，积极运用继续营业与自行管理提升营运价值。通过市场化重整，在管理人监督下债务人自行管理财产和营业事务，迅速恢复生产经营及盈利能力。充分运用信息化手段，提升债权人参与程序和行使权利的便捷性，降低破产程序成本。

基本案情

上海某防务装备技术股份有限公司（以下简称装备股份公司）是一家成立于2001年10月的民营企业，于2009年在深圳证券交易所上市，是全国首批创业板上市公司。公司注册资本9.6亿元，拥有船舶和海洋工程研发设计、总装制造和工程监理完整的生产链，在国内船舶和海洋工程设计领域拥有较高的知名度。自2018年以来，装备股份公司经营陷入巨额亏损，出现流动性危机，虽账面资产大于负债，但多次自行重组均告失败。因装备股份公司无法清偿到期债务，债权人提起多起诉讼仲裁，仅本金就高达7亿余元。装备股份公司的银行账户及核心子公司股权陆续被司法查封，核心资产面临被分割出售的困境。依债权人申请，在完成前置审批程序后，上海市第三中级人民法院于2020年2月依法裁定受理装备股份公司破产重整一案，并通过随机摇号方式指定管理人。

受理后，装备股份公司向法院申请重整期间自行管理。法院指导管理人对装备股份公司是否具备自行管理能力进行了调查，并指导管理人制作《自行管理期间监督办法》（以下简称《监督办法》）。结合管理人提交的《专项核查报告》及《监督办法》，法院经审查认为，装备股份公司内部治理结构完善且仍正常运转，具备自行管理的能力；主营业务专业性较强，自行管理有利于继续经营；装备股份公司不存在隐匿、转移财产及其他严重损害债权人利益的行为；管理人制定了切实可行的监督办法，依据《企业破产法》第73条之规定，准许装备股份公司在管理人监督下自行管理财产和营业事务。在监督机制有效运行下，装备股份公司管理层及核心技术团队保持稳定并正常履职，主营业务有序恢复。重整中，通过中止执行与解除财产保全等措施，明显改善了装备股份公司的整体经营环境，其市场信誉逐渐恢复。重整期间，装备股份公司继续履行合同60多份，并陆续新承接船舶设计、建造合同等近50项。2020年上半年即实现净利润4000余万元，为重整成功打下了扎实的基础。

法院通过全国企业破产重整案件信息网发布债权申报公告后，管理人在法院指导下开设电子邮件、微信等线上债权申报渠道。法院根据管理人调查及债权人会议核查，裁定确认200多位债权人，合计债权金额10亿余元。为落实新冠疫情防控要求，装备股份公司债权人会议以网络会议方式召开，提高了债权人参与的便捷性并降低了参会成本，有表决权的债权人出席率高达91%。

为确保审理进程高效、有序推进，法院持续加强对管理人履职的监督指导。受理之初，合议庭随同指定管理人《决定书》，一并向管理人发送《履职要求告知书》，提出了7个方面17项具体明确的履职要求；审理中，管理人共计提交每周工作报告及专项报告73份；法院定期召开管理人工作例会，及时了解重整工作进展、及时指导和协调下一步工作。为发挥债权人会议和债委会的监督作用，依法保障债权人参与权、知情权与监督权，法院邀请债委会代表出席管理人工作例会，听取管理人及债务人的工作汇报、重整计划草案说明等，了解程序进展并依法提出质询。法院明确信息披露责任主体并要求增强信息披露准确性、针对性和及时性。管理人和装备股份公司在深圳证券交易所信息披露平台上，共发布各类公告120多份，依法依规地履行信息披露义务，股价总体稳中有升。

管理人在多个媒体平台发布意向投资人公开招募公告，还与专业投资中介签署了《居间服务协议》，市场化引入意向投资人。管理人累计与20多家意向投资人、居间方进行了实质磋商；与意向投资人进行了30多场商业洽谈。通过多轮磋商，比较了债权清偿率、投资人与装备股份公司主营业务的协同性、方案可行性等，最终选定重整投资人。

之后，装备股份公司在法定期间内向法院提交重整计划草案。草案安排装备股份公司核心资产和业务予以保留。以装备股份公司现有总股本为基数，按每10股转增8股的比例实施资本公积金转增股票。转增股票由重整投资人以12亿元资金作为对价进行受让。有财产担保债权、职工债权、社保债权均全额现金清偿；普通债权在人民币5000万元及以下部分将全额现金清偿，超过人民币5000万元部分将按照85%的比例进行现金清偿，普通债权清偿率得以显著提升。

该重整计划经债权人会议表决，各表决组均高票通过了重整计划草案。2020年9月，法院依据《企业破产法》第86条第2款的规定，裁定批准重整计划并终止重整程序。

重整计划进入执行后，管理人快速与装备股份公司完成移交手续。重整投资人于当年11月提前支付重整投资款。12月完成装备股份公司股票资本公积转增股本及新增股本向重整投资人过户手续。2020年12月31日，法院裁定确认重整计划执行完毕。重整成功后，装备股份公司摆脱了债务危机与退市危机，优化了股东和治理结构，主营业务迅速恢复发展。2021年净利润比上年同期增长200%，并被认定为国家级第四批专精特新“小巨人”企业。

案例分析

破产程序内集合了以债务人为纽带的各相关经营主体的利益群体，且关涉合同法、物权法、证券法等各种法律关系的综合处理，[①] 以及由此衍生出的涉及要素资源优化配置、僵尸企业出清、落后产能淘汰、供应链产业链稳定、职工就业安置、所居区域安定等一系列问题。要高效解决问题：一是要在破产法治的框架下调整各经营主体之间的利益关系；二是要认识到市场化配置资源是最有效的形式，充分尊重并发挥市场在配置资源中的决定性作用，实

① 俞秋玮：《实施好破产制度之于“六稳”“六保”的重要作用》，载《人民司法》2020年第31期。

现破产程序的高效和低成本。

装备股份公司是一家民营上市公司，受行业宏观环境不景气及并购项目业绩大幅下滑等不利影响，产生了巨额亏损陷入债务危机，并面临退市。本案通过支持债务人自行管理、积极引入投资人等一系列市场化重整，“一揽子”解决了该民营企业的债务危机，有效维护了债权人、职工、中小股东等各方的利益，实现了社会整体价值最大化。

一、市场化方式推进重整程序

法院是重整程序主导者，负有依法高效推进重整程序的职责，包括程序启动、及时裁决处理重整中产生的各类纠纷、批准重整计划等。从市场化重整原则出发，尊重各参与主体的意思自治并搭建谈判博弈平台，督导管理人依法履职，维护债权人知情权、参与权等权利。

（一）重整程序启动应契合企业拯救价值

一般而言，危困企业的重整价值及挽救可能性会随着时间的推移而越发下降。企业一旦发生债务危机，债权人杂沓而至发起诉讼或仲裁，随之而来的是银行账户被冻结，现金流日益枯竭，经营业务陷入困顿，越发无力清偿债务，陷入螺旋下降的恶性循环。如果核心资产被分割出售用以偿债，则可能彻底丧失挽救可能。从市场规律来看，越早将危困企业纳入重整保护，挽救的可能性就越高，债权人的清偿率也越高。相比破产清算的受理条件，《企业破产法》第 2 条第 2 款将“有明显丧失清偿能力的可能”作为重整受理条件，体现了立法积极鼓励危困企业尽早启动重整程序并获得重整保护的价值取向。

实践中，对于上市公司重整价值的判断应摒弃“壳式重整”。“壳公司”主营业务一般早已深陷困境或所剩无几。“壳式重整”的目的不是挽救上市公司现有的主营业务，而是上市公司资格的技术性维持或再分配，与重整理念并不相符。在全面推进证券发行注册制以及常态化退市制度逐步完善的当下，上市公司“壳资源”的价值会大大降低。有限的司法重整资源应聚焦于主营业务仍可持续发展但暂时陷入困境的公司。上市公司“壳资源”不能当然地被视为公司具备“挽救价值”，而更应关注公司的主营业务状况、资产状况、技术工艺、供应链产业链地位、行业前景等因素。判断企业是否仍具重整价值的主要依据是企业的主营业务是否仍能持续经营并恢复盈利能力。本案中，装备股份公司虽陷入债务危机，但其海洋工程装备设计与建造、防务装备研制、清洁能源应用等三大主营业务，在行业内仍具有明显的技术优势和较强的核心竞争力，企业的设计研发中心、生产基地仍能正常运转，核心管理、业务技术团队仍保持稳定，市场渠道和客户关系仍得以保持，相关行业景气度也在不断提升。综合上述情况，装备股份公司具备明显重整价值和挽救可能性。

（二）重整推进需尊重经营主体意思自治

市场化重整，尊重包括债权人在内各参与主体的意思自治。重整兼具企业拯救与债权集体清偿的功能，通过允许债权人与债务人协商并以债权人（出资人）会议表决方式来确定重整计划。债务人的重新估值是重整核心，意思自治是重整价值评估公平和正义的便捷手段与有效途径。[①] 当然，实践中，意思自治亦会引发博弈僵局及权利人滥用权利情况的出现，如债权人侧重自身债权清偿率或希望债务人财产尽快变现清偿其债权；出资人则侧重谋求留存权益，不愿稀释股权比例等。对此，为促进重整，法院可加以引导：一是充分的信息披露供给，让程序的各参与人决策更具理性；二是重整中的法律问题及时释明，减少参与人疑虑；三是为经营主体商业洽谈提供平台，促进谈判进展。

（三）为经营主体提供充分信息供给

有表决权的债权人的决策有赖于信息的充分供给。然而重整计划表决所影响的先天障碍就是信息不对称，利害关系人（特别是债权人）往往难以知悉与公司经营、债务人财产、重整前景等相关的具体信息，在这种情况下进行表决很难完全体现其内在的真实意思。[②] 必要且充分的信息披露有助于消除信息不对称产生的负面影响，促进理性决策，并提升重整效率。

从披露责任主体及受众而言，破产法与证券法中的信息披露有所差异，破产法中的信息披露受众主要是债权人，而证券法中的信息披露受众主要是证券市场投资人。普通企业的破产程序中仅需依破产法满足债权人的信息需求，但在上市公司重整中，需同时满足两类受众群体的需求，因此两者间的差异需弥合。例如，《最高人民法院关于适用〈中华人民共和国企业破产法〉

① 高丝敏：《重整计划强裁规则的误读与重释》，载《中外法学》2018 年第 1 期。

② 韩长印：《简论破产重整计划表决的信息披露机制——以美国法为借鉴》，载《人民司法》2015 年第 1 期。

若干问题的规定（三）》（以下简称《破产法司法解释三》）第10条设定了单个债权人知情权，但对单个债权人信息供给可能会使其享有投资信息优势。如果该债权人同时又是破产企业证券市场投资人，就可能引发有悖证券法上信息披露公平性的质疑。因此，管理人在满足单个债权人知情权时还需符合证券法的要求，对于一些需要披露且可能影响股价的信息，应设立集中发布平台并在该平台上予以公告。

从披露内容而言，理论上有关表决所需的信息均应予以披露，包括但不限于债务人行业背景、债务人陷入困境的原因、债务人资产现状及评估价值、模拟清算下的清偿率、共益债务与破产费用、投资人的背景及履约能力、重整后的未来预期、法院裁定认可重整计划后的法律后果、重整执行阶段的治理结构、重整执行中可能出现的各项风险等。重整中由管理人主持的对上市公司有关财产、债权债务、营业状况的调查，以及审计、评估等形成的报告内容，应与上市公司在证券市场发布的报告内容有所衔接与呼应。如有不一致应及时予以解释说明，以免引发猜测。此外，还需注意信息披露被滥用的风险。《破产法司法解释三》第10条第2款规定，信息资料涉及商业秘密的，“债权人应当依法承担保密义务或者签署保密协议；涉及国家秘密的应当依照相关法律规定处理”。重整是挽救程序，债务人在重整后仍会继续经营，其商业秘密仍可能是公司核心竞争力之一，需注重保护。

本案中，管理人与装备股份公司依照有关证券法律法规及交易所业务规则梳理了相关信息披露要求，沟通协作做好上市公司信息披露工作。依照《最高人民法院关于审理上市公司破产重整案件工作座谈会纪要》第5条及《深圳证券交易所创业板股票上市规则》（2018年11月修订）第11~12条有关规定，法院明确信息披露义务主体及职责履行；指定管理人后，由管理人履行信息披露义务，自行管理后，由装备股份公司在管理人监督下履行信息披露义务。在法院批准自行管理后，披露工作及时由管理人移交装备股份公司；并由管理人在相关信息发布前再次审核，确保信息发布符合真实、准确、完整、及时、公平的要求。重整期间，在深交所指定的信息披露平台上，以管理人名义发布各类公告3份，以装备股份公司名义发布各类公告120份，依法依规地履行了信息披露义务。

二、市场化方式提升债务人营运价值

重整的目的是挽救具有市场竞争力但陷入财务困境的企业。重整的基本理念在于企业的营运价值大于清算价值，而重整使得利益相关者可以取得这种营运溢价。[①] 维持乃至提升营运价值是重整中的核心内容之一，而利用市场机制是提升营运价值最有效的方式。从企业经营的角度来看，允许债务人继续营业并自行管理是重整遵循市场基本规律的最佳模式。一方面，继续营业能使现有生产要素得以继续利用，是维持乃至提升企业营运价值的应然选择。另一方面，债务人自行管理能最大限度地确保企业经营的连续性，有助于现有业务或供应链的延续及稳定，尽可能降低重整启动对企业的消极影响。此外，通过允许债务人继续营业，也是以市场方式来验证企业是否真正具备重整价值。

（一）着力维持企业继续营业

维持继续营业能为债务人保留住核心管理与技术团队，维持现有的研发、生产、营销体系、稳定供应链和客户资源；履行未履行完毕的合同，有助于经营性现金流流入，从而维持并提升企业的营运价值。对于上市公司而言，维持继续营业有助于稳定证券市场交易价格与秩序，并为之后的投资人招募、重整计划表决通过与执行完毕奠定扎实基础，是重整中的核心工作之一。

依据《企业破产法》第61条第1款第5项的规定，继续或者停止债务人的营业属于债权人会议的职权。在债权人会议作出决议前，如债务人仍在继续经营的，管理人的接管理应包括营业事务。重整中，管理人接管后不仅无权要求债务人停止经营，还应积极维持企业继续营业（自行管理下，则由债务人承担），并采取积极措施。

1. 保障经营的完整性

重整保护的核心是对债务人的营业保护，营业保护的核心是经营性资产的完整性以及人员团队的完整性。管理人应及时通知相关法院及时中止执行，通知相关机构解除对债务人财产保全措施，告知抵押权人暂停行使抵押权等，必要时可申请受理法院予以协助。本案中，装备股份公司积极采取措施留住管理、技术、营销的核心成员、关键成员，并通过共益债务的方式提供具有市场竞争力的工资待遇。

2. 妥善处理未履行完毕的合同

根据《企业破产法》第18条的规定，管理人需要决定解除或者继续履行

---

① ［美］查尔斯·J. 泰步：《美国破产法新论》（第三版），韩长印、何欢、王之洲译，中国政法大学出版社2017年版，第1132页。译文中所用为“运营价值”。

债务人和对方当事人均未履行完毕的合同。通常，双方均未履行完毕的合同与重整企业的业务发展、债权债务等方面都紧密交织在一起，需仔细梳理、斟酌研判。本案中，首先，法院指导管理人在全面了解公司业务的前提下梳理现存的、均未履行完毕的合同。经过梳理、查漏补缺，合同类型涵盖业务类合同、科研类合同、房屋租赁合同、其他日常合同、律师聘用协议、居间服务协议、财务顾问合同等，合计102份，其中涉及业务类合同66份。其次，梳理未履行完毕合同的类型，划分判定解除的权限。依照《监督办法》的划分，由装备股份公司决定解除或继续履行与财产管理和营业事务有关的待履行合同，除此之外的合同，由管理人来决定是否继续履行。因此，就与装备股份公司财产管理和营业经营有关的待履行合同（如业务类合同、科研类合同、房屋租赁合同、其他日常合同等），将由装备股份公司决定解除或是继续履行；其他待履行合同（如律师聘用协议、居间服务协议、财务顾问合同）将由管理人作出决定。再次，对合同继续履行必要性进行研判，需重点审查履行合同对企业的业务持续发展是否具有必要性、不履行是否能快速寻找到适合的替代方、不履行是否会产生较高的违约成本等。最后，应与合同相对方积极沟通合同履行事宜，耐心地向其解释破产相关概念以及继续履行合同后其权益的保障，消除其障碍心理，并依法确认共益债务。对于一些非必需的合同应及时通知合同相对方予以解除。本案中，债务人、管理人均认为与某财务公司签订的《财务顾问协议》因重整而无实际履行的必要，反而会增加巨额的成本，就通知对方不再继续履行。

3. 积极承接新业务、开展新融资

在重整保护下，债务人暂时摆脱偿债压力，获得宝贵的“喘息”调整时机，可轻装上阵并集中精力调动现有生产要素恢复生产经营；在重整保护下，与金融机构等以“共益债务”的方式开展融资。本案中，装备股份公司管理层及核心技术团队在重整期间保持稳定并正常履职，新承接船舶建造、设计、监理等合同50多项，其中3个项目合同金额均超亿元。为解决装备股份公司日常经营中的流动资金不足的问题，经协商，选定的重整投资人同意将投入的投资保证金转为对装备股份公司的无息“共益债务”，主要用于支付重整受理后的工资及社保费用、重整中的审计评估费用、财务顾问费用等。

（二）支持自行管理的适用

重整中的管理模式是重整制度中的核心问题之一。我国《企业破产法》

关于重整程序中的经营模式采用“管理人管理为原则，债务人自行管理为例外”的模式。[①] 在上市公司重整司法实践中，也多以管理人管理模式为主。

自行管理与破产管理人作为外部主导的重整模式相比，一方面具有效率高、费用低的优势，能确保企业运营即重整的连续性，是一种更为侧重效率的制度安排；另一方面具有激励作用，更易激励债务人尽早提起重整程序，并激发债务人挽救企业的积极性，提升重整成功率。但实践中，对债务人的不信任以及自行管理滥用所带来的风险厌恶超越了其制度优势，使得债务人自行管理未能得到有力推行。要充分发挥自行管理的作用并防止其被滥用，应从以下三个方面着手：一是设定合理的审查条件；二是对职权进行合理分配；三是加强过程监督。

本案中，装备股份公司进入重整时，仍在继续营业，管理层也正常履职，且主营业务专业程度高。法院对该案债务人自行管理的适用条件进行审查，并从管理人职责分工及监督等方面进行了尝试，取得了良好的效果。

1. 审查适用条件

《企业破产法》第 73 条第 1 款对债务人自行管理设定了限制：一是程序限制，即由债务人申请并由法院审查批准；二是由管理人进行监督，但未对适用条件作出明确规定。最高人民法院 2019 年发布的《全国法院民商事审判工作会议纪要》（以下简称《九民纪要》）第 111 条第 1 款规定：“重整期间，债务人同时符合下列条件的，经申请，人民法院可以批准债务人在管理人的监督下自行管理财产和营业事务：（1）债务人的内部治理机制仍正常运转；（2）债务人自行管理有利于债务人继续经营；（3）债务人不存在隐匿、转移财产的行为；（4）债务人不存在其他严重损害债权人利益的行为。”自行管理的审查条件包括两个“积极条件”，即债务人内部治理机制仍正常运转、自行管理有利于债务人继续经营；两个“消极条件”，即债务人不存在隐匿、转移财产的行为和其他严重损害债权人利益的行为。

本案中，法院从三个方面对债务人自行管理的申请进行审查：第一，内部治理机制是否正常运转。装备股份公司各项内部治理机制和制度完备，内部组织架构规范清晰，股东会、董事会等决策机构正常运转，从经营决策到业务执行都有专职对应的机构部门负责。即便陷入债务危机，其内部治理机

① 最高人民法院民事审判第二庭编著：《〈全国法院民商事审判工作会议纪要〉理解与适用》，人民法院出版社 2019 年版，第 562 页。

制仍在正常运转。无控股股东、实际控制人及相关方以资金占用、违规担保等方式侵占上市公司利益的问题。第二，自行管理是否有利于债务人继续经营。有利于继续经营是自行管理制度的效益根基，审查与判断须建立在对债务人主营业务模式、经营现状、所处行业特性、供销渠道等商业要素综合考量的基础之上。本案中，管理人经核查发现装备股份公司主营的船舶设计与制造业务专业性强，需要较高的技术和专业背景。自行管理有利于维护客商关系、增强市场信心，有利于保持生产经营的连贯性，有助于保障在手项目建设的按期交付；且自行管理灵活高效，能够对市场行情作出快速反应，谋取新的订单。第三，债务人是否存在隐匿、转移财产的行为以及其他严重损害债权人利益的行为。本案中，管理人通过对装备股份公司近三年的审计报告、证监会及交易所调查与处罚记录、诉讼与仲裁记录进行检索核查，通过征询审计机构、职工、债权人的意见等方式开展调查，未有相关主体反映装备股份公司存在涉嫌严重损害债权人利益的行为。控股股东、管理层也根据管理人的要求，向管理人提交了书面的《承诺函》，承诺公司高级管理人员不存在违法或欺诈行为。

2. 合理配置管理人职权

我国《企业破产法》第 73 条第 2 款原则性地规定，在自行管理下管理人的职权由债务人行使。《九民纪要》第 111 条则明确为“管理人职权中有关财产管理和营业经营的职权应当由债务人行使”。从市场化的角度理解，自行管理制度一定意义上是市场化分工，应体现“专业的事交由专业人士做”的原则。应对管理人与债务人的职责进行明确分工，使双方各展所长、各有侧重、分工协作。即便是债务人自行管理下，为避免利益冲突，债权申报与审查、财产调查、破产撤销权、诉讼代表权等职责，仍应由管理人行使为宜。

本案中，法院指导管理人、债务人通过《监督办法》规定的形式对双方职权进行了分工，即债务人履行与日常经营活动有关的财产管理和营业经营、起草重整计划草案、上市公司信息披露等职权，管理人履行日常经营监督权（包含对不当行为的纠正，列席股东会、董事会、监事会等）、保管证照印鉴、协助与监督重整计划的起草、监督信息披露、审查债权、调查财产、主持审计评估、代表诉讼、组织召开关系人会议及《企业破产法》第 31 条至第 40 条规定的职权等。双方对职权分工有分歧的，则由法院来决定。此外，虽然自行管理下，债务人自身决策机构仍可依公司《章程》《重大事项决策规则》

等对日常经营管理事项进行决策，但对外担保、出售重大资产等可能降低债权清偿率的行为仍应严格依照《企业破产法》的规定提交债权人会议进行表决。

3. 建立有效监督制度

建立风险管控机制并实现有效监督是自行管理成败之关键。有效监督的核心关键是对“用印”与“资金”的监管。可以以此为出发点设定如下的风险管控机制：由管理人接管印鉴，并根据债务人以往经营情况，设定超过一定金额的经营业务由管理人对用印及资金流出进行审批。

本案中，法院指导管理人制作了《监督办法》，作为自行管理期间的“章程”，对装备股份公司、控股股东及管理层的行为进行约束，核心是对证照印鉴使用、资金、信息披露、重整计划起草等方面的管控及监督机制。成立由公司核心管理层组成的自行管理事务小组作为专责机构，执行监督措施。明确在自行管理模式下，前述事务小组成员负有信义义务，破产法上管理人的责任承担规则应一并适用于小组成员。

三、各类经营主体充分参与

随着市场经济的不断发展，参与重整的经营主体日趋多元。一方面，市场运行实践中已证明，各类社会中介机构是市场机制运行最重要的主体之一。在重整中积极引入社会中介机构参与，能提升程序的透明度与公正性，推进交易的同时又能降低交易成本。另一方面，重整应积极吸纳投资人、重整融资出借人等充分参与重整，提升重整成功率。

（一）社会中介机构担任管理人

管理人作为破产程序中的重要机构之一，管理各项破产具体事务，破产程序能否公正、公平和高效进行，与管理人职责履行密切相关。[①] 根据《企业破产法》第24条之规定，管理人可以由清算组或社会中介机构担任。《最高人民法院关于审理企业破产案件指定管理人的规定》确立了以指定社会中介机构担任管理人为原则，以指定清算组为例外的规则，但在上市公司重整的

① 郁琳：《破产程序中管理人职责履行的强化与监督完善——以管理人的法律地位和制度架构为视角》，载《法律适用》2017年第15期。

司法实践中，清算组模式在上市公司重整中占据了绝对主流地位，[①] 且清算组组成人员涵盖众多的政府部门，并以政府部门人员出任负责人，呈非市场化现象。

本案中，法院依照市场化办理破产的原则理念，通过随机摇号方式在《上海市高级人民法院企业破产案件管理人名册》一级管理人中选任社会中介机构担任管理人。考虑到本案系上市公司重整，涉及证券市场监管及信息披露等事宜，法院明确要求管理人团队成员中需增加具备证券市场相关经验和专业能力的团队成员。法院作出指定管理人《决定书》的同时一并向管理人发送了《管理人履职要求告知书》，进一步明确管理人职责范围、履职规范、义务标准、责任后果等。审理期间，本案依照上海破产法庭督导管理人履职"四个一"[②] 机制要求，持续加强审理期间的督导，管理人就每周重整工作进展书面汇报法院，突发及重要工作进行专项报告。重整期间，法院共计收到管理人工作报告73份，及时了解、掌握重整工作进展，并有针对性地对下一步工作进行具体布置和推进。定期召开管理人工作例会，通过线上线下进行工作交流和讨论，对重整中遇到的困难和瓶颈，及时给予管理人指导、支持和协调，确保重整程序高效推进。

（二）市场化遴选审计、评估等社会中介机构

审计、资产评估、财务顾问等社会中介机构出具各类专项报告可以避免重整中信息不对称问题，有利于公正客观地推进程序。本案中，管理人通过市场化方式选任审计、评估、财务顾问等社会中介机构。一是从资质能力上，依据装备股份公司主营业务特点以及疫情防控需要设置了一定的竞选条件，如要求审计、评估机构具备从事军工涉密业务咨询服务安全保密资质、具有从事证券业务资格、重整项目经验、在上海有工作团队等，确保履职资质与能力。二是从程序公平透明上，组建了由管理人、债务人、债委会共同组成的评审委员会。三是从专业能力上，合理设定评分细则，如竞标机构的资质业绩、服务方案和团队、现场陈述、报价等因素。四是从平衡性价比的角度出发，采取竞争性谈判二轮报价，允许社会中介机构在第一轮报价后对方案

---

① 李曙光、郑志斌：《公司重整法律评论：上市公司重整专辑》，法律出版社2019年版，第279页。

② 即"一份"定期履职工作报告、"一次"管理人工作例会、"一支"债权人监督力量、"一张"管理人个案履职评价表——笔者注。

进行优化调整或提供更详细的方案，并根据竞争对手的报价情况调整自己的报价，有助于管理人在价格和质量、服务之间找到平衡点，实现性价比的最大化。

（三）以市场化竞争方式选定投资人

上市公司重整不仅应消解当前债务危机，更应以真正提高上市公司质量为核心。就此而言，吸引更多优质的产业投资人参与上市公司重整，改善公司资产负债结构和内部治理结构，更具优势。司法实践中，绝大部分重整成功的案例有赖于引入新投资人。

1. 侧重挽救实业

重整应侧重于挽救债务人具有重整价值的实业，而非形式上维持债务人存续。本案中，装备股份公司主营业务属于国家重点支持的行业领域且仍具备市场竞争力。保留核心资产与业务是重整的核心目标之一，而引入具有业务协同效应的产业投资人是关键。

2. 市场化招募

考虑到装备股份公司所处行业仍在低谷、准入门槛高，进入重整时并无意向投资人，经法院许可，在第一次债权人会议召开前通过行业协会、全国破产重整案件信息网、深交所信息发布平台等线上线下公开招募投资人。为获得更多交易机会，与 5 家专业投资中介机构签订投资居间协议，通过专业机构引入投资人。

3. 商业谈判

招募结束后，装备股份公司、管理人配合意向投资人开展尽职调查，与 20 多家意向投资人签订了保密协议，开展了 30 多场商业谈判，逐步形成经营方案、投入资金方案、清偿方案等在内的重整投资方案。同时，管理人、装备股份公司也对意向投资人行业背景、资金实力、资信情况进行了反向尽职调查。

4. 市场化比选

装备股份公司、管理人从债权清偿率、投资者与装备股份公司主营业务的协同性、能否增强主营业务并提升盈利能力、方案可行性等方面对申报的投资方案进行市场化比选，最终选定了重整投资人。在比选中，一是避免上市公司“卖壳式重整”，二是避免简单的“价高者得”，三是重视投资方案中对债务人主营业务的改善、营运价值的恢复及经营方案的可行性等。

（四）维护债权人在重整程序中的各项权利

债权人是债务人破产风险的最终承担者，理论上，债权人更偏向于选择有助于提升其债权清偿率的方案，也更有动力监督破产程序。但实践中，债权人的程序参与权并未得到有效激励，债权人知情权、监督权未得到充分的保障。保护债权人利益是破产法的核心价值目标之一，应当为债权人参与重整提供便利的参与途径。

本案中，为便于债权人参与重整，采取了如下措施：一是提升程序的透明度，债务人、管理人主动且最大限度地向债权人汇报重整工作的进展以及提供决策（特别是对重整计划的表决）所需的相关信息。二是提升债权人参与程序的便利度，通过设立网上债权申报、网络债权人会议、网络信息发布平台等方式尽可能为债权人参与程序创设便捷途径。三是确保债权人畅通行使监督权，邀请债权人代表列席管理人工作例会，及时听取管理人有关重整工作进展汇报、重整计划草案说明等，当场向管理人提出质询。四是发挥债权人委员会的作用，包括信息传递渠道，推动谈判进程，提高决策效率；作为诉求表达渠道，代表债权人与投资人进行谈判，提升债权人整体参与的议价能力。

本案是法院充分发挥破产重整拯救危困企业的制度功能，通过市场化、法治化方式，为民营企业纾难解困，落实“六稳”“六保”，优化法治化营商环境的典型案例。通过发挥破产制度保护功能为债务人及时“止血”并“救护”，维持了企业重整价值。本案的重整成功不但帮助该民营企业“涅槃重生”，解决了10亿元的债务，保住了200多名员工的就业岗位，而且化解了上市公司退市危机并保障了7万多中小股东的利益，实现了社会整体价值最大化。

关联索引

《中华人民共和国企业破产法》（2006年8月27日）

第二条 企业法人不能清偿到期债务，并且资产不足以清偿全部债务或者明显缺乏清偿能力的，依照本法规定清理债务。

企业法人有前款规定情形，或者有明显丧失清偿能力可能的，可以依照本法规定进行重整。

第七条 债务人有本法第二条规定的情形，可以向人民法院提出重整、和解或者破产清算申请。

债务人不能清偿到期债务，债权人可以向人民法院提出对债务人进行重整或者破产清算的申请。

企业法人已解散但未清算或者未清算完毕，资产不足以清偿债务的，依法负有清算责任的人应当向人民法院申请破产清算。

第七十三条　在重整期间，经债务人申请，人民法院批准，债务人可以在管理人的监督下自行管理财产和营业事务。

有前款规定情形的，依照本法规定已接管债务人财产和营业事务的管理人应当向债务人移交财产和营业事务，本法规定的管理人的职权由债务人行使。

第八十六条　各表决组均通过重整计划草案时，重整计划即为通过。

自重整计划通过之日起十日内，债务人或者管理人应当向人民法院提出批准重整计划的申请。人民法院经审查认为符合本法规定的，应当自收到申请之日起三十日内裁定批准，终止重整程序，并予以公告。

案　号：（2020）沪 03 破 46 号

合议庭：俞秋玮　刘　琳　姚　磊

编写人：姚　磊

6. 共益债保障烂尾楼续建促成保交房

——上海某置业有限公司破产重整案

关键词

商住房　续建资金　共益债务　消费性购房者优先权

裁判要旨

涉烂尾楼房地产企业的重整案件，存在项目烂尾时间长，法律关系复杂，债权债务数量庞大，各方利益冲突、矛盾激化等难题。本案将“保民生”作为审理的基本原则，确定商住房消费性购房权人认定标准，精准识别真实购房人，提升房企资产价值和投资吸引力；以“共益债+委托管理”方式整体盘活资产，并注重地方党委政府协作配合，协调解决复工复建障碍，着力化解房企债务危机，提高债权人清偿利益。

基本案情

上海某置业有限公司（以下简称置业公司）主要资产为“悦某国际广场”项目，该项目位于上海市中、外环商圈中心，由1幢甲级写字楼、3幢商住房公寓和1幢商业综合体构成，总建筑面积219 082平方米。置业公司自2013年起因资金链断裂，资产相继被查封，难以完成既定的竣工验收手续，2014年5月停工，引发诉讼、仲裁、执行案件1100余件，涉及长三角地区20余家法院及仲裁机构；近1200套商铺、商住房①、办公用房长期无法竣工交付，逾170余亿元债务难以清偿；工程方、抵押贷款人、购房业主等1100余名债权人利益错综复杂，尤其是380余户业主因交房无望，7年间不断信访，对区

① 商住房又称商住两用房，系指除了住宅、办公楼之外具备居住功能的房屋，其中包含酒店式公寓、服务式公寓、公寓式办公楼、LOFT以及SOHO公寓等，本文将此类不动产项目统称为商住房。

域经济稳定发展造成负面影响。为摆脱债务问题，置业公司屡次尝试自行重组救治，但由于债权债务关系错综复杂、资产权属不清等多种原因，均以失败告终。2017 年 5 月，上海市住房城乡建设管理委等部门发布《关于开展商业办公项目清理整顿工作的意见》（以下简称《清理整顿意见》），明确上海市内停止审批公寓式办公（商住房）项目，对已建成的项目，要按照商业办公房屋功能进行全面整改，不符合商业办公要求的，不得出售。在此政策背景下，整个商业广场因其中所涉的商住房项目无法继续销售，陷入停工烂尾状态。

2020 年 3 月，经债权人申请，上海市第三中级人民法院（以下简称三中院）依法裁定受理置业公司破产重整案并指定管理人。经测算，若以“烂尾楼”现状进行重整，“悦某国际广场”项目价值将大幅下降；若能完成续建，项目价值预计将达 40 余亿元，不仅能满足购房人交房需求，交房后可用于偿债的资金亦能提高全体债权人清偿利益。为妥善化解常年矛盾，最大程度保护债权人权益，三中院指导管理人在共益债务融资、投资人招募、债权分组表决等环节，依法推进各项程序，包括确定消费性购房者优先权认定标准，甄别以房抵债及让与担保债权人，锁定优先债权及对应资产等。重整期间，注重债权人程序权利保障，在不同类型债权人激烈对抗、第一次重整计划草案表决未获通过的情况下，合议庭及时指导管理人优化方案，充分发挥债委会优势，积极沟通各组别债权人，制定“共益债+委托专业商业地产运营公司代为运营管理”的重整方案，整体盘活资产，以续建完成后房屋销售增值部分偿还共益债借款，解决融资难题。如续建成功办出产权证，不但项目估值将由 10 亿元提升至逾 40 亿元，普通债权清偿率将由 0 提升至 9%以上。最终在各方努力下，债权人会议表决以优先债权组 99.6%、职工债权组 99.7%、税收债权组 99.9%、普通债权组 88.5%、出资人组 100%的比例，高票通过了重整计划草案。三中院裁定批准置业公司重整计划并终止重整程序。

重整计划执行过程中，三中院多次协调联动房管等政府职能部门，对解除未售商铺及办公楼销售密钥的条件、工程建设计划、预售资金监管等问题反复沟通并达成一致，有序推进复工复建及竣工验收。

案例分析

一、商住房消费性购房者优先权认定标准

《民法典》第 214 条规定：“不动产物权的设立、变更、转让和消灭，依

照法律规定应当登记的，自记载于不动产登记簿时发生效力。”第 215 条规定：“当事人之间订立有关设立、变更、转让和消灭不动产物权的合同，除法律另有规定或者当事人另有约定外，自合同成立时生效；未办理物权登记的，不影响合同效力。”因此，涉案购房人在办理权属登记前，虽然预售合同有效，但是案涉不动产的所有权仍归属于置业公司，破产程序中购房者应向管理人申报债权。购房者债权的性质以及顺位需要进一步辨析。2002 年出台的《最高人民法院关于建设工程价款优先受偿权问题的批复》（法释〔2002〕16 号，以下简称《建工批复》）第 2 条规定：“消费者交付购买商品房的全部或者大部分款项后，承包人就该商品房享有的工程价款优先受偿权不得对抗买受人。”该条规定了在符合一定条件时商品房购房人受偿顺位优先于工程价款优先权人。《最高人民法院关于人民法院办理执行异议和复议案件若干问题的规定》（2020 年修正，以下简称《执行异议复议规定》）第 29 条规定：“金钱债权执行中，买受人对登记在被执行的房地产开发企业名下的商品房提出异议，符合下列情形且其权利能够排除执行的，人民法院应予支持：（一）在人民法院查封之前已签订合法有效的书面买卖合同；（二）所购商品房系用于居住且买受人名下无其他用于居住的房屋；（三）已支付的价款超过合同约定总价款的百分之五十。”《全国法院民商事审判工作会议纪要》（法〔2019〕254 号，以下简称《九民纪要》）第 125 条对《执行异议复议规定》第 29 条提出了进一步细化指导意见，即对于第 29 条中“买受人名下无其他用于居住的房屋”，可理解为“商品房消费者名下虽然已有 1 套房屋，但购买的房屋在面积上仍然属于满足基本居住需要的”；“已支付的价款超过合同约定总价款的百分之五十”，可理解为“支付的价款接近于百分之五十，且已按照合同约定将剩余价款支付给申请执行人或者按照人民法院的要求交付执行的”。本案审理期间，《民法典》于 2021 年 1 月 1 日施行，《建工批复》废止，《执行异议复议规定》《九民纪要》仍有效。

依据前述《执行异议复议规定》《九民纪要》的规定，商品房购房人存在真实购房合同，所购房屋唯一且已支付购房款 50% 以上，或者虽不唯一，但属于满足基本居住需要，付款比例接近于 50% 的，对所购商品房有排除执行的优先权。然而，该规则可否作为认定本案购房人优先权的依据存在争议：（1）《执行异议复议规定》《九民纪要》所指的房屋是指普通商品房，而本案房屋为商住房，不同房屋性质是否仍可以适用？（2）《执行异议复议规定》

适用的案件类型为执行异议及复议案件，《九民纪要》则提出《执行异议复议规定》可参照适用于执行异议之诉案件，本案系破产案件是否可以适用？本案基于生存权益优先于经营性权益的原则，以保障购房人生存权益为目标，参照《执行异议复议规定》《九民纪要》明确本案消费性购房者优先权的认定标准，对后续实现实质性公平化解群体矛盾并推动项目进展奠定了基础。

第一，所购房屋用于真实生活居住。根据《执行异议复议规定》第29条以及《九民纪要》第125条的规定，所购房屋用于生活居住是消费性购房者优先权的认定标准之一。涉案项目烂尾多年，购房者改善居住环境的目的长时间未能实现，且一定程度上影响到换购其他住宅的经济能力。部分办理了抵押贷款的业主在无法实现房屋所有权的情况下仍在归还银行贷款，对于将来取得房屋所有权仍抱有期待。若不对商住房购房者的优先权进行保护，将导致其仅能作为普通债权人获得极低的清偿率，其生存权难以得到保障。而且，《清理整顿意见》采用“老人老办法”原则，保护已签订网签合同购房人交房过户的权利。本案项目续建完成后，基于开发商承诺居住功能的约定，房屋内部结构和功能使用上可满足入户居住目的，故从保障民生考量，对于真实生活居住需求的商住房消费性购房者可享有优先权。当然，对非真实购房人优先权不予认定。涉案项目办理网签预售合同备案的房屋为1077套，债权债务关系错综复杂，在法院指导下，管理人结合债权申报情况，识别出商住房消费性购房者、定金类购房人、购买多套商住房的真实购房人、商铺和办公项目真实购房人四类真实购房人；对于案涉大量“名为买卖、实为借贷”或“名为买卖、实为担保”的情况，均按照基础法律关系确认其债权不具有优先性，按照普通债权认定。同时，重整计划草案中给予真实购房人清偿方式选择权，允许通过打折退还本金或补差价交房等多种方式实现债权清偿。在深入查明基础法律关系的基础上，防止虚假购房人通过不正当手段挤占优先权人利益。

第二，限定购房者为个人消费者。对于消费者与生活性消费的界定，以该购房款是否附加了购房者的生存利益为判断依据。以生活性消费为目的购买商品房，即使为商住房，也认定为消费者。近年来，一线城市“商住房公寓”逐渐成为许多年轻购房者过渡性购房的首选，已经拥有较大数量的消费群体，该部分购房人本就具有消费者特质。涉案项目临近虹桥枢纽以及上海西站，基于便利跨城际通勤生活，购房群体大部分为囿于上海购买居住型住宅限购政策而不具备购房资格的来沪人员，具有满足基本生存需要的客观现实。对于该部分为了居住而非为“增值”投资的业主，其优先权应予保护。

第三，放宽所购房屋为唯一住房的标准。《执行异议复议规定》第 29 条限定主张权利的购房人名下无其他用于居住的房屋，即主张权利的房屋系购房人名下的唯一住房。《九民纪要》第 125 条对该标准在案件办理中的适用，提出了更为详细的指导意见：一是从范围上看。仅要求在案涉房屋同一设区的市或县级市范围内商品房消费者名下无用于居住的房屋。二是从面积上看。商品房消费者名下在本市范围内虽然已有一套房屋，但购买的房屋在面积上仍然属于满足基本居住需要的，也可适当放宽理解为消费者。据此，管理人详细调查核实购房人在本项目、本市购房情况后，结合对是否为生存所必需的考量，对于购买项目内多套商住房的买房者，认定其对一套商住房享有消费性购房优先权。

本案重整计划执行期间，《最高人民法院关于商品房消费者权利保护问题的批复》（法释〔2023〕1 号）出台。本案审理中确定的消费性购房者认定标准与该批复精神相一致。该批复第 2 条规定：“商品房消费者以居住为目的购买房屋并已支付全部价款，主张其房屋交付请求权优先于建设工程价款优先受偿权、抵押权以及其他债权的，人民法院应当予以支持。只支付了部分价款的商品房消费者，在一审法庭辩论终结前已实际支付剩余价款的，可以适用前款规定。”由此，认定程序更加简化，认定标准更加清晰，有助于更好地保护购房者权益并促进房地产市场健康发展。

二、保障续建融资共益债具有优先性

共益债务融资是实现房企融资的重要工具。《企业破产法》第 42 条第 4 项规定，为债务人继续营业而应支付的劳动报酬和社会保险费用以及由此产生的其他债务为共益债务。《最高人民法院关于适用〈中华人民共和国企业破产法〉若干问题的规定（三）》第 2 条第 1 款规定：“破产申请受理后，经债权人会议决议通过，或者第一次债权人会议召开前经人民法院许可，管理人或者自行管理的债务人可以为债务人继续营业而借款。提供借款的债权人主张参照企业破产法第四十二条第四项的规定优先于普通破产债权清偿的，人民法院应予支持，但其主张优先于此前已就债务人特定财产享有担保的债权清偿的，人民法院不予支持。”该规定未赋予融资债权人优先于既有担保债权人受偿的“超级优先权”地位。又因，进入破产程序的企业均属于经营出现异常的企业，向该类企业提供融资存在极高的投资风险，通常难以吸引到投资人参与重整案件的融资。如何顺利引入共益债，保障共益债融资的安全，同时实现资产价值增值，让包括担保债权人在内的各方利益得到均衡保护，成为烂尾楼续建重整的难点。

本案中，经审查确认的破产债权金额过百亿元，其中抵押及建设工程款优先权约 16 亿元，消费性购房者优先权约 3.4 亿元，破产清算状态下在建工程评估价值约为 15 亿元，如直接拍卖，不仅不能满足购房人交房需求，优先权人亦将蒙受较大损失。若能完成续建，项目价值预计可达 40 亿元。经充分研判测算，管理人根据《最高人民法院关于适用〈中华人民共和国民法典〉有关担保制度的解释》第 51 条“债权人主张抵押权的效力及于正在建造的建筑物的续建部分以及新增建筑物的，人民法院不予支持”的规定，认定以续建完成后房屋的销售收益优先偿还共益债务，而不受原建设项目抵押权、建设工程款优先权影响，进而在重整计划草案中形成共益债清偿方案，即在每套房屋销售收入中超过该套房屋对应清算评估值的部分属于增值部分，首先用于清偿本案的破产费用、共益债务，包括投资人出借的共益债务借款本息、续建费用、执行重整计划草案所需的各项成本和开支等。通过充分协商，绝大部分抵押权、建设工程款优先权人对上述清偿方式表示认同。此外，因存在一定的市场及政策风险，重整计划还规定，如在重整计划无法执行而转为破产清算进行变现的情况下，共益债优先于建设工程价款优先权人、抵押权人进行清偿，进一步降低了共益债投资人的投资风险，投资人先后投入共益债续建资金 5 亿元，为续建成功奠定了基础。

重整计划进入执行阶段后，为切实推动项目早日竣工交付，法院多次联动属地政府职能部门协调解决复工复建障碍，对解除未售商铺及办公楼销售密钥的条件、工程建设计划、预售资金监管等问题反复沟通并达成一致，在符合政策及预售标准的情况下，逐步打开未售商铺、办公楼销售的网签锁定状态，使得未售商铺、办公楼也可以继续销售、回笼资金。两年后，工程得以竣工验收。

关联索引

《中华人民共和国民法典》（2020 年 5 月 28 日）

第二百一十四条 不动产物权的设立、变更、转让和消灭，依照法律规定应当登记的，自记载于不动产登记簿时发生效力。

第二百一十五条 当事人之间订立有关设立、变更、转让和消灭不动产物权的合同，除法律另有规定或者当事人另有约定外，自合同成立时生效；未办理物权登记的，不影响合同效力。

《中华人民共和国企业破产法》（2006 年 8 月 27 日）

第四十二条 人民法院受理破产申请后发生的下列债务，为共益债务：

（一）因管理人或者债务人请求对方当事人履行双方均未履行完毕的合同所产生的债务；

（二）债务人财产受无因管理所产生的债务；

（三）因债务人不当得利所产生的债务；

（四）为债务人继续营业而应支付的劳动报酬和社会保险费用以及由此产生的其他债务；

（五）管理人或者相关人员执行职务致人损害所产生的债务；

（六）债务人财产致人损害所产生的债务。

第八十六条 各表决组均通过重整计划草案时，重整计划即为通过。

自重整计划通过之日起十日内，债务人或者管理人应当向人民法院提出批准重整计划的申请。人民法院经审查认为符合本法规定的，应当自收到申请之日起三十日内裁定批准，终止重整程序，并予以公告。

《最高人民法院关于适用〈中华人民共和国企业破产法〉若干问题的规定（三）》（2020 年 12 月 29 日修正）

第二条第一款 破产申请受理后，经债权人会议决议通过，或者第一次债权人会议召开前经人民法院许可，管理人或者自行管理的债务人可以为债务人继续营业而借款。提供借款的债权人主张参照企业破产法第四十二条第四项的规定优先于普通破产债权清偿的，人民法院应予支持，但其主张优先于此前已就债务人特定财产享有担保的债权清偿的，人民法院不予支持。

《最高人民法院关于适用〈中华人民共和国民法典〉有关担保制度的解释》（2020 年 12 月 31 日 法释〔2020〕28 号）

第五十一条 当事人仅以建设用地使用权抵押，债权人主张抵押权的效力及于土地上已有的建筑物以及正在建造的建筑物已完成部分的，人民法院应予支持。债权人主张抵押权的效力及于正在建造的建筑物的续建部分以及新增建筑物的，人民法院不予支持。

当事人以正在建造的建筑物抵押，抵押权的效力范围限于已办理抵押登记的部分。当事人按照担保合同的约定，主张抵押权的效力及于续建部分、新增建筑物以及规划中尚未建造的建筑物的，人民法院不予支持。

抵押人将建设用地使用权、土地上的建筑物或者正在建造的建筑物分别抵押给不同债权人的，人民法院应当根据抵押登记的时间先后确定清偿顺序。

《最高人民法院关于人民法院办理执行异议和复议案件若干问题的规定》（2020 年 12 月 29 日修正）

第二十九条 金钱债权执行中，买受人对登记在被执行的房地产开发企业名下的商品房提出异议，符合下列情形且其权利能够排除执行的，人民法院应予支持：

（一）在人民法院查封之前已签订合法有效的书面买卖合同；

（二）所购商品房系用于居住且买受人名下无其他用于居住的房屋；

（三）已支付的价款超过合同约定总价款的百分之五十。

案　号：（2020）沪 03 破 54 号

合议庭：岳琦亩　刘　琳　郭大梁

编写人：刘　琳　汪　莹

7. 实质合并重整促知名生鲜电商破茧重生

——上海某电子商务有限公司等实质合并破产重整案

关键词

生鲜电商　关联企业实质合并　自行经营管理

裁判要旨

本案通过实质合并重整程序，盘活上下游产业链整体资源，提高债务清偿能力，重塑企业核心竞争力。许可债务人自行经营管理，投资人先行投入部分资金解决企业经营困境，实行职工薪资缓发激励及关键员工保留计划，保障预付卡持续兑付等，维持债务人原有经营体系、模式平稳运转。重整计划批准后，组建联合管理委员会，创新主营业务与法律事务相区分、事前审批与事后汇报相结合的监督模式，保障重整计划有序执行。

本案是以市场化、法治化重整帮助互联网新型业态民营生鲜电商纾困解难、提质增效、实现战略转型升级的典型案例。债务人成功重整后整体业绩提升，推动海外停牌上市子公司成功复牌；企业重点打造生鲜供应链、冷链物流、生鲜销售三大业务板块，重塑品牌核心竞争力。

基本案情

上海某电子商务有限公司（以下简称某电商公司）成立于2007年，被誉为中国首家民营生鲜电商，拥有15年的生鲜线上运营经验，其旗下生鲜App曾服务于1万余家企业客户、530余万家庭客户。子公司上海某物流科技有限公司（以下简称物流公司）拥有遍布全国的成熟运输网络及业内领先的冷链物流软件系统，曾三年跻身全国冷链物流行业百强榜前十位。子公司上海某供应链管理有限公司（以下简称供应链公司）作为全球采销平台，具有较高的品牌价值。三家核心企业共同组成集供应链、冷链物流和生鲜电商于一体的集团公司，下属企业60余家。自2019年起，集团公司业务转型受挫，重组自救未果，资金链接近断裂，大量拖欠账款、工资，员工大规模离职，账面负债高达30余亿元。2020年7月，上海市第三中级人民法院（以下简称三中院）依债权人申请裁定受理某电商公司、物流公司、供应链公司破产重整三案，通过邀请竞争方式指定两家律师事务所担任联合管理人。案件受理后，从提高企业管理效率及经营效益出发，采用管理人监督管理下的债务人自行管理模式，维护了债务人核心营运价值。

经审查，物流公司、供应链公司虽名义上相互独立，但在重大投融资决策及人事任免上受控于某电商公司，三家公司持续高度混同，三中院依法裁定三家企业实质合并破产重整。三家公司债权人共计千余名，大部分为职工债权人及处于供应链上游的果品农贸小微供应商。经公开招募成功引入重整投资人，投资人提供偿债资金约2.12亿元用以清偿债务和费用，担保债权、职工劳动债权、税收债权以及5万元以下的小额债权清偿率100%。经过两轮表决，以担保债权组、税款债权组人数和债权额占比均为100%，职工债权组人数和债权额占比分别为99.8%、94.3%，普通债权组人数和债权额占比分别为92.2%、71.5%，出资人组人数和份额占比分别为90%、96%的表决同意比例，通过了重整计划草案。三中院依法裁定批准重整计划并终止重整程序。

重整计划执行期间，恰逢上海疫情封控，在法院支持下，债务人召集员工24小时封闭驻仓复工，加班加点保障涉民生物资销售运输，发挥其生鲜冷链物流配送优势，切实保障民生物资的有效供给，经营业绩获得较大提升。2022年11月，重整计划执行完毕。

案例分析

一、依法适用实质合并程序公平保障全体债权人利益

公司法人人格独立和有限责任原则是现代企业制度的核心。但在企业集团，尤其是跨行业、跨地区运营的大型企业集团成员之间，关联企业之间会存在资金调拨、资产共用、债务担保等现象，易产生不当关联交易而致各关联企业财务、资产和债务难以区分，法人人格独立性往往被打破。若按传统的法人人格独立性原则处理破产案件，不仅效率低下，且可能导致债权人无法公平受偿。实质合并破产能减少关联企业重复清算和债务清偿的成本，确

保关联企业全体债权人公平受偿。《企业破产法》并未明确规定关联企业实质合并破产，《公司法》（2023 年）第 23 条规定了法人人格否认制度：“公司股东滥用公司法人独立地位和股东有限责任，逃避债务，严重损害公司债权人利益的，应当对公司债务承担连带责任。股东利用其控制的两个以上公司实施前款规定行为的，各公司应当对任一公司的债务承担连带责任。只有一个股东的公司，股东不能证明公司财产独立于股东自己的财产的，应当对公司债务承担连带责任。”为破产程序中适用实质合并提供了适用依据，即在关联企业之间，如果其法人人格严重混同，可将多个企业视为整体进行破产清算或重整。《全国法院破产审判工作会议纪要》第 32 条就关联企业适用实质合并破产程序的案件明确了三项审查要件，即“法人人格高度混同、区分各关联企业成员财产的成本过高、严重损害债权人公平清偿利益”。破产程序适用该制度，不仅可防止企业通过关联关系逃避债务，保障债权人公平清偿权利，还能有效降低破产程序成本，提高破产程序效率，同时也有利于企业资源整合重组。

在适用实质合并程序时，本案以法人人格高度混同、区分各关联企业财产的成本过高、重整是否有利于维护债权人公平清偿利益为审查要素，同时考虑了重整对于维持核心企业之间分工协作联系和提升集团价值的影响。第一，法人人格混同方面。物流公司、供应链公司虽名义上相互独立，但重大经营决策、人事任免、财务决算等均受控于集团公司总部；三家企业经营场所相同，业务相互依赖，管理人员存在大量交叉兼职，存在法人人格严重混同。第二，区分各关联企业财产成本方面。因物流公司、供应链公司均无调配资产的权限，由集团公司财务部统一调度、操控，三家企业大额挂账应收等资金往来频繁，普遍存在长期无偿占用资金的情况，且对外统一结算，资金及资产严重混同，如通过审计、诉讼等方式区分财产，将产生过高的程序成本。第三，债权人利益保护方面。本案适用实质合并重整，消除了三家企业之间交叉互保产生的大额债务，企业间资产及债务结构得以公平调整。之后，管理人在法院指导下通盘安排债权申报审查、审计评估、制定重整方案等工作，切实保障了债权人公平清偿利益，也提升了集团公司的核心竞争力，提高了破产程序效率，维护全体债权人公平清偿利益。第四，债务人整体价值提升方面。本案某电商公司是集团线上生鲜运营平台，物流公司是冷链物流运输平台，供应链公司是全球物资采购平台。三家企业合并重整，既保持原有集团一体化运营的特征，又有利于重整后集团继续集中整合生鲜销售、采购和冷链物流优势。实质合并重整有利于企业摆脱困境尽快恢复营业。

二、债务人自行经营管理维持重整营业价值

《企业破产法》第 73 条第 1 款规定："在重整期间，经债务人申请，人民法院批准，债务人可以在管理人的监督下自行管理财产和营业事务。"《全国法院民商事审判工作会议纪要》第 111 条第 1 款、第 2 款规定："重整期间，债务人同时符合下列条件的，经申请，人民法院可以批准债务人在管理人的监督下自行管理财产和营业事务：（1）债务人的内部治理机制仍正常运转；（2）债务人自行管理有利于债务人继续经营；（3）债务人不存在隐匿、转移财产的行为；（4）债务人不存在其他严重损害债权人利益的行为。债务人提出重整申请时可以一并提出自行管理的申请。经人民法院批准由债务人自行管理财产和营业事务的，企业破产法规定的管理人职权中有关财产管理和营业经营的职权应当由债务人行使。"实务中如何结合债务人企业特性，最大限度地保留乃至激活债务人经营自主性，提高自行管理成效，应结合个案具体分析。法院依上述条件核查，三家债务人企业内部治理机制均较为完善，管理层人员结构、能力可以胜任继续营业需要，且债务人处于经营状态中，保持原有经营业务稳定，有利于维护重整企业经营价值及债权人利益。故法院决定准许三家债务人企业在管理人监督下自行管理财产和营业事务，并指导管理人制作职责分工明确、切实可行的监管办法，促使债务人在管理人有效监督下有序运行。债务人自行经营管理事项主要集中在常规营业事务及日常人事财务等管理事务、重整计划草案制定以及投资人引入及谈判等方面。管理人主要就印章使用和财务支出等情况进行监督。比如，50 万元以下的合同由债务人自行决定履行，大额合同报管理人审批后决定。债务人自行经营管理及其成效主要体现在以下几个方面。

（一）维持易某生鲜 App 营运

易某生鲜 App 系集团标志性运营平台，维持其运营是维护企业重整价值的前提。债务人重新制定预算和定价体系，以较低的成本上架商品，商品供应数量从重整受理之初的不到 20 个，稳定提升至 50~70 个左右。利用"双十一"、疫情后电商消费回暖等契机进行促销活动，逐步恢复了易某生鲜 App、易某天猫旗舰店等店铺的人气，其中旗舰店业务从最初的百元月销上升为千

元月销，访客人数从最初的40余人提升至4000余人，净利润率从重整前的-3.2%提升至36.1%，实现扭亏为盈。

（二）共益债务融资及待履行合同的继续履行

生鲜电商毛利率低、运营成本高、对现金需求量大，为缓解债务人现金流压力，管理人在法院指导下进行了共益债务融资，借款800余万元以支付供应商货款、员工工资等债务人必要的经营开支。融资款项先行偿还部分关键供应商债务，有效取得了债权人的谅解支持，保障了商品供应。同时，为维持原有供应链体系平稳运转，在法院指导下，管理人完成近200份待履行合同的审核，最终决定117份合同继续履行，使得业务平稳开展。

（三）妥善处理预付卡兑付问题

进入重整程序后，债务人尚余1.4亿元预付卡未消费完毕，预计持卡人数以万计。为避免重整期间出现消费者集中挤兑危机，在法院指导下，管理人及债务人与行政管理部门专项协调预付卡管理和应对方案；与银行等预付卡大客户积极协商沟通，解决部分客户退卡诉求；到相关工商部门、行业协会及商户走访，妥善处理节假日期间部分卡券无法兑付的问题。重整期间维持了预付卡稳定兑付。

（四）追加投入资金促使海外上市子公司成功复牌

某电商公司控股的新加坡某食品有限公司是老牌新加坡上市公司，在东南亚地区拥有较强的渠道和品牌价值，其名下富士苹果占据印尼市场约20%的份额，为集团公司海外核心生鲜供应链平台。2020年10月，受母公司重整影响，该食品公司被迫停牌，新加坡证券交易所对其管理层展开多番质询，大量供应商提出现金结算或缩短账期要求，公司现金流及业绩状况持续恶化。为维持其经营价值，债务人及管理人积极配合新加坡证券交易所质询程序，积极促成投资人累计投入3600余万元资金支持，以充分保障和改善该公司业绩情况。截至2021年3月31日，该公司相较上一年度财务收入增长超过50%，净利率提升了20%以上，为上市公司复盘奠定了基础。2021年12月初，该食品公司的复牌申请被受理，并于2022年6月30日顺利复牌。

三、妥善处理保障员工利益夯实企业盘活基础

为确保职工基本经济利益和社会保障不受企业破产影响，《企业破产法》

及相关司法解释对职工权益保障的制度安排主要体现在简化债权确认程序、明确职工债权范围及清偿顺位、在债权人会议中设置职工代表、重整表决中单列职工债权人组等，从职工的知情权、参与权、表决权和分配权等方面进行保障。例如，《企业破产法》第 48 条规定债权由管理人调查后列出清单予以公示，并赋予职工异议权。再如，根据《全国法院破产审判工作会议纪要》第 27 条的规定，“由第三方垫付的职工债权，原则上按照垫付的职工债权性质进行清偿；由欠薪保障基金垫付的，应按照企业破产法第一百一十三条第一款第二项的顺序清偿”。为欠薪保障基金等第三方保障机制提供了法律依据。本案职工权益保障体现在如下方面。

（一）实施关键员工挽留计划

为避免人才流失，自行管理的债务人在实践中逐渐发展出“关键职工挽留计划”（key employee retention plan）以克服重整申请后人才流失的困境，作为《美国破产法典》第 11 章的重要制度之一，该制度核心在于通过向关键职工支付额外费用的方式，换取关键职工在重整期间与企业共渡难关，最终实现企业重生。实践中，债务人企业进入重整程序后通常面临人员离职、经营团队解散的局面，管理人或自行管理的债务人需通过对外重新招聘或保留原有关键职工的方式保障人力资源供给。对于本案轻资产特性的生鲜企业而言，留住核心人才意味着商业渠道、客户资源和经营思路的延续，将极大提升重整期间自行经营管理的效用，有利于保持原有企业生产经营架构直至恢复正常经营。本案通过关键员工挽留计划实现关键员工与企业共渡难关，为后续企业重整成功奠定了基础。重整期间，管理人听取核心职工意见，结合债务人实际情况，制定了《关于债务人破产重整期间薪资调整方案》。主要内容为重整期间，在征询在职员工意见的基础上，以员工自愿为原则，缓发部分核心在职员工及高管的工资。法院裁定批准重整计划后，对于按照薪资调整方案参与重整激励的员工，按方案确定的原则进行奖励，同时对奖励计算方法、给付内容等进行了规定，相关内容写入重整计划草案，明确重整期内该部分员工劳动关系、工龄连续计算，已支付的职工工资、社保和公积金不予撤销。上述方案实施后，三家公司核心管理层保持稳定，无一人辞职离岗。重整计划执行期内正值上海疫情封控期间，核心团队十余名员工在管理层带领下发挥战斗堡垒作用共渡难关，为各大企业、机构提供生鲜保供服务，实现了维持并提升债务人经营价值的良好效果。

（二）保障职工债权人知情权与参与权

债务人原职工人数较多，债权涉及离职员工、在职员工、第三方垫付职工债权等多种情形。截至破产受理时，对债务人享有职工债权的人数达600余名。为安抚职工情绪，稳妥完成职工债权确认工作，管理人以电话、短信、微信、电邮、面谈等形式，接待职工各类咨询千余人次，沟通释明破产法关于职工债权的保护制度，完成约7000万元职工债权调查报告，并以既尊重企业薪资保密制度，又符合职工债权公示法定要求的原则，对职工债权的公示形式进行了特别安排。公示期间安排律师现场值班，答复职工异议。表决时，职工债权组以同意人数99.8%、占比金额94.3%的高票通过了重整计划草案。

关联索引

《中华人民共和国企业破产法》（2006年8月27日）

第七十三条　在重整期间，经债务人申请，人民法院批准，债务人可以在管理人的监督下自行管理财产和营业事务。

有前款规定情形的，依照本法规定已接管债务人财产和营业事务的管理人应当向债务人移交财产和营业事务，本法规定的管理人的职权由债务人行使。

《中华人民共和国公司法》（2023年12月29日修订）

第二十二条　公司的控股股东、实际控制人、董事、监事、高级管理人员不得利用关联关系损害公司利益。

违反前款规定，给公司造成损失的，应当承担赔偿责任。

第二十三条　公司股东滥用公司法人独立地位和股东有限责任，逃避债务，严重损害公司债权人利益的，应当对公司债务承担连带责任。

股东利用其控制的两个以上公司实施前款规定行为的，各公司应当对任一公司的债务承担连带责任。

只有一个股东的公司，股东不能证明公司财产独立于股东自己的财产的，应当对公司债务承担连带责任。

《最高人民法院关于适用〈中华人民共和国企业破产法〉若干问题的规定（三）》（2020年12月29日修正）

第二条　破产申请受理后，经债权人会议决议通过，或者第一次债权人会议召开前经人民法院许可，管理人或者自行管理的债务人可以为债务人继续营业而借款。提供借款的债权人主张参照企业破产法第四十二条第四项的规定优先于普通破产债权清偿的，人民法院应予支持，但其主张优先于此前已就债务人特定财产享有担保的债权清偿的，人民法院不予支持。

管理人或者自行管理的债务人可以为前述借款设定抵押担保，抵押物在破产申请受理前已为其他债权人设定抵押的，债权人主张按照民法典第四百一十四条规定的顺序清偿，人民法院应予支持。

《全国法院破产审判工作会议纪要》（2018 年 3 月 4 日　法〔2018〕53 号）

32. 关联企业实质合并破产的审慎适用。人民法院在审理企业破产案件时，应当尊重企业法人人格的独立性，以对关联企业成员的破产原因进行单独判断并适用单个破产程序为基本原则。当关联企业成员之间存在法人人格高度混同、区分各关联企业成员财产的成本过高、严重损害债权人公平清偿利益时，可例外适用关联企业实质合并破产方式进行审理。

案　号：（2020）沪 03 破 196、197、198 号

合议庭：陈　锐　刘　琳　姚　磊

编写人：刘　琳　宋一丁

8. 实质合并破产清算框架下嵌套重整程序挽救关联企业

——海南某石油基地有限公司重整案

关键词

实质合并破产清算　重整程序　协调

裁判要旨

在企业集团整体实质合并破产清算的大框架下，嵌套关联企业重整程序，以重整方式实现集团全资子公司的资产处置，实现处置价值最大化，处置收益导入实质合并破产程序。该模式平衡保护了实质合并“大程序”和重整“小程序”的全体债权人利益。为充分发挥市场对重整企业的价值发现功能，采取“遴选+托底报价+公开拍卖”的三轮投资人招募模式，实现了处置价值最大化。该案还高度重视重整企业的安全生产，在进入重整程序前采取临时托管，启动重整程序后允许债务人在管理人监督下自行管理，并及时批准向员工发放安全生产临时补贴，有效保障了在重整期间的生产安全。

该案在关联企业实质合并清算程序下嵌套个别关联企业的重整程序，具有探索创新性，获评 2021 年度全国破产经典案例。

基本案情

上海市第三中级人民法院（以下简称三中院）于 2019 年 11 月 15 日裁定受理上海某国际集团有限公司（以下简称国际公司）破产清算[①]后，因国际公司及其全资子公司海南某国际控股有限公司（以下简称控股公司）等关联

① 参见上海市第三中级人民法院（2019）沪 03 破 305 号民事裁定书。

企业之间存在法人人格高度混同、区分各关联企业成员财产成本过高、严重损害债权人公平清偿利益的情况，先后将国际公司、控股公司等70家关联企业纳入实质合并破产清算程序中。①

海南某石油基地有限公司（以下简称石油基地）系控股公司的全资子公司，注册资本15亿元（实缴7.2亿元）。公司拥有港口经营许可证、危险化学品经营许可证等稀缺经营资质，主营原油仓储服务，拥有的海南洋浦开发区港口最大油库是某企业集团的核心资产。截至2020年3月31日，该公司账面资产22亿元，账面负债15亿元，另有对A银行无争议担保债务11.29亿元（以下简称“一押”）和有争议担保债务超百亿元（以下简称“二押”），还有数亿元隐性民间借贷保证债务。

因受某企业集团破产清算影响，石油基地安全生产责任和压力持续加大，经营前景面临不确定性。债权人向三中院申请对石油基地进行重整。

在石油基地重整程序正式启动前，为保障其安全生产不受母公司实质合并破产清算的影响，三中院指定实质合并破产案的联合管理人临时托管石油基地。经审查发现，石油基地与集团关联企业存在严重的财产混同，并受集团过度支配与控制，三中院于2020年9月1日裁定受理石油基地重整。② 民事裁定书中载明该案“并非通常情况下单个企业的破产重整程序，需在集团关联企业实质合并破产清算程序的框架下协调推进”。裁定受理重整后，三中院允许石油基地自行管理财产和营业事务，并要求管理人派员常驻厂区监督安全生产。因石油基地隶属危化品行业，要求员工持证上岗，为稳定重整期间的员工队伍，三中院还批准在重整期间向一线员工按月发放安全补贴和年终绩效考核奖励。

石油基地资产负债情况如下：资产端根据审计机构出具的《审计报告》，以重整受理日即2020年9月1日为审计基准日，石油基地总资产账面价值约22.2亿元，其中货币资金近1130万元，固定资产近18.94亿元，无形资产近1.2亿元，土地使用权及其地上建筑物均已设置抵押，其他资产主要是账面列示的应收账款、其他应收款。根据评估机构出具的《资产评估报告》，以重整受理日即2020年9月1日为评估基准日，评估值约22.5亿元。负债端共计确认5笔债权总金额近11.4亿元，其中有财产担保债权1户，确认金额近11.4

① 参见上海市第三中级人民法院（2020）沪03破9号民事裁定书。

② 参见上海市第三中级人民法院（2020）沪03破259号民事裁定书。

亿元，普通债权4户，确认金额600余万元，另外，管理人对A银行申报的“二押”担保债权不予确认，A银行提起债权确认诉讼。

该案以邀请竞争方式指定管理人。管理人按照法院要求推进实质合并下的重整模式，同时参考“假马竞价”（stalking horse bidder）[①] 招募投资人。先后有12家意向投资人参与招募，经过公开遴选、签订托底协议、网络拍卖三个阶段，最终某交通控股有限公司以15.6亿元的最高价格成为石油基地持股100%的重整投资人。按照偿债方案，重整投资款全额清偿石油基地破产费用、共益债务、“一押”担保债权及石油基地自身生产经营性债权，剩余资金予以提存，留待“二押”担保债权诉讼解决后，视情分配A银行或归入实质合并程序作为某企业集团破产财产分配。

该案重整计划草案设担保债权人组、普通债权人组、出资人组分组表决。担保债权人组、普通债权人组经一次表决100%通过重整计划草案，但出资人组即代表母公司控股公司行使股东权利的实质合并破产清算案债权人会议未通过重整计划草案。合议庭召集出资人组召开网络视频会议，对该案实质合并破产清算程序下的重整模式进行释法析理，管理人对重整价值、可预见收益作全面披露和分析，最终出资人组二次表决通过重整计划草案。

三中院于2021年4月26日裁定批准重整计划。重整计划执行期间，管理人监督各方完成了重整资金支付与债务清偿、减资及股权转让变更登记，并提存剩余资金3.9亿元。合议庭赴现场检查，验收重整计划执行情况后，于2021年6月23日裁定确认重整计划执行完毕。至此，石油基地彻底摆脱破产困境，步入经营正轨，77名员工全部留用。

案例分析

石油基地与关联企业存在过度支配与控制、财产严重混同的情形，但如果纳入实质合并清算，经营主体将不复存在，优质资质将会丧失，安全生产将无从保障。因此，需要探索一条兼顾安全生产与各方利益的处置新路，令企业主体存续，将经营资质、核心资产等干净的壳资源和资产打包，以市场

① 假马竞标是破产债务人为获得更高的出价而采取的一种复杂的拍卖机制，债务人会选定一名与之有特定关联的竞标者首先出价，并通过该竞标者（假马竞标者）的出价提高后续出价的基准，提供特定的竞价保护。参见《美国破产法协会美国破产重整制度改革调研报告》，何欢、韩长印译，中国政法大学出版社2016年版，第161~162页。

化、法治化方式招募投资人进行转让，所得除清偿石油基地债权人外，剩余资金归入集团实质合并程序。在审理思路方面，既要确保石油基地安全生产、实现处置价值最大化，又要做好与集团关联企业实质合并程序的衔接，兼顾全体债权人、员工及其他利益相关方的权益。

一、实质合并“嵌套”重整程序

所谓“嵌套”指的是，该案在集团关联企业实质合并清算“大程序”下，启动对石油基地的重整“小程序”。重整程序虽有独立性，但需在实质合并程序下协同①审理。

（一）重整程序

石油基地重整程序在裁定受理、投资人招募、重整计划的制定、表决与执行等方面，均按照《企业破产法》规定的重整程序规则进行。具体而言，以石油基地自身资产、负债和经营情况作为判断重整条件及引入投资人的依据；石油基地6户债权人根据债权性质，分别参加担保债权人组和普通债权人组表决。另外，重整程序按照《企业破产法》第73条规定，适用管理人监督下的债务人自行管理。

（二）协同审理

石油基地重整程序在集团关联企业实质合并框架下进行，并非单个的重整程序，重整程序与实质合并程序两者协同审理：（1）就程序操作而言，因控股公司已被纳入某企业集团关联企业实质合并程序，其作为出资人对石油基地重整计划的表决，由实质合并案债权人会议行使。（2）就实体处理而言，集团关联企业与石油基地互负债务归于消灭；控股公司对石油基地的股权实质归零，股权质押相应涤除；重整资金对石油基地债权人清偿完毕后，剩余部分归入集团关联企业实质合并程序。

该重整程序与单独重整程序相比较，显著区别在于：在实质合并框架下，石油基地与母公司等企业集团关联企业之间互负债务归于消灭；因母公司股权及股权质押基于实质合并框架而“涤除”，重整投资款偿债后的剩余净值不再作为股权质押权益，而是归入实质合并程序；如有未申报的隐性债务，同

① 鉴于《全国法院破产审判工作会议纪要》规定非实质合并下各单个破产程序的协调审理，不消灭关联企业成员之间的债权债务关系，与该案实质合并框架下的法律后果不同，故本文以“协同”称之。

样基于实质合并大前提放入实质合并清算程序，不再由重整后的石油基地清偿。

二、“假马竞价”引入重整投资人

考虑到石油基地所处行业特点，其主营业务与当时高涨的石油仓储市场需求高度契合，且其属地海南贸易自由港建设的政策红利持续释放，为石油基地的处置创造了有利条件。在石油基地重整投资人的招募过程中，合议庭注重发挥市场对重整企业价值的发现功能，指导管理人参考“假马竞价”模式，设计了“遴选+托底报价+公开拍卖”的三轮投资人招募。具体操作流程如下：第一步，发布招募公告，公开招募意向投资人，此轮共招募到 12 名意向投资人。第二步，意向投资人托底报价，确定“假马”。管理人制定《重整投资人选定规则》，确定意向投资人需以超过 15 亿元报价进入下一步遴选。托底报价后，管理人与托底意向投资人签订《托底投资协议》，确定托底投资人在同等条件下的优先购买权，托底投资人同意管理人以投资人资格为拍卖标的再进行一次网络公开拍卖。第三步，投资人资格网络公开拍卖，托底投资人与其他意向竞买人进行网络拍卖公开竞价，当拍卖出价未超过托底投资人报价时，托底投资人优先成为重整投资人；当拍卖出价高于托底投资人报价时，出价最高者取代托底投资人成为重整投资人。最终托底投资人出价最高，以 15.6 亿元的出价成为重整投资人。

三、债务人自行管理实行关键岗位职工挽留激励

石油基地主营原油仓储，属一级危源企业，安全生产责任重大。该案采取以下措施确保企业持续营运及安全生产：（1）临时托管。在石油基地重整程序正式启动前，鉴于石油基地属控股公司的股权资产，合议庭指定集团关联企业实质合并破产案的联合管理人代行股东权利，临时托管石油基地，监督保障安全生产。（2）债务人自行管理。石油基地是企业集团的优质资产，拥有健全的安全生产标准化管理体系，专业性非常强，继续经营需要依靠团队自身的专业性。因此，该案重整程序采用 DIP（Debtor in Possession）模式，即管理人监督下的债务人自行管理。通过邀请竞争产生石油基地正式管理人后，合议庭要求管理人派员常驻厂区监督安全生产，债务人自行管理财产和营业事务。（3）实行员工挽留激励。重整成功以债务人营业保护为前提，而

营业保护需要以招聘或挽留关键职工的方式保障人力资源的供给。美国破产法上自行管理的债务人（debtor in possession）在实践中逐渐发展出“关键职工挽留计划”（key employee retention plan）以克服重整期间人才的流失。[①] 该案同样面临这一情况，石油基地隶属危化品行业，多为特种工种，员工持证上岗。因受集团危机影响，10 余名员工离职，直接影响安全生产。管理人调研行业及周边企业薪酬水平后，申请重整期间按月发放安全补贴和年终绩效考核奖励，并向一线关键岗位倾斜，获法院复函批准，有力稳定了员工队伍。石油基地保持正常运行，营业收入稳步增加。

四、该案的启示——企业集团破产下优质股权的处置思路

对外长期股权投资是破产企业常见的一种财产形式，特别在企业集团破产案件中，股权投资多，出资金额高，是破产财产重要的组成部分。《全国法院破产审判工作会议纪要》规定，法院审理企业破产案件，以对关联企业成员适用单个破产程序为原则，当关联企业成员之间存在法人人格高度混同等情形时，可例外适用实质合并破产方式进行审理。近年来，各地法院在审理企业集团破产案件时，对法人人格混同的关联企业，较多采用整体实质合并清算或实质合并重整，而在实质合并程序之外再另行启动其他处置程序的司法实践较少。对外长期股权投资需要根据股权结构、出资金额、营业及行业前景等因素甄别优质股权资产，并综合分析各种处置路径，寻找最佳处置方式。

（一）股权的可转让性与破产处置的关系

《公司法》第 4 条第 2 款规定：“公司股东对公司依法享有资产收益、参与重大决策和选择管理者等权利。”《公司法》第 84 条及第 157 条分别对有限责任公司股权转让和股份有限公司股份转让作了规定。股权基于股东出资及其收益具有明显的财产属性，同时又是股东权利的集合，股权的可转让性为破产财产处置提供了一项选择。当股东进入破产程序，依法调查并处置其所持股权是管理人履行管理与处分债务人财产的法定职责。[②] 作为财产与公司控

---

① 金春、冷帅达：《破产重整视角下关键职工挽留计划的制度建构》，载《东方论坛—青岛大学学报（社会科学版）》2021 年第 6 期。

② 南京市中级人民法院课题组：《破产企业对外长期股权投资处置类型化研究》，载《人民司法》2020 年第 34 期。

制权的凝结，股权在破产程序中的处置价格不仅取决于资产、负债、经营情况及未来前景等因素构成的股权自身价值，也取决于是否采用合适的处置模式。

（二）优质股权资产不同处置路径分析

石油基地是企业集团的100%优质股权资产，在控股公司纳入实质合并程序后，面临股权转让、资产处置、单独重整及实质合并四种选择。（1）股权转让。优点在于可维持石油基地继续营业，并节省交易税费，但因该公司存在隐性巨额民间借贷债务及有争议担保债务，影响股权购买意愿进而影响交易价格，存在较大风险。（2）资产处置。优点在于竞买人可购得厂房、土地及设备等干净资产，但港口经营许可证、危化品经营许可证等稀缺壳资源无法保留，营业价值消失殆尽。（3）单独重整。优点在于维持石油基地壳资源和继续营业。缺点在于，一是未申报债权在重整计划执行完毕后可依同类债权清偿，意向投资人存在竞价顾虑；二是集团与石油基地互负债务据实结算，不符合石油基地与集团财产混同的客观实际。（4）实质合并。优点在于消除关联企业之间复杂的债权债务关系，有利于提高处置效率，但经营主体不复存在，无形资产价值归零，安全生产无从谈起。

关联索引

《中华人民共和国企业破产法》（2006年8月27日）

第七十条 债务人或者债权人可以依照本法规定，直接向人民法院申请对债务人进行重整。

债权人申请对债务人进行破产清算的，在人民法院受理破产申请后、宣告债务人破产前，债务人或者出资额占债务人注册资本十分之一以上的出资人，可以向人民法院申请重整。

第七十三条 在重整期间，经债务人申请，人民法院批准，债务人可以在管理人的监督下自行管理财产和营业事务。

有前款规定情形的，依照本法规定已接管债务人财产和营业事务的管理人应当向债务人移交财产和营业事务，本法规定的管理人的职权由债务人行使。

《全国法院破产审判工作会议纪要》（2018年3月4日　法〔2018〕53号）

36. 实质合并审理的法律后果。人民法院裁定采用实质合并方式审理破产案件的，各关联企业成员之间的债权债务归于消灭，各成员的财产作为合并后统一的破产财产，由各成员的债权人在同一程序中按照法定顺序公平受偿。采用实质合并方式进行重整的，重整计划草案中应当制定统一的债权分类、债权调整和债权受偿方案。

37. 实质合并审理后的企业成员存续。适用实质合并规则进行破产清算的，破产程序终结后各关联企业成员均应予以注销。适用实质合并规则进行和解或重整的，各关联企业原则上应当合并为一个企业。根据和解协议或重整计划，确有需要保持个别企业独立的，应当依照企业分立的有关规则单独处理。

案　号：（2020）沪 03 破 259 号

合议庭：黄贤华　郭大梁　刘建雷　刘　琳　王益平

编写人：黄贤华　王益平

9. 宣告破产后转重整的实践探索

——上海某汽车配件有限公司破产清算转重整案

关键词

宣告破产后转重整　债权人意思自治　化解执行危机

裁判要旨

债务人被宣告破产后，发现其仍具有重整的价值和可能性，于是通过债权人会议表决转换程序议案，撤销破产宣告裁定，并裁定对债务人进行重整。重整计划执行期间，协调各方对已拍卖处置的资产达成更优方案，最大化资源配置效益，保证重整进程顺利推进，最大限度保障债权人利益并促成困境企业重生。

本案系债务人被裁定宣告破产后转重整成功的典型案例，不仅反映了法院与管理人就个案处理的创新司法实践做法，还体现了市场具有实时发现企业价值的功能，在充分尊重债务人、债权人会议意思自治的前提下，最大限度释放破产保护的价值，利用有条件的程序可逆性发挥破产制度的救济作用，助力困境企业重生。同时，在重整计划遇到执行危机时，法院和管理人在法律法规的框架下，通过释法说理，建立有效沟通桥梁，达成解决方案，满足各方诉求，顺利化解执行危机，实现重整计划的圆满执行。

基本案情

上海某汽车配件有限公司（以下简称汽配公司）于 2000 年 10 月 12 日经核准设立，注册资本 1000 万元，主要从事汽车配件研制、设计、加工经营活动。因新能源汽车市场冲击，加之汽配公司实际经营场所因排污等环保问题无法开展生产活动，自 2019 年开始汽配公司经营逐渐萎缩，于 2020 年 2 月正式停止经营。2021 年 4 月，上海市第三中级人民法院（以下简称三中院）根据汽配公司的申请，裁定受理汽配公司破产清算一案，并指定管理人。

经管理人调查，汽配公司名下资产涉及对外投资、分支机构、无形资产、应收账款、机动车（担保物）以及位于上海市奉贤区奉城镇奉新公路××号1~3幢的房屋（以下简称厂房）和存放于厂房内的9台机器设备，评估价为720万元。而汽配公司负债总额达7000余万元，显然不能清偿到期债务，且资产不足以清偿全部债务，三中院遂于2022年11月裁定宣告汽配公司破产。

汽配公司名下已抵押登记的机动车，依据《企业破产法》第109条关于担保债权“对破产人的特定财产享有担保权的权利人，对该特定财产享有优先受偿的权利”的规定，予以变价处置，就担保物变价款提前清偿担保债权。

汽配公司被宣告破产前，管理人多方寻找有意整体接受汽配公司资产的买受人、投资人，但无人问津。汽配公司被宣告破产后，管理人依法处置汽配公司资产。但因机器设备是专用的大型设备，部分组件安装时与厂房合为一体，故拆除设备会破坏厂房主体结构，处置难度较大，且汽配公司厂房所属地块系属集体土地，仅能以建设用地“减量化”（对用于建房的农村土地实施拆除复垦）方式变现。因政府部门审批手续复杂、审批周期较长、政策补偿价格过低、支付补偿款的周期过长等情况，若继续通过减量化方式处置资产，将不利于资产的价值最大化。

管理人积极挖掘汽配公司重整的可能性和价值，主动多方寻找意向投资人并最终锁定投资人，并在向投资人披露土地状况、重整风险及向全体债权人充分释明及征询意见后，本着债权人意思自治原则，经过债权人会议对转重整决议表决后，本案由破产清算转为破产重整程序。同时，管理人采用“存续式重整”模式，成功使涉案集体土地及地上建筑物等“带壳”转让，实现汽配公司财产保值增值，显著提高了债权人的整体清偿率，使普通债权的清偿率从2.7%提高到6.2%。2024年1月，三中院裁定批准重整计划草案、终止重整程序。

在重整计划执行过程中，原汽配公司机器设备变价处置后，机器设备买受人长时间不履行提货、搬迁义务，已构成严重违约，影响重整计划执行。管理人积极斡旋设备买受人和重整投资人，促成机器设备转让交易。同时有序开展厂房修缮、稳步推进现场改造升级、税务信用修复等经营准备活动，最终实现项目转型升级，将原来从事的受到环评限制较大的制造业，转型为受到环评限制较小的中转、仓储业务，保证了重整计划的成功执行，扭转了停滞经营局面，实现企业重生。

案例分析

本案主要面临的问题是能否在汽配公司被宣告破产后，根据个案实际情况，重新研判识别汽配公司的重整价值和可能性，实现程序可逆性价值。妥善处理重整计划执行中的危机，确保执行成功。

一、债务人被宣告破产后依意思自治原则逆转重整程序

根据现行《企业破产法》第 70 条第 2 款规定以及《全国法院破产审判工作会议纪要》第 24 条指导意见，经适格主体申请，原则上破产清算与重整、和解程序的转换，仅能发生于债务人被宣告破产前。

当前，实践中对于破产程序可逆性存在两种观点，其中反对观点认为：法律制度层面尚无现行上位法对宣告破产后程序的逆转予以明确的立法支持；宣告破产意味着企业资不抵债已成为定局，而允许宣告破产后的程序逆转将打破破产清算程序在破产制度中的兜底效用，突破现行法律制度对程序转换适用的限制，而增加“程序使用的不确定性，加大债权人通过破产清算程序获得清偿的成本”[①]。支持观点则认为：从鼓励拯救债务人角度出发，综合考量重整与和解程序的立法目的，应当允许债务人在各个破产阶段存在被挽救的可能，不能一味地、完全地、机械地适用现行法律条文。

而近年来在各地实务案例中，债务人被宣告破产后，部分地区法院已尝试基于以下情形，撤销宣告破产裁定，认可债务人与债权人达成的和解或裁定债务人进入重整：（1）对债务人与债权人达成民事和解的认可；[②]（2）重新识别债务人重整价值；[③]（3）打破无法继续清算的“僵局”；[④]（4）维护债权人的利益和实现社会稳定。[⑤]

---

① 贺小荣、葛洪涛、郁琳：《破产清算、关联企业破产以及执行与破产衔接的规范与完善——〈全国法院破产审判工作会议纪要〉的理解与适用（下）》，载《人民司法》2018 年第 16 期。

② 参见山东省高级人民法院（2022）鲁 0830 破 1 号民事裁定书。该案系 2022 年山东法院破产审判十大典型案例，首例宣告破产后转和解案件。

③ 参见广东省佛山市高明区人民法院（2019）粤 0608 破监 1 号民事裁定书、（2019）粤 0608 破监 2 号民事裁定书。

④ 参见新疆维吾尔自治区巴音郭楞蒙古自治州中级人民法院（2021）新 28 破监 1 号民事裁定书。

⑤ 参见山东省海阳市人民法院（2017）鲁 0687 破 3 号民事裁定书。

作为由市场经济孕育而生的破产制度，在规范市场退出机制方面不可否认地需要设定程序的闭环，这意味着破产清算程序应当成为破产程序的最后一道“防线”。但是，宣告破产后程序的不可逆性有失制度公平，就保护债务人而言，破产制度的拯救功能同样重要，应当在“一定条件下”允许程序倒转的可能。而该案则是在当前现行立法制度之下，进行的一种宣告破产后转重整的程序突破。具体考量以下因素：一是该案债务人核心资产系位于国土空间规划确定的城镇开发边界的集中建设区外、无法征收的农民集体所有土地上的自建厂房，该厂房不能转让，也不能改扩建，拍卖后也无法办理产权证，故仅能通过建设用地“减量化”进行处置。二是“减量化”处置资产存在补偿款金额极少、债权实现周期极长、受偿存在不确定性等局限。管理人在充分研判和识别债务人企业价值、资产完整性，摆脱“减量化”局限，结合属地经济效益考量，精确研判程序转换利弊和可操作性之后，认为如能重整成功则债权人的清偿率将明显提高。且从各地实务操作中看，不乏债务人被宣告破产后，撤销宣告破产的先例，管理人遂向债权人会议提出了程序转换的设想，并拟定正式程序转换议案提交债权人会议表决。表决通过后，法院尊重债权人会议意思自治，依债权人整体意志，以债权人会议表决程序转换议案的方式实现程序可逆性。

该案实践表明，市场具有实时发现价值的功能。本案自受理破产至转为重整的两年中，债权人先对不动产变价预期过高，但实际情况是恰逢疫情期间，厂房空置率较高，未能满足债权人预期。经过较长一段时间后，债权人逐渐接受现状，且疫情态势已过，商业有所回暖，资产价值随之有所回升。综上所述，在市场行情的影响下，不动产投资价值实时波动。根据客观实际情况，若经研判债务人具有重整价值，而投资人又具有重整实力，在遵循债权人意思自治的情况下，基于最大化保护债权人利益和拯救债务人的考量，最大限度释放破产保护功能价值，可以允许破产宣告后程序转换作为例外，利用有条件的程序可逆性发挥破产制度的救济作用，从而更好体现市场化理念，实现良好的法治效果、经济效果和社会效果的有机统一。

二、妥善处理重整计划执行中的困境

现行《企业破产法》第 93 条第 1 款仅规定了针对债务人不能执行或者不执行重整计划，经适格主体申请，人民法院裁定终止重整计划的执行，并宣告债务人破产的处理方式。而在重整计划执行过程中，资金短缺、投资人不执行重整计划、债务重组不顺、其他利害关系人不配合执行重整计划等情况，均可能威胁到重整计划的顺利执行，对此，现行法律法规及司法解释却并未规定相关的法律救济途径。重整计划在司法实践中是否具有强制执行力存在争议，若重整计划未按其内容得到执行，依据《企业破产法》第93条第1款“债务人不能执行或者不执行重整计划的，人民法院经管理人或者利害关系人请求，应当裁定终止重整计划的执行，并宣告债务人破产”的规定，则可能直接导致重整失败而使债权人、利害关系人权益受损，进一步增加程序和时间成本。

本案中，管理人依法监督重整计划执行，及时发现执行困境并请求法院助力扫清执行障碍，防止因其他利害关系人违约而影响重整计划执行，避免案件出现重整向破产清算程序再次转化的情况。管理人于债务人转入重整程序之前，将未纳入债务人重整资产范围的机器设备进行了公开网络拍卖。前述设备机器中，有一台自购大型德国进口内高压成形压力机，体积庞大，占据厂房地面、地下两层，搬移、拆卸难度高，历经5次拍卖最终拍卖成交。设备机器拍卖成交后，设备买受人一直怠于配合设备交接，管理人数次以约谈、发函等方式要求履行交接义务，均遭买受人拒绝。因前述机器设备的交接、搬迁直接影响厂房的重整价值，关乎重整的成败，故管理人在研判机器设备违约解除的利弊后，对于该非重整必需资产的处置拟定了二次处置方案，以此保证重整计划的成功执行。在设备买受人严重违约且阻碍重整程序进程的情况下，管理人为更好地维护、发挥原厂房及设备的整体价值，最大化实现地上物及附属设施、设备原状使用的效能，积极斡旋设备买受人和重整投资人，协商二次处置设备的可能性。最终在法院指导和管理人积极协调下，设备买受人退出交易，实现设备由重整投资人整体接收，进而消除了债权人及重整投资人的忧虑，扫清了重整计划执行障碍，化解了执行危机，保障了重整计划执行完毕以及债权人权益。

关联索引

《中华人民共和国企业破产法》（2006年8月27日）

第七十条 债务人或者债权人可以依照本法规定，直接向人民法院申请对债务人进行重整。

债权人申请对债务人进行破产清算的，在人民法院受理破产申请后、宣告债务人破产前，债务人或者出资额占债务人注册资本十分之一以上的出资人，可以向人民法院申请重整。

第九十三条 债务人不能执行或者不执行重整计划的，人民法院经管理人或者利害关系人请求，应当裁定终止重整计划的执行，并宣告债务人破产。

人民法院裁定终止重整计划执行的，债权人在重整计划中作出的债权调整的承诺失去效力。债权人因执行重整计划所受的清偿仍然有效，债权未受清偿的部分作为破产债权。

前款规定的债权人，只有在其他同顺位债权人同自己所受的清偿达到同一比例时，才能继续接受分配。

有本条第一款规定情形的，为重整计划的执行提供的担保继续有效。

第一百零九条 对破产人的特定财产享有担保权的权利人，对该特定财产享有优先受偿的权利。

《全国法院破产审判工作会议纪要》（2018 年 3 月 4 日 法〔2018〕53 号）

24. 破产宣告的程序及转换限制。相关主体向人民法院提出宣告破产申请的，人民法院应当自收到申请之日起七日内作出破产宣告裁定并进行公告。债务人被宣告破产后，不得再转入重整程序或和解程序。

25. 担保权人权利的行使与限制。在破产清算和破产和解程序中，对债务人特定财产享有担保权的债权人可以随时向管理人主张就该特定财产变价处置行使优先受偿权，管理人应及时变价处置，不得以须经债权人会议决议等为由拒绝。但因单独处置担保财产会降低其他破产财产的价值而应整体处置的除外。

案　号：（2021）沪 03 破 130 号
合议庭：郭大梁　王益平　姚　磊
编写人：郭大梁　陈　云　刘　毅　彭西妮

10. 盘活商业地产助力市区知名商圈焕发生机

——上海某投资有限公司破产重整案

关键词

重整　商业地产　营商环境　府院联动

裁判要旨

对于具有较高知名度和成熟商业配套的地产项目，重整能更好平衡金融机构、小业主等众多债权人的利益诉求，还能提升商业品质，促进区域经济发展和营商环境优化。本案在疫情影响债权人会议协商困难的情况下，法院发挥协调作用，组织各方在重整计划草案正式表决前进行预备会，推动重整计划表决通过。通过府院联动，有序推进行政审批、信用修复、租户换签清退等执行事务，确保重整计划执行完毕，助力优化营商环境。

本案不仅整体盘活资产，还化解了群体矛盾，进一步提升了周边商圈的消费活力，对优化区域营商环境具有典型示范意义。

基本案情

债务人上海某投资有限公司（以下简称投资公司）成立于2003年8月，注册资本人民币10 000万元，控股股东上海某科实业有限公司持股92.5%，投资公司经营范围包括实业投资、自有设备租赁、物业管理、房屋租赁、销售日用百货等。投资公司主要资产为“亚某生活广场”，坐落于市中心核心地段，整体建筑由六幢楼宇组成，占地1.9万平方米，营业面积3.68万平方米，经营品类齐全、地理位置优越，在20世纪90年代开业初时为上海地区独具特色与规模的综合型购物中心，目前仍为具有较高知名度的老牌商业中心。投资公司持有该广场78%的产权面积，约有150户商户租用该广场对外经营，包括服饰、餐饮、家电、娱乐等。因合作方款项拖欠等种种纠纷，投资公司涉及诉讼50余起、执行20余起，对外负债21亿余元，资产估值10亿余元，已严重资不抵债。最大担保债权人为实现其债权，申请法院强制执行并拍卖投资公司所持“亚某生活广场”的产权。投资公司向上海市第三中级人民法院（以下简称三中院）提起破产重整申请。

三中院裁定受理投资公司破产重整案后指定管理人。因广场仍在正常营业，法院指导管理人接管投资公司的同时，委托原经营管理团队继续负责广场的经营。第一次债权人会议召开后，管理人发布招募意向重整投资人公告。招募期内，5名潜在意向投资人均未按期缴纳保证金。在征求全体债权人和债务人意见后，管理人进行了第二次招募工作并引入投资人。之后，投资人、管理人共同拟定重整计划草案并向三中院提交。但随着新冠疫情的出现，各方谈判陷入僵局。重整计划提交债权人会议表决，因银行债权人反对，担保债权人组及普通债权人组均未表决通过，以致重整计划草案表决未获通过。对此，法院和管理人多次组织远程预备会，在线推动磋商，促使投资人将重整资金提升至8亿元，并对重整资金支付条件、第三方担保、解除质押时间等重整计划内容进行了优化。2020年5月，管理人将修改后的重整计划草案再次提交债权人会议表决。最终以担保债权组、小业主债权组人数金额均为100%、普通债权组95.2%的较高比例，表决通过了重整计划草案。2022年9月，本案重整计划执行完毕。

案例分析

一、困境商业地产的重整识别

《企业破产法》第71条规定：“人民法院经审查认为重整申请符合本法规定的，应当裁定债务人重整，并予以公告。”但立法对于法院审查受理重整申请的具体审查标准未作规定。2018年最高人民法院《全国法院破产审判工作会议纪要》（法〔2018〕53号，以下简称《破产审判纪要》）第14条对申请重整企业的识别审查明确规定：“破产重整的对象应当是具有挽救价值和可能的困境企业；对于僵尸企业，应通过破产清算，果断实现市场出清。人民法院在审查重整申请时，根据债务人的资产状况、技术工艺、生产销售、行业前景等因素，能够认定债务人明显不具备重整价值以及拯救可能性的，应裁定不予受理。”据此，在重整申请审查过程中，债务人是否具备重整价值是审查的重要因素。本案资产系一线城市核心地段的土地及房产资源，尤其是具有较高知名度和成熟商业配套的地产项目，供应稀缺和保值率高，具有较大的重整价值。通过破产重整，能更好地平衡金融机构、小业主等债权人以及各方利益主体的利益诉求，并在维系既有商业运营价值的基础上提升商业品质，相比传统司法拍卖和破产清算更具优势，无疑是该类企业纾困解难的较优选择。

本案债务人提出申请时，正值春节放假前的最后一个工作日，广场主楼地下一层至三层即将于节后在线上执行拍卖，重整申请审查时间紧迫，法院参照《破产审判纪要》第 14 条意见综合判断识别重整价值和可行性后，及时予以受理：

第一，社会效果比较。强制执行将即刻产生商场停业、商户强行清退、普通债权人清偿利益归零的不利局面，债务人与 13 户小业主及 150 余户商户之间的矛盾会被激化，社会效果较差。重整情况下，如继续履行与各租户之间的租赁合同，可以最大限度地减少司法程序对广场运营的不利影响，平稳过渡直至与后续重整计划执行衔接。

第二，经济效益比较。商业广场地处闹市及商圈中心地带，业态完整，综合配套齐全，经营管理模式成熟，具有较高知名度，对区域经济发展具有一定的影响力，如重整成功并合理改造、调整业态，可提升商业能级，带动区域经济发展，相比执行或破产拍卖能带来更好的经济效益。

第三，破产成本比较。房地产执行拍卖中的转让税费包括土地出让金、营业税、契税等费用，而重整投资方式包括资产收购、股权投资等多种方式，其中运用范围最广、市场实践最多的方式当属股权投资，可以较低成本实现项目资源盘活。

第四，清偿率比较。在执行或破产清算条件下，拍卖所得至多仅能覆盖第一顺位担保债权人的本金部分。而在重整条件下，后顺位的担保债权人以及普通债权人可得部分清偿，整体清偿率较高，可更大程度保护债权人利益。

本案对商业体重整价值有效识别后及时裁定受理进入重整程序。在商场后续经营过程中，合议庭指导管理人采取如下措施，避免了因管理团队更换可能引发的运营中断和重整价值贬损，为重整计划顺利实施奠定了基础：第一，由管理人接管债务人企业的同时，继续委任原负责广场经营事务的管理团队维持商场运营，续聘必要现场工作人员，为广场楼宇安全投保火灾综合险，做好日常安保、物业维护及疫情防控等工作；第二，根据《企业破产法》第18条、第42条的规定，继续履行与小业主的售后回租合同，将维系广场运营的应付租金认定为共益债务。重整期间小业主、商户普遍接受，实现营收4000余万元。

二、司法权介入重整谈判的边界

破产程序中，法院的司法权贯穿始终，主要体现为对程序启动的审查、督导管理人推进程序、进行争议裁判，以及平衡协调各方利益等方面，以保障程序合法性、公平性和有效性。重整程序涉及债务人、债权人、管理人等多方主体，利益冲突和程序僵局较为常见，单纯依赖当事人之间协商，未必能磋商成功，需要法院在尊重当事人意思自治的基础上，积极回应破产程序中多元利益诉求，推动程序高效、公正地运行，实现债务清偿、债务人再生和社会效益的最大化。在新冠疫情背景下，沟通不畅和效率低下，影响到重整程序推进及重整计划表决，在秉承中立性及合法性原则的前提下，法院适当介入重整谈判，可有效促进重整目标实现。具体表现在以下两个方面。

第一，增设表决前预备会流程，发挥协商推动作用。在破产重整实践中，银行债权人或类金融机构因内部审批流程复杂、决策周期较长等原因，往往难以及时对重整方案投出同意票，对重整程序的推进造成较大影响。本案中，主要银行债权人的担保债权及普通债权额度均超过所在组别债权总额的一半，争取其支持配合是重整计划通过的关键。第二次债权人会议表决前，正值新冠疫情期间，主要银行债权人的代理人远在海外，与国内人员联系不畅，无法及时完成内部审批决策流程。部分普通债权人亦身在国外，给谈判带来不小困难。法院通过远程会议系统，在表决前召集主要银行债权人、投资人、债务人等相关主体召开预备会，充分听取各方对债权清偿率、重整计划草案等方面的意见，并从商业发展前景、市场风险、税费和清偿率等角度进行利弊分析，寻找利益平衡点，敦促主要债权人和关键普通债权人及时决策，争取支持重整。法院适时合理运用司法权，引导、协调推动程序发展，为重整成功奠定了基础。

根据《企业破产法》第87条第1款之规定，未通过重整计划的表决组可以在协商后再表决一次。本案重整计划首次表决未通过后，作为程序的主导者和监督者，法院通过积极推动磋商安排，为债权人等利益相关方提供了一个公平、透明的沟通平台，以及必要的监督指导，以促成对重整计划达成共识。本案主要银行债权人基于债权本金无损的风控要求而投反对票，致重整计划草案未获通过。表决失败意味着本案极可能陷入重整转破产清算的局面。为促成再次表决通过，法院通过协调主要债权人、投资人、债务人等相关主体多次线上谈判，促使双方作出关键性让步。投资人拟投入的重整资金不仅作了提升，还对重整资金支付条件、第三方担保、解除质押时间等重整计划内容进行了优化。最终，债权人会议表决通过了修改后的重整计划草案。

第二，重整计划表决设计合理分组。《企业破产法》第 84 条第 2 款规定："出席会议的同一表决组的债权人过半数同意重整计划草案，并且其所代表的债权额占该组债权总额的三分之二以上的，即为该组通过重整计划草案。"立法并未限制法院在必要时依职权决定设立小额债权组，单独对重整计划草案进行表决。重整程序中不同的分组表决方式会给重整案件的处理结果带来重大影响。[①] 为了确保债权分组不沦为操纵重整计划草案表决的工具，各方利益主体能在意思自治指引下进行协商，能够更加灵活地满足特定债权人经济利益的需求，实现利益平衡并适应现代社会经济多样化的要求。由此，公平清偿、利益衡平和意思自治成为债权分组所应遵循的三项基本原则。[②]

本案中，根据模拟清算报告，破产清算下，投资公司仅能清偿第一顺位抵押债权人约 5.7 亿元（贷款本金为 7.5 亿元），其他债权人清偿率均为零。其中，有 13 位自然人业主系普通债权人，债权性质为租金债权，所占债权总金额比重虽小，但租金债权清偿率直接影响其日常生活，且其持有的产权商铺多为临街旺铺，争取其支持同意重整，有利于后续广场统一运营并实现商业价值，故该部分债权人在债权性质、利益诉求和社会效果等方面与其他普通债权人不同。为充分保障不同类型债权人的利益诉求，减少谈判成本，法院指导管理人充分发挥债权人会议意思自治功能，在同组债权公平清偿的原则下合理分组，将 13 位小业主债权人单列一组，重整方案给予该组较普通债权人组更高的清偿率，获得了各组债权人多数决认可。最终重整计划草案表

① 韩长印：《从分组到分段：重整程序中的小额债权清偿机制研究》，载《法学》2019 年第 12 期。

② 徐阳光、韩玥：《重整计划中的债权分组规制研究》，载《法治研究》2022 年第 4 期。

决获得担保债权组、小业主债权组均为100%，普通债权组95.2%的高通过率。

上述措施是法院在市场化、法治化原则下，通过释明引导、分析路径、促进谈判等方式，化解矛盾争议，促成共识共赢。在重整受多种因素影响的情况下，法院应积极发挥作用，把握时机，更加主动有为地推动重整进程。

三、司法重整在降低税费成本、促进区域经济发展中的作用

优化营商环境是进一步全面深化改革的重要基础与着力点，也是推动实现新旧动能转换、赋能新质生产力发展的必然选择。党的十八大以来，党中央、国务院高度重视营商环境优化工作，“放管服”“减税降费”等一系列改革措施成效显著，营商环境持续改善。党的二十大报告明确指出要“完善产权保护、市场准入、公平竞争、社会信用等市场经济基础制度，优化营商环境”。近年来，为进一步提升上海法治化营商环境，上海市政府、上海市高院陆续推出多项政策措施，致力于打造公平、公正、透明、可预期的法治化营商环境，促进上海经济高质量发展。司法重整通过保障经营主体的存续发展、维护债权人权益、优化资源配置以及促进社会稳定，为法治化营商环境建设提供了支持，主要表现在以下方面：

第一，债务豁免收益与经营性亏损抵免，降低税费成本。《企业所得税法》第18条规定：“企业纳税年度发生的亏损，准予向以后年度结转，用以后年度的所得弥补，但结转年限最长不得超过五年。”《财政部、国家税务总局关于企业重组业务企业所得税处理若干问题的通知》（财税〔2009〕59号）第6条第1项规定：“企业债务重组确认的应纳税所得额占该企业当年应纳税所得额50%以上，可以在5个纳税年度的期间内，均匀计入各年度的应纳税所得额……”由此，重整企业可充分扣减往年度亏损，以减低应纳税所得额。本案中，投资人投入资金8亿元供债务清偿及资产盘活，重整费用共计1800余万元，成本占比约2%。因重整后债务豁免收益与经营性亏损抵免，仅税费一项，相比破产清算减少近5亿元，极大地节省了破产费用。重整企业所得税特殊处理，使得投资人在重整中的资金投入更为有效地转化为经营能力和市场竞争力，为企业债务清偿和经营复苏创造了有利条件，为债权人、债务人和社会各方带来共赢局面。

第二，注重商业可持续发展，助推区域经济发展。本案所涉商业广场地

理位置优越、品牌影响力大，但因经营管理模式落后渐失昔日明星商圈地位，在当前实体商业综合体消费需求缩减的背景下，能否充分利用重整良机，进行商业规划调整和业态升级是实现重整价值的关键。为此，本案在重整计划执行及后续建设阶段，采用如下方式促进商业广场可持续发展：一是在商业合作基础上，由投资方统一经营亚某生活广场；二是提升广场硬件条件的同时引进新业态和运营方，提升品牌价值；三是结合区政府统一商业规划，综合考虑二期工程开发，扩大广场规模，提升其在整个地区经济中的商业地位。重整表决通过后，法院及时对接区政府共建合作平台，就重整执行阶段涉及的征信恢复、税收优惠、商户清退、建设规划审批等事项进行协调，促成后续重整计划执行完毕。

关联索引

《中华人民共和国企业破产法》（2006 年 8 月 27 日）

第十八条 人民法院受理破产申请后，管理人对破产申请受理前成立而债务人和对方当事人均未履行完毕的合同有权决定解除或者继续履行，并通知对方当事人。管理人自破产申请受理之日起二个月内未通知对方当事人，或者自收到对方当事人催告之日起三十日内未答复的，视为解除合同。

管理人决定继续履行合同的，对方当事人应当履行；但是，对方当事人有权要求管理人提供担保。管理人不提供担保的，视为解除合同。

第四十二条 人民法院受理破产申请后发生的下列债务，为共益债务：

（一）因管理人或者债务人请求对方当事人履行双方均未履行完毕的合同所产生的债务；

（二）债务人财产受无因管理所产生的债务；

（三）因债务人不当得利所产生的债务；

（四）为债务人继续营业而应支付的劳动报酬和社会保险费用以及由此产生的其他债务；

（五）管理人或者相关人员执行职务致人损害所产生的债务；

（六）债务人财产致人损害所产生的债务。

第八十二条 下列各类债权的债权人参加讨论重整计划草案的债权人会议，依照下列债权分类，分组对重整计划草案进行表决：

（一）对债务人的特定财产享有担保权的债权；

（二）债务人所欠职工的工资和医疗、伤残补助、抚恤费用，所欠的应当划入职工个人账户的基本养老保险、基本医疗保险费用，以及法律、行政法规规定应当支付给职工的补偿金；

（三）债务人所欠税款；

（四）普通债权。

人民法院在必要时可以决定在普通债权组中设小额债权组对重整计划草案进行表决。

第八十四条 人民法院应当自收到重整计划草案之日起三十日内召开债权人会议，对重整计划草案进行表决。

出席会议的同一表决组的债权人过半数同意重整计划草案，并且其所代表的债权额占该组债权总额的三分之二以上的，即为该组通过重整计划草案。

债务人或者管理人应当向债权人会议就重整计划草案作出说明，并回答询问。

第八十六条 各表决组均通过重整计划草案时，重整计划即为通过。

自重整计划通过之日起十日内，债务人或者管理人应当向人民法院提出批准重整计划的申请。人民法院经审查认为符合本法规定的，应当自收到申请之日起三十日内裁定批准，终止重整程序，并予以公告。

第八十七条 部分表决组未通过重整计划草案的，债务人或者管理人可以同未通过重整计划草案的表决组协商。该表决组可以在协商后再表决一次。双方协商的结果不得损害其他表决组的利益。

未通过重整计划草案的表决组拒绝再次表决或者再次表决仍未通过重整计划草案，但重整计划草案符合下列条件的，债务人或者管理人可以申请人民法院批准重整计划草案：

（一）按照重整计划草案，本法第八十二条第一款第一项所列债权就该特定财产将获得全额清偿，其因延期清偿所受的损失将得到公平补偿，并且其担保权未受到实质性损害，或者该表决组已经通过重整计划草案；

（二）按照重整计划草案，本法第八十二条第一款第二项、第三项所列债权将获得全额清偿，或者相应表决组已经通过重整计划草案；

（三）按照重整计划草案，普通债权所获得的清偿比例，不低于其在重整计划草案被提请批准时依照破产清算程序所能获得的清偿比例，或者该表决组已经通过重整计划草案；

（四）重整计划草案对出资人权益的调整公平、公正，或者出资人组已经通过重整计划草案；

（五）重整计划草案公平对待同一表决组的成员，并且所规定的债权清偿顺序不违反本法第一百一十三条的规定；

（六）债务人的经营方案具有可行性。

人民法院经审查认为重整计划草案符合前款规定的，应当自收到申请之日起三十日内裁定批准，终止重整程序，并予以公告。

《全国法院破产审判工作会议纪要》（2018 年 3 月 4 日　法〔2018〕53 号）

14. 重整企业的识别审查。破产重整的对象应当是具有挽救价值和可能的困境企业；对于僵尸企业，应通过破产清算，果断实现市场出清。人民法院在审查重整申请时，根据债务人的资产状况、技术工艺、生产销售、行业前景等因素，能够认定债务人明显不具备重整价值以及拯救可能性的，应裁定不予受理。

案　号：（2019）沪 03 破 1 号
合议庭：郭大梁　刘　琳　姚　磊
编写人：刘　琳

11. 管理人监督下债务人自行管理促特殊资质企业重整成功

——上海某危险品船务储运有限公司破产重整案

关键词

稀缺资质　债转股　自行管理　债权人知情权

裁判要旨

本案中陷入财务困境的内河运输企业通过债务人继续营业和在管理人监督下自行管理的方式，成功保留危险化学品内河航运的稀缺资质，维持营运价值，为重整奠定基础。破产程序中充分保障债权人知情权、参与权，给予现金或债转股受偿选择，赢得债权人的积极配合，有效保障了重整计划的通过和顺利执行。

本案例入选最高人民法院2021年度十起典型破产案例。

基本案情

上海某危险品船务储运有限公司（以下简称储运公司）成立于1982年4月，注册资本人民币6666万元，主要经营范围包括长江中下游干线及支流内河运输，在港区内从事货物装卸、仓储经营业务，作为内河运输民营企业，其拥有内河水路运输许可、危化品经营许可等行业稀缺资质。

储运公司因过度担保导致公司严重资不抵债，以自身经营业务稳定具有重整价值为由向上海市第三中级人民法院（以下简称三中院）提出破产重整申请。三中院裁定受理重整后，随机摇号指定了管理人。经调查，确认储运公司负债约4.5亿元，如以重整为评估条件，公司资产估值为1.1亿元；如以清算为评估条件，公司资产仅为4600万元。储运公司存在风控不完善、财务不规范、实际控制人纠纷多以及大量股权查封质押等问题，以致潜在投资人对或有债务、股权过户、税收负担等一系列问题存在担忧，在法院指导下，管理人开展了一系列针对性的工作举措。

在制定重整期间经营方案过程中，法院严格依照《企业破产法》第 70 条至第 89 条关于重整程序等规定，遵循《全国法院民商事审判工作会议纪要》（以下简称《九民纪要》）第 111 条指导意见，督导管理人充分考虑企业的实际情况，合理评估企业的市场价值和发展潜力，恢复其生产经营能力，以保护债权人、股东及其他利害关系人的合法权益。同时，对重整期间继续营业方案的合理性与可行性，以及该方案是否有利于保护债权人利益和社会稳定，充分听取相关利益方意见，确保方案具备合理的商业逻辑和可操作性，同时兼顾各方利益，促进社会和谐稳定。管理人了解储运公司的经营模式并核实其是否具备自行管理能力，实地走访储运公司办公地点和经营码头，查看码头监控系统、船舶 AIS 系统等工作系统；核查相关资质范围和有效期；检查有关安全生产制度。同时，充分听取熟知储运公司业务模式的债权人的经营建议，最终形成了一套完善的债务人自行管理方案和与之配套的管理人监督方案。

在投资人招募过程中，管理人就磋商进程主动向债权人说明解释，包括重整方案的清偿数据、法律后果、利弊分析。就部分债权人提出的希望了解重整进度，债务人的资产情况、经营情况、财务信息等诉求，管理人均予以回应与告知，充分保障单个债权人对于破产程序的知情权。在充分释明和听取债权人意见的基础上，进一步与投资人磋商。

重整期间，因储运公司法定代表人涉及刑事案件被判处刑罚并收监，投资人招募工作一度陷入困局，但得益于债权人在前期沟通过程中已充分了解储运公司的债务、资产和经营情况，以及重整方案的制定要求，部分债权人向管理人提出了债转股的意向。管理人及时调整引入外部投资人的重整思路，与债权人共同挽救企业。

为进一步提高破产企业的重整成功率，管理人积极采纳债权人提出的减轻现金清偿压力的诉求，制作了对储运公司名下非重整必要资产商务楼单独剥离变价以清偿担保债权人的处置方案。在债权人会议表决通过《破产财产变价预案》的基础上，管理人又单独制作《重大财产处置方案》提交债权人会议审议，获全体债权人表决通过。

在债转股方案磋商过程中，管理人通过线上线下方式多次与债权人沟通，充分尊重债权人对现金清偿方案和转股方案的选择权，根据债权人意愿不断调整方案细节，保障非转股债权人的受偿利益。在提交债权人会议表决前，法院指导管理人召开预备会议，说明重整计划草案要点，并就转股涉及的条款和表决机制作了特别说明，有效化解了分歧争议。最终，债权人会议高票表决通过了重整计划。

案例分析

本案贯彻中央“六稳”“六保”精神，充分遵循市场化、法治化原则，依法保障债权人权利，成功挽救困境企业。

一、“债务人自行管理+债转股”推进重整

（一）实行管理人监管下的自行管理，维持营运价值

自行管理是指在破产重整过程中，债务人可以在管理人的监督下自行管理其财产和营业事务的一种管理模式。这种模式与传统的由法院指定的管理人全面接管债务人财产和营业事务的管理模式不同，旨在利用债务人对自身企业经营状况的熟悉和专业知识，提高企业重整的成功率。自行管理作为一种灵活的破产重整模式，能够在一定程度上提高重整的成功率，减少破产程序成本，保护企业价值，保护各方利益，维护社会稳定，促进经济和社会的健康发展。然而，自行管理也存在一定的风险，如债务人可能会利用这一机制逃避债务或损害债权人的利益，因此在实施过程中需要严格的监督和管理。为此，我国《企业破产法》第 73 条第 1 款规定：“在重整期间，经债务人申请，人民法院批准，债务人可以在管理人的监督下自行管理财产和营业事务。”据此，债务人如果希望在重整期间自行管理其财产和营业事务，需要向法院提出申请并在得到法院批准后，原本已接管债务人财产和营业事务的管理人应当向债务人移交这些事务，《企业破产法》中规定的管理人的职权也将由债务人行使。

本案储运公司在破产重整受理后提出自行管理申请，根据《九民纪要》第 111 条精神，从四个方面核查债务人是否具备自行管理的能力，即债务人的内部治理机制是否仍正常运转，自行管理是否有利于债务人继续经营，债务人是否存在隐匿、转移财产的行为以及债务人是否存在其他严重损害债权

人利益的行为。

经审核，储运公司的核心管理团队保持稳定且持续在岗，这为公司的持续运营提供了坚实的人力保障。同时，储运公司在内部管理机制上也展现了良好的运作状态，包括码头监控系统、船舶 AIS（自动识别系统）监管以及财务收支管理系统等关键业务流程均维持正常运转。这些因素表明，储运公司具备自主管理的基础和能力，这对于债务人继续经营并保护企业价值至关重要。据此，本案确定了“债务人自行管理+管理人监督”的重整期间经营方案，这样不仅能够最大限度地保留企业原有的管理和运营效率，还能够在一定程度上激发管理层的积极性，促使其更有效地利用现有资源，提升企业市场竞争力。此外，通过保持现有管理结构的连续性，以减少因人员变动带来的不确定性，维护了客户和合作伙伴对公司的信心，从而有利于维护企业的市场份额和品牌价值。值得一提的是，审核中并未发现储运公司存在隐匿、转移财产或其他严重损害债权人利益的行为，这进一步增强了债权人对其管理团队的信任度，并为实施上述经营方案奠定了基础。为了确保重整过程中的透明度和合法性，管理人将对公司公章、网银 Ukey、营业执照等重要资料进行严格管控，并根据行业特点制定详细的印章使用制度和财务审批制度。在此框架下，债务人可以在一定额度和范围内自主支配资金和开展经营活动，而大额收支及重大经营决策则需由管理人全面审核和监管。这样的安排既保证了债务人有足够的灵活性来响应市场的快速变化，又确保了所有活动都在法律和规定的范围内进行，有效防范风险。破产法所规定的调查财产状况、债权审查、破产撤销权行使以及作为诉讼代表等职责仍由管理人承担，以确保整个重整过程的公正性和有效性。这种结合了债务人主动性和管理人监督的模式，为储运公司实现成功重整提供了一条可行路径，同时最大限度地保护了各相关方的利益。

针对储运公司涉及危险化学品的运输业务，法院要求债务人和管理人牢固树立安全发展理念，强化安全红线意识，落实安全生产责任，制定安全生产工作制度和应急管理预案，建立健全定期报告、重大事项专项报告制度，切实杜绝安全隐患。

重整期间，储运公司从账面资金仅为 150 万元提升到 1067 万元，实现了大幅营收，也未发生安全责任事故，反映了管理人监管下的债务人自主管理模式是有利于储运公司维持营运价值的，为重整成功奠定了扎实的基础。

（二）转换引入外部投资的重整思路，鼓励债权人内部盘活

一般而言，在破产重整中，为了尽力拯救企业，往往公开、透明招募外部投资人，并努力提供有吸引力的条件，如合理的投资回报和权益保护，以增强投资人的信心。外部投资人可以提供资金支持，帮助企业解决债务困境，恢复正常运营，从而促进企业重生。

本案中，储运公司存在资产负债率高达409%的困难局面。这意味着，重整投资人如果以债务人总资产价值为参照值进行投资，投资总额对于全体债权人的清偿而言依然杯水车薪。同时，该公司无形资产价值占比过高，系非常稀缺的危化品内河储运资质，该资质不可转让且无法重新申办，如强行处置则无法变现，且大幅影响公司价值，前期投资人招募失败也已证明。而在此重整关键时期，债务人及法定代表人涉嫌刑事犯罪，又给公司名誉、招投标业务、行政许可资质等带来重大不确定风险，严重影响企业存续价值，意向投资人因此纷纷退出，对重整程序推进更是雪上加霜。

为了维持延续储运公司拥有的依然具有市场价值和运营价值的内河运输及危险品经营的稀缺资质，法院指导管理人克服疫情困难，一方面与潜在投资人积极保持沟通磋商，另一方面努力争取债权人理解支持，及时转换重整思路，由外部招募转向内部化解债务，尽力挖掘重整可能性。

重整案件债转股模式通常为管理人设定现金清偿和债转股清偿两种方案。前者偿债资金通常来源于外部投资者的投入以及企业自身的融资活动。但该模式下，债权人表决权存在约束力的问题，如转股组表决时是遵循该组别特别约定采取100%表决通过，还是直接采用破产法规定的多数决表决规则，尚无定论。根据储运公司运营情况进行分析研判，发现该公司维持后续运营对人合性要求较高，遂督导管理人对本案的债转股方案进行了优化。

第一，本案充分利用续期融资的金融手段和资产分离处置方案，最大限度降低重整部分的负债规模，减轻现金出资压力，奠定了整个债转股方案的实施基础。具体而言，管理人针对不同抵押物的特性，设计了不同的抵押权处置思路。管理人与抵押权人某村镇银行沟通借款续期方案，其抵押物船舶、储罐等是债务人主营业务资产，其价值高低依赖于债务人的经营业绩，如果单独拍卖，价值将大幅下降，债权无法得到覆盖。而倘若抵押贷款续期，则有利于债务人维持经营活动，从而提高债务人的偿债能力。经多次沟通后，抵押权人同意借款续期。此外，抵押权人宁某银行上海分行的抵押物是债务

人的办公场所，与债务人主营业务关联度不高，具备单独处置的基础，管理人就此设计了资产分离处置方案，经债权人会议单项表决通过后实施。

第二，法院和管理人充分尊重债权人的自主选择权。在一般债转股方案中，债权人往往只是享受分红的资方角色，而本案债权人愿意债转股是希望获得完整的经营权和管理权，而债务人行业特性也需要公司具有较高的人合性。因此，债权人转换为股东角色必定会存在一定的磨合乃至冲突。对此，管理人给予充分的时间和空间，由债权人自主商定组成新的经营班底来担任投资方角色。但债转股的核心究其实质仍是债权清偿，不能以此为由捆绑债权人选择投资。故在重整计划草案的表决机制上，法院要求转股债权人组执行100%表决规则，只有转股债权人全体同意的情况下，才能通过方案。并且，管理人还设计了重整计划草案表决通过后、付款前的退出条款，允许债权人作出调整，从转股中退出，由其他转股债权人进行份额填补。

第三，多渠道解决偿债资金来源。在无外部投资人的情况下，偿债资金成了债转股的另一道难题。有别于企业信用借款或者利用自有财产融资的一般模式，本案偿债资金来自三部分：（1）重整期间债务人经营所得收益；（2）转股债权人放弃现金清偿，并将此让渡给其他债权人；（3）在前述资金不足的情况下，由转股债权人额外出资，承担资金缺口的补足责任。这三部分，保障了非转股债权人的现金清偿利益。

同时，为进一步减轻转股债权人的出资压力，管理人对破产费用、共益债务作了进一步压缩。在节俭办案的基础上，管理人对本案报酬也做了谦让，重整期间的债务人经营所得不计入报酬计算基数。最终实现了重整计划草案的高票通过。

二、充分保障债权人破产程序的参与权、知情权等各项权利

（一）维护债权人行使重大财产处分决议权

《企业破产法》中对债权人的保护原则主要包括公平清偿、依法优先、保障参与和决议等，相关条文和原则共同构成了保护债权人的核心内容，以确保债权人在破产程序中能够得到公平、公正的保护。

本案中，为了减轻债转股债权人的现金负担，管理人设计了债务人名下不动产单独处置用于清偿担保债权人的方案，并根据《最高人民法院关于适用〈中华人民共和国企业破产法〉若干问题的规定（三）》（以下简称《破

产法司法解释三》）第15条的规定，在债权人会议表决通过《破产财产变价预案》的基础上，管理人单独制作《重大财产处置方案》，提交债权人会议审核，全体债权人表决通过。

（二）充分尊重债权人的知情权、参与权

根据《破产法司法解释三》第6条第3款的规定，债权表、债权申报登记册及债权申报材料在破产期间由管理人保管，债权人、债务人、债务人职工及其他利害关系人有权查阅。本案破产重整期间，债权人、债务人向管理人提出了解债权表、查阅自身债权审核底稿、查阅他人债权申报材料、投资人查阅评估及审计报告等相关信息达25人次。在重整成功后的交接阶段，管理人也就重整监管期间的公司公章等用印记录、财务审批记录、经营决策事项等，与新股东（转股债权人）进行了充分、详尽的沟通。

本案对债权人利益的保障，还体现在给予了债权人充分的参与权。在制定重整方案的过程中，管理人以电话沟通、视频会议、现场会议等方式，与全体债权人进行了上百次沟通，充分听取债权人意见，不断调整方案细节。在债权人会议正式表决前，法院召集管理人和转股债权人，组织召开了预备会议。会议向债权人介绍了案件进程和程序要求，解释、说明重整计划草案要点，并就转股涉及的条款和表决机制作了特别说明，充分听取债权人意见并耐心解疑释惑。预备会议有效化解了债权人可能在债权人会议上发生的争议，提高了重整计划草案的表决通过率。

除此之外，债权人参与权还体现在，例如，本案部分债权人是与储运公司有密切经营往来的业务合作者，其非常熟知债务人的业务模式和业态，管理人在接管债务人的过程中，也充分地听取了债权人就后续经营、安全管理方面的建议并予以合理采纳；在前期投资人招募过程中，遵循公开、公平和市场化原则，接纳债权人自荐和推荐。

三、优化重整计划安排，府院联动保障重整计划执行到位

（一）设计或有负债豁免条款

《企业破产法》第92条第2款规定："债权人未依照本法规定申报债权的，在重整计划执行期间不得行使权利；在重整计划执行完毕后，可以按照重整计划规定的同类债权的清偿条件行使权利。"重整成功后的或有负债清偿一直是重整投资人特别关注的风险点，投资人担心接管企业后还存在更多的

隐性负债。在本案中更甚，储运公司陷入财务困境的最大原因就是为关联方提供担保。尽管在重整程序中，管理人已经通过查阅现有的财务账簿记载、诉讼执行信息等资料，以已知债权申报、未知债权公告和审计的方式穷尽排查了负债情况，但仍然不排除存在未申报债权的可能。

为避免加重转股债权人的出资负担。经过充分的法律论证和调研，本案参考借鉴了浙江省衢州市中级人民法院（2017）浙08民初378号和浙江省高级人民法院（2018）浙民终93号案例的做法，即“经人民法院裁定批准的重整计划，对债务人和全体债权人均有约束力。对于怠于申报的债权，可视为放弃了申报债权、表决重整计划草案等相应的权利，重整计划对原告具有约束力，不得向重整成功后的企业主张权利”①。

本案重整计划草案约定：“在会议召开之后，重整计划执行完毕前申报的，可以按照重整计划规定的同类债权的清偿条件行使权利，但有证据证明债权人已收到债权申报的书面通知或者应当知道（公告）而未申报的情形除外；重整计划执行完毕后申报的债权，不得再向重整成功后的储运公司主张债权并受偿。”本案重整计划执行期间，管理人接到某租赁公司来电，要求申报债权并按重整计划清偿，称早已知晓破产事宜但未及时申报。管理人根据上述约定，向其说明了其不再享有受偿权利，对方亦表示认可。该或有负债豁免条款的设计，有效地阻止了债权人事后追索债权的发生，从根本上解除了投资人的后顾之忧。

（二）由破产受理法院直接解除债务人股权上的负担，保障股权顺利交割

储运公司股权上因股东个人的债务而设有股权质押，同时因其个人的诉讼和执行案件，被法院采取了股权冻结的强制措施，这意味着重整企业即使招募到新的投资人，也会因为股权存在权利负担而无法顺利交割，从而导致重整失败。《企业破产法》对重整企业上股权负担的解决措施并无明文规定，这造成了实务中两难的局面，一方面会导致重整企业陷入重整计划执行不能的困境；另一方面股东的债权人也并不能通过股权执行获得任何财产性收益，其本质是重整计划强制执行力的问题。本案重整计划经法院裁定批准后，其中关于经营重组方案，如股权与资产变更归属、营业事务的调整等，应当具有强制执行效力。法院的裁定批准是对重整计划的司法确认，重整计划中对

① 程顺增：《规避企业破产法的重整计划条款有效》，载《人民司法》2019年第32期。

出资人权益的调整具有强制执行的效力。[1] 而且这也并不会侵害股东债权人的权益。

为此，在法院与属地市场监管部门沟通协调后，依据《企业破产法》第19条关于“人民法院受理破产申请后，有关债务人财产的保全措施应当解除，执行程序应当中止”的规定，通过府院联动机制，以裁定方式直接解除了储运公司的股权冻结和质押措施。此举积极响应了国务院《优化营商环境条例》及《上海市进一步优化营商环境实施办法》中关于提升办理破产便利度的相关政策精神，简化了破产办理流程，提高了司法效率，降低了破产成本。通过该措施，储运公司重整后的相关工商登记手续得以顺利完成，有效解决了重整计划执行过程中的难点和堵点问题，不仅保障了重整工作的顺利推进，也为其他面临类似情况的企业提供了宝贵的实践经验。

（三）合理进行税收筹划，减轻税收负担

破产重整企业豁免债务的企业所得税问题，是当前破产审判工作中难点之一。根据《企业所得税法》及《企业所得税法实施条例》等税收政策的规定，依法免除的债务属“确实无法偿付的应付款项”，应确认为债务重组所得，征收企业所得税。对于符合条件的企业，债务重组所得可以在5个纳税年度期间内递延纳税。根据该规定，重整程序中将债务豁免计为所得，将产生高额企业所得税，尽管有5年递延的政策，但高额税负依然是客观现实，这会严重影响投资人的积极性，降低重整成功率等。

本案重整方式系债转股，根据《财政部、国家税务总局关于企业重组业务企业所得税处理若干问题的通知》（财税〔2009〕59号）第6条的规定，符合条件的债务重组可以适用特殊性税务处理，递延纳税义务，具体内容如下：“企业债务重组确认的应纳税所得额占该企业当年应纳税所得额50%以上，可以在5个纳税年度的期间内，均匀计入各年度的应纳税所得额。企业发生债权转股权业务，对债务清偿和股权投资两项业务暂不确认有关债务清偿所得或损失，股权投资的计税基础以原债权的计税基础确定。企业的其他相关所得税事项保持不变。”管理人据此做了债转股方案的税收筹划，消除了投资人的担忧。除此之外，储运公司豁免的债务中，一大部分产生自关联担保，即该债务实际并未入公司的账，亦不属于公司豁免后的所得，因此这部

① 王欣新：《谈重整计划执行中的协助执行》，载《人民法院报》2016年7月13日，第7版。

分债务的豁免不会导致公司产生额外的应税所得，不在公司应税收入范围内。这意味着储运公司在进行债务重组时，对于这部分关联担保产生的债务豁免，无须将其作为应税项目申报。这样不仅减轻了储运公司的即时税务压力，也为后续的经营和发展创造了更有利的条件，确保了整个重整计划执行在税务合规的前提下顺利推进。

关联索引

《中华人民共和国企业破产法》（2006 年 8 月 27 日）

第十九条 人民法院受理破产申请后，有关债务人财产的保全措施应当解除，执行程序应当中止。

第七十条 债务人或者债权人可以依照本法规定，直接向人民法院申请对债务人进行重整。

债权人申请对债务人进行破产清算的，在人民法院受理破产申请后、宣告债务人破产前，债务人或者出资额占债务人注册资本十分之一以上的出资人，可以向人民法院申请重整。

第七十三条 在重整期间，经债务人申请，人民法院批准，债务人可以在管理人的监督下自行管理财产和营业事务。

有前款规定情形的，依照本法规定已接管债务人财产和营业事务的管理人应当向债务人移交财产和营业事务，本法规定的管理人的职权由债务人行使。

第九十二条第一款 经人民法院裁定批准的重整计划，对债务人和全体债权人均有约束力。

《最高人民法院关于适用〈中华人民共和国企业破产法〉若干问题的规定（三）》（2020 年 12 月 29 日修正）

第十五条第一款 管理人处分企业破产法第六十九条规定的债务人重大财产的，应当事先制作财产管理或者变价方案并提交债权人会议进行表决，债权人会议表决未通过的，管理人不得处分。

《全国法院民商事审判工作会议纪要》（2019 年 11 月 8 日 法〔2019〕254 号）

111. 重整期间，债务人同时符合下列条件的，经申请，人民法院可以批准债务人在管理人的监督下自行管理财产和营业事务：

（1）债务人的内部治理机制仍正常运转；

（2）债务人自行管理有利于债务人继续经营；

（3）债务人不存在隐匿、转移财产的行为；

（4）债务人不存在其他严重损害债权人利益的行为。

债务人提出重整申请时可以一并提出自行管理的申请。经人民法院批准由债务人自行管理财产和营业事务的，企业破产法规定的管理人职权中有关财产管理和营业经营的职权应当由债务人行使。

管理人应当对债务人的自行管理行为进行监督。管理人发现债务人存在严重损害债权人利益的行为或者有其他不适宜自行管理情形的，可以申请人民法院作出终止债务人自行管理的决定。人民法院决定终止的，应当通知管理人接管债务人财产和营业事务。债务人有上述行为而管理人未申请人民法院作出终止决定的，债权人等利害关系人可以向人民法院提出申请。

案　号：（2019）沪 03 破 255 号

合议庭：吴　炯　陆韵华　刘建雷

编写人：吴　炯

12. 破产重整申请审查路径与商业判断

——某电气（上海）太阳能科技有限公司清算转重整案

关键词

高科技企业　重整可行性　长三角一体化

裁判要旨

破产清算转重整案件，注重重整价值和重整可行性审查，尊重经营主体对债务人和市场前景的商业判断，识别并及时将陷入经营困境的高科技企业转入重整程序，保留并升级债务人主营业务，依托长三角区位一体化优势，助力民营高新科技企业重生。

基本案情

某电气（上海）太阳能科技有限公司（以下简称科技公司）成立于2007年6月，注册资本2.5亿元。营业期限为2007年6月4日至2057年6月3日。公司主营业务为研发、生产和销售太阳能光伏系统组件，资产结构复杂。2019年9月，公司陷入经营困难，无法清偿到期债务，向法院提出破产清算申请。根据审计报告，截至2018年12月底，公司资产合计约5.5亿元，负债合计6.4亿元，所有者权益合计-8400万元，资产负债率为115%。截至2019年7月，公司在册员工98名，欠付职工薪酬合计232万余元。

科技公司关联企业众多，主要分布于江苏各地。关联企业中，曾被评为江苏省工业企业（集团）五十强的电气集团，已由南京市中级人民法院开展预重整工作。此外，科技公司有近70起诉讼及执行案件，遍及上海、江苏、安徽、浙江等地，另有一起新加坡仲裁案件。企业陷入严重经营困境。

上海市第三中级人民法院（以下简称三中院）经审查后裁定受理了科技公司的破产清算申请。清算期间，科技公司以自身具有市场存续可能性为由，请求将破产清算程序转为重整程序。法院审查后裁定受理债务人重整申请，在法定期限内开展两轮投资人招募，组织专家委员会审议，选定最优投资人方案。最终重整计划草案经债权人会议分组表决通过，法院依法裁定认可重整方案并终结重整程序。

案例分析

本案系民营高科技企业破产清算转重整案件，该案重整成功的前提是在对破产清算转重整申请审查中充分尊重债务人对自身价值的商业判断，尽快启动重整程序。在审查过程中，法院综合考虑程序成本与收益、重整效率与利益平衡，以“债务人市场前景”“投资人商业判断”“债权人利益最大化”为评价基础，判断债务人是否具备重整价值。法院以“保留并升级主营业务”“债权人利益最大化”“创造就业岗位”等为重要考量因素，通过充分的市场化竞争遴选出最优投资人，促成企业重生。

一、受理重整的核心考量因素——重整价值及可行性

根据《全国法院破产审判工作会议纪要》（以下简称《破产审判纪要》）第 14 条明确，“破产重整的对象应当是具有挽救价值和可能的困境企业……人民法院在审查重整申请时，根据债务人的资产状况、技术工艺、生产销售、行业前景等因素，能够认定债务人明显不具备重整价值以及拯救可能性的，应裁定不予受理”。该指导意见对实务把握适用《企业破产法》第 2 条、第 70 条规定，判断债务人是否具有重整价值和可行性提供了参考依据。

（一）重整价值的判断因素

《破产审判纪要》第 14 条指导意见，可以理解为重整价值就是困境企业所具有的通过重整程序恢复生机，继续经营并创造经济价值和社会价值的潜力。因而重整价值反映了企业在经过一系列调整和资源整合后，能否重新在市场立足并实现盈利，是判断企业是否值得进入重整程序的重要基础。本案债务人是一家绿色能源高科技企业，专业从事太阳能组件的研发、制造、销售和售后服务。对其从清算程序转入重整的申请，需要从资产状况、技术工艺、生产销售、行业前景等多维度进行综合考量。

债务人拥有近 6.7 万平方米的土地及工业厂房，这些不动产是企业重要的物质基础，可以保障企业现有的生产制造活动持续稳定开展，并对企业后

续扩大规模、升级改造等潜在需求提供支撑。同时，债务人还拥有尚有效的专利50余项，这是企业具备行业竞争力的核心技术资产。依靠这些独特技术债务人能够持续进行产品研发、升级，极具技术优势。

债务人产业位于长三角G60松江科创走廊西部片区的核心区位。长三角地区产业配套齐全，有利于企业与上下游企业开展紧密合作，有效降低原材料、零配件采购成本，提升产品竞争力。加之该地区交通便利，便于产品快速运往全国各地乃至出口海外，有利于产品市场销售。

太阳能作为绿色能源，契合当前全球能源转型和可持续发展的大趋势，未来市场对太阳能组件的需求也将处于持续增长的状态。债务人长期专注于该领域的研发、制造、销售及售后服务，主营业务有良好的市场前景，具备市场价值。

法院结合以上信息综合判断，认为债务人有较大的重整价值。

（二）重整可行性的判断标准

重整可行性是基于企业现有资源、能力以及外部环境等条件，通过合理重整方案的实施，使企业摆脱困境、恢复正常经营并持续发展的可能性程度。简言之，困境企业要具有“挽救价值和可能”，只有存在挽救可能的困境企业才能重整成功。如果说重整价值侧重于对企业是否值得重整的内在潜力的判断，那么重整可行性则是关注能否实现重整企业重生目标。故而重整可行性需要从重整计划方案、资金保障以及有无足够的外部支持等方面予以综合判断。

一是重整计划方案合理性。包括债务调整方案是否合理及经营方案是否可行。债务调整方案即债务减免、延期、债转股等债务处理方式。其是否符合债权人利益和企业实际偿债能力，能否得到多数债权人的认可，是重整可行性的关键。经营方案则关乎新业务能否顺利开展，与企业在重整后能否有新的盈利增长点，经营能否具有可持续性密切相关。

本案中，意向投资人提出保留主营业务，以现金方式偿付各类债权，普通债权清偿率高于模拟清偿率3个百分点的重整草案。该草案能在生产经营方面延续企业已有的技术积累、客户资源以及市场渠道，快速恢复企业运营能力；能在债务调整方面，满足债权人资金及时回收最大化的受偿利益。

二是有充分的资金保障。考察是否有明确可行的资金筹集渠道，以保障支付重整期间的费用、偿还债务、进行必要的设备更新和业务拓展等，推进重整计划实施。

意向投资人计划投入重整资金2.5亿元，其中1.5亿元用于清偿各类债权，剩余资金用于流动资金和研发资金，解决了债务清偿问题，也为重整计划的实施提供必要的资金保障。

三是有必要的外部支持。包括是否有政府税收优惠、土地使用、行政审批等支持，供应商是否愿意继续提供原材料、赊销账期等支持，客户是否愿意维持业务合作关系等，这关乎重整后运营可否持续并降低重整成本。

本案属地政府能给予办理登记等行政审批方面开通绿色通道的支持，有利于简化重整中相关事务手续办理流程，降低了重整过程中时间成本并提高了效率。

综合上述各因素，债务人基于自身良好的资产与业务基础、意向投资人的积极参与以及政府给予的有力支持，具备较高的重整可行性。

二、重整价值及可行性判断的最优路径——市场化运作

市场经济的核心就是通过市场机制有序开展经济活动，实现资源的有效配置。

一是尊重经营主体的价值判断。法院在收到债务人的重整申请后，即组织由债权人、意向投资人、职工代表等相关利益主体参与听证，完整听取债务人关于资产、财务、技术专利、市场销售等用以判断重整价值的各项信息，以及重整的方案构想。各方对债务人和意向投资人提出的新能源技术革新、产业发展融入长三角一体化发展思路予以认同，重整计划草案予以有机融入，为推动重整程序高效有序开展打下了基础。

二是鼓励各方利益主体积极参与。本案第一轮招募期受疫情影响报名投资人稀少，三中院按照最高人民法院相关疫情期间工作指导意见，指导管理人抓紧实施第二轮招募，并扩大信息传播，通过全国企业破产重整案件信息网、淘宝阿里司法拍卖网、京东司法拍卖网、上海破产法庭微信公众号等平台，向社会广泛发布招募信息。最终，两家公司符合报名要求并分别提交了重整方案。

为最大限度遴选出符合各重整利益方合理期待的投资人，管理人在法院指导下，邀请债权人代表、政府职能部门、破产实务专家等组成遴选委员会，就两家投资人的重整方案评审比选。最终确定“主营业务保留式”重整方案

的某科技集团公司为本案的重整投资人。

考虑到企业重整涉及债务人、债权人、股东、投资人、职工以及政府等多方利益主体，而各方利益主体在重整中的地位和利益诉求各不相同。故，依重整计划草案所涉出资人权益调整，债权人会议表决程序分别设置了担保债权人组、出资人组、普通债权人组。又基于重整计划涉及优先录用原职工的安排，法院邀请职工代表参会，并给予发表意见机会。

最后，经债权人会议表决，各表决组均通过重整计划，职工代表未提出异议。法院遂裁定批准重整计划，终止重整程序。重整计划执行期间，出资人及时配合全部股权及经营权交接，债务人企业核心研发团队、工厂设备、商标专利等得以完整保留；企业复工复产新招录一线工人、管理人员近 400 名。重整计划执行完毕后，抵押债权、职工债权、税收和社保债权均全额清偿，普通债权清偿率最终达到 15%，比预测提升了 5 个百分点。

本案审理期间，江苏省南京市中级人民法院裁定受理了科技公司的数家关联企业破产重整申请。本案重整成功，对于提振关联企业的重整信心，提升长三角法院协同办理破产重整取得良好效果起到助推作用。

关联索引

《中华人民共和国企业破产法》（2006 年 8 月 27 日）

第二条　企业法人不能清偿到期债务，并且资产不足以清偿全部债务或者明显缺乏清偿能力的，依照本法规定清理债务。

企业法人有前款规定情形，或者有明显丧失清偿能力可能的，可以依照本法规定进行重整。

第七十条　债务人或者债权人可以依照本法规定，直接向人民法院申请对债务人进行重整。

债权人申请对债务人进行破产清算的，在人民法院受理破产申请后、宣告债务人破产前，债务人或者出资额占债务人注册资本十分之一以上的出资人，可以向人民法院申请重整。

第八十六条　各表决组均通过重整计划草案时，重整计划即为通过。

自重整计划通过之日起十日内，债务人或者管理人应当向人民法院提出批准重整计划的申请。人民法院经审查认为符合本法规定的，应当自收到申请之日起三十日内裁定批准，终止重整程序，并予以公告。

《最高人民法院关于适用〈中华人民共和国企业破产法〉若干问题的规定（三）》（2020年12月29日修正）

第十一条 债权人会议的决议除现场表决外，可以由管理人事先将相关决议事项告知债权人，采取通信、网络投票等非现场方式进行表决。采取非现场方式进行表决的，管理人应当在债权人会议召开后的三日内，以信函、电子邮件、公告等方式将表决结果告知参与表决的债权人。

根据企业破产法第八十二条规定，对重整计划草案进行分组表决时，权益因重整计划草案受到调整或者影响的债权人或者股东，有权参加表决；权益未受到调整或者影响的债权人或者股东，参照企业破产法第八十三条的规定，不参加重整计划草案的表决。

案　号：（2019）沪03破145号

合议庭：郭大梁　李丽丽　王益平

编写人：岳琦亩　宋一丁

13. 废旧资源回收企业重生促低碳转型发展

——上海某金属制品有限公司破产清算转重整案

关键词

中小企业　环保资质　清算转重整　绿色低碳经济

裁判要旨

本案充分挖掘重整价值，及时由破产清算转为重整程序，最大程度利用公司优质市场资源及经营资质，帮助小微民营企业重生，促进企业升级迭代设备技术，减少再生循环生产的环境污染和碳排放，达到环境保护及促进循环经济发展的良好效果，充分体现了破产审判在保就业、保民生、保经营主体中的重要职能作用，展现了人民法院在破除旧动能、培育新动能中的作用。该案是法院践行新发展理念、服务保障绿色低碳经济、促成小微企业重整再生的典型案例。

基本案情

上海某金属制品有限公司（以下简称金属公司）成立于 1992 年 10 月，公司类型为我国港澳台地区与内地合资的有限公司，注册资本 216 万美元，公司股东及持股比例为陈本某（我国香港特别行政区居民）出资 146 万美元；上海某实业有限公司出资 70 万美元，经营范围包括有色金属、电线电缆、机电、塑料、橡胶、电子信息产品及其元器件废旧物的资源再生及综合利用。

因无法清偿到期债务，债权人提出破产清算申请，上海市第三中级人民法院（以下简称三中院）依法于 2020 年 8 月裁定受理。据管理人调查，金属公司于 2017 年 12 月发生火灾，租赁的厂房、设备及相关财务账册、文书等资料均被大火烧毁灭失，金属公司从而停止经营，其名下无有形资产。金属公司成立至今已有近 30 年历史，在其行业内具有一定的品牌价值，且债务人名下的环评及排污许可证等生产经营许可资质仍在有效期内，具有经济和市场价值，但无法通过破产拍卖方式处置，如破产清算，债权人和债务人损失均较大。

第一次债权人会议后，有意向投资人表达了参与重整的意愿。经出资人俊某公司申请，2021 年 4 月，三中院裁定将金属公司由清算程序转入重整。经充分沟通听取各方意见，成功引入重整投资人。重整计划草案经第二次债权人会议表决，出资人陈本某经送达后仍处于下落不明状态，故出资人组未表决通过，其余各组均表决通过。2021 年 5 月，法院根据《企业破产法》第 87 条裁定批准了重整计划并终止重整程序。实现社保债权 100%清偿，普通债权人清偿率从破产清算状态下的 19.9%大幅提升为 46.4%。2021 年 9 月，金属公司完成法定代表人、董事、监事等工商变更登记事宜，同时恢复正常经营，聘用员工 10 余名。2021 年 10 月，三中院裁定确认《上海某金属制品有限公司重整计划》执行完毕。

案例分析

一、服务保障绿色低碳经济促成资源回收企业重生

党的二十大报告强调，“发展绿色低碳产业，健全资源环境要素市场化配置体系，加快节能降碳先进技术研发和推广应用”。破产清算程序可使企业占用的无效、低效的社会资源重新分配至其他更高效的环节，从而实现社会资源配置上的优化利用。但员工失业、供应链断裂以及社会商誉降低的可能后果也会伴随而来。相较而言，重整程序通过重整计划所确定的清偿方案对资源重配进行安排，能够保留企业营业价值，不仅资源配置成本更小，还能促进企业转型绿色发展。本案金属公司通过破产重整，不仅盘活资源再生企业环保资质与生产线，还通过升级清洁能源净化设备及应用绿色减碳技术，提升了再生废旧资源回收生产效率，推进废渣、废水、废气的减量化、无害化与资源化，实现清洁生产和资源有效利用的双向互动，助力小微企业“双碳”行动。

金属公司进入破产程序前，系一家经营状态良好的中外合资企业，曾拥有稳定的市场口碑和客户资源，因企业内部经营管理，以及 2017 年发生意外火灾，租赁经营的厂房、设备均被烧毁，至此一蹶不振并陷入经营停滞状态。

意向投资人通过重整程序了解到金属公司名下的环评及排污许可证资质具有一定稀缺性及市场价值，如充分利用企业原有经营渠道和排污许可证，可推动新企业实现可持续发展，遂与各债权人进行协商，预先征得债权人对重整计划草案的同意。本案重整计划表决通过后，新公司转型为一家专注于废旧塑料再生利用的环保企业，并建立了完善的废旧收集和分类体系，以减少运输过程中的资源消耗和环境影响，提高废旧塑料生产回收及再利用效率。对于重整企业生产中可能产生的废水、废气，投资人积极对接国内外先进的环保技术与设备供应商，引进高效能的废水处理系统和空气净化技术，确保生产过程中产生的废水经过严格过滤后循环再利用；对于废气则经过深度净化处理后，达到排放标准直接排放。新公司有效推进节能减排，提升资源利用效率，实现了企业绿色转型。

二、出资人下落不明时出资人组表决程序的完善

《企业破产法》第 84 条第 2 款规定：“出席会议的同一表决组的债权人过半数同意重整计划草案，并且其所代表的债权额占该组债权总额的三分之二以上的，即为该组通过重整计划草案。”根据上述规定，《企业破产法》对于债权人组采用“人数”和“债权额”双重多数标准表决机制，但未明确就出资人组表决通过标准进行规定。对此，各国立法不统一。例如，美国采用“双重标准制”，在要求三分之二以上份额的基础上，还要求出席会议的人数占到二分之一以上。[①] 日本、韩国等则只对所占份额有所要求。我国《公司法》第 66 条关于公司重大调整事项的表决只采用三分之二以上份额的单一标准，未对人数作出要求。有观点认为，出资人组的表决规则参照《公司法》规定的股东（大）会表决规则较为合理，但为避免部分出资人怠于行使表决权或权益未受到重整计划草案调整或者影响的出资人不参与表决等情况阻碍出资人组表决通过，宜不区分股份有限公司及有限责任公司，统一出资人组通过的标准为，经参与表决的出资人所持表决权 2/3 以上通过的，即为该组通过重整计划草案中的出资人权益调整事项。[②] 最高人民法院于 2012 年出台

---

① 《美国破产法》第 1126 条规定：对每一组债权人而言，如果代表该组债权总额三分之二或更多，并且代表该组债权人总数二分之一或以上的债权人投票赞成重整计划的，该计划即被认为已获得该组债权人通过。各组股东中有已申报股份总数三分之二以上同意即为通过。

② 参见最高人民法院民法典贯彻实施工作领导小组编著：《中国民法典适用大全·商事卷·企业破产法（二）》，人民法院出版社 2022 年版，第 598 页。

的《关于审理上市公司破产重整案件工作座谈会纪要》（已失效）第7条意见认为，出资人组对重整计划草案中涉及出资人权益调整事项的表决，经参与表决的出资人所持表决权三分之二以上通过的，即为该组通过重整计划草案。实务中各地法院多采用“债权额”的单一标准，如《北京破产法庭破产重整案件办理规范（试行）》第112条规定：“出资人组就出资人权益调整事项的表决结果，满足下列条件的即为通过：……（二）股份有限公司出席会议的股东所持表决权的三分之二以上同意重整计划草案。”深圳中院《审理企业重整案件的工作指引（试行）》第94条规定：“有限责任公司的出资人权益调整事项经股东所持表决权的三分之二以上同意，即为通过。”以上指导意见及实务均为出资人权益调整事项经出席会议的出资人所持表决权的三分之二以上同意即可。单一标准的适用，可以反映出债权人组和出资人组在考量利益关系等方面存在的差异性。在面对复杂债权人利益时，采用双重多数决，有利于充分保护债权人权益，而在决策公司未来发展时，采用单一制能更好体现出资人的集体意志，保证出资人对重整计划的有效参与。

在出资人下落不明时，实务通常采用如下方式审理：首先，穷尽方式促进出资人表达意见。管理人可根据《民事诉讼法》第88条、第95条以及《最高人民法院关于推进破产案件依法高效审理的意见》第1条的规定，采用电话、短信、传真、电子邮件、即时通信、通讯群组等能够确认其收悉的简便方式通知出资人，在全国企业破产重整案件信息网发布公告，同时可通过在破产案件受理法院公告栏张贴、法院官网发布、报纸刊登或者在债务人住所地张贴等方式进行公告。其次，在送达无果的情况下，申请法院裁定通过重整计划。对于已穷尽送达手段，出资人仍下落不明而出资人组无法表决通过的情况下，可根据《企业破产法》第87条的规定，由债务人或者管理人申请人民法院批准重整计划草案。法院审查重整计划草案有效性时，须注意审查重整计划表决程序的正当、合理性。

本案中，大股东陈本某系我国香港特别行政区居民，经管理人多渠道查找后，仍未获知其有效送达地址及联系方式，无法联系通知其到会表决。法院协调出入境管理部门调查陈本某的出入境登记信息，了解到陈本某2019年出境后，再无入境记录。为保障外资股东知情权和表决权以及推进本案重整进程，管理人在法院指导下，严格依照法律规定推进程序。法院根据管理人申请，于2021年4月在全国企业破产重整案件信息网发布出资人组重整计划草案即将于2021年5月表决的公告。截至表决期限届满，管理人仍未收到陈本某的表决意见；而另一股东明确同意重整计划草案中的出资人表决方案，但因系小股东，所持股权份额未达三分之二以上，故其同意表决仍不能代表该组的意见。据此，管理人依法向法院提出裁定认可重整计划草案的申请。可见，本案中出资人组的表决程序既确保了外方股东的知情权和表决权，也及时有效推进了重整表决程序。

三、积极运用营商环境优化举措推进重整计划执行

近年来，营商环境建设已经成为各国政府和地区经济发展的重要战略之一。在世界银行发布的《营商环境报告》中对各国营商环境进行评估，涵盖企业开办、获得信贷、保护投资者、纳税、跨境贸易、办理破产等多个方面。在优化营商环境国家战略部署下，国务院于2020年出台了《优化营商环境条例》，旨在通过制度创新和政策落实，提升经营主体的获得感和满意度。上海市也相应出台了《上海市优化营商环境条例》，除2023年外，每年更新推出升级版，累计推出了逾千项改革举措，涵盖了市场环境、政务环境、投资环境等多个方面。企业破产制度在优化资源配置、激发市场活力等方面发挥着重要作用，是优化法治化营商环境、推动经济高质量发展的重要举措。为持续优化破产审判及配套保障制度机制，上海市高级人民法院会同相关政府职能部门近年来陆续出台了《上海市加强改革系统集成提升办理破产便利度的若干措施》等制度文件，在涉案信息查询、财产处置、重整企业信用修复、重整和解政策支持等方面推出一系列举措，管理人履职环境不断优化，履职便利度不断提高，使得办理破产进一步降成本、提质效。

《上海市优化营商环境条例》（2023年修正）第31条第2款规定了企业变更登记事项的“承诺制”，即“申请企业等经营主体设立、变更登记事项，申请人承诺所提交的章程、协议、决议和任职资格证明等材料真实、合法、有效的，市场监管部门应当对申请材料进行形式审查，对申请材料齐全、符合法定形式的予以确认并当场登记，但法律、法规另有规定的除外。当事人提供虚假材料申请登记的，应当依法承担责任”。申请人只需承诺所提交的材料真实、合法、有效，市场监管部门便可以对材料进行形式审查，不再进行烦琐的实质性审查。对于中小微企业而言，该规定缩短了办理时间，使得企业在进行股权变更、工商登记等过程中更加高效便捷。但重整中企业涉及债务

清偿、资产重组、股权调整等复杂事项，相关企业信息变更能否同正常经营企业一样也适用上述条款存在疑问。本案在重整计划执行期间，管理人在股权及企业信息变更登记时，直接向市场监管部门“一站式”联动办理窗口平台提交了法院文书及企业变更登记申请材料，随即得到办结，无须进行外商投资企业信息变更报备程序。上述营商环境府院联动文件的实践应用，简化了行政办理流程，彰显了营商环境政策优化对于保护经营主体重生、激发市场活力的积极作用，为企业后续的经营发展奠定了基础。

关联索引

《中华人民共和国企业破产法》（2006 年 8 月 27 日）

第八十四条　人民法院应当自收到重整计划草案之日起三十日内召开债权人会议，对重整计划草案进行表决。

出席会议的同一表决组的债权人过半数同意重整计划草案，并且其所代表的债权额占该组债权总额的三分之二以上的，即为该组通过重整计划草案。

债务人或者管理人应当向债权人会议就重整计划草案作出说明，并回答询问。

第八十七条第一款、第二款　部分表决组未通过重整计划草案的，债务人或者管理人可以同未通过重整计划草案的表决组协商。该表决组可以在协商后再表决一次。双方协商的结果不得损害其他表决组的利益。

未通过重整计划草案的表决组拒绝再次表决或者再次表决仍未通过重整计划草案，但重整计划草案符合下列条件的，债务人或者管理人可以申请人民法院批准重整计划草案：

（一）按照重整计划草案，本法第八十二条第一款第一项所列债权就该特定财产将获得全额清偿，其因延期清偿所受的损失将得到公平补偿，并且其担保权未受到实质性损害，或者该表决组已经通过重整计划草案；

（二）按照重整计划草案，本法第八十二条第一款第二项、第三项所列债权将获得全额清偿，或者相应表决组已经通过重整计划草案；

（三）按照重整计划草案，普通债权所获得的清偿比例，不低于其在重整计划草案被提请批准时依照破产清算程序所能获得的清偿比例，或者该表决组已经通过重整计划草案；

（四）重整计划草案对出资人权益的调整公平、公正，或者出资人组已经通过重整计划草案；

（五）重整计划草案公平对待同一表决组的成员，并且所规定的债权清偿顺序不违反本法第一百一十三条的规定；

（六）债务人的经营方案具有可行性。

《中华人民共和国公司法》（2023 年 12 月 29 日修订）

第六十六条第一款、第二款 股东会的议事方式和表决程序，除本法有规定的外，由公司章程规定。

股东会作出决议，应当经代表过半数表决权的股东通过。

《中华人民共和国民事诉讼法》（2023 年 9 月 1 日修正）

第八十八条 送达诉讼文书，应当直接送交受送达人。受送达人是公民的，本人不在交他的同住成年家属签收；受送达人是法人或者其他组织的，应当由法人的法定代表人、其他组织的主要负责人或者该法人、组织负责收件的人签收；受送达人有诉讼代理人的，可以送交其代理人签收；受送达人已向人民法院指定代收人的，送交代收人签收。

受送达人的同住成年家属，法人或者其他组织的负责收件的人，诉讼代理人或者代收人在送达回证上签收的日期为送达日期。

第九十五条 受送达人下落不明，或者用本节规定的其他方式无法送达的，公告送达。自发出公告之日起，经过三十日，即视为送达。

公告送达，应当在案卷中记明原因和经过。

《最高人民法院关于推进破产案件依法高效审理的意见》（2020 年 4 月 21 日 法发〔2020〕14 号）

一、优化案件公告和受理等程序流程

1. 对于企业破产法及相关司法解释规定需要公告的事项，人民法院、管理人应当在全国企业破产重整案件信息网发布，同时还可以通过在破产案件受理法院公告栏张贴、法院官网发布、报纸刊登或者在债务人住所地张贴等方式进行公告。

对于需要通知或者告知的事项，人民法院、管理人可以采用电话、短信、传真、电子邮件、即时通信、通讯群组等能够确认其收悉的简便方式通知或者告知债权人、债务人及其他利害关系人。

2. 债权人提出破产申请，人民法院经采用本意见第 1 条第 2 款规定的简便方式和邮寄等方式无法通知债务人的，应当到其住所地进行通知。仍无法通知的，人民法院应当按照本意见第 1 条第 1 款规定的公告方式进行通知。自公告发布之日起七日内债务人未向人民法院提出异议的，视为债务人经通知对破产申请无异议。

3. 管理人在接管债务人财产、接受债权申报等执行职务过程中，应当要求债务人、债权人及其他利害关系人书面确认送达地址、电子送达方式及法律后果。有关送达规则，参照适用《最高人民法院关于进一步加强民事送达工作的若干意见》的规定。

人民法院作出的裁定书不适用电子送达，但纳入《最高人民法院民事诉讼程序繁简分流改革试点实施办法》的试点法院依照相关规定办理的除外。

4. 根据《全国法院破产审判工作会议纪要》第 38 条的规定，需要由一家人民法院集中管辖多个关联企业非实质合并破产案件，相关人民法院之间就管辖发生争议的，应当协商解决。协商不成的，由双方逐级报请上级人民法院协调处理，必要时报请共同的上级人民法院。请求上级人民法院协调处理的，应当提交已经进行协商的有关说明及材料。经过协商、协调，发生争议的人民法院达成一致意见的，应当形成书面纪要，双方遵照执行。其中有关事项依法需报请共同的上级人民法院作出裁定或者批准的，按照有关规定办理。

案　号：（2020）沪 03 破 219 号
合议庭：陈　锐　刘　琳　姚　磊
编写人：刘　琳

14. 小微企业重整挽救与保护

——上海某建筑劳务公司重整案

关键词

小微企业　信用修复　出资人权益保留　多元化解

裁判要旨

本案引导债权人、债务人与股东充分协商，在重整程序内修复税务信用，恢复企业开票能力，保留小微企业营业资格，以未来经营收入偿还债务；保留出资人权益免受调整，配套调解促使股东履行出资义务；提前支付伤残金，保障农民工生存健康权。

本案是针对小微企业所有权与经营权合一特性，多元化解债务，对小微企业实现保护挽救的典型案例。

基本案情

被申请人上海某建筑劳务公司（以下简称建筑劳务公司）系为建设工程提供农民工施工服务的小微企业，于2018年12月登记成立。法定代表人黄某，注册资本1000万元，营业期限自2018年12月28日至2038年12月27日。建筑劳务公司股东为黄某（持股比例50%）、王某林（持股比例50%）。因房地产市场下行，施工单位拖欠发放款项，建筑劳务公司对外结欠债务未清偿。2024年1月，经债权人丁某某申请，上海市第三中级人民法院（以下简称三中院）裁定受理建筑劳务公司破产清算，并指定管理人。管理人在对建筑劳务公司进行接管、调查工作中，发现建筑劳务公司有多个工程项目在建，且有多笔待结算可收回的应收账款，涉及农民工百余名，企业存在继续营业能力，遂报请法院许可建筑劳务公司继续营业。三中院认为破产清算期间许可债务人继续营业有利于保持企业价值，稳定农民工情绪，同意建筑劳务公司在破产清算期间继续营业。继续营业期间，一名债权人李某波因在破产前受工伤导致截肢，经济拮据，日常生活难以为继。管理人向法院申请从破产财产中预支分配款2万元，以便债权人李某波更换假肢，维持生活。三中院予以批准。此后，建筑劳务公司股东黄某提出该公司仍具市场价值，具有重整可行性，申请破产清算转重整，三中院于2024年6月13日依法裁定破产清算转重整程序。

经债权申报及审查，建筑劳务公司负债约301万元，除应收账款外，公司并无其他资产。两名股东各认缴出资500万元，尚未履行出资义务。审理中查明，建筑劳务公司为11个在建工程提供劳务服务，后续可回收多笔应收款用以清偿上述债务，但因欠税而被税务部门采取失信措施，无法开具发票。法院指导管理人走访、协调建筑劳务公司继续为建设工程做好劳务服务，同时向税务机关申请信用修复，恢复公司开票资格并增加开票额度，确保跟上回收账款进度。两个月成功回收资金约117万元。

法院指导管理人向债权人及时全面披露建筑劳务公司财务和资产状况、公司治理结构及债务清偿方案，引导债权人、债务人及股东充分协商，以持续经营未来收入、出资人权益保留并承担出资责任、税务信用修复等措施纳入制定重整计划草案中。会议对重整计划草案进行了分组表决。人身损害赔偿债权、职工债权组以及社保税收债权组全部同意。普通债权人组高票同意。三中院于2024年6月28日裁定认可重整计划，并终止重整程序。

为确保重整计划执行完毕，管理人代表建筑劳务公司诉被告股东黄某、王某林追收未缴出资纠纷案件，原被告在法院主持下自愿达成调解协议，约定如原告建筑劳务公司重整计划在规定的重整期限内没有执行完毕，则被告黄某应履行出资义务，出资款项减去重整计划中已经执行的部分，被告王某林对被告黄某上述出资义务承担连带保证责任。三中院出具民事调解书予以确认。

案例分析

小微企业在我国数量庞大，国家统计局第四次全国经济普查系列报告显示，至2018年年末，我国共有中小微企业法人1807万家，比2013年年末增加966.4万家，增长115%。占全部规模企业法人单位的99.8%。其中，中型企业23.9万家，占比1.3%；小型企业239.2万家，占比13.2%；微型企业

1543.9 万家，占比 85.3%。截至 2020 年年底，我国经营主体总数已达到 1.4 亿户，中小企业户数占比高达 95.68%。[①] 由于疫情影响，近年来小微企业经营风险骤增。小微企业数量上的绝对优势与其经营风险大、生命周期短的反差表明，小微企业欠缺有效的法律保护制度。最高人民法院会同国家发改委等多部门于 2019 年联合发布的《加快完善市场主体退出制度改革方案》中明确提出，要“逐步建立起与现代化经济体系相适应，覆盖企业等营利法人、非营利法人、非法人组织、农民专业合作社、个体工商户、自然人等各类市场主体的便利、高效、有序的退出制度”。构建小微企业退出制度及破产保护制度，给予数量巨大、遍布各行业、规模大小不一的小微企业更多的法律路径选择。

小微企业具有市场根基浅、抗风险能力弱的天然属性，但与此同时也存在债权债务关系简单、资产数额小、所有权与经营权“两权合一”等鲜明特点。《企业破产法》虽未对小微企业破产程序作出专门规定，但参考联合国国际贸易法委员会《小微企业破产立法建议》、世界银行营商环境评估指标 B-READY 等国际趋势，为小微企业提供快速、简便、高效的破产规则已形成共识。此外，从国际破产法律情况看，普遍把简易程序作为处理小微企业破产清算和重整的专门程序。例如，联合国于 2020 年 12 月公布的《简易破产制度案文草案》认为简易重整程序是小微企业易于获得和使用的快捷、简单、灵活和低成本的破产程序，与简易清算程序共同构成了简易破产程序。《日本民事再生法》中也规定了简易再生程序。我国现行破产法尚缺乏适合小微企业的快速出清和尽早挽救的程序设计。为此，最高人民法院相继颁布《关于推进破产案件依法高效审理的意见》《关于充分发挥司法职能作用助力中小微企业发展的指导意见》。上海市委市政府制定了《上海市加强集成创新持续优化营商环境行动方案》，上海高院等 17 家单位联合出台《上海市关于加强中小微企业破产保护机制建设的若干措施》等文件。上海破产法庭为更好服务保障一流法治化营商环境建设，促进民营企业高质量发展，进一步提升办理破产质效，探索小微企业快捷、灵活和低成本的市场退出和挽救审理方式，制定了《关于依法高效办理小微企业破产案件行动方案》，为小微企业提供快

① 国家统计局：《中小微企业成为推动经济发展的重要力量——第四次全国经济普查系列报告之十二》，载国家统计局网站，http://www.stats.gov.cn/tjsj/zxfb./201912/t20191218_1718313.html，2024 年 9 月 20 日访问。

捷、灵活和低成本的破产保护和退出途径，对探索小微企业出资人、经营者权益保护做出有益尝试。本案依此积极实践对小微企业进行挽救保护。

一、持续营业以未来收入偿还债务

小微企业是国民经济和社会发展的生力军，是扩大就业、改善民生、促进创业创新的重要力量。进一步加大对中小微企业支持力度，激发企业活力和发展动力，对于稳定宏观经济大盘，加快构建新发展格局、推动高质量发展具有重要意义。《最高人民法院关于充分发挥司法职能作用助力中小微企业发展的指导意见》明确，依法保护中小微企业生存发展空间，依法保障建设工程领域中小微企业和农民工合法权益。在破产清算程序进行过程中，如何维持经营活动的进行，对债权人能否获得更高程度的清偿是非常重要的。“营业”在破产清算程序中的重要性表现在，债务人财产及后来的破产财产中可能包含营业，尤其是在破产程序开始时仍然处于运作之中的营业。营业本身的特性导致其整体价值通常高于其构成元素的价值总和，因而在破产程序进行过程中继续债务人的营业往往对债权人有利。①

上海破产法庭《关于依法高效办理小微企业破产案件行动方案》对保留债务人营业价值，利用未来收入清偿债权及出资人权益保留等作了相关规定。实务案例中对已经进入破产清算但仍有持续经营能力和发展前景的小微企业，释明并引导债务人、债权人申请转入重整或和解程序。引导债务人及其实际控制人、出资人等利害关系人通过平等协商，灵活运用预期收益、自筹资金、引入投资、债转股、债务减免、延期支付、代为清偿等多种方式协商达成重整计划或和解协议。本案建筑劳务公司系小微企业，在企业陷入财务困境后对外依旧维持企业持续经营，为11个在建工程项目提供劳务服务项目，建筑劳务公司陷入困境系上游施工单位拖欠工程款导致，并非公司自身经营存在问题，加之公司自身债权人数并不多、金额也不高。本案针对建筑劳务公司仍有持续经营能力的现状，法院释明引导股东申请转入重整程序，债务人可以持续经营，继续派遣劳务人员为在建工程提供劳务服务，同时与管理人一起与施工方积极对账，催要应收账款以清偿债务，取得债权人理解。此外，本案充分考虑小微企业经营特点，探索经营者个人债务一并清理方式，尊重

① 马哲：《“营业”的破产法意义——兼论对我国〈企业破产法〉的完善建议》，载《中国政法大学学报》2021年第4期。

权利人意思自治和处分原则，将债务人的实际控制人、出资人、经营者及其家庭成员为企业债务提供的担保，一并在破产程序中予以处理，给予“诚实而不幸”的经营者喘息空间，宽容失败，鼓励创业，促其轻装上阵。引导鼓励债务人的出资人承诺未来继续投入资金、非货币资产、商业资源或专业能力等，且将未来一定时期内的收入用于清偿债务的，可在重整计划草案中约定保留部分或全部出资人权益。通过保留公司主营业务并进行债务重组、资产处置整合和提高企业经营管理水平等方式恢复公司“造血”的能力。

实务中，债务人往往因欠税而列入税务部门失信名单，难以开具增值税发票，从而影响其营业资格及应收账款回收。本案通过修复税务信用恢复开票资格使公司持续营业，以未来收入偿还债务。近两年，最高人民法院、国家发展和改革委员会、国家市场监督管理总局及国家税务总局先后推出规范性文件，支持重整、和解企业的信用修复。重整与和解企业的信用修复主要涉及以下方面：一是金融信用。金融信用集中于银行信用管理系统中，主要包括中国人民银行和各类别银行业机构对企业信贷业务、资产抵押、金融资信等级及奖惩记录等进行的登记。二是税务信用。目前，税务机关对纳税人纳税信用信息通过采集、评价、确定、发布和应用进行管理，国家税务总局通过《纳税信用管理办法（试行）》进行纳税信用评价。三是工商信用。市场监督管理部门将有经营异常情况的企业列入异常名录。这可能导致重整、和解企业在政府采购、工程招投标、国有土地出让等方面被限制或禁入。四是司法信用。按照《最高人民法院关于公布失信被执行人名单信息的若干规定》第 10 条规定，因破产程序人民法院依法裁定对失信被执行人中止执行的，应当在 3 个工作日内删除失信信息。有些案件债务人在进入破产程序前，在多个法院被列为失信被执行人。重整与和解程序终结后，需要及时删除债务人的失信信息，以使债务人正常经营。本案建筑劳务公司因拖欠税款而在税务信用评价方面被税务主管部门作出降级处理，无法开具增值税发票，影响应收账款回笼。目前税务机关对纳税人纳税信用信息是通过采集、评价、确定、发布和应用进行管理，国家税务总局也是通过《纳税信用管理办法（试行）》进行纳税信用评价。管理人接管后，多次协调沟通税务机关，最终通过临时开票额度申请与修复税务扣分事项相结合的方式，恢复建筑劳务公司开票资格。企业继续营业期间可以正常收取项目进度款，为后续重整成功打下基础。

二、保留出资人权益并配套调解赋予强制执行力

《公司法》从制定到历次修改，体现了从“实缴制”向“认缴制”的变迁。直至2013年《公司法》修改，确立“全面认缴制”。2023年修订的《公司法》对公司股东的认缴期限不同程度增加了强制性规定，如第47条第1款、第98条第1款、第100条和第101条，被学者概括为“限期认缴制”。同时，2023年《公司法》新增了有限责任公司股东出资义务的加速到期制度，即第54条规定：“公司不能清偿到期债务的，公司或者已到期债权的债权人有权要求已认缴出资但未届出资期限的股东提前缴纳出资。”《企业破产法》第35条规定：“人民法院受理破产申请后，债务人的出资人尚未完全履行出资义务的，管理人应当要求该出资人缴纳所认缴的出资，而不受出资期限的限制。”两者从整体上进一步完善了债权人利益保护机制。上海破产法庭制定的《关于依法高效办理小微企业破产案件行动方案》中明确，要充分考虑小微企业经营特点，探索经营者个人债务一并清理方式，尊重权利人意思自治和处分原则，将债务人的实际控制人、出资人、经营者及其家庭成员为企业债务提供的担保，一并在破产程序中予以处理，给予“诚实而不幸”的经营者喘息空间，宽容失败，鼓励创业，促其轻装上阵，同时积极探索小微企业重整中出资人权益保留机制。

本案中，建筑劳务公司作为小微企业同样面临出资人未缴纳出资的问题。建筑劳务公司的所有权与经营权两权合一，实际控制人夫妻在企业陷入财务困境后，积极参加破产程序，运用法律手段解决债务问题。建筑劳务公司与多家建设工程公司有长期合作关系，其持续经营仰赖股东夫妻的经营资源与渠道，故再生挽救更多依靠债务人自身，原股东的出局将使企业自身失去存在与运营基础。因此与大型企业重整不同的是，在充分尊重债权人意思自治原则前提下，保留出资人权益，债务人及股东还需承诺以经营收入及出资确保偿债。本案两名股东各认缴出资500万元于2038年1月1日到期，尚未履行出资义务。根据《企业破产法》第35条规定，法院受理破产申请后，股东出资加速到期，本身构成破产财产的组成部分。但考虑到如只将股东承诺出资写入重整计划，本身并不具备强制执行力，在重整计划执行不能时，企业仍将依《企业破产法》第93条规定被宣告破产，不利于保护债权人合法权益。因此，本案配套追缴股东出资诉讼，通过民事调解书将股东对公司的出

资义务纳入司法程序，如股东违反其出资承诺，则直接启动强制执行措施，从而有效维护全体债权人利益。

关联索引

《中华人民共和国企业破产法》（2006年8月27日）

第八十六条 各表决组均通过重整计划草案时，重整计划即为通过。

自重整计划通过之日起十日内，债务人或者管理人应当向人民法院提出批准重整计划的申请。人民法院经审查认为符合本法规定的，应当自收到申请之日起三十日内裁定批准，终止重整程序，并予以公告。

《中华人民共和国民事诉讼法》（2023年9月1日修正）

第九十六条 人民法院审理民事案件，根据当事人自愿的原则，在事实清楚的基础上，分清是非，进行调解。

第一百条 调解达成协议，人民法院应当制作调解书。调解书应当写明诉讼请求、案件的事实和调解结果。

调解书由审判人员、书记员署名，加盖人民法院印章，送达双方当事人。

调解书经双方当事人签收后，即具有法律效力。

《最高人民法院关于适用〈中华人民共和国民事诉讼法〉的解释》（2022年4月1日修正　法释〔2015〕5号）

第一百五十一条 根据民事诉讼法第一百零一条第一款第四项规定，当事人各方同意在调解协议上签名或者盖章后即发生法律效力的，经人民法院审查确认后，应当记入笔录或者将调解协议附卷，并由当事人、审判人员、书记员签名或者盖章后即具有法律效力。

前款规定情形，当事人请求制作调解书的，人民法院审查确认后可以制作调解书送交当事人。当事人拒收调解书的，不影响调解协议的效力。

案　号：（2024）沪03破90号、（2024）沪03民初15号

合议庭：黄贤华　王冰如　黄宗琴

编写人：黄贤华　张丽利

15. 适用“容缺办证”机制实现企业资产价值最大化

——上海某实业有限公司执行转重整案

关键词

执行转破产　重整计划执行　工业厂房　容缺办证

裁判要旨

在执行转破产的审查中发现债务人具有重整价值，及时受理重整申请；应用“枫桥经验”通过协商谈判完成租户清场，避免产生一系列要求租户腾退占用房屋的破产衍生诉讼；重整计划执行中探索“容缺办证”创新机制，促成在建工程竣工验收办理产权证书。

本案是执行转重整的案例，充分发挥了执转破解决执行难和挽救困境企业的双重制度功能，并探索适用“容缺办证”机制获得成功，对执破衔接与营商环境创新试点改革具有典型示范意义。

基本案情

上海某实业有限公司（以下简称实业公司或债务人）于2007年4月核准设立，注册资本300万元，主要从事厂房租赁经营活动。该公司涉执行案件20余起，执行总标的额约2.5亿元，因公司名下资产无法足额清偿所涉执行案件的申请执行人，执行法院征得该公司同意，将执行案件移送上海市第三中级人民法院（以下简称三中院）破产清算审查。在受理审查过程中，实业公司以其名下不动产具有持续经营价值为由申请破产重整，三中院依法裁定受理实业公司的重整申请，并指定管理人。

经管理人调查，实业公司名下的主要资产为位于上海市松江区洞舟路××

号的已办出产证的 3 幢厂房以及已施工完毕但尚未通过竣工验收的 10 幢厂房。根据评估报告显示，案涉建筑物和土地使用权的评估总价约为人民币 1.7 亿元，模拟破产清算情况下的市场估价约为 1.3 亿元。管理人审查确认的债权总额高达 4.2 亿元。由于实业公司持有和建设的厂房位于松江洞泾，有一定区位优势，符合洞泾镇产业发展导向和空间承载能力，具备重整价值。管理人以社会公开招募方式遴选意向投资人，最终投资人以 1.4 亿元报价的重整方案胜出，管理人制定重整计划草案提交债权人会议表决。经债权人会议分组表决获得通过。债权清偿方案中优先权人、职工债权、社保税收债权获得全额清偿，普通债权清偿率约为 7.9%，高于破产清算条件下测算的 2.5% 的清偿率，同时为在建工程竣工验收预留了拆违、鉴定、验收等办证费用 100 万元。2021 年 12 月，三中院裁定批准重整计划并终止重整程序。

按照重整计划执行安排，实业公司名下在建工程的 10 幢厂房在完成竣工验收后须办理不动产产权证书，并在对占用厂房的 9 名租户完成清场后，向重整投资人交付全部厂房物业。但在建工程的施工文件资料有所缺失，导致厂房虽然已经建成，但无法通过常规的竣工验收流程办理产权证。厂房还存在被多名租户改造占用的情况，清场搬离工作面临较大阻力。管理人多方寻找全套施工图纸后，委托有关专业机构对工程质量进行安全鉴定，以出具工程质量合格报告替代缺失的施工文件材料；为通过工程质量验收，管理人与勘察单位、设计单位、施工单位反复沟通，获得上述单位理解与配合，顺利通过了规划验收、消防验收、竣工验收等程序；管理人申请法院解除房产查封、注销抵押登记等权利限制后，向属地职能部门递交竣工验收文件材料并申请办理产权证，最终取得了不动产产权证书。此外，针对部分租户拒绝搬离厂房的情况，法院数次约谈租户，听取意见诉求，督导管理人会同重整投资人与租户洽谈协商清场补偿方案，最终各方达成一致，顺利完成搬场。在解决了产权证办理和清场难题后，厂房管理权向重整投资人全面移交，重整计划执行完毕。

案例分析

本案在执行法院移送破产审查中进行重整价值识别，稳妥高效处理破产衍生纠纷，在施工材料缺失的情况下办理在建工程竣工验收，实现了企业营运价值维护最大化。

一、执转破审查中识别债务人重整价值

执行转破产是指执行法院发现被执行企业法人符合破产原因，经执行案件当事人申请或同意后，执行法院将该被执行人的执行案件移送破产审查的程序。中央全面依法治国委员会印发的中法委发〔2019〕1号《关于加强综合治理从源头切实解决执行难问题的意见》第四部分中，明确将司法破产纳入“强化执行难源头治理制度建设”，要求充分发挥企业破产制度功能，畅通执行案件进入司法破产程序的渠道。《上海市高级人民法院执行转破产工作的规范指引》（2022年版）第5条明确将被执行人具有重整、和解价值以及重整可能性的执行案件列为优先移送破产审查的案件类型。因此，推进执转破工作尤其是执行转重整有利于解决执行难综合治理问题，服务优化法治化营商环境。该案在执行法院向三中院移送破产清算审查后，三中院审查发现债务人名下核心资产所处地理位置既有区域经济发展优势，又有独立完整性和规模效应，市场价值较高，具有持续运营前景。经释明，实业公司提出重整申请，三中院及时将程序转换为执行转重整，充分发挥重整制度对危困企业挽救的功能。该案通过重整程序公开招募方式引入投资人，以投资金额清偿全体债权人，其中职工债权、社保税收债权获得100%清偿，普通债权清偿率约为7.9%，高于破产清算条件下测算的2.5%清偿率，最大限度保护了债权人的清偿利益。后续经营方案将实业公司名下厂房进行改造升级，经营理念由零散式分租转变为特色产业聚集利用，该公司经营发展能级得到显著提升。执行转重整的制度效果得到充分发挥，一次性化解十余起执行标的额达2.5亿元的执行终本案件，有效助力解决执行难问题，实现了债权人清偿利益保护和企业持续经营发展的双赢局面。

二、探索适用“容缺办证”机制办理产证

“在建工程”能否顺利办出产证始终是涉房破产企业重整案件中影响成功与否的关键因素。若无法办理产证，重整投资价值将大大缩水，而缩水的投资报价无法达到债权人对清偿率的心理预期，或者在与破产清算条件下测算的清偿率差别不大时，重整计划将面临债权人会议表决无法通过的风险。故产证办理顺利与否将直接影响涉房破产企业重整的最终的“成败”。所谓“在建工程”，主要包含三种状态，一是取得施工许可证开工建设后，因资金、技

术、规划等原因而停工；二是超过预计竣工时间一定期限没有竣工的工程；三是工程主体已经建成，但水电等配套设施不齐全的房地产项目。该案即属第二种情形。管理人以办出新建10幢厂房产证为假设条件之一招募重整投资人，重整投资人亦基于假设条件进行了报价。基于此，管理人拟定重整计划草案，确定了以重整投资人提供1.4亿资金，与管理人归集到该公司现有财产一并作为偿债资金，用于清偿破产费用、共益债务以及各类债权后，投资人或其指定的第三方取得债务人公司100%股权的重整模式。重整计划执行完毕后，工程款债权、职工债权、社保税收债权均获全额清偿，普通债权的清偿率约为7.9%，债务人公司法人主体资格继续存续，后续经营资金由重整投资人另行投入。重整计划顺利经债权人会议表决通过。但在重整计划执行阶段，由于项目建成时间久，人员变动大，管理人仅接管到桩基部分施工材料，桩基以上所有施工材料均未能获得，办理新建10幢厂房产证陷入僵局。若产证无法办出，将直接导致重整计划执行不能，后果即为重整计划执行终止并宣告公司破产，债权人的获偿期待落空，最大限度提升资产价值的目的亦无法实现。

国务院于2021年11月25日发布《关于开展营商环境创新试点工作的意见》，明确以上海等6个城市为首批试点城市，改革、完善相关制度，并创新相关机制，以提升政府治理效能，建成市场化法治化国际化的一流营商环境。该意见提出优化破产企业土地、房产处置程序，其中涉及“企业破产案中因债务人资料缺失或第三方机构（如设计、勘察、监理等单位）不配合竣工验收等情形导致无法办理竣工验收的建设工程，经委托有关专业机构对工程质量进行安全鉴定合格后，可办理不动产登记”。该项改革试点举措被称为“容缺登记”或“容缺办证”。据此，上海市人民政府制定的《上海市营商环境创新试点实施方案》中，将“容缺办证”作为“着力打造科学规范的法治环境”举措之一，列入上海市首批营商环境创新试点改革事项清单。2023年2月，上海市高级人民法院连同市发展和改革委员会、市规划和自然资源局以及其他十五家单位共同发布了《上海市加强改革系统集成提升办理破产便利度的若干措施》，该文件第27条明确：“破产企业名下建设工程（包括住宅类工程）因资料缺失或第三方机构（包括设计、勘察、施工、监理等单位）不配合竣工验收等原因，导致无法组织质量验收、消防验收，经管理人委托有资质的专业机构对工程质量、消防进行检测和评估合格，并经建设行政管理部门核实符合要求，且符合规划、资源管理规定的，可依法办理不动产登记。”此措施确立了“容缺办证”的实施路径，通过聘请资质齐全的专业机构对所建成工程的质量进行评估，该路径可以替代原本缺失的土建、安装等施工文件。简言之，就是在确保质量合格和消防安全的前提下，以有关专业机构对工程质量出具的《房屋质量检测报告》代替非关键性申请材料可向有关部门申请办理不动产登记。

该案在探索适用“容缺办证”机制方面的做法如下：一是完整施工图纸是“容缺办证”的前提条件，如果没有完整的全套施工图纸，工程质量鉴定则无法开展。经过管理人 5 天的细致调查，最终找到了全套施工图纸，为开展工程质量鉴定奠定了基础；二是准确估算和预留“容缺办证”所需的整改、鉴定、验收费用。该案在制定重整计划草案中估算了后续办证可能产生的各项费用，作为破产费用予以预留；三是协调沟通在建工程的设计、勘察、施工、监理等单位支持配合竣工验收。本案中前述单位支持配合，签署相关证明文件并派员参与现场验收，为“容缺办证”扫除了障碍；四是委托专业机构对工程质量进行鉴定后出具合格报告，以此弥补资料缺失无法申请正常竣工验收。

三、协商谈判高效解决破产程序中的争议纠纷

破产案件产生的破产衍生诉讼数量持续居高不下，牵涉面广、纠纷类型同质化，且突出为系列性、群体性衍生纠纷。如果按照传统模式逐一通过诉讼解决，维权成本高，诉讼周期长，严重制约破产案件整体顺利推进。为破解程序成本高、办理效率低的破产困境，亟须在破产衍生诉讼“抓前端、治未病”上着力，倡导“惜诉”“慎诉”理念，引导管理人注重“一揽子”统筹化解，拓宽解纷路径，尽量通过协商谈判等非诉方式高效解决群体性纠纷。

该案中按照重整计划安排和投资方案，须要求全部厂房清场，租户予以搬离。而在租期已经届满以及租赁合同已依法解除的情况下，部分租户仍以对场地投入了装修和存在先租后购约定等理由拒绝或拖延搬场。为实现管理人依法高效接管清场并妥善解决租户合理诉求，合议庭多次牵头组织租户和管理人、重整投资人进行沟通协商，在租户正常经营与投资人尽快入驻的两方利益需求之间寻求共识和平衡点，最终各方达成租户承诺限期搬场、投资

人给予合理经济补偿的方案，从而避免了管理人提起一系列要求租户返还占用房屋的破产衍生诉讼，降低了程序成本，也提高了破产程序的效率。最终9户租户的清场全部通过非诉方式妥善解决，及时把矛盾化解在萌芽状态，提升破产审判效率，降低司法成本，达到了“消未起之患、治未病之疾、医之于无事之前”的效果。

关联索引

《中华人民共和国企业破产法》（2006年8月27日）

第二条 企业法人不能清偿到期债务，并且资产不足以清偿全部债务或者明显缺乏清偿能力的，依照本法规定清理债务。

企业法人有前款规定情形，或者有明显丧失清偿能力可能的，可以依照本法规定进行重整。

《最高人民法院关于执行案件移送破产审查若干问题的指导意见》（2017年1月20日　法发〔2017〕2号）

1. 执行案件移送破产审查工作，涉及执行程序与破产程序之间的转换衔接，不同法院之间，同一法院内部执行部门、立案部门、破产审判部门之间，应坚持依法有序、协调配合、高效便捷的工作原则，防止推诿扯皮，影响司法效率，损害当事人合法权益。

2. 执行案件移送破产审查，应同时符合下列条件：

（1）被执行人为企业法人；

（2）被执行人或者有关被执行人的任何一个执行案件的申请执行人书面同意将执行案件移送破产审查；

（3）被执行人不能清偿到期债务，并且资产不足以清偿全部债务或者明显缺乏清偿能力。

13. 受移送法院的破产审判部门应当自收到移送的材料之日起三十日内作出是否受理的裁定。受移送法院作出裁定后，应当在五日内送达申请执行人、被执行人，并送交执行法院。

《国务院关于开展营商环境创新试点工作的意见》（2021年10月31日　国发〔2021〕24号）

附件1　首批营商环境创新试点改革事项清单

16. 企业破产案件中因债务人资料缺失或第三方机构（如设计、勘察、监理等单位）不配合竣工验收等情形导致无法办理竣工验收的建设工程，经委托有关专业机构对工程质量进行安全鉴定合格后，可办理不动产登记。

案　　号：（2020）沪03破313号
合议庭：黄贤华　王益平　李丽丽
编写人：王益平　侯聪宇

16. 运用和解制度挽救小微高新技术企业

——上海某光电系统有限公司破产清算转和解案

关键词

清算转和解　民营企业　管理人履职　在线办案

裁判要旨

为贯彻“六稳”“六保”政策和优化法治化营商环境要求，在小微企业陷入困境面临破产清算时，可根据企业资源及未来前景，制定包括减免部分债务利息、延长还款期限、分期付款、债转股等“一揽子”解决方案，促成债务人和债权人达成和解，尊重当事人意思自治并保障各方的程序参与权。发挥和解机制的保护功能，在极大提高债权人清偿率的同时，成功挽救陷入危困的债务人企业，实现企业的重建和再生，既保住了经营主体，也保住了职工就业。破产和解过程中，企业通过资产和债务的重组，优化资源配置，焕发新的生机和活力，有助于企业后续更好地适应市场环境变化，增强竞争力，有助于实现“稳投资”和“稳预期”的目标，为经济的长远发展奠定坚实基础。这符合国家政策的要求，不仅保障经济稳定与社会就业，维护社会民生，还能增强市场信心、优化法治环境，为我国的经济发展提供有力支持。

基本案情

上海某光电系统有限公司（以下简称光电公司）是一家开发军用光电遥感系统的民营高新技术小微企业，注册资本 500 万元，经营范围为从事光电技术、机电技术、电子技术领域内的技术开发、技术转让、技术咨询、技术服务，集成电路设计，安防工程，电子产品、电子元器件、化工产品（除危险化学品、监控化学品、烟花爆竹、民用爆炸物品、易制毒化学品）、机电设备的销售。该公司有中国科学院的专家投资，其主要产品为军工类光电设备，属于精密仪器类型。光电公司面临破产危机前，在所处行业具有一定的资源价值，拥有30多位博士兼职科研人员共同组成的研发团队，团队研发的产品在行业内遥遥领先，具有良好的市场竞争力，在业界享有较高声誉，还曾多次参与国家重点科技项目。但随着市场竞争加剧、疫情等多种因素影响，公司现金流急剧下降，产生无法清偿到期债务的连锁效应。2022年1月，依债权人申请，上海市第三中级人民法院（以下简称三中院）裁定受理光电公司破产清算申请，并指定管理人。

管理人接受指定后，在法院指导下，克服疫情影响，及时通过线上方式接管电子账簿及无形资产，完成债权申报、审核等各项工作。同时，经调查发现，债务人研发的遥感光电技术，拥有专利、软件著作权等多项稀缺知识产权，具备挽救价值。且申报债权人仅3户，183万元的债权总额也不高，若进行破产清算将导致光电公司核心技术流失、品牌价值毁损。管理人在法院指导下遂从光电公司资产状况、行业资源、核心技术、发展前景等方面进行研判，发现公司虽一时陷入经营危机，但其本身主营业务前景较好，具有较高的营运能力和市场价值，于是积极引导债务人通过和解程序挽救企业。

管理人履职中，充分保障债权人知情权，多次召开线上协调会，沟通引导债务人以多渠道多种方式解决企业负债，最终债务人与债权人达成和解意向。2022年10月，经债务人申请，三中院裁定债务人转入和解程序。之后通过网上债权人会议表决，债权人100%表决通过了和解协议（草案），根据和解协议，债权人的清偿率从清算状态下不到1%预计可提升到83%。2022年11月，三中院裁定认可本案和解协议并终止和解程序。

案例分析

本案债务人作为高新技术企业，具有市场稀缺性和竞争力，充分挖掘债务人再生价值后，克服疫情影响，运用清算转和解的程序转化规则，最终以高清偿率促成本案和解。

一、精准识别债务人营运价值，及时转入和解程序

案件审理期间，按照“六稳”“六保”工作要求，注重将“稳就业”与

"保经营主体"贯穿在本案审理中，着力运用和解制度保住债务人企业，避免因债务人破产而发生连锁反应，维护职工就业。审理中管理人在法院指导下发现光电公司具备相当营运价值，也具有和解可能性。首先，管理人从债务人的经营状况、行业前景和地位、债务人资产价值、债务人负债结构、产业链资源等方面来充分判断债务人有继续营业的可能性和必要性。具体如下：(1) 债务人所在军工行业作为国家安全的重要支柱，具有高技术、高壁垒特征，市场发展前景广阔。债务人的核心资产在市场上十分具有稀缺性，系其主要的核心竞争力。(2) 债务人深耕行业多年，积累了大量稳定的上下游资源以及销售渠道，在行业内已拥有一定的声誉。(3) 债务人对外负债清晰、整体债务金额不高，申报的债权人仅有3户，债权金额总额为183万元，未申报的股东往来款及欠付的劳务工资，均由实控人承诺案外自行解决。(4) 债务人破产原因系一时资金链断裂导致，并非其他经营困境，只需解决目前资金困境。

其次，管理人测算比较了光电公司在和解状态下与清算状态下的经济收益与社会收益，通过接管调查，管理人发现光电公司名下资产现金仅有几千元，其他资产为名下十数项专利、软件著作权等知识产权以及两家位于外地的对外投资公司股权。其中，光电公司名下数十项知识产权虽在有效期内，属于稀缺资源，但因公司资金链断裂，公司未能持续对该些知识产权进行维护和升级，导致破产清算时原先版本已不能直接匹配当下技术，无法直接使用，并且专利技术评估难度较大，难以在公开市场上找到评估价标准，直接拍卖会极大地影响资产的变现价值。此外，光电公司持有的两家对外投资公司的股权，均存在出资未到位情形，且这两家公司分别于2015年及2018年停止经营，处于长期无人负责管理状态。如果在清算程序下，需要对两家对外投资公司另行提起清算，不仅可能花费较长时间，而且需要投入清理成本。因此若继续破产清算，不仅可能面临破产财产不足以支付破产费用，普通债权人清偿率为0的情形，还会不可避免地造成光电公司的核心资产及技术流失。但若能够转入和解程序，不仅能挽救债务人，保留公司核心资产及技术，并且持续经营还能够创造社会经济价值，提高债权人的清偿率，保障债权人利益。为此，管理人通过比较判断光电公司的营运价值大于清算价值，发现光电公司具备较高营运价值。转入和解程序后，通过股东代偿方式化解公司债务，光电公司的核心技术和优质价值得以延续。

二、疫情期间履职不停，“线上+线下”联动推进工作

本案管理人接受指定后不久，上海即进入疫情防控期，管理人正常履职受到很大影响。面对挑战，管理人在法院指导下充分利用信息网络技术，通过线上方式开展工作，确保程序的推进。管理人通过线上接管公司的财务相关资料及无形资产、线上债权申报及审核、网络债权人会议、线上协调会等方式，推进审理程序。通过网络技术的应用，管理人克服了疫情影响，极大地提高了效率。与此同时，管理人在符合疫情防控要求前提下，采取“线上+线下”的工作模式，对于必要的外部调查，如房产、车辆、银行、经营地等相关资料信息安排专人进行线下调取和走访，以确保全面调查和接管公司财产。

充分保障债权人、债务人程序参与权和知情权；积极开展沟通协商，减少债权人与债务人间的误解和冲突，为和解方案的制定和实施创造有利条件。在充分协商基础上，依债务人申请，法院裁定进入和解程序仅用时 22 天便达成和解协议，促进案件得到了快速而有效的处理。本案充分利用信息网络技术，提高了履职效率，提升了债务人、债权人在疫情防控情况下参与破产程序的便利性，为破产程序顺利推进提供了有力保障。

三、注重释明破产法律制度，倾力沟通化解积怨促成和解

本案刚进入破产程序时，债务人、债权人因不了解破产程序一度对管理人有很强的抵触情绪。债务人股东、管理层多为从事研究工作的科研人员，对破产程序误解为是来追究责任，并要清算注销公司的，出于保护企业目的，债务人对管理人接管有些抗拒心理，一再拖延。但管理人在前期尽调基础上，积极与债务人充分沟通、释法说理，让债务人充分知晓理解管理人的职责作用，并告知其有挽救价值的企业最终也有重生的可能。管理人将调查得到的债务人专利技术和销售渠道的稀缺性具备市场再生价值的实际情况，告知债务人并与债务人沟通通过和解程序挽救企业，得到了债务人高度认可，并积极配合管理人接管等各项工作。管理人同样向债权人普法释明，最终取得债权人的信任，扭转了各方对破产错误的认知观念，消除了各方对破产制度的误解偏见。

在沟通磋商过程中，管理人了解到本案债权人与债务人曾经是很好的合

作关系，即使债务人产生不能及时付款情况，债权人也曾给予宽限帮助期。管理人通过以下措施，最终促成本案和解：（1）通过对公司现有资源、自身局限和困境以及未来前景分析，帮助、鼓励债务人重建信心。提出包括减免部分债务利息、延长还款期限、分期付款、债转股等多种方案建议，提升债务人和解意愿。本案中，采取的清偿方案即为债权本金还款期限延长一年，分两期清偿完毕，利息全部豁免。该方案得到债权人及债务人一致认可。（2）耐心向债务人、债权人释明破产清算与和解程序的差异，解释和解方案的优势及可行性，模拟对比分析破产清算与和解下的债权清偿率，充分保障债权人的知情权。（3）积极听取债务人、债权人各方的利益诉求，多次组织线上、线下调解沟通协商，针对性地化解双方矛盾，增进互信互谅。在充分沟通的基础上，对各方利益进行平衡协调，尊重各方当事人意思自治，不断优化调整和解方案，保障各方的权益。

最终，和解协议草案经债权人会议表决全票通过。根据和解协议约定，债务人以分期付款方式还款，普通债权人同意在债务人按约偿还本金的情况下减免债务利息。为此，社保债权获得100%清偿，普通债权的本金均获得100%清偿。和解成功后，光电公司利用已有资源继续开展研发和生产活动，逐步恢复了市场信誉和客户信任，成功保住了20位职工的就业岗位，维护了员工权益和社会稳定。

关联索引

《中华人民共和国企业破产法》（2006年8月27日）

第九十五条　债务人可以依照本法规定，直接向人民法院申请和解；也可以在人民法院受理破产申请后、宣告债务人破产前，向人民法院申请和解。

债务人申请和解，应当提出和解协议草案。

第九十六条　人民法院经审查认为和解申请符合本法规定的，应当裁定和解，予以公告，并召集债权人会议讨论和解协议草案。

对债务人的特定财产享有担保权的权利人，自人民法院裁定和解之日起可以行使权利。

第九十七条　债权人会议通过和解协议的决议，由出席会议的有表决权的债权人过半数同意，并且其所代表的债权额占无财产担保债权总额的三分之二以上。

第九十八条 债权人会议通过和解协议的，由人民法院裁定认可，终止和解程序，并予以公告。管理人应当向债务人移交财产和营业事务，并向人民法院提交执行职务的报告。

案　号：（2022）沪03破13号
合议庭：陈　锐　刘　琳　姚　磊
编写人：陈　锐　刘　毅　叶文桢

17. 破产自行和解助力小微企业化解债务危机

——上海某实业有限公司清算转和解案

关键词

小微企业　清算转和解　破产自行和解

裁判要旨

法院审理小微企业破产清算案中，充分尊重当事人意思自治原则，合理引导当事人运用破产和解化解企业债务危机。债务人与全体债权人“一对一”达成若干份债务清偿的和解协议，符合《企业破产法》第105条规定的“债务人与全体债权人就债权债务的处理自行达成协议”，人民法院应裁定认可和解协议。

基本案情

上海某实业有限公司（以下简称实业公司）成立于2018年3月，是一家从事服装产品设计与销售的小微企业。2022年8月11日，上海市第三中级人民法院（以下简称三中院）依据债权人申请裁定受理实业公司破产清算一案。债权申报期内，4位债权人向管理人申报债权。经管理人审查、债权人会议核查，法院裁定确认该4位债权人的债权，其中职工债权人1位，债权金额4.18万元；普通债权人3位，均为实业公司长期合作的供应商，债权金额256.64万元。

管理人在破产程序中调查发现，实业公司为轻资产运营的小微企业，实业公司名下财产仅有两枚注册商标，虽知名度不高，但此前实业公司已与国内某著名服装类电商平台签订合作协议在该平台上销售标有该商标的产品。

除此之外，实业公司注册资本虽有2000万元，但均未实缴。其中，认缴80%出资额的股东上海某格服饰有限公司已于2019年被法院受理破产清算，且破产程序中无财产可供分配而终结；另一认缴20%出资额股东上海某红服饰有限公司也已深陷债务危机，被多家法院列入失信被执行人名单。两股东均缺乏履行出资义务的能力。如继续清算，即便管理人向两股东提起诉讼追索出资并胜诉，债权人仍将面临零清偿的风险。

考虑到追收未缴出资诉讼程序耗时较长、胜诉后执行结果存在较大不确定性等情况，在了解到实业公司实际控制人、股东仍有挽救企业的意愿后，法院与管理人转而将工作重心转入到为债权人、债务人搭建协商平台之上，充分了解各方诉求，提供不同的拯救方案供当事人选择。但是在具体的磋商中，4位债权人对清偿期限、清偿率提出了不同的诉求。此外，债权人对实业公司能否正常履行也存有疑虑。4位债权人分歧较大、各需求难以统一在一份和解协议草案中实现，直接依据《企业破产法》第95条的规定由清算程序转入和解程序，债权人会议表决通过和解协议的可能性较低。在法院和管理人的释明下，实业公司依据《企业破产法》第105条的规定，与4位债权人开启协商，并根据4位债权人不同的清偿要求，提供了不同的清偿方案供债权人抉择。经磋商，实业公司分别与4位债权人签订和解协议。同时，为了促进和解协议的履行，实业公司法定代表人、小股东实际控制人作为共同还款义务人加入和解协议的履行。2022年12月14日，实业公司以其与全体债权人就债权债务处理自行达成了协议为由，请求法院裁定认可和解协议，终结破产程序。三中院经审查后，依照《企业破产法》第105条的规定，于2022年12月27日裁定认可上述4份和解协议，并终结破产程序。

案例分析

小微企业是国民经济的“毛细血管”，是推动创新、促进就业、改善民生，实现高质量发展的重要驱动力量。截至2021年年末，中小企业对我国税收的贡献度超过50%，创造的国民生产总值、固定资产投资以及对外投资超过60%，为推动我国经济可持续发展做出了突出贡献。[①] 小微企业数量庞大，在各类企业中占绝大多数。但小微企业的生存能力和发展潜力对其所处的环境具有高度敏感性和脆弱性，抗风险能力较弱，相比大型企业更易陷入经营

① 徐玉德：《激发中小企业活力 助力经济整体性持续向好》，载《红旗文稿》2023年第22期。

困境和债务危机。优胜劣汰是市场机制运行的基本规律，数量庞大又财务脆弱的小微企业是破产程序适用的主要对象。以上海破产法庭审理的破产案件为例，上海破产法庭审理的中小微企业破产案件占到全部破产案件约 86%。对于小微企业破产，世界各国均不断予以重视，美国、澳大利亚、新加坡等国家近年来为小微企业破产规定了特殊规则。联合国国际贸易法委员会于 2021 年推出了《小微企业破产立法建议》。2023 年 5 月，世界银行在新的营商环境评估项目（B-READY）中新设了“小微企业专门程序”3 项指标，用以衡量经济体是否对小微企业破产设置专门的清算或重整制度。

一、陷入破产困境的小微企业特性

从司法实践情况来看，小微企业破产与大型企业破产相比，具有特殊性。

第一，在企业内部治理上，所有权与经营权存在高度重合。小微企业规模小、雇员少且部分具有家庭化特征，企业内部治理架构相对简单。小微企业控股股东一般也是小微企业的法定代表人、执行董事等，直接负责整个企业的日常经营管理。“两权重合”体现在小微企业破产程序上，一方面，小微企业缺乏规范的财务账册记录的现象突出，财务信息无法提供或提供的信息不完整不规范。企业与经营者个人资产与债务存在混同，存在频繁的无交易凭证的资金流转。另一方面，经营者的意志往往外化为企业的意志，而小微企业的经营者普遍对破产程序认识有限，主动申请破产保护的意识较弱。小微企业的经营者面对债务危机更容易在“最后赌一把”的激进方式或“摆烂”的消极方式之间摇摆。

第二，在企业经营模式上，小微企业对经营者个人能力、专业技能、人脉资源等存在高度依赖。小微企业经营管理上的特点决定了小微企业的破产挽救与大型企业存在截然不同的逻辑，大型企业重整往往伴随着原股东权益调整与管理层的更迭，而小微企业原企业主的出局可能会使企业失去赖以存在的基础和核心竞争力，反而不利于企业的挽救。小微企业挽救的关键落脚点是“保留所有者权益”，清偿安排主要是债务减免、延长清偿期限、获得未来收益等方式。

第三，在企业资产结构上，小微企业运营以轻资产为主，缺乏可供变现清偿的固定资产。这就使得“无产可破”在小微企业破产案件中非常普遍。缺乏必要的破产费用也导致了小微企业重整或清算程序难以有效开展。缺乏不动产等高价值资产，使得小微企业对外部投资人的吸引力不足，难以引入投资人对企业进行重整。此外，“无产可破”也会降低债权人参与破产程序的积极性。实践中，经常会出现债权人在申报债权和了解债务人财产信息后，就开始消极对待破产程序。债权人的“理性冷漠”导致债权人会议无法作出决议，影响破产程序的高效推进。

第四，企业主为企业债务承担连带责任。因小微企业缺乏不动产等担保财产，企业主往往会为小微企业融资、业务需要提供个人担保。这就使得小微企业挽救与经营者的破产免责在操作层面上需协调并进。否则，即便化解了小微企业的债务危机，经营者个人的债务无法一并妥善解决，仍可能会拖累小微企业的后续经营，极易使企业再次陷入困境。

二、小微企业挽救与破产和解制度的契合性

2023 年 7 月，中共中央、国务院发布的《关于促进民营经济发展壮大的意见》明确指出：“对陷于财务困境但仍具有发展前景和挽救价值的企业，按照市场化、法治化原则，积极适用破产重整、破产和解程序。”最高人民法院印发的《关于充分发挥司法职能作用助力中小微企业发展的指导意见》中强调，要“有效发挥司法对中小微企业的挽救功能”，要“科学甄别、依法保护有挽救价值的中小微企业……对于已经进入破产程序但具有挽救价值的中小微企业，积极引导企业通过破产重整、和解等程序，全面解决企业债务危机，公平有序清偿相应债权，使企业获得再生”。

虽然学界、实务界普遍的观点均是在《企业破产法》修订中设立专门的小微企业破产程序，但如何在现行法律的框架下实现对有生命力的小微企业快速、有效挽救是亟须解决的问题。近年来，部分法院已陆续出台了小微企业重整的办法或规程等，但就如何发挥破产和解挽救小微企业的功能作用的研究相对较少。在 2007 年《企业破产法》起草过程中，曾经对和解程序是否必要进行过讨论，[①] 经过研讨，多数意见认为应保留和解制度，为当事人提供更多的法律选择空间。然而，司法实践中，破产和解制度的拯救功能应用较少。上海破产法庭在司法实践中注重运用破产和解制度拯救小微企业，凸显破产和解制度的价值。以上海破产法庭近三年的审理数据为例，2021 年重整案件 13 件、和解案件 11 件，2022 年重整案件 8 件、和解案件 14 件，2023 年

① 李永军、王欣新、邹海林等：《破产法》（第二版），中国政法大学出版社 2017 年版，第 205 页。

重整案件18件、和解案件38件。和解案件数量逐渐超过重整案件数量，且和解案件中的债务人均是小微企业。

破产和解制度是为避免破产清算，由债务人提出和解申请以及和解协议草案，经债权人会议表决通过并经法院许可的解决债权债务问题的制度。破产和解的本质是债务人与债权人达成的了结债权债务关系的契约。

第一，破产和解程序成本低、程序简便，与快捷、低成本地实现小微企业挽救的价值目标相契合。破产和解作为契约更多体现的是当事人的意思自治，特别是债权人的意志。债权人主要目的是尽快获得清偿、止损离场，相比重整，破产和解可以快速帮助债权人实现清偿。本案中，实业公司自身财产已不具备清偿全部债务的能力。实业公司名下财产仅有两枚注册商标，注册商标的价值有赖于品牌的继续经营和持续投入。如果单独处置，市场价值并不高。实业公司的两个股东，持股80%的大股东已先于实业公司进入破产程序，该公司在破产程序中无财产可供分配。另一持股20%的小股东也存在债务危机。显然，即便管理人代表实业公司向两股东追索出资，胜诉后认缴出资也难以实际执行到位。4位债权人均向管理人表达了希望尽快得到清偿，与实业公司及其关联方协商解决的意思。

第二，与重整制度同时调整企业对外债权债务关系和对内经营管理不同，破产和解一般仅调整债权债务关系而不涉及调整出资人权益。本案中，标有实业公司名下注册商标的产品仍有国内某著名服装类电商平台等销售渠道，实业公司仍有持续经营能力和发展前景。实业公司及其关联方表达了不希望调整出资人权益的意愿，关联方愿意作为还款义务人向债权人承担还款责任，为和解提供了保障。

第三，小微企业破产案件中债权人人数相对较少，大部分债权人与企业主之间关系更为熟稔，相比大型企业更易达成和解意向，破产和解在小微企业挽救方面具有天然的优势。本案中，债权人数量较少，仅1位职工债权人和3位供应商债权人，且与实业公司关系熟稔，有一定的互信基础。

第四，破产和解更具灵活性。债务人与全体债权人之间通过多数决表决和解协议草案方式达成和解，“一揽子”清理了债权债务关系。此外，《企业破产法》第105条规定了破产自行和解机制，允许债务人与每个债权人单独达成和解协议，为当事人提供了充分的协商余地，既可以在破产程序框架内进行协商，又可以在程序外进行，充分体现了对私法自治的尊重以及尽可能挽救处于困境中企业的原则。本案中，债务人的法定代表人、小股东的实际控制人等关联方向管理人表达了继续经营企业的意愿，并积极与债权人沟通联系，展现了积极的态度，希望在破产法框架内挽救企业。但 4 位债权人之间债权金额差异显著，范围介于 4 万元至 170 万元之间，磋商中债权人对清偿率、清偿期限的诉求不同，无法达成一个整体性的清偿方案。

第五，破产和解不暂停担保债权人行使权利。依据《企业破产法》第 96 条第 2 款的规定，“对债务人的特定财产享有担保权的权利人，自人民法院裁定和解之日起可以行使权利”。担保债权人可在破产和解中单独主张实现其优先受偿权。与此同时，依据《企业破产法》第 59 条第 3 项规定，对债务人的特定财产享有担保权的债权人，未放弃优先受偿权利的，对于债权人会议通过和解协议的事项，不享有表决权。破产和解对担保债权人的特殊安排，使得破产和解程序更为简单、快捷。

综合上述特点，法院指导管理人开展斡旋工作，引导各方当事人等就债权清偿、企业挽救等进行充分协商。经释明，债权人、债务人一致认为破产和解简单、快捷、灵活和低成本，均选择通过破产和解来解决债权债务关系和挽救企业。

三、因势利导，促成和解

本案中债权人的核心诉求是尽快解决债权清偿问题，但 4 位债权人对清偿期限、清偿金额各有侧重，虽经反复协调仍无法达成统一的清偿方案，使得和解协议草案迟迟无法落地。为打破僵局，经释明，各方均表达希望依据《企业破产法》第 105 条的规定进行自行和解。

依据《企业破产法》第 105 条的规定，“人民法院受理破产申请后，债务人与全体债权人就债权债务的处理自行达成协议的，可以请求人民法院裁定认可，并终结破产程序”。但《企业破产法》并未对“债务人与全体债权人就债权债务的处理自行达成协议”的形式进行详细规定。但从文义解释来看，“自行”应与和解程序中通过债权人会议表决方式达成协议相区别，无须遵循“债权人会议投票表决”程序规则。从民事和解的性质而言，《企业破产法》第 105 条规定的和解协议的缔结过程并非置于破产程序之内，而是在破产程序外由债务人与债权人自行协商，在自愿、平等、公平原则下依据意思自治达成清偿协议。因此，自行和解中和解协议缔结并不强制要求债务人与全体债权人达成一份“共同清偿协议”，而是允许在自愿原则下，债务人与全体债权人“一对一”达成协议，约定不同的债权清偿期限、债权清偿比例等。同时，自行和解允许第三人通过提供担保或债的加入等方式为和解协议的履行增信。

此外，自行和解虽主要由债务人与债权人自行协商并缔约，但并不排斥管理人在此过程中穿针引线、积极斡旋的作用。相反，管理人作为破产事务的具体执行者，应向债权人如实披露债务人的相关信息、破产程序的后续进程以供债权人自主决策。通过反复磋商基本摸清各债权人清偿意愿后，实业公司管理人积极引导债务人及其关联方针对不同债权人需求，提供多种清偿方案、供债权人进行选择。最终，债务人及其关联方“一对一”与4位债权人达成了4份和解协议。实业公司的负债得以“一揽子”了结，并恢复了正常经营。

关联索引

《中华人民共和国企业破产法》（2006年8月27日）

第一百零五条 人民法院受理破产申请后，债务人与全体债权人就债权债务的处理自行达成协议的，可以请求人民法院裁定认可，并终结破产程序。

案　号：（2022）沪03破223号

合议庭：顾鸣香　王益平　姚　磊

编写人：姚　磊　马发容

破产清算篇

1. 大型企业集团破产处置的路径探索

——中国某能源公司等70家关联企业实质合并破产清算案

关键词

大型企业集团　实质合并破产　跨境破产

裁判要旨

综合运用实质合并、公司清算、重整、股权拍卖等方式分类施策清理大型企业集团百余家关联企业，平稳化解重大风险；依法审慎严格适用实质合并破产的法定要件，规范实质合并破产审查程序；积极启动跨境破产程序归集境外资产，促成香港特别行政区高等法院首次正式认可内地破产程序及管理人身份的案例，为内地与香港特别行政区构建跨境破产合作机制提供实践样本；以示范诉讼方式开展上百笔应收账款清收工作，采取悬赏方式征集线索追收破产财产；积极发挥债权人委员会在重大破产案件中的职能作用，实现破产程序公开透明和高效推进。

该案探索了大型企业集团破产的审理模式，以法治化、市场化手段妥善变价处置各类重大破产财产，启动跨境破产司法协助清收境外财产，创新多项举措推进破产程序，实现了重大风险的平稳妥善处置。

基本案情

某企业集团系以中国某能源公司（以下简称能源公司）、上海某国际集团有限公司（以下简称国际公司）、海南某国际控股有限公司（以下简称控股公司）为核心，由近200家关联企业组成的大型企业集团。其经营范围涉及金融、能源、钢铁、贸易、房地产等领域，曾是世界500强榜单中中国最大的非国有能源企业。2018年3月，因盲目扩张投资、企业治理失序等多重因素，某企业集团资金链断裂，现金流枯竭，正常经营受到重大影响，营业性收入骤减，涉诉案件剧增，发生严重债务危机。2018 年 5 月，国际公司发布公告称，未能筹集到偿债资金，无法兑付相应债券本金及利息。截至 2018 年年末，某企业集团账面资产 800 余亿元，负债高达 1700 余亿元，严重资不抵债。

2019 年 11 月，上海市第三中级人民法院（以下简称三中院）应债权人的申请，裁定受理某企业集团第一家关联企业即国际公司破产清算案，并以邀请竞争方式指定三家中介机构担任联合管理人。2020 年 1 月，三中院又分别裁定受理某企业集团关联企业能源公司、控股公司破产清算两案。此后，三中院以分批裁定方式将共计 70 家某企业集团关联企业进行实质合并破产清算，同时一并对纳入实质合并破产程序的 70 家关联企业所属的 100 余家对外投资分类通过股权拍卖、公司清算、重整、破产清算等方式予以清理，即通过破产程序共计对某企业集团 180 余家所涉关联企业进行了分类清理处置。

某企业集团实质合并破产程序中，共有 700 余户债权人申报 1000 余笔债权，申报金额约 2300 亿元。经核查确认 800 余笔债权，债权确认金额合计约 1400 亿元，其中有财产担保债权总额约 370 亿元，税收债权总额约 3 亿元，普通债权总额约 1000 亿元。此外，审查确认职工债权金额约 2900 万元。在第一次债权人会议中，从 8 名候选人名单中以差额方式选举产生 6 名债委会成员，与 1 名职工代表共同组建债委会，债权人会议审议表决通过《债委会议事规则》。债委会监督管理人履职，参加管理人例会，参与财产变价处置等重大方案讨论，并在债权人会议授权范围内审议表决相关方案。

管理人通过公开网络拍卖方式完成 200 余项破产财产变价处置工作，拍卖变价款共计 40 余亿元。对纳入实质合并破产程序 70 家关联企业的对外投资分类以股权拍卖、公司清算、重整、破产清算等处置方式开展清理工作。其中，对 65 家关联企业进行股权拍卖变价处置，22 家关联企业组建清算组自行清算，2 家关联企业在实质合并破产框架下进行破产重整，2 家关联企业单独进行破产清算，4 家关联企业进行强制清算。管理人对 4 项境外资产开展清理处置工作。2019 年 12 月 10 日，三中院向香港特别行政区高等法院出具司法协助《请求信》，同步由管理人向香港高等法院提起认可三中院破产清算程序效力的申请。2019 年 12 月 20 日，香港高等法院签署书面命令（“ORDER”），认可三中院受理的上海某公司破产清算程序及指定的管理人身份，并确认联合管理人在我国香港地区行使的职权事项。管理人向 900 余家公司或自然人调查了1200余笔应收账款，审计机构按照相关财务规则进行了账面净值调减，回收6笔应收账款合计金额4.5亿元；根据债权人会议表决通过的《关于应收账款处置方案的议案》，对仍需清收的1000余笔应收账款，通过诉讼（仲裁）或拍卖方式进行处置。管理人制定《悬赏征集财产线索的议案》经债权人会议表决通过后向社会公开发布，收到十余条财产线索，追回破产财产共计900余万元。

管理人通过划转归集资金、财产变价处置、催收应收账款等方式获得可偿债资金60余亿元。其中清偿破产费用及共益债务共计1.6亿元；向担保债权人清偿共计近50亿元；全额清偿职工债权近2900万元；全额清偿社保及税款债权近3亿元；可用于清偿普通债权人的资金为5亿余元。后续通过拍卖、诉讼等方式归集的资金将追加分配。

2023年2月，三中院裁定终结能源公司等70家关联企业实质合并破产清算程序。

案例分析

本案以化解重大风险和维护社会稳定为目标，为平稳清理处置陷入危机的企业集团进行了有益探索，在跨境破产、重大疑难资产处置等方面体现办案智慧，并注重发挥债权人委员会在重大破产案件中的职能作用。

一、探索大型企业集团破产处置新模式

大型企业集团风险处置受到社会高度关注。企业集团通常搭建了复杂的投资、管理架构，关联企业之间的交易关系和股权结构错综复杂。为了有效阻断金融风险的传导蔓延，必须对处于风险传导链上的所有关联企业整体“一揽子”纳入破产处置范围，实现风险真正隔离和债权债务全面清理。

（一）大型企业集团实质合并破产的审查认定

关于适用实质合并破产的必要性。现行《企业破产法》并无实质合并破产的明确规定，实践审理中主要依据《公司法》第23条关于法人人格否认的规定，以及《全国法院破产审判工作会议纪要》第32条的指导意见，开展关联企业实质合并破产审查和适用。由于实质合并破产将彻底否定各关联企业的独立法人人格并视为一个整体处理，各关联企业的财产合并作为破产财产统一分配，彼此之间的债权债务归于消灭，法律后果较为严重，故应审慎适

用关联企业实质合并破产。关联企业成员之间即便存在不当关联交易，若没有达到显著、持续、广泛和难以区分的混同程度时，也不应贸然适用实质合并破产，可尽量通过破产撤销权、无效制度、法人人格否认诉讼、衡平居次原则纠正不当关联交易。若通过这些法律工具难以彻底、全面纠正关联企业之间在资产、债权债务、经营管理、财务、人员等方面的混同问题，才能适用实质合并破产。

关于实质合并破产的要件审查标准。《全国法院破产审判工作会议纪要》第32条确立了实质合并破产须同时满足三个要件即法人人格高度混同、区分各关联企业财产的成本过高、严重损害债权人公平清偿利益。在本案实质合并破产审查过程中，围绕上述三个要件，重点开展了以下审查，将符合法定要件的70家关联企业纳入实质合并破产范围：（1）关联企业人格高度混同的审查，须综合考量以下因素：是否丧失独立意志，主要从股东会、董事会、监事会的“三会”治理架构，印章人事管理、经营业务决策、营业场所等方面予以审查；是否丧失财产独立性，主要从财务管理、资金管理、结算模式、资金往来等方面进行综合判断和认定。（2）区分各关联企业财产的成本过高要件，着重审查进行复杂的法律和财务调查、性质判定、行为纠正、财务调整、资产回收等方面发生的经济、时间、司法成本是否高昂，甚至足以吞噬债权人尤其是无财产担保债权人可能受偿的相当部分甚至全部财产，继续寻求法人人格独立作为破产程序的基础丧失意义。（3）严重损害债权人公平清偿利益要件，须从损失合理性、公平性等方面进行利益权衡后作出判断，衡量的是全体债权人的整体利益，而非个别债权人的个体利益。关于规范和探索实质合并破产的审理程序。从程序正当性原则来看，法院依职权主持的听证审查中，应充分保障利害关系人的参与知情权、异议权、举证质证权、辩论权、复议权等各项权利。对于涉及大量金融机构债权人的企业集团破产案件，还应通知前期托管、清理过程中介入的金融债委成员参加听证，涉及将金融机构纳入合并破产的，还应通知金融监管机构列席听证，听取监管部门意见建议，从监管视角审视金融机构与企业集团其他成员之间控制关系、关联交易的合规性。

（二）大型企业集团分类处理路径探索

国务院相关部委出台了若干鼓励和促进企业集团发展的规范性文件。如原银监会于2006年修订的《企业集团财务公司管理办法》对企业集团作出了明确界定。[①] 简言之，企业集团是以资本为联结纽带、以章程为行为规范的母子公司联合体。本案某企业集团具有金融投资属性，并以能源公司、国际公司、控股公司三家关联企业为核心开展投融资等经营活动。该案以处置重大风险和维护社会稳定为目标，通过司法程序对某集团进行“一揽子”清理处置，最大限度化解风险，防止风险外溢而发生系统性金融风险，维护全体债权人权益；采用“个别先破、以点带面”的模式，三家核心关联企业先行进入破产程序，然后循序渐进将调查范围扩展至某集团全部关联企业，动态地将关联企业纳入整体破产范围，并根据企业具体情况确定处置方式；根据关联企业的性质、控制程度、经营现状、资产负债等不同情形，分类采取实质合并破产、重整、单独破产清算、强制清算、自行清算、股权拍卖的方式进行处置。通过以上模式的处置工作，最终“一揽子”清理某企业集团全部关联企业，实现市场出清的同时兼顾及时挽救。

一是实质合并破产清算。实质合并破产的启动模式在实践中有“分别申请、再行合并”“一并申请合并破产”“个别先破、以点带面”三种模式。本案考虑到大型企业集团关联企业数量庞大、财产调查情况的复杂性，并未等待所有关联企业财产调查统一完成后再进行实质合并，而是随着财产调查工作的不断深入推进，通过“个别先破，以点带面”模式，分批次将该时点符合条件的关联企业纳入合并范围。二是嵌套重整程序。个别关联企业具备持续经营能力和良好市场前景，在某企业集团实质合并破产清算大框架下嵌套对该关联企业的重整程序，实质合并破产主程序与重整子程序协同推进，重整投资对价款在清偿重整企业经营性债务后导入实质合并破产主程序，实现了重整挽救具有持续经营价值的集团子公司并实现股权处置价值最大化之目的。三是单独破产清算。对包括持牌财务公司在内的部分关联企业，经调查不符合实质合并法定要件但无法清偿到期债务且资不抵债的，依法启动破产清算程序，注重与某企业集团实质合并破产程序的协调推进。四是强制清算。关联企业中的证券公司已经过行政清理并被证监会撤销全部业务许可，财务

---

① 《企业集团财务公司管理办法》第 3 条第 1 款、第 2 款规定：“本办法所称企业集团是指在中华人民共和国境内依法登记，以资本为联结纽带、以母子公司为主体、以集团章程为共同行为规范，由母公司、子公司、参股公司及其他成员企业或机构共同组成的企业法人联合体。本办法所称成员单位包括母公司及其控股 51%以上的子公司（以下简称子公司）；母公司、子公司单独或者共同持股 20%以上的公司，或者持股不足 20%但处于最大股东地位的公司；母公司、子公司下属的事业单位法人或者社会团体法人。”

状况为资可抵债。为衔接行政清理的后续处置工作，采取强制清算方式实现市场退出目的。本案是国内首次通过强制清算程序实现证券公司市场退出的案例。五是自行清算。对于资可抵债、无经营价值、管理人接管的公章证照等材料齐全且股东会或董事会等决策机构能够依法决策的关联企业，管理人以自行清算方式实现该类关联企业高效退出。六是股权拍卖。纳入司法处置程序的64家关联企业对外股权投资，因仍具有经营价值或仅为空壳企业，管理人以股权网络拍卖的方式对其进行处置，以竞争性市场方式实现股权价值最大化。

二、积极开展境内外疑难复杂资产清收

大型企业集团破产处置涉及的财产类型庞杂，分布范围广泛，如何实现高效和价值最大化的接管清收和变价处置，是审理此类破产案件的重中之重。本案在境外债权清收中积极开展跨境破产探索，为内地与香港特别行政区跨境破产司法协助提供了实践样本，在疑难复杂资产处置中遵循降低程序成本、提高清收效率原则，创新方式方法，探索了资产清收处置的新模式。

（一）开展跨境破产司法协助

由于各国、各法域享有司法主权，一国的破产程序在他国或不同法域无法自动发生法律效力。当前，开展跨境破产的核心和热点问题是破产程序的域外效力，即在一国启动的破产程序对位于其他国家或法域内的破产债务人财产如何发生法律效力。跨境破产程序的承认、执行成为开展跨境破产最为重要的路径。香港特别行政区法院对来自大陆法系司法管辖区申请承认、协助破产程序的案件具有代表性的案例是2019年的Japan Life Co，Ltd案（［2019］HKCFI 802）。这是我国香港特别行政区法院首次认可日本法院清盘程序，并向日本法院委任的破产管理人提供协助，表明香港特别行政区法院在跨境破产司法协助中对符合条件的大陆法系司法辖区的破产程序同样予以承认与协助。本案之前，内地与香港特别行政区之间尚无关于跨境破产司法协助的先例。根据香港特别行政区法院对域外破产程序予以承认和协助的既往案例，可从承认要件、法律效力、职权范围三个方面归纳相关规则。[①] 香港

① 司艳丽、刘琨：《香港法院认可与协助域外破产程序简介》，载中国法院网，https：//www.chinacourt.org/article/detail/2020/06/id/5294599.shtml，2024年9月20日访问；石静霞：《论香港法院对内地破产程序的承认与协助：以华信破产案裁决为视角》，载《环球法律评论》2020年第3期。

特别行政区法院对域外破产程序予以承认和协助须具备两个条件：一是该域外破产程序须为集体程序（collective proceeding）；二是该破产程序须由公司注册地的法院启动。假如以上条件被满足，则香港法院可以承认在域外启动的破产程序。为防止国际公司在港资产流失，三中院指导管理人向香港特别行政区高等法院及时申请承认国际公司破产清算程序和管理人资格，同时三中院向香港高等法院发出《请求信》，香港高等法院及时承认国际公司破产清算程序和管理人资格，并予以提供普通法下的司法协助，中止个别债权人在香港特别行政区提起的针对国际公司的扣押令法律程序。颁发认可和协助决定的香港高等法院夏利士法官在决定（Decision）中披露：这是“第一份由内地正在清算的公司管理人提出的承认他们的任命以及提供普通法下的司法协助的申请”。该案是香港特别行政区法院认可内地破产程序及管理人身份的首例案件，为两地构建跨界破产合作机制提供了实践样本，具有里程碑意义。

除开展跨境破产司法合作之外，管理人也可直接对破产企业的境外资产通过商业谈判、市场交易等市场化方式开展清收变价工作。由于境外资产清收具有涉外因素，对管理人的涉外法律素质、国际合作能力提出了较高要求。经管理人调查，某企业集团持有非洲某国油田项目开发权益，投资数额高达数亿美元，权益已向债权人设定质押，该境外资产涉及交易关系极为复杂。为避免境外资产权益丧失风险导致质权人利益受损，管理人在相关职能部门的指导协调下，报经三中院批准且经债委会确认后，决定继续履行进入破产程序前已经签署的相关股权转让交易合同并配合完成境外交割，保障了质权人利益实现。国际公司还持有设立于境外的金融资产，破产受理前国际公司已经与境外买家就该资产签订了资产转让协议。管理人审核资产转让协议价格的公允合理性后，积极与境外买家对接付款等后续交易事项，完成了转让款项的清收工作。以上两项境外资产的清收，均在审慎衡量合法性、商业价值以及债务人财产利益最大化的基础上，以继续履行合同的方式促成资产转让，最大限度地保障了境外资产清收价值最大化。

（二）探索高效清收破产财产的新路径

一是采用示范诉讼方式高效低成本处理应收账款。针对破产衍生纠纷数量持续居高不下、影响破产案件审理效率的突出问题，亟须针对群体性纠纷类型同质化、矛盾突出的特点，开展破产衍生诉讼治理研究。减少群体性衍生诉讼，不仅有利于减轻诉讼案件审判压力，助力司法程序提效降本，还能节约当事人诉讼成本，使纠纷得到公平解决，达到共赢的良好效果。为此，上海破产法庭制定了关于探索破产衍生纠纷源头化解，积极引导示范诉讼的工作方案。示范诉讼就是秉持“以点带面、示范引领”的纠纷解决思路，对具有共通事实及相同争点的系列性、群体性纠纷，选取其中具有代表性的纠纷先行提起示范诉讼，发挥该判决的示范引领作用，带动同类纠纷在破产程序中以非诉方式高效解决，从而实现“诉讼一个、解决一片”的效果。某企业集团关联企业有上千笔金额近1000多亿元的应收账款需要清收，若按照逐笔诉讼的传统方式处理，既占用大量司法资源又会因预缴巨额诉讼费用极大地增加清收成本，且清收效率也将严重受到制约。管理人在制定应收账款处置议案中引入示范诉讼理念，适用上海破产法庭出台的示范诉讼工作机制，经全体债权人表决通过后即开展了相应示范诉讼工作，从基础法律关系、证据完整程度、相对方身份、诉讼标的金额多个维度对应收账款进行分类，挑选其中具有代表性的应收账款先行提起示范诉讼。管理人以示范判决结果作为处置其他同类型应收账款的参考，提升了应收账款处置的灵活性，显著提升了应收账款清收效果，极大地降低了程序成本。

二是开拓破产财产调查新渠道。企业集团存在内部情况复杂、管理不规范、资产庞杂分散等原因导致追查财产难以穷尽的问题，即便通过破产审计也难以查清的可能存在的隐匿、转移财产的具体情节、详细事实。破产案件作为概括执行程序，借鉴《最高人民法院关于依法制裁规避执行行为的若干意见》关于“建立财产举报机制”的规定，在对破产企业开展全面审计的基础上辅助以悬赏手段，通过向社会公开悬赏征集财产线索的方式全面调查破产企业财产状况，向应召人支付奖励款，尽最大努力发现和纠正可能存在的转移财产、隐匿财产行为。为了有效追收某企业集团的破产财产，维护全体债权人利益，管理人制定的《关于悬赏征集某四公司财产线索的议案》经债权人会议表决通过后，向社会公开发布悬赏公告。管理人收到十余位应召人提供某集团财产线索，根据线索追回破产财产900余万元。本案将悬赏方式运用到破产程序中，开拓了破产财产调查清收的新渠道，为处理财产情况复杂、可能存在财产隐匿和转移情形的破产案件提供了新思路。

三、注重发挥债委会职能作用

债权人会议是实现债权人破产程序参与权，讨论决定有关破产事宜，表达债权人意志，协调债权人行为的破产议事机构。而在闭会期间债权人会议无法行使职权，为保障债权人会议职能的有效实行，对管理人履职及破产程序进行必要日常监督，债权人会议可以设置常设监督机构，即债权人委员会。[①]《企业破产法》第67条规定，债权人会议可以决定设立债权人委员会。债权人委员会由债权人会议选任的债权人代表和一名债务人的职工代表或工会代表组成。债权人委员会成员不得超过九人。债权人委员会的职能主要包括监督管理人对债务人财产的管理和处分行为，监督管理人对破产财产的分配，提议召开债权人会议，以及行使债权人会议委托的其他职权。破产程序中是否设立债权人委员会，需要考虑债权人人数多少、破产财产数额大小、破产财产清理处分的复杂程度等因素。

大型企业集团破产处置涉及的债权人人数众多、债务规模庞大，债务人财产复杂，破产程序的推进、各项方案的执行，有赖于全体债权人的理解和支持。因此，此类案件应当设立债权人委员会。为使债委会有效发挥参与、监督作用，债委会建立规范的议事机制，法院保障和支持债委会行使职权，确保破产处置工作公开透明。本案债权人超过700户，为保障债权人参与破产程序的权利，在充分考虑债权类型、代表性、参与意愿的基础上，由管理人起草债委会成员候选名单，通过债权人会议差额选举方式从8名候选人中产生6名债委会成员，与1名职工代表共同组建债委会。债权人会议对债委会议事规则进行审议表决，为债委会常态化有效运行奠定基础。债委会成员推选债委会秘书负责组织债委会内部讨论和对接法院及管理人。本案债委会与法院、管理人之间良性高效互动，充分保障其作为债权人会议自治性常设组织的参与权、监督权。一是债委会定期参加法院和管理人召开的工作例会，及时了解破产程序进程。本案债委会正式召开会议47次，债委会成员还以网络视频方式参加法院组织的管理人工作例会。二是债委会参与管理人制定重大资产处置方案的讨论，主要参与股权处置、房产变价、境外资产处置、嵌套重整方案、应收账款处置等重大资产处置方案的讨论，听取管理人的处置思路和流程安排，询问管理人并提出建设性意见。三是债委会在债权人会议授权范围内审议表决相关议案，就重大资产处置、应收账款催收等25项议案进行了审议表决，提高破产程序推进效率，经债委会审议表决通过了相关大额衍生诉讼调解方案，债委会还两次审议表决了多项应收账款催收议案，管

① 王欣新：《破产法》（第三版），中国人民大学出版社2011年版，第210页。

理人充分吸收债委会意见，促使管理人高效开展清收工作。四是债委会全程监督管理人重大财产处置工作，确保处置工作公开透明，在重大财产处置工作中，管理人事前向债委会汇报处置计划，根据处置情况向债委会说明处置进展，在处置工作完成后及时向债委会报告处置结果。

关联索引

《中华人民共和国企业破产法》（2006 年 8 月 27 日）

第二条 企业法人不能清偿到期债务，并且资产不足以清偿全部债务或者明显缺乏清偿能力的，依照本法规定清理债务。

企业法人有前款规定情形，或者有明显丧失清偿能力可能的，可以依照本法规定进行重整。

第五条 依照本法开始的破产程序，对债务人在中华人民共和国领域外的财产发生效力。

对外国法院作出的发生法律效力的破产案件的判决、裁定，涉及债务人在中华人民共和国领域内的财产，申请或者请求人民法院承认和执行的，人民法院依照中华人民共和国缔结或者参加的国际条约，或者按照互惠原则进行审查，认为不违反中华人民共和国法律的基本原则，不损害国家主权、安全和社会公共利益，不损害中华人民共和国领域内债权人的合法权益的，裁定承认和执行。

第七条 债务人有本法第二条规定的情形，可以向人民法院提出重整、和解或者破产清算申请。

债务人不能清偿到期债务，债权人可以向人民法院提出对债务人进行重整或者破产清算的申请。

企业法人已解散但未清算或者未清算完毕，资产不足以清偿债务的，依法负有清算责任的人应当向人民法院申请破产清算。

第六十七条 债权人会议可以决定设立债权人委员会。债权人委员会由债权人会议选任的债权人代表和一名债务人的职工代表或者工会代表组成。债权人委员会成员不得超过九人。

债权人委员会成员应当经人民法院书面决定认可。

《中华人民共和国公司法》（2023 年 12 月 29 日修订）

第二十一条 公司股东应当遵守法律、行政法规和公司章程，依法行使股东权利，不得滥用股东权利损害公司或者其他股东的利益。

公司股东滥用股东权利给公司或者其他股东造成损失的，应当承担赔偿责任。

《全国法院破产审判工作会议纪要》（2018 年 3 月 4 日　法〔2018〕53 号）

32. 关联企业实质合并破产的审慎适用。人民法院在审理企业破产案件时，应当尊重企业法人人格的独立性，以对关联企业成员的破产原因进行单独判断并适用单个破产程序为基本原则。当关联企业成员之间存在法人人格高度混同、区分各关联企业成员财产的成本过高、严重损害债权人公平清偿利益时，可例外适用关联企业实质合并破产方式进行审理。

案　号：（2020）沪 03 破 9 号

合议庭：黄贤华　郭大梁　刘建雷　刘　琳　王益平

编写人：王益平　侯聪宇

2. 商超菜场破产营业保护及处置路径解析

——上海某生鲜食品有限公司等15家关联企业实质合并破产清算案

关键词

连锁商超菜场　实质合并破产清算　营业保护　资产分类处置

裁判要旨

本案是法院发挥破产清算程序集中清理债务功能，确保连锁生鲜企业平稳有序退出市场的典型案例。一是依法进行实质合并破产清算，母子公司财产作统一处置，维护了全体债权人公平受偿利益。二是最大化维护破产清算价值。一方面分类灵活处置资产，将包括店面选址、装修设备、客户资源等在内的租赁经营权整体打包出售，以多种方式变现库存商品，提高资产处置效益；另一方面维持债务人名下尚在运营的涉民生商超菜场保供稳价，实现市场退出有序过渡，也提高了全体债权人的清偿利益。三是在府院联动下有效化解社会稳定风险。妥善安置职工，促成500余名职工“无缝衔接”再就业；采用整体平移方式，确保数百个小商贩摊位稳定运营，稳妥化解风险。本案通过实质合并破产集中清理2000余名债权人的5.7亿余元债务，维持了涉民生商超菜场有序运营过渡，以租赁经营权整体出售方式提高资产处置效益，保障了债权人的公平清偿利益，优化提升了地区营商环境。

基本案情

上海某生鲜食品有限公司（以下简称生鲜公司）于2013年12月设立，注册资本4.2亿元，是具有国资背景的混合所有制企业。生鲜公司及其14家子公司租赁各区传统菜场、商业中心等核心地段门店，改造后开设多家商超菜场，经营面积合计近 10 万平方米，以经营蔬菜水果、肉蛋禽等生鲜农产品、食品为主，曾是上海菜市场升级改造的排头兵。自 2018 年起，因门店规模拓展过快、经营管理不善，生鲜公司及其子公司出现现金流短缺状况，经尝试自救未果后，陷入严重债务危机，引发 200 余件诉讼、执行及仲裁案件。2020 年 12 月，经债务人申请，上海市第三中级人民法院依法裁定受理生鲜公司破产清算案，并依法指定管理人。

管理人接管后发现，生鲜公司及其子公司名下尚处于营业状态的 24 家门店中，9 家为市区两级保供商超菜场，担负维持重要民生必需品保供稳价的社会职责。基于保民生、保供应，法院指导管理人制定了以保供商超菜场继续营业为核心的方案，将店面持续经营产生的采购费、水电费、物流费等认定为共益债务；在严控营业成本前提下，建立由管理人监督下的经营内控审核制度，部分门店持续营业直至出售或变价。

经查，生鲜公司作为核心控制企业，通过人事、财务、采购、运维等垂直管理 14 家子公司，与各家公司之间存在法人人格高度混同情况，符合《全国法院破产审判工作会议纪要》第 32 条规定的关联企业实质合并破产要件。为维护全体债权人公平受偿利益，法院听证后裁定将生鲜公司及其 14 家子公司纳入统一的实质合并破产程序。合并后，债权人共计 2000 余户，整体债务规模达 5.7 亿余元，账面资产评估值为 2.1 亿元，主要财产为 4300 余万元的门店等固定资产，以及 2600 余万元的存货及无形资产等。

资产处置中，法院指导管理人结合门店位置、设备装修成新率、新承租人意向、出租方意见等因素，制定门店分类处置方案，将部分高价值门店租赁经营权整体出售。对于库存商品处置，管理人通过公开拍卖、线下促销、打包出售等多元化变价方式，实现变价 1500 余万元，其中“生鲜公司”等 9 项商标溢价率高达 2662%。2021 年 12 月，债权人会议审议并通过了《债务人财产管理方案》《破产财产变价方案》《破产财产分配方案》。破产财产分配后，本案 1300 名职工债权及社保、税收债权获得全额清偿，普通债权清偿率约为 4%。同时，采取分类制定职工工资发放及安置计划，设同行业“专场招聘会”，以及门店租赁权整体出售结合岗位推荐等措施，全部职工得到妥善安置，实现 500 余名职工再就业的“无缝衔接”。2021 年 12 月 30 日，法院裁定终结破产程序。

案例分析

本案债务人名下部分门店在破产程序中承担保供稳价的社会职能，需确保“破产不停业”。所需处置的债务人核心资产是各关联企业通过租赁取得的门店经营权，变现处置难度大。如何将破产营业保护和租赁经营权变价有机结合，实现资产效益最大化，是案件需解决的重点问题。本案例围绕商超菜场破产营业保护及处置路径进行论述，从实质合并破产、职工债权人保护和风险应对策略等角度，展现出破产程序在实现大型生鲜集团企业市场化退出中的功能作用。

一、商超菜场破产程序中的营业保护路径及效果

（一）破产语境下的营业保护

根据商法基础理论，“营业”既指营业活动，也指营业结构，两相互动，实现“保留一个运营的公司比解散一个公司要好，一个公司的经营资产作为一个整体的价值通常要比拆分后高”[①]。其核心机理在于，自破产受理到破产宣告或重整终止的时间内，维持有经营价值企业的核心资源处于持续运转状态，使其有形资产（如土地、厂房、车辆、办公设备）及无形资产（如商誉、客户、地理位置、雇员技能）等继续聚合凝结产生经济效益，避免因停止运转或拆分出售而丧失价值。因而清算过程中的营业整体转让和以营业为拯救对象的转让型重整日益受到破产理论和实务界的重视。[②] 实践中，往往以重整中的营业保护及出售式重整为重点，较少对于清算中的营业保护进行研究，尤其针对处于不同营业状态、具有不同保护价值的多个营业场所，每一个营业场所都相当于一个小型的破产清算或重整案件。如何创设营业保护方案，产生类似于重整中的保护效果，是本案需要解决的首要问题。

本案破产企业为“高消耗”“低毛利率”型生鲜商超集团，其特点在于：一是营业保护重要性、紧迫性呈现不均衡现象。在尚处于营业状态的 24 家门店中，9 家为市区两级保供商超菜场，具有担负维持重要民生基本必需品保供

---

① ［美］罗伯特 · W. 汉密尔顿：《公司法概要》，李存捧译，中国社会科学出版社 1999 年版，第 214 页。

② 马哲：《“营业”的破产法意义——兼论对我国〈企业破产法〉的完善建议》，载《中国政法大学学报》2021 年第 4 期。

稳价的社会职责，在当时疫情防控时期及保民生、保供应、稳就业的政策背景下具有特殊意义。其余地段、客流较好的门店尚能勉强维持营运，处于客流稀少、货品短缺、随时关停状态的门店则基本丧失营运价值及保护可能性。二是门店运营分布于不同区的各个子公司名下，需系统规划执行保护方案。破产前，各门店均由债务人统一管理经营，破产后，通过实质合并程序，能最大限度地统一执行营业方案，更好地实施营业保护。

基于上述特征，法院指导管理人制定了以保供商超菜场为营业保护核心的经营方案，充分展现出破产营业保护的功能和价值。

（二）商超菜场破产程序中的营业保护路径

我国《企业破产法》并未对进入破产程序时运作的营业组织如何进行营业管理和处置作出详细规定，根据第 25 条规定，管理人在第一次债权人会议召开之前，有权决定继续或者停止债务人的营业，并有接管债务人财产、调查债务人财产状况、制作财产状况报告以及管理和处分债务人财产等权限。本案中，为保护商超菜场持续营业，管理人在法院指导下采取以下方式。

1. 提前接管，纳入实质合并

进入破产程序后，由管理人迅速接管子公司公章证照、财务账册，各门店经营管理权及资产等，开展审计评估，由受理法院直接解封查封账户并归集资金。经查，各子公司在组织架构、人事安排、商品采购、财务管理等方面高度受控于生鲜公司，已构成人格混同。经管理人申请，该院依法裁定将各子公司整体并入母公司破产程序，确保了经营方案及财产变价及时统一。

2. 许可营业，维持经营

管理人依据《企业破产法》第 26 条的规定，决定部分有经营价值的门店继续营业。将店面持续经营产生的采购费、水电费、物流费、员工工资等认定为共益债务。严控营业成本前提下，安排债务人专人对接供应商采购，在合同审核、职工工资发放及相关费用支出审核方面，建立完善内控制度，每日统计整体销售收入及品类并据实调整。

3. 府院联动，积极协调

法院、管理人积极与市区两级商务委和街道办沟通协调，避免出现出租方断水断电、强行闭店等情况，以及因菜场次承租人退租引发的风险，维持了承租链上下游稳定，争取所涉多个主体支持配合破产程序。

通过继续营业，本案实现如下效果：一是继续营业确保设备持续运转不产生停滞损耗，保持客流持续，维系其核心价值。二是保留临期商品、冻品、生鲜等亟须变价商品的销售途径，降低数量及种类进而降低闭店后的转运成本。三是确保了保供商超菜场不断供、不涨价，保障了周边居民基本生活需求及供应链稳定，积极担负破产企业社会职责。继续营业期间累计实现销售收入1000余万元，降低了后续库存商品变价的难度和预期成本，有力贯彻落实保民生、保供应政策。

二、商超菜场破产程序中门店及库存商品处置路径解析

破产资产处置具有促进经营主体出清、优化资源配置、促进供给侧结构性改革的功能，作为破产程序中的关键一环，企业能否在退出时最大限度地提高资产变价率，关系到债务风险的化解和破产程序办理质量。但破产程序中往往面临一些复杂资产处置，存在资产变现难、财产处置效率低等问题，优化资产处置方式、提高资产处置效率与精准性，是实现资产价值最大化的关键。

（一）租赁经营权整体出售的必要性

营业资产必须具备的构成要素包括有形要素和无形要素两部分。其中，无形要素除了通常所理解的商标商誉外，还包括顾客群体、销售渠道、地理位置、租赁权益甚至债权债务。营业转让的对象，是该组织从事营业活动的各项要素的集合，由于整体转让，受让方获得经营原有的营业要素基础从而继续该营业活动。

本案中，债务人所经营的商超门店均为租赁所得，不享有产权，如单纯采取门店内资产搬离后的固定资产变价，则债务人将店面选址、人力资源、供应链、顾客群体等各要素整合形成的租赁经营权将丧失价值，严重影响债权人权益。法院研判后借鉴出售式重整的实践经验，将部分高价值门店租赁经营权整体出售，阻断了原经营主体的债务和经营风险，使资产、营业价值在新承租人承载下继续发展，促进资源有效配置；同时指导管理人结合门店位置、设备装修成新率、新承租人意向、出租方意见等因素，制定门店分类处置方案，提升门店处置效益，维护债权人利益。

（二）门店分类处置路径解析

对于尚在经营且有意向买受人的门店，将包括店面选址、装修、设备、顾客资源等在内的租赁经营权在评估价基础上打包整体出售，相较于单纯固

定资产变价，售价提高6~10倍不等。以债务人位于市中心某处的保供超市为例，管理人在与区商务委、街道办（出租方）对接后，以评估价为基础，实现新承租人对门店整体承接，最短时间内补足商品营业，设置临时菜场直至恢复正常供给，员工整体转移至新承租人处就业，一并解决门店内次承租人的保证金、押金退还及其他经营问题，有效确保经营平稳过渡并实现价值最大化。

对于装修改造费用较高、次承租人较多的数个菜场，采用如下方式：一是由出租方与债务人签署解除租赁合同的协议，同时在协议中约定出租方确保菜场内的次承租人根据原转租合同继续占有使用场地；二是债务人按现状向出租方交还租赁场所，不承担清空场地、清理租户等义务，待转租合同到期后，由出租方与次承租人协商续租或搬离事宜；三是约定出租方自行收购工程类、次承租人等债权，确保菜场稳定有序运营。通过债权债务整体转让，"一揽子"解决与出租方、次承租人、工程类债权人之间的矛盾冲突，确保200余个小商贩摊位稳定经营。

对于无法整体出售且无意向买受人的门店，在现场拆除搬离后进行固定资产变价出售；对于无法变价、被拆除、破产前基本无价值的门店放弃处置；对于部分强占商品、不予返还固定资产的出租方提起诉讼追偿。

三、商超菜场集团实质合并破产程序的适用及职工权益保护

（一）关于实质合并破产

公司集团在经营中的经济牵连关系使得集团成员之间往往采用相对统一的经济结构，成员企业在资本、人事、财务等方面相互合作，实现协同效应，减少机会主义。成员企业破产时，相互之间在资产管理权和处分权上呈现出高度一致的运作模式。一方面，公司集团内部混同严重情况下，可能导致部分破产程序没有可供清偿的破产财产的情况。另一方面，由于公司集团内部存在经济上的协同关系，可能存在因融资、税收安排等考虑，将部分公司集团成员的盈利转移到其他公司集团的情况，会产生部分公司集团成员不能清偿到期债务、陷入破产境地，而另外一些公司集团成员经济状况优良的局面，这并非市场交易的结果，而是公司集团内部的协调安排所致。[①] 由此，企业集

---

① 贺丹：《企业集团破产——问题、规则与选择》，中国法制出版社2019年版，第22~23页。

团成员之间实质合并破产程序的必要性与可行性源于企业集团经济结构的特殊性。我国《公司法》和《企业破产法》并未就关联企业合并破产问题作出专门规定。而《公司法》（2023年）第23条规定了法人人格否认制度，旨在防止公司股东滥用公司独立法人地位，逃避债务、损害债权人利益。其第1款规定，公司股东滥用公司法人独立地位和股东有限责任，逃避债务，严重损害公司债权人利益的，应当对公司债务承担连带责任。虽然法人人格否认制度的处理程序和法律后果与《企业破产法》中的法人人格混同并不完全相同，但《公司法》为实质合并破产提供了理论支持。为进一步明确实质合并适用条件、审查标准和程序，《全国法院破产审判工作会议纪要》第六部分“关联企业破产”明确了关联企业合并破产程序的相关制度，其中司法审查的三项要件，即“法人人格高度混同、区分各关联企业成员财产的成本过高、严重损害债权人公平清偿利益”，为实践提供了具体的操作指引。

本案中，在生鲜公司及14家子公司的集团构架中，生鲜公司处于核心控制地位，各子公司功能上为便于各区门店经营管理而设立，由生鲜公司自上而下垂直负责经营管理、人员调配、货物采购等事务，各子公司未形成完整独立的组织架构、经营及财务体系，存在法人人格高度混同情形。该种混同属于公司集团内部经济运作统一协调配合所致，是从集团整体利益出发进行的交易设计。此时，如果继续强调不同公司之间分别破产，易造成公司集团成员之间债权人的不公平对待而受偿利益受到严重损害。因母子公司之间存在大量资金往来以及调拨占用情况，导致生鲜公司与各子公司资产负债关系难以有效区分，如需区分，则时间和费用成本远超企业集团本身的资产回收价值。更重要的是，尚有价值的门店都集中于各子公司名下，而债权人则集中于母公司层面，呈现出资产端和负债端两端分离的情况。适用实质合并破产清算，将资产、负债集中视为单一破产实体的组成部分，有利于恢复企业集团作为统一经济体的真实内涵，更有利于实现全体债权人公平清偿利益。据此，法院依据《企业破产法》第2条及《全国法院破产审判工作会议纪要》的相关规定，采用一家企业先行受理，其余企业受理后合并破产的模式，将14家子公司纳入生鲜公司破产清算程序。适用统一破产程序之后，分散于14家子公司名下的门店等破产财产作为一个责任财产集合体，用于清偿全部债权债务，确保母子公司财产及时有效处置，维护了全体债权人的公平受偿权益。

（二）关于职工权益保护及风险应对

破产审判承担着对企业职工债权人的保护职能。本案涉及1300名职工债权人，户籍分布各地且多为外地来沪务工低收入群体，职工安置再就业问题突出。对此，法院积极与相关政府职能部门协作，指导管理人采用如下方式妥善保护职工权益：

一是分类制定职工工资发放及安置计划。针对普通员工，争取采用协商一致可于节假日前发放经济补偿金的解除方式；针对劳务派遣员工，在与其派遣公司沟通后，及时安排新工作岗位；针对小时工、临时工、退休返聘员工等劳务工，结合破产程序需求部分保留岗位；对于有离职意愿的员工，及时为其办理解约手续。最终，绝大部分职工认可协商一致解除方案，在“破产不停薪”的同时，节省了大量经济补偿金，为普通债权人争取到部分利益。

二是将门店变价、岗位推荐与职工再就业相结合。管理人在将门店整体转让给新承租人的同时，积极推荐其整体吸纳职工就业。同时积极与某人力资源部对接，在债务人处设置“专场招聘会”，千方百计地落实职工再就业。本案通过门店租赁权整体打包出售和岗位推荐，顺利实现500余名职工再就业的“无缝衔接”，有效维护职工权益。

本案所涉职工、供应商、农民工等多个群体，为充分发挥破产审判在积极防范化解社会风险中的特殊职能，充分借助政府在职工安置、部门协调、社会稳定等方面的优势，有利于保障程序平稳推进。具体为，充分利用互联网媒介，在线债权申报、召开会议。结合疫情防控需要，通过微信公众号、专线电话、编制常见问题手册等方式搭建与债权人线上、线下沟通渠道。建立政府部门、国资委、上级国企及管理人联合值班制度。充分听取债权人诉求，将信息披露、沟通与心理疏导相结合，随时答疑解惑，程序公开透明，避免出现社会风险。

关联索引

《中华人民共和国企业破产法》（2006年8月27日）

第二十五条 管理人履行下列职责：

（一）接管债务人的财产、印章和账簿、文书等资料；

（二）调查债务人财产状况，制作财产状况报告；

（三）决定债务人的内部管理事务；

（四）决定债务人的日常开支和其他必要开支；

（五）在第一次债权人会议召开之前，决定继续或者停止债务人的营业；

（六）管理和处分债务人的财产；

（七）代表债务人参加诉讼、仲裁或者其他法律程序；

（八）提议召开债权人会议；

（九）人民法院认为管理人应当履行的其他职责。

本法对管理人的职责另有规定的，适用其规定。

第二十六条 在第一次债权人会议召开之前，管理人决定继续或者停止债务人的营业或者有本法第六十九条规定行为之一的，应当经人民法院许可。

第一百二十条 破产人无财产可供分配的，管理人应当请求人民法院裁定终结破产程序。

管理人在最后分配完结后，应当及时向人民法院提交破产财产分配报告，并提请人民法院裁定终结破产程序。

人民法院应当自收到管理人终结破产程序的请求之日起十五日内作出是否终结破产程序的裁定。裁定终结的，应当予以公告。

《中华人民共和国公司法》（2023 年 12 月 29 日修订）

第二十二条 公司的控股股东、实际控制人、董事、监事、高级管理人员不得利用关联关系损害公司利益。

违反前款规定，给公司造成损失的，应当承担赔偿责任。

第二十三条 公司股东滥用公司法人独立地位和股东有限责任，逃避债务，严重损害公司债权人利益的，应当对公司债务承担连带责任。

股东利用其控制的两个以上公司实施前款规定行为的，各公司应当对任一公司的债务承担连带责任。

只有一个股东的公司，股东不能证明公司财产独立于股东自己的财产的，应当对公司债务承担连带责任。

《全国法院破产审判工作会议纪要》（2018 年 3 月 4 日　法〔2018〕53 号）

32. 关联企业实质合并破产的审慎适用。人民法院在审理企业破产案件时，应当尊重企业法人人格的独立性，以对关联企业成员的破产原因进行单独判断并适用单个破产程序为基本原则。当关联企业成员之间存在法人人格高度混同、区分各关联企业成员财产的成本过高、严重损害债权人公平清偿利益时，可例外适用关联企业实质合并破产方式进行审理。

36. 实质合并审理的法律后果。人民法院裁定采用实质合并方式审理破产案件的，各关联企业成员之间的债权债务归于消灭，各成员的财产作为合并后统一的破产财产，由各成员的债权人在同一程序中按照法定顺序公平受偿。采用实质合并方式进行重整的，重整计划草案中应当制定统一的债权分类、债权调整和债权受偿方案。

37. 实质合并审理后的企业成员存续。适用实质合并规则进行破产清算的，破产程序终结后各关联企业成员均应予以注销。适用实质合并规则进行和解或重整的，各关联企业原则上应当合并为一个企业。根据和解协议或重整计划，确有需要保持个别企业独立的，应当依照企业分立的有关规则单独处理。

案　号：（2020）沪 03 破 359 号

合议庭：黄贤华　刘　琳　姚　磊

编写人：刘　琳　姚　敏

3. 应用信息技术支持普通债权分段清偿

——上海某公共租赁住房租赁经营管理股份有限公司破产清算案

关键词

长租公寓　小额债权　分段式清偿　大数据分析

裁判要旨

本案以弱势群体生存居住权益为着眼点，依托大数据分析高效设计债权分组方案，为合理设计财产分配方案提供技术支持和保障。在符合破产法公平清偿、利益衡平和意思自治原则下，将有限清偿资源向弱势群体倾斜，作出分段清偿安排，切实保护低收入群体的生存权益，充分发挥破产程序在集中化解债务纠纷、服务保障民生方面的功能作用。

基本案情

上海某公共租赁住房租赁经营管理股份有限公司（以下简称住房租赁经营公司）成立于2014年11月，是国内首个登陆境外资本市场的长租公寓运营商，被誉为“长租公寓第一股”，通过“长收短付、高进低出”的业务模式，借助“租金贷”等金融产品形成资金池，在业务扩张的同时，也埋下了严重的债务风险隐患。2019年年底，住房租赁经营公司开始出现拖欠房东租金及装修施工方工程款等大规模违约现象，房东因被拖欠租金开始驱赶租客；租客被突然清退后，不仅无处可栖，更背负贷款；被拖欠装修款的施工方采取破门搬走电器、家具等“自救”举动，引发了一系列涉稳事件。2022年1月，经住房租赁经营公司申请，上海市第三中级人民法院（以下简称三中院）裁定受理住房租赁经营公司破产清算案，并指定管理人。

经审查，住房租赁经营公司负债9亿余元，债权人总计2077户，其中自然人普通债权人逾2000户，且60%以上的债权人为年龄35岁以下的青年租客。由于住房租赁经营公司轻资产的运作模式，管理人接管时房源已全部被房东收回，名下资产所剩无几，加之品牌爆雷、口碑塌方，企业并无重整价值，可用来清偿普通债权的资金仅2000余万元。清算过程中，针对该公司银行账户等资产存在多轮多地查封冻结，内部财务资料缺失等难题，法院运用执破衔接及府院联动机制，指导管理人及时依法解除资产查封冻结，发掘、保障住房租赁经营公司资产。

2022年7月，三中院组织召开第一次债权人会议，会议表决通过了《债务人财产管理方案》《债务人财产变价方案》。经测算，在根据法律规定优先清偿有财产担保债权、职工债权和税款债权后，本案普通债权的清偿率不足1%。考虑到普通债权人中绝大部分系租户、房东等低收入群体，此类债权人抗风险能力较为薄弱，基于优先保障生存权理念，管理人在三中院指导下依托大数据分析设计分组方案，借鉴重整程序中的小额债权分段清偿方式，对普通债权实行分段式清偿（每户金额在5000元及以下的部分按100%清偿；5000元以上的部分按0.3%清偿）。经先后多次与主要债权人沟通，取得其对前述方案的支持。《破产财产分配方案》提交第二次债权人会议表决，以97.5%同意的高比例通过了分配方案。最终，本案70%以上的债权人获得了全额清偿。三中院于2023年12月28日裁定终结住房租赁经营公司破产程序。

案例分析

一、“破产+大数据”交互融合，促进破产案件高效办理

本案运用电子技术平台，借助信息化手段极大提高了事实查明效率与专业分析的针对性、准确性。在债权申报阶段，由于本案债权人人数众多，传统的线下申报方式效率低下，管理人在法院指导下发布线上债权申报方法和流程示意图，债权人通过第三方技术服务平台在线自主申报，极大地节约了程序成本。管理人结合本案特点，引入数据比对处理技术，高效、准确、及时地完成破产债权审查工作。通过技术手段抓取债权申报主体的年龄、分布地域、债权金额区间和清偿率等数据进行结构分析，显示本案自然人债权人人数占比98%，绝大部分为租客，年龄20岁至35岁的债权人占比55.2%，地域分布于上海、安徽、江苏、河南的债权人占比62%，70%以上的债权人

债权金额低于5000元，皆属普通债权，预估清偿率不足1%。由此分析出本案具有债务规模大、小额债权人占比极高、整体清偿率极低、牵涉大量无房来沪务工青年租客群体等特点，为研判保护部分债权人居住生存权益之策提供了事实支撑。同时，管理人基于大数据采集和分析统计出案件整体债务结构，有助于科学测算债权清偿率，最大化保障债权人权益，增强案件办理的透明度与可预测性，也降低了破产程序运行的时间成本。

二、实行普通债权分段式清偿方案，平衡保障全体债权人利益

《企业破产法》第113条第2款规定："破产财产不足以清偿同一顺序的清偿要求的，按照比例分配。"通常而言，"按照比例分配"意味着同等债权相同对待，内在逻辑基础为债权受偿的平等性。本案采用普通债权分段式清偿方案，是在法律框架下结合案件实际的做法，符合公平清偿、意思自治和利益衡平基本原则，切实保障低收入群体的居住生存权，有效化解了潜在的社会风险。

（一）分段式清偿体现"同等债权相同对待"原则

本案如按照常规的债权分配原则，清偿完担保、职工等顺位在先债权后，可供普通债权人清偿的资金仅有1000余万元，小额普通债权人可分配金额极低，故管理人在大数据分析基础上，设计了分段清偿的界限，即债权金额在5000元之内的部分均全额清偿。小额债权分段清偿是在普通债权组内设置若干清偿分界线，按照债权金额大小配以递减清偿比例的清偿方式。《企业破产法》第113条第2款规定是指同等顺位的债权人按照同一比例分配破产财产，但并未排除采用"按比例分段"的方式。"按比例分段"可以作为"按比例分配"的细化，通过分段处理，每一分段内的债权人都按同等比例分配财产，这是根据不同债权人的实际情况进行优化，也是实现"同等债权相同对待"的举措，兼顾了大额债权人与弱势债权人利益保护之间的实质公平。在债权金额差异较大情况下，通过分段设置实现利益相对平衡，使清偿方案在实际执行中更加灵活和精细化。

（二）分段式清偿属于债权人会议意思自治范畴

破产案件中，债权人意思自治的范围，既包括程序性事项如更换管理人，也包括实体性事项如审议通过分配方案。《企业破产法》第115条第2款规定："破产财产分配方案应当载明下列事项：（一）参加破产财产分配的债权

人名称或者姓名、住所；（二）参加破产财产分配的债权额；（三）可供分配的破产财产数额；（四）破产财产分配的顺序、比例及数额；（五）实施破产财产分配的方法。”该分配规则既包括按照《企业破产法》第113条规定的每一具体破产债权的分配顺序，也包括每一类债权依法可以获得的清偿比例以及具体数额。因此，从本质上来讲，在不违反法律明确规定的前提下，破产分配方案中关于采取分段式清偿安排是全体破产债权人就集体清偿达成的共同意志，属于全体债权人的意思自治范畴。然而，采取分段式清偿，最大的阻力通常来自大额债权人。较之于按固定比例清偿，在破产财产有限的情况下，通过设定不同的清偿比例，以逐级递减模式清偿，往往意味着大额债权人将获得较原先更少的清偿金额。本案的特殊性在于不同类别的债权人金额悬殊，如适用分段式清偿，少数大额债权人的整体清偿率从1%下降至0.15%~0.3%，受影响有限；而小额债权人的清偿率却能得到大幅提升，其中70%以上能全额清偿。大额债权人是否同意小额分段清偿方案，本质上是一种商业磋商，亦属于意思自治范畴，分配方案分段清偿方式可交由债权人会议表决。

（三）分段式清偿实现各方利益平衡

公司是营利法人，以营利为目的，但公司又是社会成员，应当承担社会责任。我国《公司法》规定企业应积极承担社会责任。如前所述，在破产清算案件中采取分段式清偿，意味着大额债权人将获得较原先更少的清偿金额。为消除本案大额债权人对分配方案的担忧，尤其是若同意分配方案是否要承担风险的顾虑，三中院指导管理人多次组织沟通，释明采取分段式清偿的合法性、合理性，并从企业形象、长租公寓市场风险等角度引导大额债权人践行社会责任，取得大额债权人对本案分配方案的理解支持。最终，大额债权人主动承担社会责任，支持小额分段清偿方案。在各方支持下，本案《破产财产分配方案》以97.5%的高票数比例表决通过，绝大部分分租客均获得全额清偿。

三、高效管理破产财产，分类破解资产处置难题

（一）关于银行资金及抵押房产

本案住房租赁经营公司涉及千余起执行案件，银行账户被上海本地及外地等30余家法院逾400次首封及轮候冻结，房产被上海本地及外地等10余

家法院近200轮查封。为快速、高效、安全地归拢资金并进行资产处置，管理人根据中国人民银行上海市分行与上海市高级人民法院会签的《关于合作推进企业重整优化营商环境的会商纪要》，金融机构依据管理人提供的破产受理法院出具的解除保全裁定书与协助执行通知书，解除对住房租赁经营公司账户的冻结，有效归拢银行账户内全部剩余资金；本案又依《全国法院破产审判工作会议纪要》第七部分“执行程序与破产程序的衔接”之相关指导意见，与住房租赁经营公司名下三间办公室的首封法院沟通协调，移送首封处置权后进行资产处置；在财产变价方案获债权人会议表决通过后，破解房产被无关人员非法占用等难题，妥善处理了抵押权人的合法权益。

（二）关于账面记载应收款、预付款债权

在三中院指导下，管理人梳理账目，排摸调查应收应付对象，仔细核对大量走账行为，并通过访谈、发函催收、实地查看等方式，对相关企业开展调查、追收。在预判对外应收款整体可回收性极低情形下，拟定的打包拍卖、整体出售的财产变价方案获债权人会议表决通过，最大化挖掘财产价值；就巨额应收账款、预付账款因原始凭证或账册等财务资料缺失情形，管理人专项研究后，拟定《关于提起损害债务人利益赔偿之诉的方案》提交债权人会议表决，对可能负有怠于清算责任的实际控制人和高级管理人员提起诉讼。

（三）关于对外投资

住房租赁经营公司在全国各主要城市直接或间接持股十余家对外投资企业，如逐一清理将极大影响破产程序效率。在法院指导下，管理人针对每家对外公司的现有经营状况，采取股权出售、自主清算、破产清算等不同方式分类处置，并且在债权人会议上向全体债权人详细披露了调查情况与处置方案，最终获得债权人会议表决高达89.6%的支持。管理人在3个月内高效完成了相关股权处置工作；对于无经济价值的股权，以参与破产分配、推进强制清算或破产清算等方式完成处置。

关联索引

《中华人民共和国企业破产法》（2006 年 8 月 27 日）

第一百一十三条 破产财产在优先清偿破产费用和共益债务后，依照下列顺序清偿：

（一）破产人所欠职工的工资和医疗、伤残补助、抚恤费用，所欠的应当划入职工个人账户的基本养老保险、基本医疗保险费用，以及法律、行政法规规定应当支付给职工的补偿金；

（二）破产人欠缴的除前项规定以外的社会保险费用和破产人所欠税款；

（三）普通破产债权。

破产财产不足以清偿同一顺序的清偿要求的，按照比例分配。

破产企业的董事、监事和高级管理人员的工资按照该企业职工的平均工资计算。

第一百一十五条 管理人应当及时拟订破产财产分配方案，提交债权人会议讨论。

破产财产分配方案应当载明下列事项：

（一）参加破产财产分配的债权人名称或者姓名、住所；

（二）参加破产财产分配的债权额；

（三）可供分配的破产财产数额；

（四）破产财产分配的顺序、比例及数额；

（五）实施破产财产分配的方法。

债权人会议通过破产财产分配方案后，由管理人将该方案提请人民法院裁定认可。

第一百一十六条 破产财产分配方案经人民法院裁定认可后，由管理人执行。

管理人按照破产财产分配方案实施多次分配的，应当公告本次分配的财产额和债权额。管理人实施最后分配的，应当在公告中指明，并载明本法第一百一十七条第二款规定的事项。

《全国法院破产审判工作会议纪要》（2018 年 3 月 4 日 法〔2018〕53 号）

42. 破产案件受理后查封措施的解除或查封财产的移送。执行法院收到破产受理裁定后，应当解除对债务人财产的查封、扣押、冻结措施；或者根据破产受理法院的要求，出具函件将查封、扣押、冻结财产的处置权交破产受理法院。破产受理法院可以持执行法院的移送处置函件进行续行查封、扣押、冻结，解除查封、扣押、冻结，或者予以处置。

执行法院收到破产受理裁定拒不解除查封、扣押、冻结措施的，破产受理法院可以请求执行法院的上级法院依法予以纠正。

案　号：（2022）沪 03 破 1 号

合议庭：陈　锐　刘　琳　姚　磊

编写人：刘　琳　朱丽娜

4. 破产清算实现保交楼并维护流域水环境安全

——上海某置业有限公司破产清算案

关键词

房地产开发企业　破产清算　保交楼　河道整治　社区治理　民生问题

裁判要旨

本案贯彻“保交楼、保民生、保稳定”理念，充分发挥破产制度“一揽子”解决矛盾的独特功能，借鉴重整做法，引入投资人与自愿联合抵债的优先债权人共同成立项目公司，实现清理资产盘活和债权人利益保护最大化；审理中注重贯彻环境保护生态优先理念，开展清理整治河道等维护环境公共利益的行动，切实保障民生利益。

基本案情

上海某置业有限公司（以下简称置业公司）为某集团下属房地产企业，开发位于上海淀山湖大道的恒大御澜庭小区一期、二期楼盘，占地面积超过35万平方米，住宅房屋超过1200套，居住人数超过2500人。2023年5月，经债权人申请，上海市第三中级人民法院（以下简称三中院）依法裁定受理置业公司破产清算一案，以随机摇号的方式依法指定管理人。经管理人调查，小区内所有商品房住宅均已售出，其中有77套房屋因诉讼查封等原因未能完成过户，购房人长期无法办理房产证。置业公司名下核心资产仅剩小区会所商业、办公房产及地下车位，评估价值为1.57亿元，尚不足以清偿本案建设工程款优先债权，该部分资产因房地产市场持续下行多次流拍。此外，受某集团债务危机影响，小区在破产受理前已陷入开发商缺位的困境，原承诺的业主房屋整修工程因置业公司资金链断裂而中止，小区公共部位存在多处待修缮的安全隐患，业主委员会也迟迟未能成立，对居民正常生活造成影响。

为尽快推动涉案商品房交付过户，法院指导管理人依法适用《企业破产法》第19条的规定解除查封，由执行法院移交资产处置权。经债权人会议核查后，法院对涉案消费性购房者优先权予以裁定认可，通过与房地产交易中心联动开通绿色通道，分批次协助业主顺利过户办证。为提高债权人清偿率，破产清算程序中引入外部投资人，推动建设工程款优先债权人与投资人达成以小区剩余尾盘资产抵债的方案。该方案获得优先债权人户数占比93.9%、金额占比99.8%的高比例表决通过。方案通过新设项目公司承接尾盘商业资产以盘活存量资产，并兼顾债权金额在40万元以下的普通小额债权人利益，由管理人协调建设工程款优先债权人自愿接受现金补偿。2024年9月，法院裁定认可《破产财产分配方案（商办和车位）》《破产财产分配方案（现金财产）》并宣告置业公司破产。

审理过程中，为清除侵占河道的残留施工坝基等阻水障碍，保护区域内河流环境健康，管理人在法院指导下积极承担起破产企业对环境保护的社会责任，委托专业公司完成河道残坝整治及清淤工程，保护重点河湖流域水环境安全，切实落实长三角生态绿色一体化发展示范区的建设要求。同时，鉴于该河道整治工程涉及小区内环境治理，不及时治理还将影响小区内会所等资产的处置价值，遂根据《企业破产法》规定将该工程费用作为共益债务，从破产财产中支取。随后，通过府院联动，完成取回共管账户专项资金、成立小区业委会等事宜。2024年10月29日，三中院裁定终结破产清算程序。

案例分析

房地产是国民经济的支柱产业，连接上下游产业链、供应链、金融机构、土地财政和购房者等多方主体。受多种因素影响，房地产企业债务危机频出，部分已售住宅项目停工烂尾、逾期交付。2022年2月，住房和城乡建设部提出了“保交楼、保民生、保稳定”工作目标。保交楼政策背景下，法院充分运用破产法律制度，同时积极贯彻绿色环保理念，整治河坝清淤维护良好水域环境，推动业委会组建，妥善解决了破产企业系列难题。

一、通过破产程序保障消费性购房者利益

保交楼问题不仅关乎购房者的基本生存需求，也与社会稳定、经济发展

密切相关。本案开发商企业破产情况下，因资金断裂、管理混乱及涉诉查封等原因，致业主面临长时间无法办理不动产权证而无法入住的困境。通过破产程序及相关制度安排，分类核查购房者优先权，妥善推进房屋交付、产权过户等事宜，维护购房者权益，有效推动项目后续开发与资产盘活。此外，对于剩余商业配套资产，因多次流拍，价值严重贬损，本案在尊重债权人意思自治前提下，由管理人协调引入投资人推动新设项目公司，盘活区域内商业资产。建工优先权人自愿让渡部分权益对小额普通债权人进行定向补偿，维护弱势群体利益。

（一）破产程序中消费性购房者优先权的保护方式

《最高人民法院关于建设工程价款优先受偿权问题的批复》（法释〔2002〕16号）首次规定了消费性购房者的优先清偿顺位。《最高人民法院关于人民法院办理执行异议和复议案件若干问题的规定》（2020年修正，以下简称《执行异议复议规定》）第29条规定："金钱债权执行中，买受人对登记在被执行的房地产开发企业名下的商品房提出异议，符合下列情形且其权利能够排除执行的，人民法院应予支持：（一）在人民法院查封之前已签订合法有效的书面买卖合同；（二）所购商品房系用于居住且买受人名下无其他用于居住的房屋；（三）已支付的价款超过合同约定总价款的百分之五十。"《全国法院民商事审判工作会议纪要》（法〔2019〕254号）第125条规定："……'买受人名下无其他用于居住的房屋'，可以理解为在案涉房屋同一设区的市或者县级市范围内商品房消费者名下没有用于居住的房屋。商品房消费者名下虽然已有1套房屋，但购买的房屋在面积上仍然属于满足基本居住需要的，可以理解为符合该规定的精神。对于其中'已支付的价款超过合同约定总价款的百分之五十'如何理解，审判实践中掌握的标准也不一致。如果商品房消费者支付的价款接近于百分之五十，且已按照合同约定将剩余价款支付给申请执行人或者按照人民法院的要求交付执行的，可以理解为符合该规定的精神。"该规定进一步明确消费性购房者的优先地位并细化对其适用条件的认定。2023年4月，最高人民法院出台的《关于商品房消费者权利保护问题的批复》（以下简称《批复》）第2条确立了消费性购房者在房屋可交付状态下请求权优先于建设工程价款优先权、抵押权以及其他债权，并明确了在房屋不能交付且无实际交付可能时已付购房款返还请求权的优先地位。房地产企业破产案件中，各类法律关系交织，债权人清偿顺位往往发生冲突，需要发挥破产程序集中清理债务的功能，分类厘清各类债权人请求权适用条件及债权成立标准，实现消费性购房者优先权与其他债权人在破产程序中债务清偿的平衡保护。

1. 一户一档分类梳理购房业主情况

本案区别于一般尚未竣工的保交楼项目，属于涉案楼盘被列入保交楼名单，已建成但部分未办证项目。破产受理时尚未完成过户的77套房屋存在不同情况：一是因债务人所涉诉讼执行案件被查封，业主虽提起执行异议之诉但仍难以完全实现其优先权，该部分不动产仍登记在债务人名下；二是因缺少部分办证材料未完成过户；三是因债务人怠于履行配合义务未完成网签备案，导致迟迟不能办理过户登记手续。为充分维护购房者合法权益，法院指导管理人采用“一楼一策、一户一档”的管理策略，对每套住宅的网签备案、涉诉涉执行情况等进行充分梳理，并通过电话、会谈等形式与每户业主逐一交流沟通，核对产证办理所需的房屋交接书、维修基金交款凭证、预售合同等文件是否齐备，并详尽登记造册。针对购房人的不同困难采取差异化的协助措施，对于未涉及查封而仅缺少部分办证材料的购房业主，通过整理查找债务人资料以及协调税务部门补开发票的方式，逐一按户提供给业主；对于尚未完成网签备案的业主，通过联系债务人的原专管员工，配合业主进行网签备案的方式，补足后续产证办理的缺失要件。

2. 破产程序衔接执行异议诉讼

本案被查封房屋的16户业主曾提出执行异议，其中11户异议被驳回。法院认定不符合《执行异议复议规定》第28条、第29条规定的排除执行的情形，主要理由如下：（1）异议人将房款支付给了第三方而非债务人，或异议人支付的钱款超过了房屋买卖合同约定的房款，难以认定双方存在真实的房屋买卖合同关系；（2）异议人因自身原因未能办理过户；（3）异议人未在查封前合法占有房屋。被驳回执行异议的业主向相关法院提起执行异议之诉，本案破产受理后，相关业主向管理人申报了债权。根据《企业破产法》第19条、《最高人民法院关于适用〈中华人民共和国民事诉讼法〉的解释》（以下简称《民诉法解释》）第511条的规定，查封法院应解除对财产的查封措施并移交财产控制权，由破产法院在程序中经债权核查、财产归集等程序，对债权进行集中清偿。上述执行异议裁决作出时所依据的是《执行异议复议规定》，对购房者优先权保护更为明确的《批复》尚未出台，本案受理时《批复》出台。据此，管理人通过关联往来账目资金梳理，认定异议人支付的房款系受债务人指定支付至第三方，结合其实际占有居住的事实，上述异议人符合《批复》对商品房消费者的认定标准，为避免出现诉讼法院与破产法院裁判不一致的情况，由破产法院在债权人会议核查无异议后依法裁定确认购房人优先权，妥善处理执行异议之诉与破产程序之间的衔接，为后续集中解决购房业主过户困难奠定了基础。

3. 依法审查并裁定确认商品房消费者优先权

本案中，除少量购买多套房的业主外，多数购房人的房款已全部付清，购房业主系以居住为目的，符合《批复》中商品房消费者的认定标准。据此，经与业主沟通释明债权申报后，管理人就请求交付房屋并办理过户登记的债权人单列登记债权并提交债权人会议核查。法院裁定确认债权后，除部分多套房业主的房屋因破产债权异议诉讼权利待定外，大部分业主完成过户，极大程度地保障了购房者的合法权益。

（二）灵活财产处置方式促债权人利益保护最大化

《企业破产法》第112条第1款确定了“以拍卖为原则，以非拍卖为例外”的破产资产处置方式。《最高人民法院关于适用〈中华人民共和国民法典〉合同编通则若干问题的解释》（法释〔2023〕13号）第27条等规定，存在资产流拍等变现困难时，可采用“以物抵债”或“代物清偿”等方式直接分配资产。实践中，为充分提升资产处置效益，特别是在单一拍卖方式可能导致资产贬损情况下，往往采用作价变卖、以物抵债、债转股、资产证券化等其他更为灵活的方式处置破产资产。本案在资产多次流拍后，充分发挥债权人自治权利，由管理人有序组织优先债权人成立联合抵债项目公司并形成联合抵债计划，以此来承接商业地产资产并实现盘活。

1. 确定建筑工程价款优先受偿权主体

建筑工程价款优先受偿权是指承包人对于建设工程折价或拍卖的价款享有优先受偿的权利。根据《民法典》第807条的规定，除根据建设工程的性质不宜折价、拍卖外，承包人可以与发包人协议将该工程折价，也可以请求人民法院将该工程依法拍卖，就该工程折价或者拍卖的价款优先受偿。据此，破产程序中，原则上应对各工程款债权人承建的工程项目区分认定相应的优先权。本案中，因置业公司在开发过程中对小区各类分项工程自行委托施工单位，导致本案共有33户建筑工程款优先债权人。在项目住宅房屋全部售出情况下，倘若以具体承建的工程项目区分为前提认定优先受偿权范围，将导致同一属性的建筑工程价款因非自身原因在受偿时结果迥异，部分承担主体工程的承包方投入物资和劳务后反而无法受偿，各建设工程优先权人之间权利义务失衡。考虑到小区系一整体，其商业配套房屋和车位的价值与小区住宅房屋价值密不可分，立法赋予建设工程价款债权"优先"地位在于保障农民工等建筑施工人的生存权益。基于公平原则，管理人确定不再对各债权人具体承建的工程项目进行区分的审查原则，视该33户优先债权人共同对小区商业房产的变价款享有优先受偿权。经债权人会议核查程序，全体债权人未对上述原则下的债权确认结果提出异议，为后续以房抵债方案的制定奠定了基础。

2. 设立项目公司并引入投资人进行联合抵债

涉案商业房产经评估后的清算价值仅1.57亿元，而经裁定认可的建筑工程价款优先债权金额为2.17亿元，资产难以清偿全部优先债权，历经数轮拍卖流拍后起拍价低至1亿元仍无人问津。鉴于商业地产市场的下行趋势，管理人与债权金额较大的优先债权人积极沟通，建议组织其他优先债权人进行自救，待处置商业房产终止拍卖直接抵偿优先债权，尽可能减少因资产折价而造成的损失。然而，优先债权人普遍缺乏商业地产运营经验，如取得资产后无法盘活，所谓的"受偿"仅停留于账面，还要承担较高的维护管理成本，加之交易过户成本高昂，种种不利因素导致各家优先债权人意见难以统一，联合以房抵债方案的协调谈判一度陷入僵局。

为解决上述困境，法院指导管理人在清算程序中借鉴重整程序做法盘活资产，引入一家拥有丰富社区商业配套运营经验的投资人，由投资人与优先债权人整合资源，共同达成联合以房抵债方案。具体为，优先债权人根据新修订的《公司法》第48条以债权出资的规定，以其享有的优先权按比例折抵相应的股权份额，经评估作价后新设一家项目公司，投资人以现金借款的方式向项目公司注入资金用于支付过户交易成本及项目公司后续运营资金，并按约定比例折算股权份额。项目公司以商业地产最后一次流拍价格受让相应资产，委托投资人进行后续运营管理并实现资产盘活，以期进一步提高优先债权人的清偿率。上述安排最终消除了优先债权人的顾虑，原本连续流拍的资产价值得以最大化释放。

3. 灵活运用债权收购、现金清偿等清偿方式

因本案中建设工程优先债权人较多，若全部转为项目公司股东，不利于

后续经营管理。而随着以房抵债方案的推进，部分优先债权人出现了反复，再次提出现金清偿的可能建议。为尽可能兼顾各方需求，优化项目公司的治理结构，在联合以房抵债方案制定沟通过程中，对于坚持以现金清偿的优先债权人，可选择按优先债权人的平均清偿率进行债权转让，列为联合抵债方案的可选项。经多轮协商，共有16户优先债权人自愿通过债权转让提前实现清偿，13户合计超过优先债权总额95%的较大金额优先债权人继续与投资人共同进行联合以房抵债。不愿参与联合抵债方案的4户优先债权人，参考联合抵债方案的实际清偿率，以小区车位现金变价款进行清偿。至此，33户建筑工程款优先债权人权益均得到充分保障，该方案经表决以较高比例通过。

（三）债权人意思自治原则下普通债权民生利益保护及平衡

除建设工程优先债权人外，本案还涉及逾140户普通债权人，债权金额超过46亿元。因债务人可供变价的核心资产基本归入优先债权受偿范围内，剩余资产多为某集团关联方应收账款，回款难度极大。虽经管理人多方清收，可追回的现金资产仅数百万元，而职工债权、税收债权合计超过5亿元，在法定清偿规则下，普通债权人清偿率为零。经调查，本案债权金额较小的普通债权人多为提供保洁、发放传单等服务而被拖欠劳务费的小微私营企业，或因建设工程款债权超过优先债权法定保护期的施工单位，且这些债权人同时也在其他某项目中被大量拖欠款项，处于破产边缘，其背后员工多为农民工等外来务工人员，属于经济困难的特殊弱势群体。为平衡保护本案所涉及的这部分特殊群体利益，经多轮沟通，在联合抵债方案中管理人提出由优先债权人自愿让渡部分权益，对小额普通债权人定向补偿的方案。参与联合抵债的优先债权人自愿出资对普通债权金额40万元以下的债权人（不包括享有普通债权的优先债权人）进行适度定向补偿。具体方案为，小于普通债权金额10万元以下的部分，按20%的比例予以清偿；普通债权金额10万元至40万元的部分，按10%的比例予以清偿。经核算，上述定向补偿方案将57户小额普通债权人平均清偿率提升至约18%。至此，在不突破法律规定、不影响其他债权人公平受偿权利的情况下，通过优先债权人互助式的权利让渡，实现了破产程序对于特殊弱势群体的适度保障。

二、践行绿色破产理念维护民生权益

一是积极贯彻落实生态优先理念。良好的生态环境是最公平的公共产品，也是最普惠的民生福祉。在企业破产这一特殊情形下，法院审理破产案件需确保相关事务处理符合国家生态环境保护和民生保障的整体要求，《最高人民法院关于新时代加强和创新环境资源审判工作为建设人与自然和谐共生的现代化提供司法服务和保障的意见》（法发〔2021〕28号）中强调，“要牢固树立以人民为中心的发展思想，努力满足人民群众日益增长的优美生态环境需要”的精神。

涉案小区紧邻长三角生态绿色一体化发展示范区淀山湖湖畔，淀山湖分支河道贯穿小区一期和二期，河道环境既与小区内居民生活息息相关，也是淀山湖流域水生态系统的重要组成部分。由于房地产开发遭遇烂尾，防水拦坝及建筑围栏等垃圾无人打理，部分已经倾入河道形成淤泥，对水质产生影响。而残坝淤泥不及时处理，极易造成河道堵塞，在遇到台风、梅雨等极端天气时，又会对防洪泄洪造成影响。同时并存的生态和防洪安全隐患，对周边人民群众的生命财产安全也构成威胁。

三中院获悉该情况后，将生态环境保护与民生保障纳入破产企业相关事务处理的考量之中。督导管理人及时整治河道，消除污染隐患，恢复宜居生态环境。不仅解决河道污染隐患这一关乎生态与民生的问题，保障了河流环境健康发展，还直接改善了小区居民的生活环境。同时也美化改良了烂尾楼所在二期区域的环境，为烂尾楼转变为优质资产创造了条件，实现资产盘活，为提升债务清偿率奠定了良好基础。

二是管理人切实担负起环境整治责任。依据我国《环境保护法》第6条“一切单位和个人都有保护环境的义务……企业事业单位和其他生产经营者应当防止、减少环境污染和生态破坏，对所造成的损害依法承担责任”的规定以及《公司法》第20条“公司从事经营活动，应当充分考虑公司职工、消费者等利益相关者的利益以及生态环境保护等社会公共利益，承担社会责任”的规定，环保责任是企业经营中应承担的社会责任，且该责任并不因企业处于破产状态而免除。但企业进入破产程序后，其行为能力受限，企业相关环境问题事务则应由管理人负起处理责任。

本案中，小区附近河道淤泥堆积、水质受损，防水拦坝及建筑围栏等垃圾形成的生态和防洪安全隐患，系破产企业房地产开发烂尾所致。破产企业因资不抵债进入清算程序，已没有治理的人力和财力。管理人积极依法院指导，切实履行组织协调职责。通过严谨的筛选和比价流程，委托专业的建设工程公司对河道整治施工，负责清除阻水障碍、清淤疏浚等清理工作，将生态保护的各项要求落实到实际行动中，致力于恢复宜居生态环境，消除居民生活受河道污染问题而产生的困扰。同时，通过积极沟通，各方当事人尤其是债权人意识到清理工程关系到小区环境治理，且不及时治理将影响小区会所、车位等资产处置价值，进而影响楼盘价值实现最大化收益，最终影响债务清偿率。因此，当管理人根据《企业破产法》的规定将该治理工程费用作为共益债务，提交债权人会议表决方案时，该方案获得债权人会议表决高票通过。

在法院督导下，管理人代表企业积极承担起维护水环境安全和水生态系统平衡的社会责任，清除侵占河道的残留施工坝基等阻水障碍，清淤疏浚以保护环湖流域水生态系统安全，恢复人与自然和谐共生的宜居生态环境，充分体现了破产案件审理中“生态优先”的理念。将相关河道整治费用列入共益债务，从根本上确保了“修复优先”的实现。企业虽依法被宣告破产，但实现了绿色出清，并让小区居民、债权人等各方利益群体的利益得到提升。

关联索引

《中华人民共和国企业破产法》（2006 年 8 月 27 日）

第十九条　人民法院受理破产申请后，有关债务人财产的保全措施应当解除，执行程序应当中止。

第四十二条　人民法院受理破产申请后发生的下列债务，为共益债务：

（一）因管理人或者债务人请求对方当事人履行双方均未履行完毕的合同所产生的债务；

（二）债务人财产受无因管理所产生的债务；

（三）因债务人不当得利所产生的债务；

（四）为债务人继续营业而应支付的劳动报酬和社会保险费用以及由此产生的其他债务；

（五）管理人或者相关人员执行职务致人损害所产生的债务；

（六）债务人财产致人损害所产生的债务。

第六十一条　债权人会议行使下列职权：

（一）核查债权；

（二）申请人民法院更换管理人，审查管理人的费用和报酬；

（三）监督管理人；

（四）选任和更换债权人委员会成员；

（五）决定继续或者停止债务人的营业；

（六）通过重整计划；

（七）通过和解协议；

（八）通过债务人财产的管理方案；

（九）通过破产财产的变价方案；

（十）通过破产财产的分配方案；

（十一）人民法院认为应当由债权人会议行使的其他职权。

债权人会议应当对所议事项的决议作成会议记录。

第六十五条 本法第六十一条第一款第八项、第九项所列事项，经债权人会议表决未通过的，由人民法院裁定。

本法第六十一条第一款第十项所列事项，经债权人会议二次表决仍未通过的，由人民法院裁定。

对前两款规定的裁定，人民法院可以在债权人会议上宣布或者另行通知债权人。

第一百一十二条 变价出售破产财产应当通过拍卖进行。但是，债权人会议另有决议的除外。

破产企业可以全部或者部分变价出售。企业变价出售时，可以将其中的无形资产和其他财产单独变价出售。

按照国家规定不能拍卖或者限制转让的财产，应当按照国家规定的方式处理。

《最高人民法院关于适用〈中华人民共和国企业破产法〉若干问题的规定（三）》（2020年12月29日修正）

第二条第一款 破产申请受理后，经债权人会议决议通过，或者第一次债权人会议召开前经人民法院许可，管理人或者自行管理的债务人可以为债务人继续营业而借款。提供借款的债权人主张参照企业破产法第四十二条第四项的规定优先于普通破产债权清偿的，人民法院应予支持，但其主张优先于此前已就债务人特定财产享有担保的债权清偿的，人民法院不予支持。

《最高人民法院关于商品房消费者权利保护问题的批复》（2023 年 4 月 20 日　法释〔2023〕1 号）

二、商品房消费者以居住为目的购买房屋并已支付全部价款，主张其房屋交付请求权优先于建设工程价款优先受偿权、抵押权以及其他债权的，人民法院应当予以支持。

只支付了部分价款的商品房消费者，在一审法庭辩论终结前已实际支付剩余价款的，可以适用前款规定。

案　号：（2023）沪 03 破 305 号
合议庭：席建林　黄贤华　刘　琳
编写人：刘　琳

5. 贯彻环保理念促成危化品企业绿色出清

——上海某加油站有限公司强制清算转破产清算案

关键词

环境责任　危化品　无害化处置　府院联动

裁判要旨

危化品存储设施的处理，会对周边建筑、交通线路安全、地下水源、土壤环境、大气环境等方面造成影响，需根据相关法律法规进行。本案审理贯彻环保理念，将环境保护置于第一位，严格执行《水污染防治法》《大气污染防治法》《固体废物污染环境防治法》以及《危险化学品管理条例》的规定，严格规范操作，以符合危化品处置过程中土壤、地下水、大气环境的环保要求；同时落实由股东承担危化品处置费用的责任，并督导管理人勤勉履职，实现了危化品企业的绿色无害退出。

基本案情

上海某加油站有限公司（以下简称某公司）于1997年成立，主营加油站业务，经营期限为1997年12月—2017年12月。营业期间届满后，某公司两个股东未就继续经营、清算费用分担等事项达成一致意见，某公司也未能成立清算组开展清算工作。后依某公司股东申请，上海市第三中级人民法院（以下简称三中院）依法裁定受理某公司强制清算案。清算过程中，清算组发现某公司仅有资产为不足2万元的银行存款以及部分办公用品，而所欠债务高达180余万元，涉及债权人5户。某公司存在严重资不抵债情形，清算组遂向法院申请转破产清算。三中院审查后依法转入破产清算程序，指定由原清算组担任破产管理人。

审理中，法院除对债权债务进行依法确认和资产变价分配外，重点对某公司经营活动必需的5个埋地卧式储油设备及相关地上建筑物进行了慎重处置。由于这些设备系危化品，埋地距离与附近的地铁隧道最小净距仅为23米，需通过专业方式进行拆除，为避免在处置过程中出现安全事故，确保危化品处置符合环境保护要求，法院及管理人与测绘部门、应急管理局、建交委等职能部门反复沟通，论证处置方案40余次；另外，拆除设备需支出50余万元，但归集到的某公司资产不足3万元，虽然某公司两股东同意承担各自责任范围内的环境清理费用，但各自责任范围的边界又有重大分歧，因此管理人在法院指导下与某公司股东多次协商，最后两股东同意由他们按股权比例分担。同时，管理人委托有资质的专业公司对危化品存储设备进行无害拆除，并通过了环境评估。财产全部处理完毕后，三中院依据《企业破产法》第120条第2款规定，裁定终结破产程序。

案例分析

“谁污染，谁治理”是环境法的基本原则，企业作为环境污染的源头，即便进入破产程序，仍应承担环保法律法规规定的污染防治及修复的义务和责任。我国《企业破产法》第25条规定了管理人的多项职责，其中包括管理和处分债务人的财产等。在环境污染防控方面，管理人接管破产企业后，防控企业造成环境污染属于其职责范围之内的工作。

一、危化品企业在破产清算程序中仍应担负防止环境污染的责任

我国《环境保护法》第6条明确：“一切单位和个人都有保护环境的义务……企业事业单位和其他生产经营者应当防止、减少环境污染和生态破坏，对所造成的损害依法承担责任……”《公司法》第20条第1款规定：“公司从事经营活动，应当充分考虑公司职工、消费者等利益相关者的利益以及生态环境保护等社会公共利益，承担社会责任。”

据此，可以很清晰地看出，环保责任是企业经营中应承担的社会责任，且该责任并不因企业处于破产状态而免除。即使企业进入了破产程序，其作为责任主体的身份也并未改变，这就是污染者担责的环境保护基本理念。

本案中，某公司虽然进入破产程序，且停止经营活动，但清算组（管理人）调查发现公司有5个埋地卧式储油罐，属于亟待处置的危化品存储设备，如果不妥善拆除，就是一个潜在的重大环境污染风险源，极有可能导致残留

物泄漏等情况发生，进而污染土壤、地下水以及周边环境，造成严重的环境污染后果。因此，作为曾经的危化品经营主体，即便在破产清算时，债务人仍然要对其经营过程中遗留的环境损害风险负责，承担防止环境污染的环境责任，确保其资产及相关设施处置不会对社会公共安全产生危害。

二、公司股东自愿承担危化品拆除费用与法并无冲突

公司进入破产清算程序，往往资不抵债，没有足够的资金来承担环境责任。

本案中，危化品设施的处置费用高达几十万元，而归集到的某公司破产财产不足 3 万元。在此情况下，法院督导管理人沟通协调，成功使股东自愿按出资比例承担补充责任。解决思路主要基于以下考量：

一是环境责任共担的权利义务对等理念。股东在公司正常经营期间享有资产收益等权利，当公司出现破产情形，难以履行环境责任时，无论是出于维护生态环境、保障公共利益的责任，还是出于股东与公司具有权利义务关系，股东对公司经营所产生的风险和责任均应承担责任，以避免因企业破产而使环境受损，从而确保环境治理责任不落空。

本案在公司破产清算程序中，拆除危化品装置是妥善处理公司资产的必要环节，处置费用应属破产费用的一部分，但在公司财产不足以支付拆除费用时，股东作为公司所有者，按照股份比例承担费用，体现了股东在公司整个生命周期中权利与义务的一致性。

本案债务人危化品经营活动对环境存在潜在风险，股东在分享公司经营带来的经济利益同时，也应当共同承担因公司经营所产生的环境责任，按照股份比例分担拆除费用。

二是保护债权利益清偿最大化的理念。破产制度的基本宗旨是保护债权公平清偿，其中蕴含着两层意思：其一是及时清理归集债务人财产并实现清偿利益最大化；其二是确保所有债权人能够就有限的破产财产，按照法定顺位按比例公平受偿。本案中，危化品装置拆除费用本应作为破产费用从破产财产中支付。但该费用远高于归集到的破产财产，如作为破产费用，则债权人有限的清偿率将被进一步“稀释”。经沟通协调由股东按比例承担后，职工债权的清偿率最终由 0 提升到了 46%。

三、管理人负有组织危化品设施处置工作的责任

我国《企业破产法》第 25 条第 1 款规定：“管理人履行下列职责：（一）接

管债务人的财产、印章和账簿、文书等资料；（二）调查债务人财产状况，制作财产状况报告；（三）决定债务人的内部管理事务；（四）决定债务人的日常开支和其他必要开支；（五）在第一次债权人会议召开之前，决定继续或者停止债务人的营业；（六）管理和处分债务人的财产；（七）代表债务人参加诉讼、仲裁或者其他法律程序；（八）提议召开债权人会议；（九）人民法院认为管理人应当履行的其他职责。”

从中可以看出，归集管理和处分债务人财产是管理人的主要职责，故管理人组织危化品设施的拆除系其管理处分债务人财产的职责范畴。一方面，企业进入破产程序，其行为能力受限，相关事务依法由管理人代为履行。危化品设施若得不到妥善处置，将对公共安全和环境构成严重威胁。因此，管理人组织拆除，消除环境污染风险，体现了对社会公共利益的维护。另一方面，《企业破产法》赋予了管理人职责，管理人有责任也有条件协调各方资源，组织专业机构和人员进行危化品设施的拆除工作，以确保拆除工作的高效、有序进行，保障拆除工作的质量和安全。总而言之，落实由管理人负责组织实施相关拆除工作，有利于发挥管理人以下作用：

一是监督作用。管理人通过组织实施，可以对整个拆除过程进行监督，确保拆除工作按照预定方案和相关法律法规、安全环保标准进行，及时发现并纠正拆除过程中出现的问题。

二是信息公开作用。根据《企业破产法》第 23 条“管理人依照本法规定执行职务，向人民法院报告工作，并接受债权人会议和债权人委员会的监督。管理人应当列席债权人会议，向债权人会议报告职务执行情况，并回答询问”，以及第 69 条关于管理人应当按照人民法院的要求进行工作，并定期报告工作进展的规定，管理人履职工作情况须向法院、债权人报告。因此，管理人负有报告责任。由管理人组织实施危化品设施的拆除，有利于相关工作进展、费用支出等信息及时公开，保证拆除工作的透明度和合法性。

三是财产保值增值责任。处置企业危化品设施的费用成本往往高于拆除后的物料变价所得，《企业破产法》第 27 条“管理人应当勤勉尽责，忠实执行职务”的规定，明确了勤勉履职是管理人的基本职业操守，故管理人受法定义务规制，应合理控制费用支出，尽可能实现危化品处置价值最大化，以保障债权人的利益。

本案中，清算组（管理人）在法院督导下，第一时间进驻某公司现场勘查，系统摸排风险隐患并制定专项报告报送法院。在接管财务资料后，清算组（管理人）又按照法院督导加紧开展审计评估、制定危化品处置方案并启动行政报批程序，体现了较高的专业素养和社会责任感。这也是危化品设施最终得以全面无害拆除、公司得以绿色出清的关键。

四、府院联动助力企业绿色出清

环境污染问题往往具有跨部门、跨领域的特点，由此，在破产案件审理过程中，做好危化品企业的污染防控工作，需要相关职能部门共同配合。

本案破产企业遗留的埋地卧式储油罐设施，在处置过程中涉及对罐体本身及罐内残留油液的无害化处理，关涉能否确保所在地土壤、地下水以及大气环境的环保无污染。涉及《水污染防治法》《大气污染防治法》《固体废物污染环境防治法》及《危险化学品管理条例》等环保法律法规有关污染防治的规定；包括如危化品存储设备的拆除施工、对施工作业埋地的材料回填以及对整个工程的项目监理等环节中的污染治理责任划分等实际处理问题。其中，涉及的环境污染风险评估事项需由属地生态部门及相关检测机构采样鉴定；拆除作业的安全措施保障问题需由测绘部门、地铁营运方、建交委等部门进行勘探测绘和审核；为避免在处置过程中出现突发事故，还需应急管理部门进行现场监督指导等。这些工作均需要法院与政府行政部门相互配合才能有效解决。

本案审理中，法院在督导管理人推进处置工作的同时，与政府相关部门协同共享信息，以准确确定破产企业环境责任的承担主体、责任范围和资金；政府部门则提供环境技术支持、污染治理政策引导，在法院主导的破产程序推进过程中逐项落实相关处理举措，以确保经济利益和环境利益最大化。审理期间，法院先后会同管理人（清算组）与政府相关部门进行 40 余次沟通，梳理全部可能出现的问题，如轨交管理部门针对拆迁作业距离轨交设施近的情况，提供了防止塌方的技术方案；生态部门针对遗留的污染物品种，提供了具体的防控产品；属地应急管理局针对可能发生的燃爆情形，提供防范处置方法并落实保障人员等，通过府院联动各相关部门分别落实了防控举措，为实现危化品设施无害处置提供了良好保障。

关联索引

《中华人民共和国公司法》（2023 年 12 月 29 日修订）

第二百三十二条 公司因本法第二百二十九条第一款第一项、第二项、第四项、第五项规定而解散的，应当清算。董事为公司清算义务人，应当在解散事由出现之日起十五日内组成清算组进行清算。

清算组由董事组成，但是公司章程另有规定或者股东会决议另选他人的除外。

清算义务人未及时履行清算义务，给公司或者债权人造成损失的，应当承担赔偿责任。

《中华人民共和国企业破产法》（2006 年 8 月 27 日）

第七条 债务人有本法第二条规定的情形，可以向人民法院提出重整、和解或者破产清算申请。

债务人不能清偿到期债务，债权人可以向人民法院提出对债务人进行重整或者破产清算的申请。

企业法人已解散但未清算或者未清算完毕，资产不足以清偿债务的，依法负有清算责任的人应当向人民法院申请破产清算。

案　号：（2019）沪 03 强清 73 号、（2021）沪 03 破 350 号

合议庭：岳琦亩　李丽丽　王益平

编写人：岳琦亩　宋一丁

6. 公司清算和环保治理双管齐下

——上海某医疗器材有限公司强制清算案

关键词

中小民营企业　清算僵局　固废处理

裁判要旨

公司强制清算过程中，应注重化解股东之间矛盾，破解公司僵局；明确清算程序中生态环境治理主体责任，秉持生态环境保护理念，依法依规无害化处置公司经营期间产生的医疗废物，实现绿色出清。

基本案情

上海某医疗器材有限公司（以下简称医疗公司）成立于 2003 年 11 月，注册资本 50 万元，系一家小微民营企业，有股东 4 人，分别持股 41%、39. 4%、10. 3%、9. 3%，法定代表人由大股东担任。主营销售医用外固定支架、医疗器材配件等医用产品，是具有医疗器械备案凭证、第一类医疗器械生产企业备案凭证的行业资质公司。自 2017 年起，医疗公司小股东与法定代表人矛盾逐步激化而无法开展正常生产经营活动后停业。之后小股东又向医疗公司提起了多次诉讼，包括撤销股东决议诉讼、联营合同纠纷、解散公司诉讼、其他合同纠纷。2018 年某区法院作出解散公司的判决。后经小股东申请，上海市第三中级人民法院依法受理了医疗公司的强制清算案，并指定了清算组。

清算组经接管、清收，先后归集到医疗公司资产近 200 万元，确认债权人 4 户，均为医疗公司股东。但在债权审核环节，两名股东对清算组作出的部分确认结果不满，在协商不成情况下，提起了债权确认衍生诉讼；还有小股东因与大股东积怨较深，向清算组提出了要求回购股权、对公司进行全面审计等要求，甚至做好了提起相关衍生诉讼的准备。对于公司矛盾重重、争斗激烈情形，清算组分类施策，如对已经诉讼的，积极应诉并配合法院加强释明，最终成功促成两位自然人股东撤诉，接受确认金额；对尚未诉讼的，主动公开查实的经营情况、财务数据等，并开展了20余次的沟通协商，最后说服小股东放弃股权回购要求，接受清算方案。

与此同时，清算组发现医疗公司名下有一批年限较久的医疗支架，因公司内部矛盾重重停止经营多年，物品到处散落，得不到妥善保管。经询价，该批医疗支架因年限较久，已无变现价值，属于医疗固废。为此，清算组坚持公司清算与环境保护并行、处置风险与处置成本并重等原则，对该批医疗支架清点封存后，在法院指导、帮助下，通过专业咨询、网上搜索比对筛选，选择了具有处置该类医疗固废资质和经验且处置费用较低的专业清运公司负责进行分拣、收运等无害化处置，并将处置费用2800元作为清算费用，在财产分配时优先予以清偿，最终实现公司绿色出清。

案例分析

一、有效化解股东矛盾，确保清算程序公正高效

公正和效率原则是公司强制清算程序的基本原则。我国《公司法》第235条规定，清算组应当自成立之日起10日内通知债权人，并于60日内在报纸上公告，以催告债权人申报债权。这一程序规定保障了债权人能平等参与到清算程序中并公平受偿。

《公司法》第232条规定，公司因特定解散事由而解散的，原则上董事为清算义务人，应在解散事由出现之日起15日内组成清算组进行清算，但公司章程另有规定或股东会决议另选他人的除外。这一规定明确了清算组的产生方式，确保清算过程能够依法公正及时进行。《公司法》第233条第1款规定："公司依照前条第一款的规定应当清算，逾期不成立清算组进行清算或者成立清算组后不清算的，利害关系人可以申请人民法院指定有关人员组成清算组进行清算。人民法院应当受理该申请，并及时组织清算组进行清算。"《最高人民法院关于适用〈中华人民共和国公司法〉若干问题的规定（二）》第16条第1款规定："人民法院组织清算的，清算组应当自成立之日起六个月内清算完毕。"据此要求，公司清算应及时开展，以防公司因无人清算而产

生资产闲置、流失或债务久拖不决等问题。

股东之间有矛盾往往是导致公司无法正常经营并进入强制清算程序的重要原因之一。化解股东矛盾，是有效提高公司清算程序效率的重点。如果股东矛盾得不到妥善解决，则将严重阻碍清算工作的开展，甚至使其陷入清算僵局，从而损害债权人利益。

本案在未进入清算程序前，公司股东之间就矛盾重重，纠纷不断。自2017年起，各股东应被确认的债权金额、是否应与个别股东关联公司分摊联营成本、公司原剩余财产分配等问题产生了多个相互诉讼，导致公司停止经营活动。公司虽然被法院判决解散，但因股东矛盾无法组成清算组，长达3年迟迟未开展公司清算工作。进入清算程序后，又出现小股东对大股东侵权指控以及股东之间在债权审核、股权回购、审计等方面的争议。如果这些问题全部进行诉讼，那么在诉讼未完结之前，清算工作将基本处于停滞状态，清算程序将被严重拖延。因此，及时化解矛盾便尤为重要。

本案清算组在法院指导下针对争议问题，分类处理。例如，对于小股东不信任大股东所产生的股权回购诉求，清算组一方面耐心与小股东沟通协商，另一方面全面审查公司经营情况和财务数据，并实时公开核查资料，让小股东知晓公司运营艰难的现状，且清算不会严重侵害其利益，从而消除了误解，使其放弃了回购诉求，并配合清算组推进清算工作。这极大地缩短了纠纷处理周期，提高了清算程序效率，进而推动矛盾得以全面解决，脱离了公司清算僵局。

二、开展医废清理工作必须坚持绿色环保原则

生态环境问题处理是近年来企业破产、强制清算程序中面临的新问题，也是世界银行营商环境新评估体系中企业破产指标关注的方面。

（一）生态环境保护是企业应当承担的社会责任和法律责任

我国《公司法》第19条“公司从事经营活动，应当遵守法律法规，遵守社会公德、商业道德，诚实守信，接受政府和社会公众的监督”的规定，明确了社会责任是企业需承担的基本责任之一。因为企业作为社会的重要组成部分，其经营活动必然对社会和环境产生重大影响。环境保护是可持续发展的核心要素之一，企业有责任为社会可持续发展作贡献。这就要求企业应在追求利润的同时，积极采取措施保护生态环境，以回馈社会。因此，保护环

境是企业社会责任的重要内容之一。将生态环境保护理念延伸到强制清算案件中，是公司履行社会责任的体现。

又根据我国《环境保护法》第6条“一切单位和个人都有保护环境的义务……企业事业单位和其他生产经营者应当防止、减少环境污染和生态破坏，对所造成的损害依法承担责任”的规定，以及《固体废物污染环境防治法》第5条第2款“产生、收集、贮存、运输、利用、处置固体废物的单位和个人，应当采取措施，防止或者减少固体废物对环境的污染，对所造成的环境污染依法承担责任”的规定，和第41条第1款“产生工业固体废物的单位终止的，应当在终止前对工业固体废物的贮存、处置的设施、场所采取污染防治措施，并对未处置的工业固体废物作出妥善处置，防止污染环境”的规定，环保责任是企业应负的法律责任。而环保法律中有关污染者担责的原则并不会因为企业进入清算程序而免除，即使企业进入了清算程序，其作为责任主体的身份并未改变，仍有责任确保产生的固废得到依法合规处理，并应承担环境污染的责任后果。

依据上述法律规定，针对本案中医疗固废到处散落、无人负责的状态，清算期间公司应承担如下责任：一是防止污染责任。要在远离人员活动频繁区域设置规范暂存点，落实专人看管，全面采取防雨、防晒、防渗漏、防扬散、防流失、防偷盗以及地面硬化及防渗处理等措施；防止出现擅自倾倒、丢弃、遗撒固体废物等污染环境的情形。二是无害化处置责任。医疗固废往往是含有毒性、腐蚀性、易燃性、易爆性等的化学物质。这些物质进入环境后，极易污染土壤，导致土壤肥力下降、植被无法正常生长；渗入地下水后，会使地下水水质恶化，影响居民饮用水安全；挥发到空气中，也会对大气环境质量产生不良影响。故，必须按照固废处置有关法律法规要求，交由有专门资质的专业公司进行无害化销毁处理。公司负责承担清理销毁医疗固废所产生的费用。

（二）清算组在公司清算期间应担负起公司所应承担的责任

我国《公司法》第234条明确：“清算组在清算期间行使下列职权：（一）清理公司财产，分别编制资产负债表和财产清单；（二）通知、公告债权人；（三）处理与清算有关的公司未了结的业务；（四）清缴所欠税款以及清算过程中产生的税款；（五）清理债权、债务；（六）分配公司清偿债务后的剩余财产；（七）代表公司参与民事诉讼活动。”从中可以看出，在公司强制清算过程中，公司善后清理事务均由清算组负责处理。清算组履行清理职责有义务秉持企业环境责任意识，坚持生态优先、绿色发展原则，统筹兼顾环境保护及各方当事人的利益。一方面，公司进入清算程序，其行为能力受限，相关事务依法应由清算人代为履行。固废物品若得不到妥善处置，将对公共安全和环境构成严重威胁。公司消除环境污染风险，体现了对社会公共利益的维护。另一方面，《公司法》赋予了清算组职责，清算组有条件协调各方资源，组织专业机构和人员进行固废物品的清理处置工作，以确保处置工作的高效、有序进行，保障清理处置工作的质量和安全。

本案中，清算组在履职过程中发现医疗公司存在医疗固废散落，但公司已无责任人员的情况，主动落实了污染防治措施：一是及时组织人员进行了收集清点、张贴标贴并造册登记；二是选定医疗公司空置库房进行专门集中封存，避免淋雨、日晒以及闲杂人员随意进出，引发碰损乃至流失等污染风险；三是通过咨询、比对，选择有医疗固废处置资质和经验且性价比高的专业单位，开展清运处置工作；四是积极与清运公司洽谈，以前期已实施集中清点造册等有利清运举措，成功说服清运公司让利，大幅下降了处置费用；五是在清运公司处置期间，清算组派员全程协调、监督固废分拣装运及场地清洁等每个环节标准化操作。

最终，清算组及时对医疗公司医疗固废依法依规完成了无害化处置，实现了公司绿色出清。

关联索引

《中华人民共和国公司法》（2023 年 12 月 29 日修订）

第二百三十二条　公司因本法第二百二十九条第一款第一项、第二项、第四项、第五项规定而解散的，应当清算。董事为公司清算义务人，应当在解散事由出现之日起十五日内组成清算组进行清算。

清算组由董事组成，但是公司章程另有规定或者股东会决议另选他人的除外。

清算义务人未及时履行清算义务，给公司或者债权人造成损失的，应当承担赔偿责任。

第二百三十三条第一款　公司依照前条第一款的规定应当清算，逾期不成立清算组进行清算或者成立清算组后不清算的，利害关系人可以申请人民法院指定有关人员组成清算组进行清算。人民法院应当受理该申请，并及时组织清算组进行清算。

第二百三十五条 清算组应当自成立之日起十日内通知债权人，并于六十日内在报纸上或者国家企业信用信息公示系统公告。债权人应当自接到通知之日起三十日内，未接到通知的自公告之日起四十五日内，向清算组申报其债权。

债权人申报债权，应当说明债权的有关事项，并提供证明材料。清算组应当对债权进行登记。

在申报债权期间，清算组不得对债权人进行清偿。

《中华人民共和国固体废物污染环境防治法》（2020年4月29日修订）

第五条第二款 产生、收集、贮存、运输、利用、处置固体废物的单位和个人，应当采取措施，防止或者减少固体废物对环境的污染，对所造成的环境污染依法承担责任。

第二十条 产生、收集、贮存、运输、利用、处置固体废物的单位和其他生产经营者，应当采取防扬散、防流失、防渗漏或者其他防止污染环境的措施，不得擅自倾倒、堆放、丢弃、遗撒固体废物。

禁止任何单位或者个人向江河、湖泊、运河、渠道、水库及其最高水位线以下的滩地和岸坡以及法律法规规定的其他地点倾倒、堆放、贮存固体废物。

第四十一条第一款 产生工业固体废物的单位终止的，应当在终止前对工业固体废物的贮存、处置的设施、场所采取污染防治措施，并对未处置的工业固体废物作出妥善处置，防止污染环境。

案　号：（2021）沪03强清134号

合议庭：吴　炯　李　骏　李丽丽

编写人：李　骏

7. 提质增效保障债权人利益最大化

——上海某实业有限公司重整转破产清算案

关键词

破产重整转清算　资产整体出售　刑民交叉　管理人履职督导

裁判要旨

对于缺乏拯救价值和可能性的债务人，及时通过破产清算程序全面清理债权债务。破产财产处置应当以价值最大化为原则。本案以整体出售资产方式取得破产财产处置最大价值；对于所涉刑民交叉问题，法院根据刑事诉讼法以及最高人民检察院、公安部和最高人民法院有关规定予以妥善处理：区分债权人是否被列为犯罪嫌疑人，判断是否需要予以协助冻结分配受偿款，及时保障债权人合法利益；应用上海破产法庭“四个一”管理人履职督导措施，依法督导管理人履职，有效保障了破产程序依法高效推进。

基本案情

上海某实业有限公司（以下简称实业公司）于2006年成立，两名股东各持50%股权，经营范围为生产服装、自有房屋租赁等，因资金链和经营管理等因素致资不抵债。经债权人申请，上海市第三中级人民法院（以下简称三中院）依法裁定受理实业公司破产重整，同时指定管理人。

经核查，实业公司有债权人80位，债权金额近4.4亿元。企业资产评估为2.28亿元，包括价值1.53亿元工业厂房和办公设备，以及7500万元应收账款。重整期间，因受股东之间、债权人和债务人之间矛盾等因素影响，法院增加一位管理人以充实管理人力量。重整投资人招募两轮，但因最有利于债权人的投资人重整方案对普通债权清偿率仅为27%达不到债权人期望值而表决未通过，以致重整未成功。三中院遂裁定终止重整程序并宣告实业公司破产。实业公司虽被宣告破产，但其核心资产工业厂房完好，价值并未缩水，维持物业运转的配套设备亦保持完整。

为实现破产财产处置价值最大化，三中院督导管理人将债务人厂房和维持大楼运营的办公设备以及应收账款，采取整体出售方式，经网络公开拍卖，以资产评估价格 2.28 亿元成交。经财产分配，普通债权清偿率达到 46%。合议庭得知债权人之一的某建筑公司拖欠 16 位农民工工资约 83 万元尚未支付，考虑到分配款进入该公司后未必能及时支付农民工工资，为保障农民工工资得到尽快清偿，让农民工安心过年，合议庭督导管理人迅速核实该公司农民工欠薪情况等信息，与某建筑公司沟通得到同意后，管理人将款项直接发放至 16 位农民工账户。

破产程序期间，股东范某以另一股东（亦为实业公司债权人）涉嫌合同诈骗为由向公安机关报案。公安机关予以受理，并要求管理人协助冻结包括该股东在内的 12 位债权人的分配款。为及时推进破产程序，合议庭指导管理人准确区分涉刑财产和非涉刑财产，并就非涉刑财产依法及时裁定分配。经审查，其中仅部分债权人被列为犯罪嫌疑人，根据《刑事诉讼法》《最高人民检察院、公安部关于公安机关办理经济犯罪案件的若干规定》，以及《公安机关办理刑事案件适用查封、冻结措施有关规定》，三中院督导管理人作出妥善处理：对于被列为犯罪嫌疑人的债权人，管理人予以协助冻结，但已有其他执法机构先予依法冻结的，则移送在先执法机构处理；对于未被列为犯罪嫌疑人的债权人，则不予协助冻结，并发放分配受偿款，以及时保障债权人合法利益。破产财产分配后，三中院裁定终结破产程序。

案例分析

一、整体出售资产以实现破产财产处置价值最大化

破产财产处置直接关系到全体债权人的利益。《企业破产法》第 112 条规定，破产财产变价应当通过拍卖方式进行。《全国法院破产审判工作会议纪要》第 26 条明确“破产财产处置应当以价值最大化为原则，兼顾处置效率”。故，经过市场化公开公平竞价的拍卖方式，可以使破产财产变现达到价值最大化，从而实现债权人利益最大化。本案审理期间，正处于上一轮世界银行营商环境评价（DB）周期，其“办理破产”项下二级指标，将债权回收率作

为考量因素。本案在企业确已无法挽救，从重整程序转入清算程序后，处置破产财产须本着价值最大化原则进行，并尽量让被处置的有价值的资产得以延续利用，实现资源再配置。

本案债务人核心资产为工业厂房，拥有区域地理位置和市场价格优势，且物业保持完好、办公设备配套齐全并运转正常。另一项重大资产应收账款，则存在清收成本高、周期长的问题，如单独变现则难以达到价值最优。为此，法院指导管理人将厂房及其配套办公设备进行整体出售，并组合应收账款一并打包拍卖。经市场挂拍，以 2.28 亿元评估价格成交，且通过网络拍卖平台，节省了传统线下方式中介费用，大幅降低了处置成本，使得普通债权清偿率提升到46%，远高于原重整方案 27%的清偿率，财产处置价值达到最大化。债权人受偿利益获得最大化。而且，工业厂房与保持完好且运转正常的配套办公设备整体出售后，原债务人企业有价值的资产能够得到延续利用，减少了破产财产价值贬损，取得了破产企业资源优化再配置的良好效果。

二、依法妥善处理刑民交叉问题

对于公安机关要求管理人协助冻结 12 位债权人分配款事项，部分债权人提出其并非犯罪嫌疑人的异议。法院要求管理人按照公开透明原则，向债权人充分告知并听取意见，妥善处置。根据《刑事诉讼法》第 144 条第 1 款规定："人民检察院、公安机关根据侦查犯罪的需要，可以依照规定查询、冻结犯罪嫌疑人的存款、汇款、债券、股票、基金份额等财产……"《最高人民检察院、公安部关于公安机关办理经济犯罪案件的若干规定》第 46 条第 1 款规定："查封、扣押、冻结以及处置涉案财物，应当依照法律规定的条件和程序进行……"《公安机关办理刑事案件适用查封、冻结措施有关规定》第 2 条规定："……本规定所称涉案财物，是指公安机关在办理刑事案件过程中，依法以查封、冻结等方式固定的可用以证明犯罪嫌疑人有罪或者无罪的各种财产和物品……"

依照上述规定，管理人在法院指导下对 12 位被要求协助冻结分配款的债权人区分情形审查，分别作出如下处理。

对于要求协助冻结的被列为犯罪嫌疑人的债权人，管理人予以协助冻结。但是债权人实际可分配受偿款已有其他执法机构在先依法冻结的，则移送在先执法机构处理。

对于要求协助冻结的未被列为犯罪嫌疑人的债权人，根据《最高人民检察院、公安部关于公安机关办理经济犯罪案件的若干规定》，查封、扣押、冻结以及处置涉案财物，应当依照法律规定的条件和程序进行，《刑事诉讼法》则明确规定了人民检察院、公安机关可以查询、冻结犯罪嫌疑人的存款、汇款、债券、股票、基金份额等财产，故法律规定的条件是冻结财产对象应仅限于犯罪嫌疑人。且《公安机关办理刑事案件适用查封、冻结措施有关规定》中明确涉案财物是指可用以证明犯罪嫌疑人有罪或者无罪的各种财产和物品。据此，对于公安机关要求协助冻结非犯罪嫌疑人的部分债权人分配受偿款，缺乏法律依据，管理人不应予以协助，并须及时发放分配受偿款，以及时保障债权人合法利益。本案该类债权人中，有企业法人的分配受偿款涉及利害关系人农民工欠薪诉求，按照《最高人民法院关于充分发挥司法职能作用助力中小微企业发展的指导意见》“依法保障建设工程领域中小微企业和农民工合法权益”的精神，法院指导管理人赶在春节前将欠薪直接发放到农民工手里。

三、注重强化对管理人的履职督导

管理人是破产程序的主要推动者和破产事务的具体执行者。《企业破产法》第 27 条规定：“管理人应当勤勉尽责，忠实执行职务。”第 23 条第 1 款规定：“管理人依照本法规定执行职务，向人民法院报告工作，并接受债权人会议和债权人委员会的监督。”针对本案债权债务关系复杂、矛盾重重等情况，法院依法严格督导管理人履职，有效提升了案件办理质效。

一是及时介入管理人团队内部管理。针对管理人履职经验和团队投入力量问题，法院指导要求管理人调整团队成员分工，整合团队力量，明确工作节点，充实管理人力量。本案债权众多且债权债务关系复杂，股东和债权人利益交错，沟通协调难度大，重整期间投资招募工作又步履维艰。针对管理人履职效率效果情况，审理中增加一名管理人，组成联合管理人共同开展工作。

二是严格督导管理人案件办理进程。上海破产法庭通过不断总结实践经验，加强对管理人的履职督导，促进管理人规范、勤勉、高效履职，建立了“四个一”常态化督导机制①。形成日常办案管理人履职督导标准规范，以及

① 推行“一份”管理人履职工作报告、“一次”管理人工作例会、“一支”债权人监督力量、“一张”管理人个案履职评价表的工作方法。

时指导、督促管理人履行职责。本案即依托该机制对管理人进行履职督导，起到了很好的效果。一是紧抓管理人履职报告和管理人工作例会制度的落实，围绕办理效率、程序规范、维护债权人知情权等程序权利和债权权益等方面，开展履职督导。审理期间，要求管理人定期提交履职工作例行报告，共计 74 份；要求提交专项工作报告，共计 27 份。同时，合议庭在审阅管理人工作报告基础上，视情况开展面对面的交流和指导，召集管理人工作例会共 32 次。从而及时了解掌握管理人履职情况，有效推进了案件办理进程。二是法院重视债权人所反映的意见，及时维护债权人的程序参与权、知情权和监督权。例如：根据债权人反映的投资人资质问题，及时要求管理人严格依规审核，保证了投资招募程序的公平公正；注意监督日常营业事务管理，管理人账务中的日常开支要求管理人例行报告，对疏于管理的不当日常开支，责令管理人追回；发现管理人重复审查业已经法定程序不予确认的债权，予以及时纠正。

在管理人履职发生困顿时，法院切实提供支持指导，多次组织现场会，及时调处各方利益矛盾，如直接向债权人释明相关法律规定、解答疑问，充分听取债权人意见，指导管理人调整工作方法和目标，妥善化解矛盾，促进了程序推进。

关联索引

《中华人民共和国企业破产法》（2006 年 8 月 27 日）

第二十三条 管理人依照本法规定执行职务，向人民法院报告工作，并接受债权人会议和债权人委员会的监督。

管理人应当列席债权人会议，向债权人会议报告职务执行情况，并回答询问。

第二十七条 管理人应当勤勉尽责，忠实执行职务。

第一百一十二条 变价出售破产财产应当通过拍卖进行。但是，债权人会议另有决议的除外。

破产企业可以全部或者部分变价出售。企业变价出售时，可以将其中的无形资产和其他财产单独变价出售。

按照国家规定不能拍卖或者限制转让的财产，应当按照国家规定的方式处理。

《中华人民共和国刑事诉讼法》（2018 年 10 月 26 日修正）

第一百四十四条 人民检察院、公安机关根据侦查犯罪的需要，可以依照规定查询、冻结犯罪嫌疑人的存款、汇款、债券、股票、基金份额等财产。有关单位和个人应当配合。

犯罪嫌疑人的存款、汇款、债券、股票、基金份额等财产已被冻结的，不得重复冻结。

《最高人民检察院、公安部关于公安机关办理经济犯罪案件的若干规定》（2017 年 11 月 24 日 公通字〔2017〕25 号）

第四十六条 查封、扣押、冻结以及处置涉案财物，应当依照法律规定的条件和程序进行。除法律法规和规范性文件另有规定以外，公安机关不得在诉讼程序终结之前处置涉案财物。严格区分违法所得、其他涉案财产与合法财产，严格区分企业法人财产与股东个人财产，严格区分犯罪嫌疑人个人财产与家庭成员财产，不得超权限、超范围、超数额、超时限查封、扣押、冻结，并注意保护利害关系人的合法权益。

对涉众型经济犯罪案件，需要追缴、返还涉案财物的，应当坚持统一资产处置原则。公安机关移送审查起诉时，应当将有关涉案财物及其清单随案移送人民检察院。人民检察院提起公诉时，应当将有关涉案财物及其清单一并移送受理案件的人民法院，并提出处理意见。

《公安机关办理刑事案件适用查封、冻结措施有关规定》（2013 年 9 月 1 日 公通字〔2013〕30 号）

第二条 根据侦查犯罪的需要，公安机关依法对涉案财物予以查封、冻结，有关部门、单位和个人应当协助和配合。

本规定所称涉案财物，是指公安机关在办理刑事案件过程中，依法以查封、冻结等方式固定的可用以证明犯罪嫌疑人有罪或者无罪的各种财产和物品，包括：

（一）犯罪所得及其孳息；

（二）用于实施犯罪行为的工具；

（三）其他可以证明犯罪行为是否发生以及犯罪情节轻重的财物。

《全国法院破产审判工作会议纪要》（2018 年 3 月 4 日 法〔2018〕53 号）

26. 破产财产的处置。破产财产处置应当以价值最大化为原则，兼顾处置效率。人民法院要积极探索更为有效的破产财产处置方式和渠道，最大限度提升破产财产变价率。采用拍卖方式进行处置的，拍卖所得预计不足以支付评估拍卖费用，或者拍卖不成的，经债权人会议决议，可以采取作价变卖或实物分配方式。变卖或实物分配的方案经债权人会议两次表决仍未通过的，由人民法院裁定处理。

案　号：（2020）沪03破82号
合议庭：俞秋玮　陈　锐　陆韵华
编写人：陈　锐　宋一丁

8. 职工债权可由债权人会议表决提前清偿

——上海某磨料磨具有限公司破产清算案

关键词

安全事故　企业救治　职工债权提前清偿

裁判要旨

本案债务人职工因火灾事故致伤残甚至死亡，职工及其家属面临极大经济困难。本案适用《企业破产法》第113条职工伤残补助的法定优先顺位，充分尊重债权人意思自治，单独制定伤亡职工抚恤金及劳动债权的提前分配方案，经债权人会议决议，在企业宣告破产之前即对职工伤亡赔偿金予以提前清偿，及时保护职工债权人生存利益。

基本案情

上海某磨料磨具有限公司（以下简称磨料公司）系一家从事汽车配件、五金配件、橡胶制品等生产的中小型企业。2019年4月的一天上午，磨料公司位于本市松江区的生产车间发生火灾，过火面积达600平方米，造成2名职工死亡、6名职工不同程度伤残。火灾发生后，当地镇政府介入善后事宜处置，并建立托管账户统筹用于救治伤亡员工的资金，并协调厂房的出租人、承租人以及磨料公司（次承租人）各支付200万元至该账户。磨料公司还第一时间筹措资金，为受伤员工治疗提供经济保障，抚慰受伤员工，联系安置外地家属来沪，帮助完成工伤认定、伤残鉴定、赔偿申请，与员工协商理赔金额等。此外，磨料公司还及时配合消防、安监等部门查明事故原因，了解受火灾波及的相邻公司的损失情况并协商赔偿事宜，清点火灾现场剩余的设备和可用资产。

由于中小企业面对突发事故的承受力相对较弱，该火灾事故以及后续应对工作致企业负担骤然增加，在开展火灾善后事宜的同时，磨料公司还努力尝试恢复经营，然复工复产一直进度缓慢甚至陷入停滞状态。2020 年 4 月，磨料公司以资产明显不足以清偿债务，向上海市第三中级人民法院申请破产清算，法院裁定受理后指定管理人。管理人接受指定后及时开展债权债务清查、资产接管等工作。确认职工债权 3 户，金额 115 万余元；普通债权 2 户，金额约 50 万元；劣后债权 1 户，金额 35 万元。第一次债权人会议召开，有参会意愿的职工均列席了会议。全体债权人、债务人对管理人提交的《关于提请债权人会议审议表决破产财产第一次分配方案》的议案一致同意，由管理人在宣告破产前先就职工债权单独优先制定分配方案。管理人在债权人会议表决通过且法院裁定认可提前分配方案后，即刻完成了对职工债权人的清偿。2022 年 7 月，管理人在对磨料公司剩余的负债、火灾善后事宜等全部处置完毕后，法院依法宣告磨料公司破产。

案例分析

一、“职工债权提前清偿”切实保障民生，实现伤残职工的最大化救济

（一）破产制度关于职工债权清偿的规定

我国《企业破产法》第 113 条就债权的清偿顺位规定：“破产财产在优先清偿破产费用和共益债务后，依照下列顺序清偿：（一）破产人所欠职工的工资和医疗、伤残补助、抚恤费用，所欠的应当划入职工个人账户的基本养老保险、基本医疗保险费用，以及法律、行政法规规定应当支付给职工的补偿金；（二）破产人欠缴的除前项规定以外的社会保险费用和破产人所欠税款；（三）普通破产债权。破产财产不足以清偿同一顺序的清偿要求的，按照比例分配。破产企业的董事、监事和高级管理人员的工资按照该企业职工的平均工资计算。”

《企业破产法》第 107 条第 2 款规定：“债务人被宣告破产后，债务人称为破产人，债务人财产称为破产财产，人民法院受理破产申请时对债务人享有的债权称为破产债权。”破产财产属于执行中的财产，其存在仅以破产分配为目的；而宣告破产前的债务人财产属于保全财产，其存在首先服务于继续

经营和企业拯救，其次也服务于最大限度地实现债权清偿的目的。[①] 而破产程序包含破产清算、破产和解、破产重整三大类，在宣告破产前，债务人尚可通过和解、重整来避免企业被清算，故其财产在此前尚有维持其存续的作用。破产宣告的效果则是破产案件进入破产清算程序，意味着企业彻底失去存续可能，然后由管理人通过清算，对企业财产完成变价、分配后退出市场。因此，用于分配的“破产财产”是以“破产宣告”为前提，也即宣告破产之前，一般情况下不能进行分配。分配顺位中，职工债权处于最优先级的第一顺位。

（二）职工债权提前清偿的可行性

根据上文分析，我国《企业破产法》有关债务清偿的时间节点，一般是要待法院对债务人企业作出破产宣告之后实施。但特殊情况下职工债权可否提前清偿，法律并未作出禁止性规定。本案于破产宣告前提前清偿职工债权主要考量如下：

一是符合立法精神。根据我国《企业破产法》第 113 条规定，除优先权外，职工债权是清偿第一顺位。因为职工债权是职工维持自身及其家庭生存的基本经济来源。本案伤残职工，由于身体残疾已不具备就业等方面的竞争力，伤残补助等费用不仅是弥补身体损伤、进行康复治疗等所必需的资金，可能还是其继续生存下去的勇气来源。所以，职工债权在清偿时间上应体现优先、及时的立法意图。而提前至破产宣告前清偿职工债权，无非更加突出一个“早”字，让职工，尤其是伤残职工尽早受偿，以及时保障其基本医疗和生活开支。

二是提前清偿并不损害其他债权人等利害关系人的基本利益。债务人在破产宣告前，即使有通过重整、和解方式继续存续的可能性，职工债权也依然需要清偿；如进入清算程序，提前清偿仅仅是时间上的提前。职工债权作为《企业破产法》规定的第一顺位先予受偿的债权，在本案特殊情况下，提前清偿只是提前实现了其法定的受偿权，并未改变清偿的先后顺序，当然也未影响其他债权人的受偿利益。而且，若提前清偿职工债权的方案经债权人会议表决通过，表明其他债权人也已认可提前清偿方案。

---

① 参见王卫国：《破产法精义》（第二版），法律出版社 2020 年版，第 338 页。

（三）职工债权提前清偿的必要性

本案中，磨料公司的主要债权人是火灾中伤亡的员工。虽然火灾发生后，在镇政府的主导下已建立托管账户并对受伤职工的医疗费用进行垫付，但托管账户资金来源于三方主体，即厂房的出租人、承租人以及磨料公司（次承租人），且火灾事故责任尚未明确，托管资金无法进行最终结算，以致部分职工的赔偿款仍不能得到及时偿付。又由于伤亡员工多为农村外来务工人员，不享受城市社会保障，承担着较大的经济负担，事故发生又导致部分职工工伤残疾，丧失部分或全部劳动能力，可能会使这部分职工陷入长期没有经济来源的窘境。若等待管理人完成企业资产的全部清理、审计评估等清算工作，并宣告破产后再对破产资产进行分配，则可能难以及时保障职工的生存利益。

从债务人角度来看，磨料公司已经停产停业、无稀缺资质，存续价值较低。资不抵债已具较高确定性，其主要破产财产在托管账户中，远不能清偿全部负债，可以确认磨料公司具备破产原因，处置其财产并不损害磨料公司若得以存续的期待利益。

从债权人公平受偿角度看，本案全部债权人中，不存在建筑工程、抵押等法定优先债权，职工债权的顺位位列最前，故对职工债权提前清偿，并不损害后位债权人的合法权利。且用于清偿职工债权的资金来源于监管账户，具有分配的即时性和可操作性，也不会增加破产成本。

二、发挥债权人会议作用实现困难职工债权提前受偿

（一）债权人会议是集体意志的最高机构

根据我国《企业破产法》第59条第1款“依法申报债权的债权人为债权人会议的成员，有权参加债权人会议，享有表决权”的规定，第61条第1款“债权人会议行使下列职权：（一）核查债权……（十）通过破产财产的分配方案；（十一）人民法院认为应当由债权人会议行使的其他职权”的规定，以及第64条第1款“债权人会议的决议，由出席会议的有表决权的债权人过半数通过，并且其所代表的债权额必须占无财产担保债权总额的二分之一以上。但是，本法另有规定的除外”的规定，可以看出债权人会议作为全体债权人参加破产程序进行权利自治的最高机构，目的在于保障债权人的共同利益。

债权人会议一是债权人集体意志的代表机构。债权人通过会议形式，讨论和决策涉及债权人自身利益的重大事项，如对破产财产的管理、变价和分

配方案等。二是破产推进的监督机构。如监督债务人财产状况、管理人行为，以及破产程序的开展是否具备合法性和公正性，破产财产是否妥善管理和处置，债权登记审查和分配是否按照法定程序进行等。并对管理人的管理行为进行监督制约，促使管理人更好履职，维护债权人的合法权益。

（二）职工债权提前清偿可由债权人会议决议

我国《企业破产法》第61条载明了债权人会议的职权，其中包括决议通过破产财产的分配方案。对于未尽事宜，第61条第1款第11项规定了兜底条款“人民法院认为应当由债权人会议行使的其他职权”，赋予了法院自由裁量权。

本案将提前清偿职工债权的议案交由债权人会议表决，基于以下考量：

一是《企业破产法》第69条第1款第10项“对债权人利益有重大影响的其他财产处分行为”中的“其他财产”并未被限定为“破产财产”；而提前清偿职工债权的分配行为应是影响债权人利益的财产处分行为。因此，将职工债权提前清偿交由债权人会议表决，符合法律规定。

二是《最高人民法院关于适用〈中华人民共和国企业破产法〉若干问题的规定（三）》第15条规定，管理人处分债务人重大财产，应事先制作财产管理或变价方案并提交债权人会议表决，表决未通过的，不得处分。换言之，债权人会议表决通过的，管理人便可以实施。

本案中，管理人向债权人会议征询了全体债权人以及债务人对职工债权提前清偿方案的意见，所制作的分配方案获得债权人会议决议通过。

因此，本案对职工债权在宣告破产之前经债权人会议表决通过后提前清偿，符合法律精神，及时保障了职工债权人的生存利益。

关联索引

《中华人民共和国企业破产法》（2006年8月27日）

第一百一十三条　破产财产在优先清偿破产费用和共益债务后，依照下列顺序清偿：

（一）破产人所欠职工的工资和医疗、伤残补助、抚恤费用，所欠的应当划入职工个人账户的基本养老保险、基本医疗保险费用，以及法律、行政法规规定应当支付给职工的补偿金；

（二）破产人欠缴的除前项规定以外的社会保险费用和破产人所欠税款；

（三）普通破产债权。

破产财产不足以清偿同一顺序的清偿要求的，按照比例分配。

破产企业的董事、监事和高级管理人员的工资按照该企业职工的平均工资计算。

第一百一十五条 管理人应当及时拟订破产财产分配方案，提交债权人会议讨论。

破产财产分配方案应当载明下列事项：

（一）参加破产财产分配的债权人名称或者姓名、住所；

（二）参加破产财产分配的债权额；

（三）可供分配的破产财产数额；

（四）破产财产分配的顺序、比例及数额；

（五）实施破产财产分配的方法。

债权人会议通过破产财产分配方案后，由管理人将该方案提请人民法院裁定认可。

案　号：（2020）沪03破295号

合议庭：黄贤华　李丽丽　王益平

编写人：汪　莹

9. 债务全额清偿企业营业存续

——上海某建筑工程有限公司破产清算案

关键词

继续营业　自行管理　债权全额清偿

裁判要旨

本案积极发挥破产保护功能，整体盘活民营建工企业。及时发现债务人有继续营业的价值和条件，准许债务人继续营业；合理界定管理人和债务人职权范围，促成债务人收回债权。通过适用《企业破产法》第108条，全面化解债务危机，企业得以保留。本案挽救濒临破产企业的路径具有典型意义。

基本案情

上海某建筑工程有限公司（以下简称建筑公司）于2002年2月设立，注册资本2亿元，是一家主营建筑工程施工及承包业务的中型民营建设工程企业，持有建筑装饰装修工程设计与施工一级资质、房屋建筑工程施工总承包一级资质、市政公用工程施工总承包二级资质等多项优质行业资质。成立20年来，先后完成了“上海某大学装饰装修”“微小卫星厂房装修工程”等国家大中型项目30余个，荣获上海“白玉兰杯”“上海市优质工程奖”等10多项省市级及各类优秀建筑工程奖，累计完成5亿元产值，依法纳税2000多万元，在业内积累了良好口碑。

因受经济环境及房地产行业整体下行影响，建筑公司出现工地停工、资金回笼困难等情况，陷入债务困境。2022年9月，债权人上海某科技公司申请对建筑公司进行破产清算。上海市第三中级人民法院（以下简称三中院）依法裁定受理后指定了管理人。

审理中，建筑公司申请继续营业。管理人经调查发现，建筑公司尚有包括国家小卫星基地、张江某实验室研发大楼、深圳某艺术体育馆等多项大型政府配套和国家重点项目建筑工程在建，涉及在职职工、劳务派遣员工（农民工）和建筑师2000余人，另有应收工程款约1.58亿元。管理人依企业接管及调查情况，在第一次债权人会议召开前申请债务人建筑公司继续营业，三中院予以准许。管理人将债务人继续营业事项向第一次债权人会议做了全面披露。

本案审查确认债权共计40笔，金额合计约1亿元。至2023年9月，上述40笔债权以第三方代为清偿或提供足额担保、债务人自行清偿的方式全部清偿完毕。根据《企业破产法》第108条规定："破产宣告前，有下列情形之一的，人民法院应当裁定终结破产程序，并予以公告：（一）第三人为债务人提供足额担保或者为债务人清偿全部到期债务的；（二）债务人已清偿全部到期债务的。"据此，经管理人申请，三中院裁定终结本案破产程序。

案例分析

本案涉及是否许可债务人继续营业，以及《企业破产法》第108条"裁定终结破产程序"规定的适用。

一、债务人继续营业的审查与准许

（一）许可债务人继续营业，维持企业运营价值

我国《企业破产法》规定了债务人继续营业和债务人自行管理的情形。《企业破产法》第26条规定，在第一次债权人会议召开之前，管理人决定继续债务人营业的，应当经人民法院许可；第73条规定，在重整期间，经债务人申请，人民法院批准，债务人可以在管理人的监督下自行管理财产和营业事务。上述规定债务人自行管理主要适用于破产重整程序，而债务人继续营业无程序适用限制。债务人自行管理模式是破产重整程序中允许债务人在破产保护下继续管理和运营的特殊机制。德国破产法中的债务人自行管理不仅适用于破产重整程序，也适用于破产清算程序。DIP模式和债务人继续营业的目的均为最大限度地保留企业价值，从而提高企业重整效率和成功的可能性。

本案债务人拥有良好的业内口碑，持有多项优质行业资质，仍有诸多在

建工程。就是否许可债务人继续营业，法院从给予债务人重生机会出发进行综合判断。债务人承建的多为政府或高校配套项目，可预期资产主要为1.58亿元的应收工程款，无论是在建工程前景和工程款回收可能，还是对稳定债务人商誉、保持企业整体价值而言，预期均较为乐观。反之，债务人一旦停业，可能造成在建工程停工、企业优秀建筑师等核心员工流失、千余名农民工被欠薪、更多利益关系人陷入经营困境等诸多问题，在建建设工程合同还可能产生超10亿元的巨额违约责任；若债务人被宣告破产，依托其法人主体存在的优质行业资质便将失去价值，最终导致企业整体价值严重贬值而退出市场，失去解决债务问题的可能性。因此，基于行业资质价值保持、在建工程维护、对外工程款催收、企业整体盘活及保障全体债权人利益等方面考量，债务人虽陷入短暂性债务危机，但仍有提高盈利能力和偿债能力的基础，存在继续营业的条件和价值。

（二）全面督导管理人履职，合理界定管理人职权范围

在我国企业破产程序中，管理人扮演着至关重要的角色。管理人依法负有接管、调查、管理、处分破产企业财产等职责，对提高破产程序效率、保护债权人利益、确保程序公正具有积极作用。但实践中也存在管理人权责不够明确、独立性不足等问题。本案对债务人请求继续营业情形，通过合理划分管理人和债务人之间的权责，为债务人继续营业的顺利推进，起到了至关重要的作用。一是采取法院对管理人全面督导和管理人监督指导债务人的双重监督指导方式，管理人须定期向法院汇报债务人营业状况、管理人履职情况等事项。二是明确债务人和管理人的职责范围，双方既分工明确，又密切合作。原则上由债务人自行负责财务管理和营业事务，按月向管理人汇报营业情况、报备月度计划。债务人对外收支统一使用专用账户，接受管理人资金监管，管理人根据月度计划进行资金审核。管理人继续负责调查债务人财产状况和债权审核，并接管债务人法务事项。管理人和债务人通力协作，共同与相对方磋商收回应收工程款，管理人指导债务人与债权人通过第三方垫资、庭外和解等方式协商化解债权债务。

（三）保留核心员工，稳定就业保障农民工权益

核心员工是企业最重要的人才力量，吸引和保留核心员工是确保企业持续发展和提升市场竞争力的重要手段。为确保债务人能够顺利继续营业并取得良好效果，管理人实施了债务人核心员工保留方案，对高级管理人员和专

业技术人员进行针对性薪酬调整，成功保留了建筑师和工程师、项目管理团队、高级管理人员和财务人员，为债务人平稳运营打下了坚实基础。针对债务人仍有诸多在建工程，法院要求管理人对债务人在建工程涉农民工用工情况进行盘摸。债务人通过劳务派遣用工形式，雇用建筑工人（农民工）近2000人，每月涉及农民工工资千万余元。故，确保农民工工资不拖欠，成为整体盘活债务人企业、保证在建工程不停工的重要工作之一。为此，本案专项制定了农民工工资发放计划，通过与项目发包方签订工资代付协议，减少资金回笼周期对工资发放的影响；工资发放不足部分用回收工程款及时补足，并在资金审核时予以优先审核。至本案破产程序终结，未发生一例拖欠员工工资的情况，取得了良好的社会效果，也为债务人企业重获新生打下了良好的基础。

二、《企业破产法》第108条的适用与思考

《企业破产法》第108条在实践中鲜少适用，原因一方面在于“清偿全部到期债务”的条件对于困境企业而言过于苛刻，另一方面在于破产程序中还有和解、重整等挽救程序可供选择。本案中债务人在继续营业的同时本着最大诚意，在保障在建工程不停工的情况下，克服资金难题竭力清偿全部到期债务，为第108条的适用提供了实证案例。

（一）第108条的适用选择

根据我国《企业破产法》及相关法律规定，破产程序终结的情形主要包括债务人财产不足以支付破产费用、债务人无财产可供分配、破产财产分配完毕、和解协议和重整计划达成，以及债务人已清偿全部到期债务或第三人为债务人提供足额担保或清偿全部到期债务。其中，债务人财产不足以支付破产费用、债务人无财产可供分配以及破产财产分配完毕三种情形终结破产清算程序的，管理人向债务人原登记机关办理注销登记后，债务人主体资格随之消灭，债权人未得到清偿的债权不再予以清偿。

和解制度充分尊重当事人意思自治，遵循自愿原则和协商一致原则，为当事人提供了一种更为灵活便捷和有效的纠纷解决途径。依据《企业破产法》第95条和第105条规定，和解制度包括破产和解和自行和解两种情形。实践中，对于自救意愿强烈且有继续经营能力的小微企业债务人，和解制度不失为一种有益选择。考虑到债务人的持续经营意愿及良好预期，法院曾引导管

理人与各债权人积极磋商，以寻求和解。但无论是破产和解还是自行和解，均未能实现。

本案也曾设想通过转入重整程序解决困境。但经管理人与多家意向投资人洽谈，多数投资人的目的主要在于获取债务人优质建筑资质以用于自身关联企业工程获利，并无意“一揽子”解决债务人债权债务、保障在建工程建设和职工安置问题。重整设想也告失败。

经过研判，本案尝试适用《企业破产法》第108条的规定，并最终实现了债权全额清偿、债务人退出破产程序的圆满结果。通过对法律制度的选择与灵活适用，本案成功促成有挽救价值的企业再生，减少了司法资源和社会资源的浪费，节省了破产程序成本。

（二）第108条适用的延展思考

《企业破产法》第108条为特定条件下的破产程序终结提供法律依据，体现了法律程序的正当性。第108条第1项规定第三人为债务人提供足额担保或者为债务人清偿全部到期债务的，人民法院应当裁定终结破产程序。具体而言，若仅有第三人提供足额担保是否可终结破产程序？

有学者认为，如若简单适用第三人为债务人提供足额担保即终结破产程序，有可能产生是否债务人有足额担保即不能进入破产程序、债权人是否亦因此丧失对债务人的破产申请权等争议，这显然与《企业破产法》第2条“企业法人不能清偿到期债务，并且资产不足以清偿全部债务或者明显缺乏清偿能力的”规定有所冲突，因此法院不能仅依据“第三人为债务人提供足额担保”即裁定终结破产程序。[①]

实践中当仅有第三人提供足额担保时，此条款需审慎适用。根据《企业破产法》《最高人民法院关于适用〈中华人民共和国民法典〉有关担保制度的解释》等相关法律和司法解释规定，担保的设立是担保人与债务人之间的法律行为，债权人作为担保权的受益方，其权利的产生并不依赖于债权人的同意。在破产程序中，第三人为债务人提供担保，也并不需要经过相关债权人的同意。然而，提供足额担保只是为债务清偿加强了保障，并没有解决债务的即时清偿问题，如若担保合同的签订不需要债权人同意，则在破产程序中，尚难以认为已完全消除了当前存在的破产原因。有鉴于此，本着审慎原

---

① 王欣新：《企业破产法第一百零八条与第一百零五条剖析——兼论破产宣告裁定的撤销》，载《人民法院报》2023年10月19日，第10版。

则，本案除第三人代为清偿或债务人自行清偿的债权外，其余债权在适用“第三人提供足额担保”条款的规定时，明确向债权人告知了其在破产程序中的法律意义及后果。也期待后续专家同仁研究，为《企业破产法》第108条的适用问题提供更为丰富的理论支持和实务指导。

关联索引

《中华人民共和国企业破产法》（2006年8月27日）

第二十六条 在第一次债权人会议召开之前，管理人决定继续或者停止债务人的营业或者有本法第六十九条规定行为之一的，应当经人民法院许可。

第九十五条 债务人可以依照本法规定，直接向人民法院申请和解；也可以在人民法院受理破产申请后、宣告债务人破产前，向人民法院申请和解。

债务人申请和解，应当提出和解协议草案。

第一百零五条 人民法院受理破产申请后，债务人与全体债权人就债权债务的处理自行达成协议的，可以请求人民法院裁定认可，并终结破产程序。

第一百零八条 破产宣告前，有下列情形之一的，人民法院应当裁定终结破产程序，并予以公告：

（一）第三人为债务人提供足额担保或者为债务人清偿全部到期债务的；

（二）债务人已清偿全部到期债务的。

案　号：（2022）沪03破570号

合议庭：郭大梁　王冰如　黄宗琴

编写人：王冰如

跨境破产篇

1. 我国法院承认境外破产程序的审查标准

——上海某株式会社申请承认与执行外国法院民事裁定案

关键词

跨境破产　承认　协助　互惠　日本民事再生程序

裁判要旨

第一，依照《企业破产法》第 5 条第 2 款规定，并参照跨境破产国际通行规则，在我国没有与申请国缔结或参加国际条约时，承认境外破产程序应审查该境外破产程序是否为集体性程序，是否在主要利益中心地法院启动；是否符合互惠原则；是否存在不予承认和协助的事由。

第二，跨境破产案件的承认与协助涉及一整套单独的配套机制，与普通民商事判决的承认与执行在协助方式、程序、救济等方面存在显著差异，跨境破产案件中互惠关系的认定应有别于普通民商事案件。虽然我国与日本对彼此民商事判决均有不予承认的先例，但都没有不予承认对方跨境破产裁定的先例。根据日本法律，我国破产裁定得到日本法院承认并不存在法律障碍，可认定互惠关系成立。

第三，日本民事再生程序中的监督委员与我国债务人自行管理中的管理人名称虽然不同，但法律地位和职责相似，我国法院可予承认监督委员身份，并予以履职协助。

基本案情

日本公司上海某株式会社（以下简称某株式会社）于 1993 年 6 月在日本东京注册成立，注册资本 4.9 亿日元，是一家综合性贸易公司，总部位于日本东京都中央区，在上海另设办事处，共有 5 名中国股东。2019 年 7 月，某株式会社陷入债务危机，于 2019 年 9 月 12 日向日本东京地方法院申请启动民事再生程序。当日，日本东京地方法院作出2019年（再）第44号监督命令决定，指令由近藤丸人法律事务所的近藤丸人律师对某株式会社进行监督。9月19日，日本东京地方法院作出2019年（再）第44号启动民事再生程序的决定，正式启动某株式会社民事再生程序。

2021年9月18日，某株式会社向上海市第三中级人民法院（以下简称三中院）申请称，某株式会社日本民事再生程序共涉及7名我国境内债权人，这些债权在日本民事再生程序中均得到确认，并按照再生计划清偿。鉴于某株式会社在上海有房产、上市公司股票及5家国内子公司股权等大量财产，为便于日本民事再生程序顺利推进，最大程度维护国内外债权人以及股东利益，申请承认日本东京地方法院就某株式会社民事再生程序作出的2019年（再）第44号指定监督委员的监督命令决定和2019年（再）第44号启动某株式会社民事再生程序的决定。

三中院于2023年9月26日作出裁定，承认日本东京地方法院作出的2019年（再）第44号启动某株式会社民事再生程序的决定，即承认某株式会社日本民事再生程序；承认日本东京地方法院作出的2019年（再）第44号指定监督委员的决定，即承认近藤丸人律师作为某株式会社监督委员的身份；允许某株式会社监督委员近藤丸人律师在中国境内监督某株式会社自行管理财产和营业事务，但当实施对债权人利益有重大影响的中国境内财产处分行为，如涉及放弃财产权益、设定财产担保、借款、将财产转移出中国境内等对债权人利益有重大影响的财产处分行为时，需经人民法院另行批准。

法院生效裁判认为，对境外破产程序的承认申请，我国法院应依据《企业破产法》第5条第2款规定，并参照国际通行规则，全面审查境外破产程序是否具有集体性特征、是否在主要利益中心地法院启动、是否存在互惠关系以及是否有不予承认和协助的事由。本案中，债务人自行管理与日本监督委员监督构成某株式会社完整的民事再生程序，该程序与我国《企业破产法》第73条规定的管理人监督下的债务人自行管理重整程序类似。

首先，日本民事再生程序具有集体性，由主要利益中心地法院日本东京地方法院启动，是我国法院可予承认的外国破产程序。其次，跨境破产案件的承认涉及一整套单独的配套机制，与普通民商事判决的承认在协助方式、程序、救济等方面存在显著差异，跨境破产案件中互惠关系的认定应有别于普通民商事案件，双方此前对彼此民商事判决不予承认的先例并不当然适用于跨境破产案件。从查明的《日本外国破产程序承认与协助法》和《日本民事再生法》等相关规定来看，我国破产裁定得到日本法院承认并不存在法律障碍，双方此前也并无不予承认对方破产裁定的先例，本案可认定互惠关系成立。再次，日本民事再生程序是重建型程序，承认某株式会社日本民事再生程序并不违反我国法律的基本原则，不会损害国家主权、安全和社会公共利益。日本法律对包括我国境内债权人在内的外国债权人并无歧视规定，该类债权在日本民事再生程序中同类债权中享有同等待遇，我国境内债权人亦无异议，故本案不存在不予承认的事由。最后，通过比较分析《企业破产法》与《日本民事再生法》相关规定，日本民事再生程序中的监督委员名称虽与我国管理人不同，但其身份和职责与我国债务人自行管理模式中的管理人实质相似，可予承认并予以履职协助。

综上所述，本案日本民事再生程序可予承认及协助。

案例分析

本案是我国法院首次承认与协助日本破产程序的跨境破产案件，是中日两国司法协助认定存在互惠关系的首例。本案例将分析我国法院承认与协助境外破产程序的审查标准、跨境破产外国法查明，以及日本民事再生程序对我国的启示。

《企业破产法》第 5 条第 2 款规定域外破产程序的域内效力，是我国法院承认境外破产程序的直接法律依据。根据《企业破产法》第 5 条第 2 款规定，在我国与其他国家未签订或未参加国际条约的情形下，承认境外破产裁定需审查我国与申请国是否存在互惠关系；是否有不予承认的事由，即不违反我国法律的基本原则，不损害国家主权、安全和社会公共利益，不损害我国境内债权人的合法权益。此外参照国际通行规则，还需审查所涉境外破产程序是否属集体性程序以及是否在主要利益中心地法院启动。

一、境外破产程序的集体性

集体性是破产法区别于其他处理债权债务相关法律最重要的特征，破产程序的集体性是英美法上促进跨境破产承认与协助的重要考量因素。[①] 破产程

① 石静霞：《香港法院对内地破产程序的承认与协助——以华信破产案裁决为视角》，载《环球法律评论》2020 年第 3 期。

序集体性特质天然排除个别清偿，如我国《企业破产法》规定法院受理破产申请后，债务人对个别债权人的清偿无效（第16条），执行程序应当中止（第19条），债权通过申报、审查、确认后，在统一的破产程序中按照债权先后顺位以破产财产分配清偿。不仅联合国国际贸易法委员会《跨境破产示范法》（*UNCITRAL Model Law On Cross-Border Insolvency*）第2（a）条规定纳入示范法范围的外国程序以具备集体性为前提，《跨境破产示范法颁布及解释指南》还进一步阐述评价某一项外国程序是否是集体程序时，一项关键考量因素是该程序是否处理债务人几乎所有的资产和负债（担保债权等法定例外情况除外）。同样，《欧盟跨境破产规则》（第2015/848号）（*EU Regulation on Insolvency Proceedings*，*Recast* 2015）第1（1）条也规定该规则适用于公开的集体破产程序。《最高人民法院关于开展认可和协助香港特别行政区破产程序试点工作的意见》（以下简称《试点意见》）第2条明确规定纳入两地破产合作机制的香港破产程序应当是集体清偿程序。

某株式会社日本民事再生程序启动后，一方面，再生债权在民事再生程序中通过债权申报（《日本民事再生法》第34条），按照表决通过后的再生计划清偿（《日本民事再生法》第172条、第174条）；另一方面，基于再生债权对再生债务人的强制执行措施中止（《日本民事再生法》第39条），再生债权个别清偿被禁止（《日本民事再生法》第85条）。由此可知，日本民事再生程序排除个别清偿，是集体性程序。

二、主要利益中心

自1990年《欧洲跨界破产公约》出现主要利益中心（Center of Main Interest，COMI）这一法律概念后，一直作为跨境破产规则的核心概念为国际社会所沿用。[①] 主要利益中心与破产程序的集体性特质相关联。由于跨境破产所涉债务人财产及利益分布于不同法域，但又需通过跨境破产承认与协助制度纳入同一程序清偿，故主要利益中心强调启动地法院的管辖连接点应与债务人整体利益关系最为密切，从而需打破单一管辖权标准。当债务人是公司法人时，《跨境破产示范法》第16条与《欧盟跨境破产规则》（第2015/848号）第3条对主要利益中心采取“可推翻的假设标准”，即无相反证据则推定

① 解正山：《跨国破产立法及适用研究——美国及欧洲的视角》，法律出版社2011年版，第98~99页；黄圆圆：《跨界破产承认与救济制度研究》，对外经济贸易大学出版社2020年版，第45~46页。

注册地为债务人的主要利益中心。从美国和欧盟的判例来看，主要经营地、主要财产地、主要决策地以及是否为债权人所知晓等都可以成为影响主要利益中心认定的综合考量因素，此外还存在不同的认定时间标准。① 2019 年 12 月《最高人民法院关于人民法院进一步为“一带一路”建设提供司法服务和保障的意见》（以下简称《一带一路意见》）第 31 条首次提出要探索主要利益中心的适用。前述内地与香港特别行政区破产合作机制引入主要利益中心规则，最高人民法院《试点意见》第 4 条第 1 款明确“本意见适用于香港特别行政区系债务人主要利益中心所在地的香港破产程序”，并列举主要利益中心的若干识别标准，即以债务人注册地为一般识别原则，但并不排除主要办事机构所在地、主要营业地、主要财产所在地等作为综合考虑因素。为防止当事人通过转移主要利益中心恶意挑选法院损害债权人利益，《试点意见》第 4 条还明确规定申请认可与协助时主要利益中心位于香港特别行政区且连续存在 6 个月以上。

某株式会社自 1993 年起注册地即为日本东京都中央区新川一丁目 24 番××号上海国际大厦，债务人亦在此开展经营活动，我国境内债权人等利害关系人对此均无异议，故日本东京地方法院启动的民事再生程序属于主要利益中心地法院启动的程序。

三、互惠关系的认定

互惠原则是我国《企业破产法》第 5 条第 2 款所规定的在我国与申请国未共同缔结或参与国际条约时，承认外国法院破产裁定的前提要件。本案由于中日两国之间存在彼此拒绝承认和执行对方民商事判决的先例，对互惠关系成立与否的认定，成为本案最重要的争议焦点。

（一）互惠原则的软化趋势

一般而言，互惠原则包含事实互惠、法律互惠和推定互惠三种类型。按照事实互惠，本国给惠的前提是申请国此前已经存在承认本国裁决的先例，因无法解决先行给惠基础问题，常陷入“互惠怪圈”，互不承认；按照法律互惠，本国给惠的前提是按照申请国的法律可以承认本国裁决，则本国予以给惠；按照推定互惠，如果外国法院不存在拒绝承认本国法院的裁决，即可推

---

① 黄圆圆：《跨界破产承认与救济制度研究》，对外经济贸易大学出版社 2020 年版，第 45~64 页；徐阳光、范志勇：《跨境平行破产程序的规范路径》，载《人民司法》2020 年第 25 期。

定两国之间存在互惠关系。①

随着我国参与全球经贸往来的深入以及“一带一路”倡议的推进，我国司法对以往采用的严格的事实互惠进行破冰，最高人民法院的多份司法文件在互惠关系的认定上均采取了更为宽松的“推定互惠”或“法律互惠”认定标准。比如，《一带一路意见》首次对以往严格的事实互惠进行破冰，提出我国法院先行给惠从而积极促成互惠关系。《一带一路意见》为推动国际商事法庭判决的相互承认与执行，明确要采取推定互惠。《全国法院涉外商事海事审判工作座谈会会议纪要》（以下简称《涉外审判会议纪要》）第44条则对承认和执行外国法院民商事判决采取法律互惠原则作出了规定。《全国法院破产审判工作会议纪要》提出跨境破产要探索适用互惠新方式。

（二）承认境外破产程序是司法协助承认外国民商事判决的特殊规则

因我国与日本曾在民商事判决的承认中均有不予承认对方判决的先例，②这就需要本案在互惠关系认定方面作出更细致慎重的考量，主要涉及对跨境破产（《企业破产法》第5条）与承认、执行涉外民商事判决（《民事诉讼法》第299条，两者之间关系的认识。其实跨境破产规则与承认外国民商事判决有着重大差异。就承认对象而言，虽然《企业破产法》第5条规定了对外国法院破产判决、裁定进行承认，但跨境破产本质上是“对债务人处于破产状态的一种承认”，因此承认外国法院破产裁定只是形式，实质承认的对象是外国破产程序。例如，《跨境破产示范法》第1条和第2条规定该法适用于“就有关某项外国程序事宜寻求本国协助”，该“外国程序”指的是某一外国遵照与破产有关的法律而实施的集体司法程序或行政程序。承认时需要考虑境外破产程序的集体性、债务人主要利益中心、本国债权人利益保护等情况，这迥异于承认外国已经生效的民商事判决。就承认目的而言，承认境外破产程序是为了协助境外管理人履行职务，并获得对债权人个别清偿禁止、强制措施中止等一系列救济措施。而承认外国法院民商事判决的目的在于执行，执行基础是外国生效判决所确认的各方权利义务关系，且被执行方存在履行

① 黄圆圆：《跨界破产承认与救济制度研究》，对外经济贸易大学出版社2020年版，第69～73页。

② 关于日本和中国在民商事判决领域互相拒绝承认与执行的案例，参见刘力：《“一带一路”国家间法院判决承认与执行的理据与规则》，载《法律适用》2018年第5期。

义务。[①] 正因为跨境破产规则与承认、执行外国民商事判决存在以上显著差异，《企业破产法》第 5 条第 2 款承认外国法院破产裁定构成司法协助承认外国民商事判决的特殊规则。按照《企业破产法》第 4 条规定，以及“特别优于一般”的法律适用规则，我国法院在审理承认外国破产程序案件时，应当优先适用《企业破产法》第 5 条第 2 款的规定。

首先，中日两国民商事判决不予承认的先例并不当然适用于跨境破产案件。如上文分析，跨境破产案件的承认与协助涉及一整套单独的配套机制，与普通民商事判决的承认与执行在协助方式、程序、救济等方面存在显著差异，故而对跨境破产案件中互惠关系的认定应有别于对普通民商事案件中互惠关系的认定。并且，我国与日本之间均无不予承认对方跨境破产案件裁定的先例。其次，根据日本法律，我国破产裁定得到日本法院承认并不存在障碍。《日本外国破产程序承认与协助法》第 3 条规定：“在承认与协助程序中，外国人或外国法人与日本人或者日本法人享有同等地位。”同时，某株式会社民事再生程序类似于我国《企业破产法》第 73 条所规定的管理人监督下的债务人自行管理重整模式，按照《日本外国破产程序承认与协助法》第 21 条有关承认外国破产程序的规定，我国破产重整程序并不会构成违反公序良俗等例外情形而被日本法院拒绝承认。由此，本案参照《涉外审判会议纪要》第 44 条，认为我国破产程序得到日本法院承认并不存在法律障碍，对互惠关系予以认定。

四、是否存在不予承认的事由

（一）关于是否违反公共政策

公共政策例外或称公共秩序保留条款是司法协助中本国承认外国裁决的“安全阀”。《跨境破产示范法》第 6 条规定本国法院采取示范法中的某项行动将明显违反本国公共政策时，可以拒绝采取。《企业破产法》第 5 条第 2 款规定承认的前提要件之一是“不违反中华人民共和国法律的基本原则，不损害国家主权、安全和社会公共利益”。

---

① 黄圆圆：《跨界破产承认与救济制度研究》，对外经济贸易大学出版社 2020 年版，第 30~32 页。

日本民事再生程序的目的在于通过再生计划合理调整债权人与债务人间的民事权利义务，从而帮助陷入困境的债务人再生（《日本民事再生法》第1条）。本案“债务人自行管理+监督委员监督”模式类似于我国《企业破产法》第73条所规定的管理人监督下的债务人自行管理，承认某株式会社民事再生程序并不违反我国法律的基本原则，不会损害国家主权、安全和社会公共利益。因此，本案不存在违反我国社会公共利益而应拒绝承认的情形。

（二）关于是否损害我国债权人合法权益

承认境外破产程序将中止本国债权人的个别清偿程序，并将债务人在本国的财产纳入同一境外破产程序下分配清偿，这无疑会影响本国债权人利益。因此，各国都把境外破产程序是否为本国债权人提供充分、平等保护作为承认境外破产程序的前提条件。[①] 但严格的地域主义原则下拒绝承认境外破产程序的域内效力将带来其他国家或地区对等的司法报复，不利于跨国投资和贸易。因此，如何兼顾保护本国债权人利益，同时又平等对待境外债权人是跨境破产承认与协助制度需要解决的一大难题。对此，各国参考《跨境破产示范法》第22条，对本国债权人保护的判断标准呈现从个案裁量到整体裁量、从本国法到外国法、从单一对象到多元对象的发展趋势。[②] 我国《企业破产法》第5条第2款规定“不损害中华人民共和国领域内债权人的合法权益”，但对考量的因素和标准未作进一步规定。《全国法院破产审判工作会议纪要》第50条和最高人民法院《试点意见》第20条都在《企业破产法》第5条规定下强调对境内优先债权人如担保债权、职工债权和社保债权、税收债权的优先保护。此外《试点意见》第8条还针对债权人等利害关系人通知、公告及异议程序作了程序性规定。

本案并不以具体个案中我国境内债权人清偿率因承认境外程序出现的高低变化作为判断标准，而是重点审查日本破产法律、破产程序对我国境内债权人在程序和实体方面的保护是否平等、充分，是否存在歧视性待遇。《日本民事再生法》与《日本外国破产程序承认与协助法》都明确规定外国人或外

---

① 叶炳坤：《跨境破产中的司法协助与本国债权人利益保护》，载李曙光、刘延岭主编：《破产法评论（第1卷）》，法律出版社2018年版，第474页。

② 叶炳坤：《跨境破产中的司法协助与本国债权人利益保护》，载李曙光、刘延岭主编：《破产法评论（第1卷）》，法律出版社2018年版，第486~487页。

国法人分别与日本人或日本法人具有同等地位（《日本民事再生法》第 3 条、《日本外国破产程序承认与协助法》第 3 条）。可见日本法律对包括我国债权人在内的外国债权人不存在歧视性规定。另外，本案参照《试点意见》第 8 条规定，向已知境内债权人等利害关系人发出通知并公告。我国境内债权人依法参加听证，经查均系普通债权，并无优先债权。同时我国债权人陈述其参与日本民事再生程序并未受到不公平对待，相应债权依《日本民事再生法》在该案日本民事再生程序中申报与清偿，同类债权享受同等待遇。我国境内债权人一致意见对本案申请不持异议。由此认定本案承认日本民事再生程序并不会损害我国境内债权人合法权益。

综上所述，某株式会社日本民事再生程序符合我国法院承认境外破产程序的审查标准，可予承认。

典型意义

鉴于世界银行于 2023 年发布的 B-READY 项目已将承认外国破产程序的法律框架作为对各经济体营商环境评估的新增指标，《企业破产法》修改可能会对跨境破产规则以专章方式进行规定。因跨境破产关涉利益重大、法律问题复杂疑难，可以预见在引起各方关注的同时必然也会伴随很大争议。为此我国法院面对跨境破产申请进行的实践探索无疑将为跨境破产规则的完善提供鲜活的实践样本，有着重要而独特的作用。

在相关跨境破产规则尚不完善的情况下，本案以《企业破产法》第 5 条第 2 款为依据，同时参照《试点意见》规定，以及参考《跨境破产示范法》等国际通行规则，对跨境破产申请所涉审查标准作了系统阐述。本案最为重要的意义在于，首次明确跨境破产案件中互惠关系的认定应有别于普通民商事案件，根据境外法律，我国破产裁定得到境外法院承认并不存在法律障碍，进而以法律互惠原则认定本案存在互惠关系，为破产实务界和理论界提供了重要的参考价值。此外，在救济措施方面，本案鉴于日本民事再生程序中的 DIP 辅助人员即监督委员和我国债务人自行管理下管理人的身份和职责实质相似，承认了该监督委员身份并给予履职协助。我国法院在个案中探索完善跨境破产审理规则，为破产法修改提供鲜活的实践样本，这将有利于未来开展更广阔的跨境破产国际合作，从而促进跨国经贸往来，保护我国当事人在全球各地的投资利益。

关联索引

《中华人民共和国企业破产法》（2006年8月27日）

第五条 依照本法开始的破产程序，对债务人在中华人民共和国领域外的财产发生效力。

对外国法院作出的发生法律效力的破产案件的判决、裁定，涉及债务人在中华人民共和国领域内的财产，申请或者请求人民法院承认和执行的，人民法院依照中华人民共和国缔结或者参加的国际条约，或者按照互惠原则进行审查，认为不违反中华人民共和国法律的基本原则，不损害国家主权、安全和社会公共利益，不损害中华人民共和国领域内债权人的合法权益的，裁定承认和执行。

案　号：（2021）沪03协外认1号
合议庭：黄贤华　刘　琳　姚　磊
编写人：黄贤华

2. 申请认可与协助香港破产程序的审查认定规则

——黎某某、陈某某申请认可与协助香港某国际集团有限公司香港破产程序案

关键词

跨境破产　认可与协助　主要利益中心　管理人履职

裁判要旨

本案系《最高人民法院与香港特别行政区政府关于内地与香港特别行政区法院相互认可和协助破产程序的会谈纪要》（以下简称《会谈纪要》）及《最高人民法院关于开展认可和协助香港特别行政区破产程序试点工作的意见》（以下简称《试点意见》）出台后，上海市第三中级人民法院（以下简称三中院）作为试点法院受理的首例涉港跨境破产认可与协助案件。本案在适用上述文件基础上，参考了联合国国际贸易法委员会《跨境破产示范法》（以下简称《示范法》）等资料，对送达程序、境内外相关权利人及其他利害关系人的平等保护、主要利益中心所在地的确定，以及我国香港特别行政区清盘程序中清盘人在内地的履职范围等方面进行了探索应用。

本案对于总结积累涉港跨境破产认可和协助案件的裁判经验，积极稳妥推动两地跨境破产试点工作具有典型意义，彰显法院积极对接国际规则，营造市场化、法治化、国际化一流营商环境的理念和作为。

基本案情

香港某国际集团有限公司（以下简称集团公司）成立于2010年8月，其注册办事处地址位于我国香港特别行政区，公司主营业务为净水服务、空气

净化及相关供应链服务，主要资产包括应收款、对外长期股权投资等，其中包括在上海直接投资设立的上海某净水科技发展有限公司（以下简称净水公司）等四家全资子公司的股权。2021 年 3 月 17 日，经债权人某银行有限公司香港分行申请，我国香港特别行政区高等法院作出清盘令（HCCW429/2020），集团公司进入清盘程序。同年 7 月 27 日，香港特别行政区高等法院颁布命令委任某会计师行的黎某某及某财务咨询服务有限公司的陈某某为集团公司的共同及个别清盘人。

清盘人认为，集团公司在内地的直接投资具有较大价值，但由于公司管理层拒绝配合开展清算调查工作，致使无法准确了解内地子公司状况，清盘工作无法顺利推进，故向香港特别行政区高等法院提出申请。香港特别行政区高等法院于 2022 年 6 月 23 日作出《根据认可和协助香港特别行政区破产程序试点方案发出的司法协助请求函》（以下简称《司法协助请求函》），商请三中院认可集团公司清盘程序及清盘人身份，并为清盘人在内地履职提供协助。此后，清盘人于 2022 年 9 月向三中院提出申请，请求认可集团公司清盘程序及清盘人身份，并为清盘人在内地履职提供协助，包括以下内容：（1）接管集团公司的财产、印章和账簿、文书等所有资料；（2）管理和处分集团公司的财产；（3）决定集团公司的内部管理事务；（4）决定集团公司的日常开支和其他必要开支；（5）代表集团公司启动、参加诉讼、仲裁或其他法律程序；（6）调查集团公司的财产状况及其他经营事务；（7）处理其他为集团公司清盘和分配财产而可能产生的必要事务。

三中院立案受理后，申请人提交了《司法协助请求函》《清盘令》《指定清盘人命令》《委任清盘人或临时清盘人通知书》《公司注册证书》《房屋租赁合同》《集团公司 2019 年度利得税计算报告》等证据。法院依照《试点意见》第 8 条的规定发布公告，通知内地子公司、已知债权人等利害关系人，进行了听证。一户内地债权人及一家内地子公司（已进入破产程序）的管理人参与了听证，对申请人的申请事项均无异议。

审理中，三中院经审查查明，集团公司于 2010 年 8 月 31 日根据香港特别行政区法律注册成为有限公司，其股东为某净水集团公司（注册于英属维尔京群岛），上层控股公司为某净水国际控股有限公司（以下简称某控股公司，注册于开曼群岛，原为香港上市公司），该公司在香港特别行政区清盘程序中。集团公司在 2021 年 7 月 27 日被指定清盘人前，注册办事处地址为我国香港特别行政区湾仔港湾道××号瑞某中心2楼某室，董事为肖某；被指定清盘人后，注册办事处地址变更为我国香港特别行政区皇后大道太某广场一期某层。又据集团公司与香港某管理有限公司签订的《房屋租赁合同》显示，该公司于2018年1月开始租赁数码港大厦×层某单位使用，租赁期限自2018年1月1日至2020年11月30日。在某计师事务所提供的《集团公司2019年度利得税计算报告》中显示，集团公司除存在租金支出外，还存在工资、会务费、差旅费、咨询费、通信费等开支，均以港币结算。

另查明，集团公司在上海设立四家全资子公司，分别是净水公司、上海某环保科技有限公司、某融资租赁有限公司、某环境科技有限公司，上述四家公司类型均为有限责任公司（我国港澳台地区法人独资），股东均为集团公司，持股比例100%。除上述四家公司外，集团公司还持有陕西某环保科技集团有限公司100%股权，陕西某环保科技发展有限公司48.6%的股权，以及陕西某净水科技发展有限公司45.5%的股权。

又查明，根据集团公司清盘人提供的债权申报资料反映，该公司已知债权人为四家，分别为某控股公司、香港某管理有限公司、某银行香港分行及成都某能源发展有限责任公司。

三中院经审查认为，第一，注册在上海市的四家集团公司全资子公司的股权，系集团公司在内地的主要财产，故该案符合《试点意见》第5条“债务人在内地的主要财产位于试点地区”的情况，三中院作为试点地区集中管辖跨境破产案件的中级人民法院，对该案有管辖权。第二，香港特别行政区法院已颁布清盘令启动集团公司强制清盘程序，并委任申请人为该公司共同及个别清盘人，该强制清盘程序为《试点意见》第2条规定的“香港破产程序”，属集体清偿程序，申请人黎某某、陈某某具备《试点意见》规定的“香港管理人”身份。第三，集团公司自2010年8月31日在我国香港特别行政区注册成立，其注册地一直位于香港，结合申请人提供的相关证据材料，其办事机构所在地、主要营业地均在香港，符合《试点意见》第4条的规定，故香港为集团公司的主要利益中心，对在该地启动的集团公司清盘程序的破产程序效力，可予以认可。第四，本案不存在《试点意见》所规定的应当不予认可或者协助香港破产程序的情形。第五，申请人请求协助履职事项第1~6项，系清盘人接管、调查、处分内地股权资产可能涉及的事项，有利于公司清盘程序的推进，未超出《企业破产法》规定的管理人履职范围，也符合

《香港公司（清盘及杂项条文）条例》第197~199条等规定的履职权限，可予允许。申请人提出的第7项“处理其他为集团公司清盘和分配财产而可能产生的必要事务”，则需经人民法院许可。

三中院依照《企业破产法》及《试点意见》相关规定，裁定如下：（1）认可集团公司在香港的强制清盘程序。（2）认可黎某某、陈某某作为集团公司清盘人的身份。（3）允许集团公司清盘人黎某某、陈某某在内地履行下列职责：①接管集团公司的财产、印章和账簿、文书等所有资料；②管理和处分集团公司的财产；③决定集团公司的内部管理事务；④决定集团公司的日常开支和其他必要开支；⑤代表集团公司启动、参加诉讼、仲裁或其他法律程序；⑥调查集团公司的财产状况及其他经营事务；⑦经人民法院许可的其他为处理集团公司清盘和分配财产而可能产生的必要事务。如涉及放弃财产权益、设定财产担保、借款、将财产转出内地以及实施其他对债权人利益有重大影响的财产处分行为，需经人民法院另行批准。

案例分析

2021年5月14日，最高人民法院与香港特别行政区政府共同签署了《会谈纪要》，并于同日发布《试点意见》，对香港破产程序的认可与协助条件、审查标准、法律效力等提出指导意见。现行《企业破产法》第5条对跨境破产作了宣示性的原则规定，采用“有限制的普及主义”原则，对未缔结相关条约的国际或地区，秉持“互惠原则+公共利益保留”的审查标准,[①] 有助于维护国家主权和社会公共利益。但该条规定较为原则，无法满足实务需求，有必要就相关法律适用和司法协作机制作进一步探索完善。

本案中，法院依据《会谈纪要》及《试点意见》的规定，参考联合国国际贸易法委员会《示范法》、《跨境破产示范法颁布及解释指南》（以下简称《示范法解释指南》）及相关实践案例，对所涉香港破产程序性质、管辖权、主要利益中心、清盘人履职范围等综合审查后，裁定认可了集团公司清盘程序及其清盘人身份，并对清盘人在内地的履职范围进行了限定。

① 参见石静霞：《我国破产程序域外效力的实例分析——评香港高等法院对“广信”破产程序的承认》，载《政法论坛》2002年第3期；常洁、刘琦：《承认外国破产程序的审查标准——以我国内地首例适用法律互惠承认外国破产程序案为例》，载《法律适用》2023年第9期。

一、明确主要利益中心的认定规则

（一）主要利益中心的认定规则

主要利益中心概念最早出现于1990年《欧洲跨境破产公约》中，此后一直作为跨境破产规则的核心概念为国际社会沿用。① 其功能在于确定域外破产程序是否为主要破产程序，以获得接案国提供的包括诉讼执行中止、资产保全等在内的全面救济。《示范法》第16条规定，如无相反证据，债务人的注册办事处或个人惯常居住地推定为债务人的主要利益中心。作为跨境破产认可与协助制度的核心规则，主要利益中心在判断域外破产法院是否有管辖权上具有重要意义，但其概念没有明确界定，实务中存在较大争议，尤其是认定债务人主要利益中心时应当考虑的实体要素，出现了债务人总部所在地、管理者所在地、主要财产所在地、第三人可知晓地等诸多要素。② 如何准确把握与之相关的举证责任、适用顺位、冲突时的裁量规则等问题成为实务难点。《试点意见》第4条第2款规定，本意见所称“主要利益中心”，一般是指债务人的注册地。同时，人民法院应当综合考虑债务人主要办事机构所在地、主要营业地等因素认定。本案为准确判断集团公司的主要利益中心，综合注册地、主要办事机构所在地、主要营业地等因素进行认定。

第一，注册地作为主要利益中心因素的审查。集团公司注册成立时的办事处为我国香港特别行政区湾仔港湾道某处地址，进入清盘程序后变更为香港皇后大道某处地址，尽管有变化，但并未改变注册地位于香港特别行政区的事实。

第二，对办事机构所在地因素的审查。办事机构所在地是可能改变注册地作为主要利益中心的因素。本案审理不仅对申请人提供的公司注册证书中的注册地进行审查，还要求提供主要办事机构所在地、实际经营所在地等证据。根据申请人提交的房屋租赁合同，以及该公司年度税务审计结算报告等证据，法院确认该公司在香港租赁办公场所开展日常经营的事实，且租金、物业费、会务费等日常经营开支，均以港币结算。由此认定其主要办事机构

① 参见解正山：《跨国破产立法及适用研究——美国及欧盟的视角》，法律出版社2011年版，第98~99页。

② 参见黄圆圆：《跨界破产承认与救济制度研究》，对外经济贸易大学出版社2020年版，第8~9页。

所在地也在香港特别行政区。

第三，对实际经营活动地因素的审查。根据申请人提供的债权申报资料，在已知债权人中，除一笔债权系内地子公司提供担保而形成外，其他债权人均位于香港特别行政区，表明债务人开展实际经营活动，对外发生债权债务关系的实际经营地亦在香港特别行政区。

通过以上审查，法院适用《试点意见》第 4 条的规定，认定主要利益中心在香港特别行政区，承认香港破产程序在内地的效力。

（二）把握主要利益中心审查规则的延展思考

《试点意见》将主要利益中心标准的判定因素列举为注册地、主要办事机构所在地、主要营业所在地、主要财产所在地等，旨在对法官个案裁量权提供指引。

第一，不宜轻易推翻以注册地推定的主要利益中心。《试点意见》第 4 条关于主要利益中心“一般是指债务人的注册地”的规定，与《示范法》第 16 条规定的如无相反证据，债务人的注册办事处或个人惯常居住地推定为债务人的主要利益中心，其核心含义相一致。将债务人注册地推定为主要利益中心的优势在于，快捷而直接地确定单一法院对破产案件行使管辖权，以便采取紧急措施、保全债务人资产，在无相反证据足以推翻注册地作为主要利益中心的情况下，不宜轻易推翻。

第二，以“最实质联系”标准作为推翻主要利益中心的判断方法。法院宜采用“最实质联系”标准，进一步查明债务人实施管理、控制行为的地点。所谓“最实质联系”，即在综合考虑债务人的主要业务开展地、资产所在地、债务集中地或经常活动地等要素中，厘定与债务人联系最为密切的地点作为主要利益中心。把握“最实质联系”标准应注意以下要素：（1）恪守法人人格独立的一般原则，在无相反证据时，注册地在内地的实体经营企业，与在港关联企业之间分属不同法域管辖，如果内地企业与香港特别行政区企业之间并未在资本、经营等方面形成高度混同的局面，应尊重其各自的独立法人地位，不宜轻易推翻注册地作为主要利益中心的认定；（2）需特别关注注册地未必不是主要营业地的离岸“信箱”实体或有其他海外特殊目的公司，若较难判断该企业是否有其他主要利益中心时，可引入第三人信赖利益的外观标准，防止制造经营管理假象而转移主要利益中心的情形；（3）在证明标准上，除非有充分证据表明注册地不存在任何日常经营活动或仅为虚拟地址，一般不轻易推翻注册地作为主要利益中心的核心标准。

二、清盘人在内地履职予以协助的审查及限定

《企业破产法》第25条规定了内地管理人的履职事项，《试点意见》第14条第1款规定："人民法院认可香港破产程序后，可以依申请裁定允许香港管理人在内地履行下列职责：（一）接管债务人的财产、印章和账簿、文书等资料；（二）调查债务人财产状况，制作财产状况报告；（三）决定债务人的内部管理事务；（四）决定债务人的日常开支和其他必要开支；（五）在第一次债权人会议召开之前，决定继续或者停止债务人的营业；（六）管理和处分债务人的财产；（七）代表债务人参加诉讼、仲裁或者其他法律程序；（八）接受内地债权人的债权申报并进行审核；（九）人民法院认为可以允许香港管理人履行的其他职责。"该条对于香港管理人的履职范围进行了界定，同时就条款适用赋予了法院裁量权。在《〈试点意见〉的理解与适用》一文中，认为"人民法院对香港管理人的履职内容具有酌情裁量权"。[①] 法院行使酌情裁量权时该考量哪些要素，如何对香港管理人履职范围进行限定？本案从以下方面进行审查。

（一）是否予以协助认定的考量因素

香港特别行政区高等法院原讼法庭在认可与协助上海某国际集团有限公司破产清算程序案（[2019] HCMP 2295）中，除认为协助措施需符合域外破产管理人依照本国或本地区法律在其法院地获得同等协助的一致性原则外，还认为需符合必要性、合理性原则，即对域外破产管理人提供协助，是为解决域外法院因地域和权力所限导致的对破产财产管理上的困难，且承认与协助必须符合协助法院所在地的实体法和公共政策。故，需根据具体案件情况，审查申请事项是否具有必要性、合理性。

第一，本案申请事项的第1项、第2项、第6项，为申请人因无法接管、调查、管理、处分内地子公司股权资产、账册文件等而请求内地法院提供协助。如不允许申请人在内地履行上述职权，申请人将难以查明集团公司在内地的子公司股权资产价值，继而难以进行接管、处分等后续清盘工作，从维护集团公司资产及保护债权人利益角度，应给予协助。第二，申请事项的第

① 司艳丽、张鑫萌、刘琨：《〈试点意见〉的理解与适用》，载微信公众号"最高人民法院"，2021年5月14日。

3~5 项，涉及由申请人代表集团公司行使股东权利时可能发生的决定管理事务、决定内部开支、代表公司启动参与法律程序等权利。在申请人自述其对内地子公司管理层失去控制的情况下，后续可能发生如召开董事会形成决议、对公司内部事务管理及费用开支进行决策、因罢免公司管理层而应诉等情形。赋予清盘人相应的履职权限，有利于集团公司清盘程序顺利推进，故其申请具有合理性、必要性，应予准许。

（二）对于清盘人履职范围的限定

《试点意见》第 14 条第 1 款第 9 项规定："人民法院认为可以允许香港管理人履行的其他职责。"该条赋予了法院根据案件具体情况许可香港管理人在内地履职的裁量权。本案中，申请事项的第 7 项"其他为处理集团公司清盘和分配财产而可能产生的必要事务"中的"其他"范围较广，如不对其进行限定，可能产生影响境内债权人及其他利害关系人权益的情况，故有必要在给予香港清盘人协助的同时，保护可能受到协助影响的利害关系人的利益。《试点意见》第 14 条第 2 款规定："香港管理人履行前款规定的职责时，如涉及放弃财产权益、设定财产担保、借款、将财产转移出内地以及实施其他对债权人利益有重大影响的财产处分行为，需经人民法院另行批准。"对债权人利益有重大影响的财产处分行为，需以另行发起申请程序的方式获得法院批准。由此，本案中，法院裁决在第 7 项中增加了"经人民法院许可"这一限定条件，并明确香港管理人后续在内地履职中，如涉及申请事项第 1~6 项之外的其他事务，应及时向人民法院报告并经许可后才可实施，并在裁定主文第 3 条第 7 项中予以明确。

三、细化认可与协助案件的通知程序

《试点意见》第 8 条规定："人民法院应当自收到认可和协助申请之日起五日内通知已知债权人等利害关系人，并予以公告。利害关系人有异议的，应当自收到通知或者发布公告之日起七日内向人民法院书面提出。"该条对通知的具体内容以及通知方式未作规定。《试点意见》第 7 条第 5 项对申请人提交资料限于"债务人在内地的已知财产、营业地、代表机构和债权人情况"。但不能简单以此推定第 8 条所指债权人范围仅指内地已知债权人。参考《示范法》第 14 条第 1 款、第 2 款、第 3 款[①]内容，通知应发给本国债权人及地址不在本国的已知外国债权人，并采取适当措施通知地址不明的任何债权人。当向外国债权人发出通知时，应指明提出求偿申请的合理期限、求偿申请的地点，明确担保债权人是否需提出求偿申请，以及按照本国法律及法院命令要求在向债权人发出的通知中是否需包含任何其他资料。《示范法解释指南》原则上规定个别通知外国债权人，但法院可在特定情况下自由裁量，以其认为适当的便捷手段发出通知。[②] 为平等保护处于不同地域的债权人利益，本案依据《企业破产法》第 14 条，《民事诉讼法》第 95 条，《最高人民法院关于适用〈中华人民共和国民事诉讼法〉的解释》第 138 条、第 139 条关于公告送达规定的原则，细化通知程序，具体包括以下几点：

第一，通知范围上，除申请人、关联企业外，还包括已知的境外债权人等可能受到认可与协助效果影响的利益相关方。本案中，法院向内地债权人、内地子公司均邮寄了通知函，并从提高通知及时性、便捷性的角度，委托清盘人向境外债权人发出了听证通知。第二，通知内容上，本案在通知书中列明了申请主体，申请事实及法律依据，申请人提出认可与协助的具体事项，还明确了可提出异议的主体及期限，以便于债权人等利害关系人知晓本案对其权益可能产生的法律后果，保护其提出异议的权利。第三，通知方式上，本案依据《企业破产法》第 14 条、《民事诉讼法》第 95 条等规定，在全国企业破产重整案件信息网、《人民法院报》进行公告，既保障了境内外债权人、关联企业及其他利害关系人享有同等知情权、参与权、异议权等权利，又兼顾了认可效率。

---

① 《示范法》第 14 条规定，通知外国债权人关于依据（此处写入颁布国与破产有关的法律名称）实施的程序：1. 凡依据（此处指明颁布国与破产有关的法律）应向本国债权人发出通知，亦应发给地址不在本国的已知债权人，法院可命令采取适当措施，通知尚未知道地址的任何债权人。2. 此类通知应分别发给每个外国债权人，除非法院认为在所涉情况下采用某种其他通知方式更为适当，而无须以调查委托书或其他类似的手续作出。3. 当向外国债权人发出开启程序的通知时，该通知应：（a）指明提出求偿申请的合理期限，并指定求偿申请的地点；（b）指明有担保的债权人是否需要提出其有担保债权的求偿申请；（c）载有按照本国法律和法院命令的要求，在向债权人发出的该项通知中需包含的任何其他资料。

② 详见《示范法解释指南》第 61 页至第 62 页。

关联索引

《中华人民共和国企业破产法》（2006年8月27日）

第五条 依照本法开始的破产程序，对债务人在中华人民共和国领域外的财产发生效力。

对外国法院作出的发生法律效力的破产案件的判决、裁定，涉及债务人在中华人民共和国领域内的财产，申请或者请求人民法院承认和执行的，人民法院依照中华人民共和国缔结或者参加的国际条约，或者按照互惠原则进行审查，认为不违反中华人民共和国法律的基本原则，不损害国家主权、安全和社会公共利益，不损害中华人民共和国领域内债权人的合法权益的，裁定承认和执行。

第二十五条 管理人履行下列职责：

（一）接管债务人的财产、印章和账簿、文书等资料；

（二）调查债务人财产状况，制作财产状况报告；

（三）决定债务人的内部管理事务；

（四）决定债务人的日常开支和其他必要开支；

（五）在第一次债权人会议召开之前，决定继续或者停止债务人的营业；

（六）管理和处分债务人的财产；

（七）代表债务人参加诉讼、仲裁或者其他法律程序；

（八）提议召开债权人会议；

（九）人民法院认为管理人应当履行的其他职责。

本法对管理人的职责另有规定的，适用其规定。

《中华人民共和国民事诉讼法》（2023年9月1日修正）

第九十五条 受送达人下落不明，或者用本节规定的其他方式无法送达的，公告送达。自发出公告之日起，经过三十日，即视为送达。

公告送达，应当在案卷中记明原因和经过。

《最高人民法院关于适用〈中华人民共和国民事诉讼法〉的解释》（2022年4月1日修正　法释〔2015〕5号）

第一百三十八条 公告送达可以在法院的公告栏和受送达人住所地张贴公告，也可以在报纸、信息网络等媒体上刊登公告，发出公告日期以最后张贴或者刊登的日期为准。对公告送达方式有特殊要求的，应当按要求的方式进行。公告期满，即视为送达。

人民法院在受送达人住所地张贴公告的，应当采取拍照、录像等方式记录张贴过程。

第一百三十九条 公告送达应当说明公告送达的原因；公告送达起诉状或者上诉状副本的，应当说明起诉或者上诉要点，受送达人答辩期限及逾期不答辩的法律后果；公告送达传票，应当说明出庭的时间和地点及逾期不出庭的法律后果；公告送达判决书、裁定书的，应当说明裁判主要内容，当事人有权上诉的，还应当说明上诉权利、上诉期限和上诉的人民法院。

《最高人民法院关于开展认可和协助香港特别行政区破产程序试点工作的意见》（2021 年 5 月 11 日 法发〔2021〕15 号）

二、本意见所称“香港破产程序”，是指依据香港特别行政区《公司（清盘及杂项条文）条例》《公司条例》进行的集体清偿程序，包括公司强制清盘、公司债权人自动清盘以及由清盘人或者临时清盘人提出并经香港特别行政区高等法院依据香港特别行政区《公司条例》第 673 条批准的公司债务重组程序。

三、本意见所称“香港管理人”，包括香港破产程序中的清盘人和临时清盘人。

四、本意见适用于香港特别行政区系债务人主要利益中心所在地的香港破产程序。

本意见所称“主要利益中心”，一般是指债务人的注册地。同时，人民法院应当综合考虑债务人主要办事机构所在地、主要营业地、主要财产所在地等因素认定。

在香港管理人申请认可和协助时，债务人主要利益中心应当已经在香港特别行政区连续存在 6 个月以上。

五、债务人在内地的主要财产位于试点地区、在试点地区存在营业地或者在试点地区设有代表机构的，香港管理人可以依据本意见申请认可和协助香港破产程序。

依据本意见审理的跨境破产协助案件，由试点地区的中级人民法院管辖。

向两个以上有管辖权的人民法院提出申请的，由最先立案的人民法院管辖。

六、申请认可和协助香港破产程序的，香港管理人应当提交下列材料：

（一）申请书；

（二）香港特别行政区高等法院请求认可和协助的函；

（三）启动香港破产程序以及委任香港管理人的有关文件；

（四）债务人主要利益中心位于香港特别行政区的证明材料，证明材料在内地以外形成的，还应当依据内地法律规定办理证明手续；

（五）申请予以认可和协助的裁判文书副本；

（六）香港管理人身份证件的复印件，身份证件在内地以外形成的，还应当依据内地法律规定办理证明手续；

（七）债务人在内地的主要财产位于试点地区、在试点地区存在营业地或者在试点地区设有代表机构的相关证据。

向人民法院提交的文件没有中文文本的，应当提交中文译本。

七、申请书应当载明下列事项：

（一）债务人的名称、注册地以及香港管理人所知悉的债务人主要负责人的姓名、职务、住所、身份证件信息、通讯方式等；

（二）香港管理人的姓名、住所、身份证件信息、通讯方式等；

（三）香港破产程序的进展情况和计划；

（四）申请认可和协助的事项和理由；

（五）债务人在内地的已知财产、营业地、代表机构和债权人情况；

（六）债务人在内地涉及的诉讼、仲裁以及有关债务人财产的保全措施、执行程序等情况；

（七）其他国家或者地区针对债务人进行破产程序的相关情况；

（八）其他应当载明的事项。

八、人民法院应当自收到认可和协助申请之日起五日内通知已知债权人等利害关系人，并予以公告。利害关系人有异议的，应当自收到通知或者发布公告之日起七日内向人民法院书面提出。

人民法院认为有必要的，可以进行听证。

十四、人民法院认可香港破产程序后，可以依申请裁定允许香港管理人在内地履行下列职责：

（一）接管债务人的财产、印章和账簿、文书等资料；

（二）调查债务人财产状况，制作财产状况报告；

（三）决定债务人的内部管理事务；

（四）决定债务人的日常开支和其他必要开支；

（五）在第一次债权人会议召开之前，决定继续或者停止债务人的营业；

（六）管理和处分债务人的财产；

（七）代表债务人参加诉讼、仲裁或者其他法律程序；

（八）接受内地债权人的债权申报并进行审核；

（九）人民法院认为可以允许香港管理人履行的其他职责。

香港管理人履行前款规定的职责时，如涉及放弃财产权益、设定财产担保、借款、将财产转移出内地以及实施其他对债权人利益有重大影响的财产处分行为，需经人民法院另行批准。

香港管理人履行职责，不得超出《中华人民共和国企业破产法》规定的范围，也不得超出香港特别行政区法律规定的范围。

十八、利害关系人提供证据证明有下列情形之一的，人民法院审查核实后，应当裁定不予认可或者协助香港破产程序：

（一）债务人主要利益中心不在香港特别行政区或者在香港特别行政区连续存在未满 6 个月的；

（二）不符合《中华人民共和国企业破产法》第二条规定的；

（三）对内地债权人不公平对待的；

（四）存在欺诈的；

（五）人民法院认为应当不予认可或者协助的其他情形。

人民法院认为认可或者协助香港破产程序违反内地法律的基本原则或者违背公序良俗的，应当不予认可或者协助。

案　号：（2022）沪 03 认港破 1 号

合议庭：俞秋玮　黄贤华　刘　琳　王益平　徐晓丽

编写人：刘　琳

衍生诉讼篇

1. 示范诉讼引导明确预告登记所有权性质

——原告吕某诉被告上海某市场经营管理有限公司破产债权确认纠纷案

关键词

破产财产界定　预告登记　示范诉讼

裁判要旨

破产程序中，经所有权预告登记的不动产，其所有权仍属于债务人。预告登记权利人的权利并非物权，而为债权，预告登记所有权人也不享有优先受偿权；对预告登记所有权人的保护，应兼顾其他类型债权人的合法权益，将预告登记债权作为单独的债权种类；在破产程序中引导相同类型的债权人以示范诉讼方式提起衍生诉讼，发挥示范诉讼引领作用，化解购房人与债务人的群体矛盾，实现纠纷公正高效化解。

基本案情

上海某市场经营管理有限公司（以下简称经营管理公司）是一家从事房产开发、出租等业务的企业，其主要资产为坐落于上海市金山区的办公用房。该办公用房虽已结构封顶，但尚未竣工验收，经营管理公司已无力清偿债务和续建办公用房。根据债权人申请，上海市第三中级人民法院（以下简称三中院）裁定受理经营管理公司破产清算案，并指定了管理人。债权申报阶段，43 名购房人认为其已按《商品房预售合同》约定付清购房款，经营管理公司依约早应向其交付房屋，但至今仅为其办理了预告登记，故要求管理人确认其对登记房屋享有物权。管理人确认这些购房人享有普通债权。预告登记所有权人均决定提起债权确认诉讼。基于这些案件具有共通事实和法律争点，为减少程序成本，公正高效解纷，管理人在法院指导下选取具有代表性的诉求，引导吕某等具有代表性的债权人作为原告，对被告经营管理公司提起破产债权确认诉讼，由破产管理人作为债务人的诉讼代表人进行应诉。

原告吕某诉称，其于2015年6月与被告签订了《商品房预售合同》，并于当日付清了购房款。同年次月，双方于上海市金山区房地产登记处办理了系争房屋的预告登记。依约，被告应于2017年6月向原告交付系争房屋，但被告至今未交付系争房屋。现请求法院确认系争房屋不属于破产财产，若法院认为系争房屋属于破产财产，则请求法院确认原告对系争房屋享有优先权。

被告经营管理公司不同意原告诉请，认为本案预告登记已经失效，涉案《商品房预售合同》事实上已经履行不能。目前，系争房屋未竣工验收，是烂尾楼。管理人虽努力招募投资人，但是无任何进展，被宣告破产的可能性较大，合同标的也在客观上无法履行。系争房屋尚未办理过户手续，仅办理了预告登记，仍属于债务人财产。况且，原告不具有消费性购房者资格，不能享有对债务人相应财产的优先权，故请求人民法院依法驳回。

法院经审理认定如下事实，2015年6月11日，原告、被告共同签订《商品房网签抵债协议》，约定被告提供一套在建商铺，用于冲抵被告对原告的借款，并且双方办理完毕网签及预告登记手续后债权即冲抵完毕。之后，原告、被告双方签订《上海市商品房预售合同》，约定原告向被告购买位于上海市金山区办公用房一套，房屋建筑面积为86.45平方米，总价629 788元，被告于2017年6月30日前将该房屋交付给原告。2015年7月3日，上海市金山区房地产登记处就上述房屋为原告办理了预告登记证明，当天原告对冲抵的债权金额也予以了确认。

此后，由于被告资金短缺等原因，一直未能完成上述房屋的竣工验收，至今未能如期向原告交付房屋。2019年8月，三中院裁定受理了被告破产清算一案，并指定众华会计师事务所（特殊普通合伙）为管理人。此后，原告向被告管理人提交了上述房屋的《商品房预售合同》《预告登记证》等相关资料，主张被告向原告交付房屋、办理房屋产权证书，以及未经原告同意，被告及管理人不得擅自处分上述房屋。

2021年6月17日，被告管理人公布了《关于债权审核结果的通告（三）》，明确了对原告的债权审核结果：按照预售合同，价值最高的一套购房本金认定为消费性购房款；其余购房本金同违约金、赔偿金认定为普通债权。原告对该债权认定结果提出异议。

三中院经审理后认为：原告、被告签订的《商品房预售合同》系各方真实意思表示，合同依法成立，且未违反法律、行政法规的效力性、强制性规定，当属有效。该合同受法律保护，双方应当按照约定，遵循诚实信用原则全面履行合同义务。系争在建房屋的对价已结清，原告已履行完毕《商品房预售合同》中的全部义务。法院就系争两个争议焦点进行了如下论述。

第一，关于系争房屋是否为破产财产（债务人财产）的问题。首先，根据我国法律规定，当事人签订买卖房屋的协议或者签订其他不动产物权的协议，为保障将来实现物权，按照约定可以向登记机构申请预告登记。预告登记后，未经预告登记的权利人同意，处分该不动产的，不发生物权效力。可见，预告登记是为确保发生在未来物权变动的债权请求权实现，而向登记机构申请办理的债权公示。由于系争房屋尚未建设完毕，也未完成房屋的首次登记。因此，目前系争房屋并非法律意义上的不动产，原告仅享有设定预告登记后限制被告处分的权利，不享有标的房屋的物权。其次，关于破产财产（债务人财产）范围，我国采取概括式和列举式相结合的方式予以规定。《企业破产法》第 30 条、第 107 条第 2 款从正面对属于破产财产（债务人财产）范围的财产予以规定，认为破产申请受理时属于债务人的全部财产，以及破产申请受理后至破产程序终结前债务人取得的财产，为债务人财产。债务人被宣告破产后，债务人称为破产人，债务人财产称为破产财产。《最高人民法院关于适用〈中华人民共和国企业破产法〉若干问题的规定（二）》（以下简称《破产法司法解释二》）第 2 条取代了《最高人民法院关于审理企业破产案件若干问题的规定》（以下简称《破产规定》）第 71 条的规定，从反面对不纳入破产财产的财产进行了列举：（1）债务人基于仓储、保管、承揽、代销、借用、寄存、租赁等合同或者其他法律关系占有、使用的他人财产；（2）债务人在所有权保留买卖中尚未取得所有权的财产；（3）所有权专属于国家且不得转让的财产；（4）其他依照法律、行政法规不属于债务人的财产。可见，在我国破产财产和债务人财产的认定标准相同，只是在破产清算程序中不同阶段的称谓不同，并且对破产财产（债务人财产）范围的确定，仍遵循物权变动的规则。本案中，系争建筑物为被告的在建工程，且不属于不纳入破产财产（债务人财产）的列举范围。因此，原告请求系争房屋不纳入破产财产或债务人财产，无法律依据。若被告在破产清算中对在建工程的处置影响原告将来取得系争房屋的所有权，原告可依法请求被告排除妨碍，待系争在建房屋建设完毕后，原告可直接请求完成不动产的变更登记，取得房屋所有权。对于原告请求确认系争房屋不列入破产财产或债务人财产的请求，本院不予支持。

第二，关于原告是否享有系争房屋优先权的争议问题。原告认为，原告享有的“优先权”并非解除合同后，原告对返还购房款和利息等金钱债权的优先清偿顺位，而是基于《商品房预售合同》和预告登记，请求被告继续履行的权利，该权利优先于任意第三人取得房屋符合居住及交付条件的完整属性及相关权属证明的权利。原告该项备位诉请为确认之诉。确认之诉的标的应为某种法律关系或权利是否存在。本案中，原告主张享有“优先权”，系为要求法院确认某项权利。根据确认之诉诉讼标的的性质，并非任何权利均能成为确认之诉的诉讼标的。所被确认的权利，应为已上升为法律保护的有名权利，并非尚未上升为权利的各种法益。我国法律并没有设立统一的优先权制度，也没有对“优先权”进行明确的含义界定。综观我国破产法中所规定的优先权，包括破产费用、破产中的共益债务、破产人所欠的职工工资、破产人欠缴的税费、工程价款优先受偿权、设定有效担保的债权等。其中，设定有效担保的债权，系因物权法相关规定，对特定物变价、拍卖后对价款享有优先受偿顺位；而破产费用、破产中的共益债务、破产人所欠的职工工资、破产人欠缴的税费、工程价款等，虽并非针对特定物，但在破产法中也明文规定了受偿时的优先顺位。可见，在我国法律体系中的“优先权”为金钱债权的优先顺位。并且，优先权的产生是为了平衡各权利人利益的需要，而在债权平等受偿之外通过特别法律规定进行的利益调整。因此，“优先权”的确认和行使，必须有法律的明文规定予以公示。本案中，原告享有的是系争房屋上的预告登记权利，该权利属于请求继续履行《商品房预售合同》，取得不动产登记的非金钱债权，并非法律明确规定的优先权。虽然权利存续和最终行使的后果具有排他的效力，或者达到类似于优先受偿的效果，也仅为合同继续履行和预告登记本身的效力，并非享有“优先权”所致。综上所述，原告不享有法律意义上的“优先权”。对于原告请求确认对系争房屋享有优先权的诉讼请求，本院不予支持。

据此，法院根据《最高人民法院关于适用〈中华人民共和国民法典〉时间效力的若干规定》第 1 条第 2 款，《企业破产法》第 30 条、第 107 条第 2

款，2007 年《物权法》第 20 条第 1 款，1999 年《合同法》第 60 条第 1 款，《破产法司法解释二》第 2 条之规定，判决驳回原告吕某的全部诉讼请求。

一审判决后，吕某不服提起上诉。二审期间，管理人与吕某等 43 名预告登记购房人沟通协调，参照该判决说理，将吕某及其他预告登记购房人均单独确认为预告登记权利人。吕某遂撤回了上诉。破产案件中，在建工程带抵押进行了出售，买受人承诺工程竣工后将妥善为预告登记所有权人办理过户手续。之后，其他预告登记购房人未再提起诉讼。

案例分析

破产程序中，经预告登记的所有权人的权利是否应当保护、如何予以保护，是本案审理的关键。

一、预告登记房屋的归属及预告登记权利的性质

吕某请求法院确认，经预告登记所有权的房屋不属于破产财产。《企业破产法》中有“债务人财产”（第 30 条）和“破产财产”（第 107 条）两个概念。该法第 107 条明确，“债务人被宣告破产后，债务人称为破产人，债务人财产称为破产财产”，可见，债务人财产和破产财产本质并无不同，仅仅是针对破产程序中的不同阶段而言。

《企业破产法》第 30 条对于破产财产的概念进行了界定，即为“破产申请受理时属于债务人的全部财产，以及破产申请受理后至破产程序终结前债务人取得的财产”。对此，《破产规定》第 71 条规定，下列财产不属于破产财产：（1）债务人基于仓储、保管、加工承揽、委托交易、代销、借用、寄存、租赁等法律关系占有、使用的他人财产；（2）抵押物、留置物、出质物，但权利人放弃优先受偿权的或者优先偿付被担保债权剩余的部分除外；（3）担保物灭失后产生的保险金、补偿金、赔偿金等代位物；（4）依照法律规定存在优先权的财产，但权利人放弃优先受偿权或者优先偿付特定债权剩余的部分除外；（5）特定物买卖中，尚未转移占有但相对人已完全支付对价的特定物；（6）尚未办理产权证或者产权过户手续但已向买方交付的财产；（7）债务人在所有权保留买卖中尚未取得所有权的财产；（8）所有权专属于国家且不得转让的财产；（9）破产企业工会所有的财产。之后实施的《破产法司法解释二》第 2 条对不属于破产财产的情况又明确规定，下列财产不应认定为

债务人财产：（1）债务人基于仓储、保管、承揽、代销、借用、寄存、租赁等合同或者其他法律关系占有、使用的他人财产；（2）债务人在所有权保留买卖中尚未取得所有权的财产；（3）所有权专属于国家且不得转让的财产；（4）其他依照法律、行政法规不属于债务人的财产。通常认为，《破产法司法解释二》第2条实施后，《破产规定》第71条已被取代不能适用，故对破产财产的界定，应适用《破产法司法解释二》第2条。[①] 然而，《破产法司法解释二》第2条对"不属于"破产财产的列举中，并未明确"预告登记"的财产不属于破产财产。可见，破产财产的范围，严格遵循物权变动的原则，相应地，对于原属于债务人的财产，也仍应遵循物权变动的原则确认是否仍属于破产财产范围。

《民法典》第209条第1款规定，不动产物权的设立、变更、转让和消灭，经依法登记，发生效力；未经登记，不发生效力，但是法律另有规定的除外。因此，我国法律对于物权变动，仍以登记生效主义为原则，法律特别规定为例外。由于吕某主张确权的系争房屋尚未建设完毕，也未完成房屋的首次登记，故仅为在建工程。系争预告登记房屋并非法律意义上的"物"，更不用说已发生物权的变更。

吕某享有的预告登记权利，究竟属于何种性质。2007年10月1日实施的《物权法》（已失效）第20条规定："当事人签订买卖房屋或者其他不动产物权的协议，为保障将来实现物权，按照约定可以向登记机构申请预告登记。预告登记后，未经预告登记的权利人同意，处分该不动产的，不发生物权效力。预告登记后，债权消灭或者自能够进行不动产登记之日起三个月内未申请登记的，预告登记失效。"之后，《民法典》第221条仍然沿用了相同规定内容。可见，预告登记权利人仅有限制所有权人处分不动产的权利，而不能直接对不动产享有完整的所有权。因此，预告登记所有权仅是在所有权取得之前，所有权人和债权人之间的一种契约约定，不能突破我国对于物权变动的原则性规定。吕某享有设定预告登记后限制经营管理公司对系争商铺随意处分的权利，若被告在破产清算中对在建工程的处置影响原告将来取得系争房屋的所有权，原告可依法请求被告排除妨碍，待系争在建房屋建设完毕后，

① 最高人民法院民一庭：《房地产开发企业进入破产程序的，买受人已支付了全部购房款但未完成所有权转移登记的房屋是否属于债务人财产及其权利实现顺位》，载最高人民法院民事审判第一庭编：《民事审判指导与参考》（总第74辑），人民法院出版社2018年版，第152~160页。

原告可直接请求完成不动产的变更登记，取得房屋所有权，故其性质是一种债权。

诉讼中，吕某的代理人援引了2015年5月5日施行、2020年12月19日修正的《最高人民法院关于人民法院办理执行异议和复议案件若干问题的规定》（以下简称《执行异议复议规定》）第30条[①]，作为其主张权利的法律依据之一。虽然《全国法院民商事审判工作会议纪要》也明确《执行异议复议规定》可以作为案件审理的实体性法律规定，但该条规定仅适用于执行异议之诉，并不适用于破产案件的审理。一是执行异议之诉中仅对被执行人财产是否适用于执行程序作出判断，但并不能就不动产权利归属、不动产买卖合同的效力等实体问题进行判断。二是执行程序中并不要求对债务人财产做终局性处理，而破产程序中必须同时兼顾管理人对债务人财产的变价处置。仅凭该规定，无法在衍生诉讼中确认预告登记权利人的权利，起到定分止争的效果。三是该条规定中的“停止处分”“排除强制执行”在破产程序中相当于何种法律效力，能否被解读为预告登记的破产保护效力，在该规定中并不明朗。因此，只能说我国预告登记仅有执行保全的效力，不能说具有破产保护效力。因此，吕某不享有标的房屋的物权。对于吕某请求确认系争房屋不列入破产财产或债务人财产的请求，法院未予支持。

二、预告登记所有权并非优先权

本案中，吕某又提出了一项备位诉请，即若法院认为系争房屋属于破产财产，则请求法院确认吕某对系争房屋享有优先权。在债权确认过程中，为了体现对某些债权的特别保护以及区别各债权的性质，管理人往往会对债权分类，并确定债权清偿的顺位和排序。研究债权的类别，对于区别各类债权性质、确定债权的顺位，明确在破产程序中哪些权利应当予以倾向性保护具有重要意义。

我国并没有设立统一的优先权制度，也没有对“优先权”进行明确的含义界定。综观我国法律规定，优先权的规定散落在各个部门法中。例如，《民法典》中关于建设工程价款的优先受偿权（第807条）、按份共有人对份额的

---

① 《执行异议复议规定》第30条规定：“金钱债权执行中，对被查封的办理了受让物权预告登记的不动产，受让人提出停止处分异议的，人民法院应予支持；符合物权登记条件，受让人提出排除执行异议的，应予支持。”

优先购买权（第305条、第306条）、承租人对房屋的优先购买权（第726条）；《海商法》中的船舶优先受偿权（第21条、第22条）；《民用航空法》中的民用航空器优先受偿权（第18条、第19条）；《农村土地承包法》中的农村集体经济组织成员在土地流转中的优先购买权（第51条）；《企业破产法》中关于担保物权的优先受偿权（第109条）、破产费用和共益债务的优先受偿权（第113条）、职工工资和医疗、伤残补助、抚恤费用等法律、行政法规规定应当支付给职工补偿金的优先受偿权（第113条）、社保和税费的优先受偿权（第113条）等。可见，关于优先权大致有两类，分别是优先购买权和优先受偿权。而在破产程序中的“优先权”应理解为优先于普通债权获清偿的优先受偿权。优先权为法定权利，不由当事人约定设置，应由法律明文规定作为公示，不需再以登记等公示为生效要件。[①] 无论是何种“优先受偿权”，都是在“金钱债权”的范畴内进行讨论，是指债权清偿时优先受偿顺位。[②] 就一般优先权而言，其清偿内容为不特定的财产，属于当然的金钱债权。对于特别优先权而言，在法条上均表述为“就标的不动产折价或者拍卖的价款优先受偿”[③]。

而预告登记所有权，并不属于明文规定的“优先权”，故无从确认吕某享有的债权属于“优先权”。本案中，吕某作为预告登记所有权人，从该项权利本身来看，其属于买受人在完成债权行为后，为保障其最终完成物权行为而进行的一种“公示”。《执行异议复议规定》中，将预告登记权利人（第30条）与消费性住房买受人（第28条）、一般不动产买受人（第29条）并列予以规定。第30条中，将不动产分为“符合物权登记条件”和“不符合物权登记条件”两种。“符合物权登记条件”时的预告登记权利人具有“停止处

---

① 王欣新：《论破产程序中税收债权与担保物权的清偿顺位》，载《人民法院报》2021年11月18日，第7版。

② 在最高人民法院（2021）最高法民申948号民事裁定书中，最高人民法院认为：破产程序的目的在于集中公平清理破产企业的债权债务关系，债务人进入破产程序后，除法律规定或者管理人根据《企业破产法》第18条规定决定继续履行合同之外，债权人对债务人根据合同享有的履行请求权，应当统一转化为金钱债权，由债权人通过申报债权并根据法律顺位获得清偿。

③ 《民法典》第807条规定：“发包人未按照约定支付价款的，承包人可以催告发包人在合理期限内支付价款。发包人逾期不支付的，除根据建设工程的性质不宜折价、拍卖外，承包人可以与发包人协议将该工程折价，也可以请求人民法院将该工程依法拍卖。建设工程的价款就该工程折价或者拍卖的价款优先受偿。”《民法典》第410条第1款规定：“债务人不履行到期债务或者发生当事人约定的实现抵押权的情形，抵押权人可以与抵押人协议以抵押财产折价或者以拍卖、变卖该抵押财产所得的价款优先受偿……”

分”的效力，而“不符合物权登记条件”的预告登记权利人与消费型购房人、一般不动产买受人同样具有“排除执行”的效力。因此，预告登记权利与消费性住房买受人、一般不动产买受人一样，是得以要求合同继续履行的债权，属于一种物权期待权，[①] 并且在审判实践中已经获得认可。[②] 所以，吕某的债权权利内容，既非请求经营管理公司支付不特定的财产，又非就特定财产变价后获得清偿，而是直接交付房屋。因交付标的为房屋，属于特定物，故为非金钱债权。因此，预告登记所有权属于“非金钱债权”范畴，而“优先权”却是“金钱债权”范畴，所以请求确认预告登记所有权属于“优先权”其本身就是自相矛盾的伪命题。只有在吕某与经营管理公司之间的房屋买卖合同解除或者终止后，吕某要求经营管理公司返还商铺的金钱价款，即非金钱债权转为金钱债权时，才有讨论“优先权”的基础。

综上所述，吕某享有的是系争房屋上的预告登记权利，是一种期待房屋将来交付的权利，其性质为非金钱债权。仅具有合同继续履行的效力，并不享有优先权。又由于该债权并未设定担保或存在法定优先顺位，即使合同解除或者终止，因吕某并非消费性住房买受人，法律并未就预告登记失效后的价款返还请求权规定相应的优先受偿权，吕某亦就返还价款不享有法律意义上的优先权。对于吕某请求确认对系争房屋享有优先权，并无相应的法律依据，法院亦不予支持。

三、破审衔接保护预告登记所有权人利益

吕某的两项诉讼请求均未得到法院支持，但是驳回吕某的诉讼请求却并未实质上化解预告登记权利人与经营管理公司之间的争议。由于以吕某为代表的预告登记权利人的权利性质并未在债权确认过程中予以准确认定，故预告登记债权人与普通债权的债权人，以及其他优先顺位债权人之间的债权顺序尚不明确，导致普通债权人可获清偿的范围也无法确定。所以，衍生诉讼案件除对吕某主张的两项诉请予以回应，还应当对破产程序中以吕某为代表的预告登记所有权人的权利是否应当予以保护、如何进行保护进行回应。从而实质性化解破产中因债权认定引起的纠纷，也有利于推动破产案件审理的

① 刘贵祥、范向阳：《〈关于人民法院办理执行异议和复议案件若干问题的规定〉的理解与适用》，载《人民司法》2015 年第 11 期。

② 吴光荣：《〈民法典〉背景下破产财产的范围及其认定》，载《法律适用》2022 年第 1 期。

进程和实现良好效果。

当债务人进入破产程序后，因资不抵债导致无法清偿全部债权，基于债权的平等性，各债权人只能对债务人的财产进行公平受偿。若所对应的债权均为金钱债权，则所有债权人可以按照债权比例清偿。但若所对应的债权中存在非金钱债权，则继续履行非金钱债权，非金钱债权将获得全部清偿。在房地产企业破产时，购房人依据合同所享有的即非金钱债权，能否继续履行存在不确定性，[①] 但随着继续履行房屋买卖合同、交付房屋，则会影响其他金钱债权人清偿的份额，终将导致债权人之间的利益不平衡——并非同等受偿。可见，非金钱债权在破产程序中，是介于物权和金钱债权之间的一种权利，其履行产生比金钱债权优先顺位更为“优先”的效果。

那么，如何体现对预告登记所有权权利人的保护？预告登记所有权的本质属于“物权期待权”，是为了强化不动产买受人的地位，使得其对出卖人产生由期待过渡到要求出卖人转移该不动产所有权的权利，在特定条件下，赋予不动产买受人的权利。然而，并非所有的期待都是期待权，只有当期待达到一定的确定程度，在交易中可以将之视为一种现成的财产进行让与时，才构成一项期待权。[②] 我国的物权变动理论与德国存在根本的不同，在德国物权法中，完成债权行为后，在实施物权行为时，仍需再进行“物权合意”与“提出登记申请”。然而，在我国因物权合意包含在债权行为中，所以并不以“提出登记申请”作为成立要件。因此，在德国将“合意”与“提出登记申请”作为期待权的成立要件。[③] 而在我国，完成债权行为后，仅需要办理预告登记即作为期待权的成立要件。虽然预告登记的不动产不同于通过将财产别除债务人财产获得保护，但经过预告登记的不动产作为具有公示效力的债权，在破产程序中仍应当获得相应的保护。多数观点认为，物权期待权并非直接赋予不动产权利人对于标的不动产变价的优先受偿权，而是使得权利人的房屋买卖合同不因债务人资不抵债而解除、转化为第二性权利，得以在执行程

① 此处，应与债务人是否享有解除权有关。法院应对是否属于《企业破产法》第 18 条，以及《民法典》第 563 条、第 580 条规定的债务人享有解除权的情况予以确定。

② 庄加园：《不动产买受人的实体法地位辨析——兼谈〈异议复议规定〉第 28 条》，载《法治研究》2018 年第 5 期。

③ 陈永强：《物权变动三阶段论》，载《法商研究》2013 年第 4 期。

序中继续请求债务人办理过户手续，以取得将来的物权。[①]也正如此，尊重和保护预告登记所有权人对物权的信赖利益及要求继续履行合同的权利，是在破产程序中对于预告登记所有权人保护的一种方式。

在破产程序中，对权利的准确分类，是对债务人清算的首要条件和基础。然而，管理人往往将申报的权利人都称为“债权人”，仅对法律规定的优先权予以注明，其余债权都一并称为债权，不加以区分。但债权因其产生的性质不同，在清偿过程中会产生不同的结果，不能一概而论。因此，在许多房企的破产案件中，往往将预告登记所有权人的权利认定为普通债权。但是，“普通债权”系相对于“优先债权”而言，而“优先债权”“优先权”“优先受偿权”又属于“金钱债权”范畴。所以，管理人将吕某的债权认定为普通债权，确实未体现出预告登记权利的特殊性。法院遂在判决中明确：“预告登记属于非金钱债权，继续履行合同将产生物权变动的效果，与金钱债权在性质上存在差异。”判决作出后破产案件合议庭要求管理人在破产程序中，除对申报权利人的权利进行债权、物权的区分，还有必要对金钱债权和非金钱债权进行区分。为确保继续履行合同，应将预告登记所有权作为一项单独的债权种类进行申报。最终，以吕某为代表的预告登记所有权人的权利得到了充分尊重，矛盾纠纷得以根本化解。

当然，在破产债权确认过程中还应当注意，当“非金钱债权”的继续履行影响到了全体债权清偿时，应当重新调整各债权人的利益平衡。本案最终对预告登记所有权人的权利保护，系基于债权人已经履行了《预售合同》项下全部付款义务，且管理人并不享有其他解除合同权利的情况。但是，在房地产企业的破产中，因企业具有挽救价值，债权人也有强烈的重整愿望，可能存在在破产中涉及重整，或者因为企业现金流遭遇瓶颈，无法通过市场对在建不动产进行变现、处置的情况。因此，需要通过对企业重新定位，改变原房地产用途规划、结构的方式来盘活濒临破产企业的僵局，打破瓶颈，提高债权的清偿率。若此时一味追求保护预告登记权利人，促使合同继续履行，会成为破产清算的障碍，从而陷入破产僵局，也将导致原预售商品房买卖合

① 最高人民法院民一庭：《房地产开发企业进入破产程序的，买受人已支付了全部购房款但未完成所有权转移登记的房屋是否属于债务人财产及其权利实现顺位》，载最高人民法院民事审判第一庭编：《民事审判指导与参考》（总第74辑），人民法院出版社2018年版，第160页。该文中收录了指导性案例——柳某诉美某公司取回权纠纷案。

同虽无法解除，但事实上无法继续履行。因此，有确实证据证明破产程序受预告登记所有权影响无法推进，管理人可以通过援引《民法典》第563条解除合同和第580条终止合同的相关规定，阻却《商品房预售合同》的继续履行。故，此时解除或终止预售合同，必然会牺牲预告登记债权人的利益，但会使得更多债权人在破产程序中获得清偿。因此，可以引导破产管理人对各债权人利益重新调整，对预售商品房买卖合同解除后的购房人的房款返还请求权予以特别保护，如给予房款返还请求权以优先清偿顺位，或将该返还请求权纳入共益债务等。当然，该问题不仅涉及合同解除的认定标准、合同解除的后果等传统民商法上的问题，还涉及破产法中关于债权清偿、各债权人利益平衡的问题，尚需进一步论证，在此仅提出一些粗浅的设想。

四、示范诉讼在房企破产案件中的探索与运用

针对破产衍生纠纷数量持续居高不下、影响破产案件审理效率的突出问题，特别是近年来涉房企破产案件中纠纷类型同质化、矛盾突出的特点，上海破产法庭探索破产程序衍生诉讼源头治理，加强前端减量、前端化解，推出关于探索破产衍生纠纷源头化解，积极引导示范诉讼的工作方案，进一步提升破产办理质效。本案深入分析诉讼程序和破产程序的不同机理，探索破产衍生纠纷示范诉讼机制，以达到“诉讼一件，解决一片”的效果。

（一）示范诉讼案件的选定规则

对于同一破产案件中，具有共通事实和相同争点的系列性、群体性破产衍生纠纷，若确定争议必须通过诉讼解决的，可选取具有代表性的纠纷先行提起示范诉讼。破产案件合议庭应当指导管理人及时提交书面申请，以及适用示范诉讼的工作方案。由管理人系统梳理全部房屋的出售情况、债权人的数量、基础法律关系的事实、债权人债权的形成时间、房产上的登记情况、债权人类别等，从而了解不同房屋共通事实、相同的争议焦点。在此过程中，破产案件合议庭应指导管理人选定示范案件。所涉破产案件在选定示范案件过程中，管理人积极引导并充分听取所涉纠纷当事人的意见，着重考虑以下原则。

第一，代表性原则。首先，提出异议的群体具有代表性。在破产案件的债权确认过程中，与吕某具有类似情况的预告登记权利人的人数在全体债权人中占比较高，选择该类群体作为示范诉讼的代表，能够解决破产案件中大

部分争议。其次，争议问题的法律适用存在代表性。对于一方已经履行完毕的房屋买卖合同，破产管理人能否单方解除合同、预告登记所有权又如何在破产债权中进行确认，这些问题不仅影响到预告登记权利人本身，也间接影响到众多普通债权人的债权顺位，在理论和实践中也存在较大争议。选择该类争议作为示范诉讼，有利于形成典型案例和有较高参考价值的判决。最后，对于涉房企破产类案件具有代表性。房企经营过程中，对在建房屋设定预告登记是通常做法，故在破产时经预告登记的在建房屋保有量的数量也巨大。因此，有必要通过示范方式对预告登记权利人的权利类型予以明确，确保在确定示范诉讼的判决标准后，以非诉讼方式化解同类纠纷。

第二，经济、便利原则。吕某与经营管理公司的纠纷中，涉及数十套商铺的债权确认，但每套商铺的面积不同，导致诉讼标的金额有所差异。在选择示范诉讼时，应考虑到诉讼成本对破产程序成本的影响，选择商铺面积最小、合同约定总价最低的一套商铺进行诉讼，可降低破产企业和债权人的诉讼成本。又由于吕某系全部预告登记权利人中登记房屋数量较多的权利人，并且其曾参与同经营管理公司的沟通、协商，对于预告登记手续的办理情况比较了解；也曾代表全体预告登记权利人与政府进行过沟通。因此，吕某对案件经过相对熟悉，对相关的证据资料也保存得相对完整，在全部预告登记权利人中具有一定的话语权，对于诉讼开展具有积极的意愿，具有较强的诉讼能力，由其作为示范诉讼的原告提起诉讼，具有一定的便利条件。

（二）对债权人权利的保障

虽然示范诉讼的申请由管理人提出，但是在选择过程中，破产案件合议庭应加强对管理人债权审查等履职工作的督导，以充分保障债权人的权利。

第一，流程规范督导和审核。本案中，管理人为选取示范案件，听取了所涉纠纷当事人的意见。并且以谈话笔录、签署协议、录音录像等方式固定了当事人的意见。管理人在破产案件合议庭督导下开展示范诉讼。破产合议庭对于管理人申请的示范诉讼进行初步审查，排除事实和法律适用清楚的、争议不大、无诉讼意义的案件，最终选定吕某作为预告登记债权人代表提起示范诉讼。

第二，选定结果的公示。管理人在制定示范诉讼方案后，报告债权人会议以及书面告知所涉纠纷全部预告登记所有权人。示范诉讼方案包含同类纠纷范围、示范案件选定过程及结果、示范诉讼目的和效果等，破产合议庭对于该诉讼方案审核后进行公示。对于选定结果有异议的债权人，由管理人听取相关意见，破产合议庭配合管理人做好释法工作。

第三，示范诉讼审理进展的跟进。在本案审理期间，应及时向管理人反馈示范诉讼进展，并由管理人向同类预告登记所有权人通报案件审理情况，并听取汇总意见，做好记录，让示范诉讼能涵盖所有权利人的意见，引导同类纠纷当事人暂缓单独处理。

（三）破产与衍生诉讼的衔接

示范诉讼中衍生诉讼合议庭应做好与破产合议庭的衔接。

首先，做好证据的衔接。包括与在建工程实际建设的情况、吕某和其他债权人债权确认的相关情况、经营管理公司在建工程后续处置的方案等，以查明案件相关的所有事实。

其次，做好沟通的衔接。在审理过程中，因以吕某为代表的预告登记所有权人众多，涉及的经济利益巨大，并且衍生诉讼的解决又需要时间。因此，破产合议庭和衍生诉讼合议庭需要共同做好当事人的安抚和解释工作。通过良好沟通，得到暂缓单独处理的预告登记债权人的理解。

最后，做好效果的衔接。衍生诉讼审理结束后，破产案件与衍生诉讼的审判组织及时沟通示范诉讼的作用目的，保障实现示范诉讼判决对同类纠纷的示范效果。本案中，吕某的全部诉讼请求未取得法院支持，一审判决后提起上诉。管理人及时将示范案件的裁判结果和同类纠纷的处理意见通报债权人会议，书面告知所涉纠纷全部当事人，统一将此类系争债权作为一项单独的债权种类进行申报。预告登记权利人的纠纷从本质上得以化解，吕某撤回上诉。

关联索引

《中华人民共和国民法典》（2020 年 5 月 28 日）

第二百二十一条　当事人签订买卖房屋的协议或者签订其他不动产物权的协议，为保障将来实现物权，按照约定可以向登记机构申请预告登记。预告登记后，未经预告登记的权利人同意，处分该不动产的，不发生物权效力。

预告登记后，债权消灭或者自能够进行不动产登记之日起九十日内未申请登记的，预告登记失效。

《中华人民共和国企业破产法》（2006年8月27日）

第三十条 破产申请受理时属于债务人的全部财产，以及破产申请受理后至破产程序终结前债务人取得的财产，为债务人财产。

第一百零七条 人民法院依照本法规定宣告债务人破产的，应当自裁定作出之日起五日内送达债务人和管理人，自裁定作出之日起十日内通知已知债权人，并予以公告。

债务人被宣告破产后，债务人称为破产人，债务人财产称为破产财产，人民法院受理破产申请时对债务人享有的债权称为破产债权。

《最高人民法院关于适用〈中华人民共和国企业破产法〉若干问题的规定（二）》（2020年12月29日修正）

第二条 下列财产不应认定为债务人财产：

（一）债务人基于仓储、保管、承揽、代销、借用、寄存、租赁等合同或者其他法律关系占有、使用的他人财产；

（二）债务人在所有权保留买卖中尚未取得所有权的财产；

（三）所有权专属于国家且不得转让的财产；

（四）其他依照法律、行政法规不属于债务人的财产。

案　号：（2021）沪03民初568号

合议庭：刘　琳　姚　磊　张文星

编写人：张文星

2. 适用破产撤销权维护全体债权人公平清偿权利

——原告上海某清算事务有限公司与被告赖某某破产撤销权纠纷案

关键词

打击逃废债　公平受偿　破产撤销权

裁判要旨

本案系适用破产撤销权制度追回债务人无偿转让财产、维护全体债权人公平清偿利益的典型案例。债务人在破产受理前的一年临界期内，无偿转让财产给关联公司，实施有害于全体债权人利益的行为，破产案件管理人请求法院撤销该行为，法院判决予以撤销，确保了全体债权人公平受偿权利。本案是《企业破产法》公平和平等原则的体现，同时对于认定逃废债行为具有参考意义。企业破产法上的撤销权是民法上债权人撤销权制度在破产程序中的延伸，设计该制度的主要考量因素在于恢复因债务人不当处分而失去的利益，确保破产财产的最大化以及保护全体债权人平等受偿的权利。秉承这一裁判理念，本案的审理主要聚焦于对债务人行为的定性，即是否构成《企业破产法》第31条规定的"无偿转让财产的"行为及受让人是否应当将该财产返还债务人管理人。对于无偿转让财产行为的认定，应重点判断是否符合客观构成要件。在裁判思路上，根据民事诉讼法"谁主张，谁举证"的规则，由管理人对受让人获得财产的"无偿性"进行举证，同时由受让人对其获得财产具有对价进行举证。

基本案情

上海某科技有限公司（以下简称科技公司）管理人上海某清算事务有限

公司（以下简称清算公司）于2021年2月诉至上海市第三中级人民法院（以下简称三中院）称：其接管债务人科技公司账册后发现，科技公司曾于2020年1月向公司财务人员赖某某付款30万元，账面记载为其他应收款，属于《企业破产法》第31条的“无偿转让财产的”情形，应予以撤销。管理人向赖某某发函要求退回。赖某某接到通知后，不但未退回，反而将系争款项转给了关联公司上海某物流科技股份有限公司（以下简称物流公司）。故，原告起诉请求法院撤销该无偿转让财产行为，判令赖某某返还30万元，并将其归入债务人财产。

赖某某辩称：其将母公司（物流公司）账上的30万元转到科技公司，后又转到自己个人账上，是为了用于一般案件的处理，因未使用才又转回到物流公司账上。该款项属于一般的往来走账，不同意返还管理人，请求驳回诉讼请求。

第三人物流公司述称：赖某某陈述属实。科技公司是物流公司全资子公司，物流公司对科技公司有应收款且账目相互印证。该30万元属于物流公司财产，转到科技公司时，科技公司已不再经营，尚有一些房租、人员工资、报销等费用需要支付。赖某某是物流公司和科技公司的财务人员，转账操作正常，可以从物流公司对科技公司的应收款项中冲抵30万元。

法院经审理查明，2020年4月，法院裁定受理科技公司破产清算一案，同时指定清算公司担任管理人。管理人依法接管科技公司财产后，调查相关财务资料时发现一张银行支付业务回单，其上载明科技公司于2020年1月20日转账给赖某某30万元，回单上记载“附言：代还担保款”。科技公司在2020年1月31日的记账凭证上载明：其他应收款/个人/徐某——担保款，借方金额300 000元，贷方金额300 000元。对此，管理人向赖某某发函，称债权人徐某未收到该30万元，已向管理人全额申报债权，要求赖某某在收到通知之日起的5个工作日内将30万元退回管理人账户。同年7月8日，赖某某发出异议函，称该30万元系用于还款案件处理，因未达成相关事项导致资金未使用，已于2020年7月7日退回物流公司账户，账务处理为科技公司往来款，故此款属于物流公司资金。

本案争议焦点系债务人科技公司向赖某某转账30万元的行为是否属于《企业破产法》第31条规定的应撤销行为。三中院认为，《企业破产法》第31条规定：“人民法院受理破产申请前一年内，涉及债务人财产的下列行为，管理人有权请求人民法院予以撤销：（一）无偿转让财产的……”[①] 从本案实际情况来看，法院于2020年4月22日受理科技公司破产清算一案，科技公司向赖某某支付30万元的行为发生在2020年1月20日，转让行为发生在受理破产申请前一年内；科技公司向赖某某支付30万元的行为系无偿转让财产行为，非为全体债权人利益。故，科技公司向赖某某支付30万元的行为构成债务人无偿转让财产而应予撤销。至于赖某某及物流公司称该30万元属于物流公司财产，仅是通过科技公司走账，法院认为科技公司及物流公司均系企业法人，有独立的法人财产，享有法人财产权。系争30万元是科技公司转账给赖某某，并不能证明科技公司向赖某某支付的30万元所有权属于物流公司，赖某某理应返还给科技公司，故科技公司向赖某某支付30万元的行为构成企业破产法上应予撤销的无偿转让财产行为。法院依照《企业破产法》第31条第1项、《最高人民法院关于适用〈中华人民共和国民事诉讼法〉的解释》第10条之规定，判决：（1）撤销科技公司于2020年1月20日向赖某某无偿转让财产30万元的行为；（2）赖某某应向清算公司（科技公司管理人）返还30万元，并归入债务人财产。赖某某不服一审判决上诉后，上海市高级人民法院判决：驳回上诉，维持原判。

案例分析

本案主要涉及破产撤销权中的“无偿转让财产行为情形”的认定。

一、破产撤销权制度基本理论

破产撤销权，即企业破产法上的可撤销行为，是指债务人财产的管理人对债务人在破产申请受理前的法定期间内进行的欺诈债权人或损害全体债权人公平清偿的行为，有申请法院予以撤销并追回财产的权利。撤销权制度的设置是以维护债权人整体利益、保护公平清偿为基础的，在一定程度上舍弃了对债务人与行为相对人交易自由的保护，但保全了债务人财产，实现了债

---

① 《企业破产法》第31条规定：“人民法院受理破产申请前一年内，涉及债务人财产的下列行为，管理人有权请求人民法院予以撤销：（一）无偿转让财产的；（二）以明显不合理的价格进行交易的；（三）对没有财产担保的债务提供财产担保的；（四）对未到期的债务提前清偿的；（五）放弃债权的。”

权人之间的实质平等。[①]

（一）破产可撤销行为构成要件

《企业破产法》第31条规定："人民法院受理破产申请前一年内，涉及债务人财产的下列行为，管理人有权请求人民法院予以撤销：（一）无偿转让财产的；（二）以明显不合理的价格进行交易的；（三）对没有财产担保的债务提供财产担保的；（四）对未到期的债务提前清偿的；（五）放弃债权的。"第32条规定："人民法院受理破产申请前六个月内，债务人有本法第二条第一款规定的情形，仍对个别债权人进行清偿的，管理人有权请求人民法院予以撤销。但是，个别清偿使债务人财产受益的除外。"

关于客观要件，包括以下几个方面：（1）债务人有损害债权人利益的行为且继续有效存在。债务人行为对债权人利益的损害可以从两方面进行评价：其一为财产标准，即该违法行为使债务人作为履行债务担保的一般责任财产减少，导致债务人丧失清偿能力而破产，或者使债权人在此后开始的破产程序中可以得到的清偿减少，即《企业破产法》第31条第1项、第2项、第5项及第32条的情形；其二为债权人地位标准，即该违法行为使个别债权人得到偏袒性清偿，使其获得本不应有的较该行为发生前更为有利的受偿地位，破坏全体债权人的公平清偿，系《企业破产法》第31条第3项、第4项的情形。[②]（2）行为发生在破产程序开始前的法定可撤销期间内。世界多数国家采取在破产程序开始前设置法定撤销期即嫌疑期制度，我国根据可撤销行为的社会危害性分别设置了破产受理前6个月和1年两种嫌疑期。（3）撤销权在法定期间内行使。各国破产法均规定了撤销权的消灭时效或除斥期间。破产撤销权只有在破产程序开始后方可行使，但是否在整个破产程序中均可行使，各国规定不同。我国《企业破产法》对破产撤销权的行使并无时间限制，应当认为自破产申请受理后管理人即可行使撤销权。

关于主观要件，主要是判定债务人、交易相对人以及转得人在实施行为时具有的主观意思对撤销权的构成有无影响。不同国家对于破产撤销权是否需要考虑主观要件规定不一。我国《企业破产法》对撤销权采用形式判断原则，对破产撤销权未规定主观要件，但对民法上的债权人撤销权则设定了一

---

① 参见最高人民法院民事审判第二庭编：《企业改制、破产与重整案件审判指导》，法律出版社2015年版，第196~197页。

② 王欣新：《破产法》（第四版），中国人民大学出版社2019年版，第137~142页。

定主观要件，即以不合理价格交易时债权人在行使撤销权时应考虑债权人、相对人的主观状态。

（二）破产可撤销行为基本类型

通常在破产法理论上，根据可撤销行为所损害利益的当事人范围不同，将其分为两大类。其一是欺诈行为，又称为诈害行为，是指损害全体债权人利益的行为，具体包括无偿转让财产、放弃债权、以明显不合理的价格进行交易的行为；其二是偏颇清偿行为，又称偏袒性清偿、优惠性清偿行为，是指债务人在破产申请受理前的法定期间内，对个别债权人的清偿权益给予特别照顾而损害多数债权人利益的行为，具体包括对未到期的债务提前清偿、对没有财产担保的债务提供财产担保、危机时期（破产申请前6个月内）的个别清偿行为。

关于欺诈行为，关注的是债权人相对于债务人的权利，撤销主要在于实现全体债权人利益最大化的价值目标。民法中债权人撤销权具有避免债务人财产不当减少的功能，其对象为欺诈行为，行为导致债务人责任财产的不当减少，同时根据《民法典》第538条、第539条的规定[①]，其撤销的行为区分了无偿行为与有偿行为：无偿行为必然会减少债务人财产，而有偿行为只有在不合理交易时才会减少债务人财产。作为债权人撤销权在破产法上的延伸，破产撤销权同样应区分欺诈行为的有偿性与无偿性。《企业破产法》第31条第1项、第2项、第5项列举了“无偿转让财产”和“放弃债权”两种无偿性欺诈行为和“以明显不合理的价格进行交易的行为”的有偿性欺诈行为，并未规定兜底规则及不得撤销的例外规则。对此，在判断欺诈行为时，应参照《民法典》关于债权人撤销权的相关规定，要在个案中根据具体情况，综合考虑债务人的行为是否具备正当性、妥当性，结合债权人的债权情况、债务人的责任财产状况等在个案中判断，既要防止对债务人行为的不当、过分干预，也要防止设定过于严苛的条件妨害撤销权的正常行使，根据欺诈行为

① 《民法典》第538条规定：“债务人以放弃其债权、放弃债权担保、无偿转让财产等方式无偿处分财产权益，或者恶意延长其到期债权的履行期限，影响债权人的债权实现的，债权人可以请求人民法院撤销债务人的行为。”第539条规定：“债务人以明显不合理的低价转让财产、以明显不合理的高价受让他人财产或者为他人的债务提供担保，影响债权人的债权实现，债务人的相对人知道或者应当知道该情形的，债权人可以请求人民法院撤销债务人的行为。”

的各个不同类型确立细致的判断标准。[①] 就债务人主观层面，从强化对债权人保护的角度来说，债务人的主观意图一般不影响破产撤销权的构成；而对于相对人的主观层面，从平衡对债权人的保护和保护交易安全两方面出发，对于无偿转让财产、放弃债权这类无偿欺诈行为，相对人通常无须保护，而对于以明显不合理的价格进行交易这类有偿欺诈行为，只有在相对人为恶意而不值得保护时，才可以撤销，即无偿欺诈行为的可撤销性应强于有偿欺诈行为。[②]

关于偏颇清偿行为，是指债务人在破产临界期内偏袒、优待的清偿行为及担保行为。其关注的是特定债权人相对于其他债权人的权利，对其撤销主要在于实现债权人之间平等受偿的价值目标。[③]《企业破产法》第 31 条第 3 项、第 4 项及第 32 条为偏颇清偿行为的具体体现，分别为对未到期的债务提前清偿、对没有财产担保的债务提供财产担保、危机时期的个别清偿行为，显著特征为对个别债权人的债权清偿的优惠性及偏袒性，降低了其他债权人获得清偿的可能性。通常对于偏颇清偿行为的判断，只需考虑行为是否符合客观要件，主观性在所不问。与欺诈行为不同的是，偏颇清偿行为并未导致债务人财产的减少，只是导致债权人内部分配不均，在破产法之外本是正当合法的行为，若非因破产并不会被撤销，故对偏颇清偿行为的撤销是“破产法上特有的撤销”[④]。

（三）破产撤销权的制度价值

考虑到债务人从陷入危机到正式破产会持续很长一段时间，在这段时间内，债务人及特定债权人极有可能已经认识到不可避免的破产后果，并因此采取了给予特定债权人优待的“突击”清偿，或以转移财产为目的的不当交易行为。因此，从保护全体债权人利益的角度看，有必要限制那些减少债务人一般财产的“突击”清偿行为与不当交易行为，以保护全体债权人的利益。

破产撤销权制度的应用主要出于两方面的考量：一是确保破产财产的最

① 参见黄薇主编：《中华人民共和国民法典合同编解读》，中国法制出版社 2020 年版，第 267 页。

② 参见朱虎：《债权人撤销权和破产撤销权的同频共振》，载《清华法学》2024 年第 1 期。

③ 参见［美］查尔斯·J. 泰步：《美国破产法新论》（第三版），韩长印等译，中国政法大学出版社 2017 年版，第 631 页。

④ 李志强：《论〈破产法〉上的偏颇性清偿》，载王保树主编：《中国商法年刊》，北京大学出版社 2008 年版，第 423 页。

大化，避免债务人通过无偿或低价交易等方式突击地转移财产，防止债务人一般财产“非正常”减少，损害债权人整体利益；二是保护全体债权人平等受偿的权利，避免债务人基于个人喜好优先清偿个别的债权人，落脚于行为发生在“临界期内”这一时间标准。在此基础上，还应进行充分的利益权衡，以期不过分损害善意受偿人的利益和干扰市场的正常交易秩序。①

二、本案运用破产撤销权打击逃废债

本案债务人的行为属于破产欺诈行为中的“无偿转让财产”的行为，需考虑客观构成要件。本案中，赖某某在科技公司破产受理前一年内，将该公司的一笔30万元款项转到自己账户，虽备注了使用用途，但事后却并未使用，理应返还给科技公司，而赖某某却在管理人发函要求退回时拒绝退回，还将系争款项转给了关联公司物流公司。赖某某的行为符合“无偿转让财产”行为的客观构成要件：首先，债务人的行为符合“损害债权人利益的行为且继续有效存在”。本案债务人的损害行为应采用“财产标准”，即是否使得债务人一般责任财产减少。赖某某仅陈述其转款行为系职务行为，有其合理性，但未对“转让行为的对价性”提供相关依据，故转款行为并无法律依据。且其在经管理人发函催讨后将系争款项转给了关联公司物流公司，这一行为使得物流公司无对价获利，直接导致了债务人一般责任财产的“非正常”减少，损害了破产企业的全体债权人利益。其次，赖某某的转款行为发生在法定期限即破产受理前一年内，符合行为发生的时间要件。最后，本案破产撤销权诉讼系由管理人在破产受理后提起，符合法律规定的提起主体及提起时间的要件。故本案的破产撤销权可由债务人管理人在破产程序中行使破产撤销权，以追回本属于债务人的财产，保障全体债权人的公平受偿权。

借破产逃废债行为侵蚀市场信用严重损害债权人及其他利害关系人合法权益。对此，最高人民法院曾在2020年7月出台的《关于推进破产案件依法高效审理的意见》第22条中，就强化打击逃废债力度作出了相关规定：“……因企业经营不规范导致债务人财产被不当转移或者处置的，管理人应当通过行使撤销权、依法追回财产、主张损害赔偿等途径维护债权人合法权益，追究相关人员的民事责任……”通过行使破产撤销权，能排除债务人恶意减

① 许德风：《破产法论——解释与功能比较的视角》，北京大学出版社2015年版，第371～372页。

少责任财产或不当交易，实现债务人财产最大化、保证全体债权人公平清偿。故，破产撤销权在社会公平正义的实现、维护诚信原则、维护经济秩序等方面具有不可替代的重要作用。本案赖某某在收到科技公司管理人书面返还通知后，未归还其占有的资金，反将系争款项划转给物流公司，该行为存在明显的过错，具有逃废债的合理怀疑。故，赖某某取得涉案款项并无法律依据，管理人主张撤销并要求其返还符合《企业破产法》的相关规定。本案管理人在履职时通过合理运用破产撤销权，追回了本属于债务人的财产，有力维护了全体债权人的合法权益。因此，在破产程序中，管理人履职时应注意破产撤销权的运用，调查掌握并依法打击企业破产案件中的逃废债行为，以实现债权人权益的最大化，维护市场的公平交易秩序。

关联索引

《中华人民共和国企业破产法》（2006 年 8 月 27 日）

第三十一条　人民法院受理破产申请前一年内，涉及债务人财产的下列行为，管理人有权请求人民法院予以撤销：

（一）无偿转让财产的；

（二）以明显不合理的价格进行交易的；

（三）对没有财产担保的债务提供财产担保的；

（四）对未到期的债务提前清偿的；

（五）放弃债权的。

《最高人民法院关于适用〈中华人民共和国民事诉讼法〉的解释》（2022 年 4 月 1 日修正　法释〔2015〕5 号）

第九十条　当事人对自己提出的诉讼请求所依据的事实或者反驳对方诉讼请求所依据的事实，应当提供证据加以证明，但法律另有规定的除外。

在作出判决前，当事人未能提供证据或者证据不足以证明其事实主张的，由负有举证证明责任的当事人承担不利的后果。

案　号：（2021）沪 03 民初 152 号

合议庭：陈　锐　刘建雷　艾霞芳

编写人：陈　锐　陈　思

3. 破产程序中配合清算义务人侵权责任认定与裁判路径

——上海某食品有限公司诉黄某某损害债务人利益赔偿纠纷案

关键词

衍生诉讼　配合清算义务　损害债务人利益赔偿　因果关系　赔偿范围

裁判要旨

债务人的有关人员不履行配合清算义务造成债务人利益损失的，应承担侵权责任。审理应严格按照侵权责任要件进行审查。侵权主体上区分破产法下配合清算义务人与公司法下清算责任人的不同，应避免不当突破股东的有限责任；举证责任分配按照“谁主张，谁举证”原则由管理人对其主张承担举证责任，配合清算义务人可反证存在阻断事由；证明标准适用民事证据高度盖然性标准审查待证事实；赔偿范围区分破产成本，以债权人未获清偿债权总额为限承担赔偿责任。

基本案情

原告上海某食品有限公司（以下简称食品公司）诉称：2019 年 10 月 10 日，上海市第三中级人民法院（以下简称三中院）受理食品公司破产清算案。管理人共接管财产 179 508. 11 元，确认债权 1 980 206. 52 元，未发现存在其他财产线索或不具备合理解释的资产处置。经分配，仍有 1 800 698. 41 元债权未获清偿。管理人向法定代表人黄某某服刑地寄送信件，要求其移交公司财务账册等资料。该信件显示签收，但未有回复。管理人认为，黄某某作为配合清算义务人，未移交公司证照印章、财务资料等，导致无法对公司进行清算，使公司丧失了归集财产的可能，损害了公司利益，债权无法获得清偿，两者具有因果关系，黄某某应予赔偿，损失额为未获清偿的全部债权额。请求法院判令黄某某赔偿食品公司损失 1 800 698.41 元，归入食品公司破产财产。

被告黄某某辩称：食品公司与另一股东美某公司均由其实际经营。2012年，其与美某公司因涉嫌刑事犯罪，其本人于 2013 年年初被采取刑事强制措施，至今仍处于服刑期，其无法保管公司的财务资料，也不清楚下落。故，因客观上无法配合清算，而非主观故意，不认可管理人对其主张的侵权责任。

三中院经审理查明：食品公司成立于 2010 年 9 月，股东为黄某某及美某公司，黄某某为法定代表人。食品公司仅于 2011 年工商年检正常，再分别于 2015 年 7 月、12 月及 2016 年 7 月被列入异常经营名录，2016 年 12 月被吊销营业执照。税务资料记载，公司除于 2011 年 12 月缴纳车辆购置税 16 289.0 元、于 2022 年 3 月缴纳残疾人就业保障金 9317.2 元外，再无其他缴税记录。

2019 年 10 月 10 日，三中院裁定受理食品公司破产清算案。管理人接管财产 179 508.11 元，确认债权 1 980 206.52 元；经分配后，仍有 1 800 698.41 元债权未获清偿。银行流水显示，公司款项主要来自股东美某公司的银行转账，再无其他收入。（2014）沪一中刑初字第 65 号刑事判决载明，黄某某因涉嫌非法经营罪、骗取出口退税罪于 2012 年 3 月取保候审，于 2013 年 1 月刑事拘留至 3 月逮捕；并查明，黄某某自 2009 年 1 月起伙同他人在美某公司自营出口及委托代理出口中采用虚构出口贸易方式骗取国家出口退税、虚开增值税专用发票，数额特别巨大，被判处无期徒刑。2020 年 2 月 13 日，管理人向黄某某服刑地寄送信件，显示签收，但未有回复。

法院认为：本案系由管理人代表债务人提起，以债务人的相关人员不履行配合清算义务而损害债务人利益为由，要求相关人员承担赔偿责任的诉讼，其请求权基础为侵权责任，故应审查管理人的主张是否符合侵权责任构成要件。

从是否存在侵权行为来看，黄某某登记为食品公司的法定代表人，系破产法规定的配合清算义务人，但结合案情，黄某某自 2013 年 1 月被采取刑事强制措施后已丧失经营公司的客观条件，亦不能产生占有与管理财产、证印和账册的可能，故其仅应承担自 2010 年 9 月债务人成立至 2013 年 1 月的配合清算义务。对于公司此后是否经营且存在其他配合清算义务人应由管理人查明并举证。

从是否存在主观故意来看，黄某某因受到刑事处罚而客观上丧失占有、管理财产与资料的可能，难以认定其存在主观故意。

从是否存在损害后果来看，债务人进入破产程序后，管理人仅接管到少量财产，仍存在债权人大量债权未获清偿的情况，存在损害后果。

从侵权行为与损害后果间是否存在因果关系来看，假使黄某某的侵权行为与主观故意均成立，管理人也未能证明该侵权行为与损害后果间具有因果关系。具体分析如下：（1）从经营状况来看，食品公司股东黄某某及美某公司均于2012年年底涉刑，自此无法开展经营活动，也无证据表明有其他经营人，故公司实际经营期间可以推定自2010年9月至2012年年底，此后多次受到行政处罚直至吊销营业执照，经营状况异常。（2）从经营行为来看，食品公司银行流水记载其款项主要来自股东美某公司的大量银行转账，后又转出，再无其他收入，也无任何基于经营收入的缴税记录，经营活动存疑，无法认定其开展了正常的经营行为。（3）最后从执行与破产程序来看，食品公司因无财产可供执行而终结执行措施，管理人亦未查找到存在其他无法收回的资产或不具备合理解释的资产处置，无证据表明食品公司仍存在其他未予接管的财产。基于上述事实及分析，法院无法认定食品公司开展了正常的经营活动且对债务具有清偿能力。管理人仅因未接管到财务账册等资料无法进行清算，进而主张债权人债权未获清偿与黄某某未履行配合清算义务间存在直接的、必然的因果关系的理由不成立。

综上所述，三中院作出判决：驳回食品公司的诉讼请求。食品公司未提出上诉，一审判决已发生法律效力。

案例分析

本案是在破产程序中由管理人代表债务人提起的损害债务人利益赔偿之破产衍生诉讼。其依据为《企业破产法》第15条，[①] 债务人进入破产程序后，债务人的有关人员应妥善保管并向管理人移交财产、印章和账簿及文书等资料，承担配合清算义务。《最高人民法院关于债权人对人员下落不明或者财产

---

① 《企业破产法》第15条规定："自人民法院受理破产申请的裁定送达债务人之日起至破产程序终结之日，债务人的有关人员承担下列义务：（一）妥善保管其占有和管理的财产、印章和账簿、文书等资料……前款所称有关人员，是指企业的法定代表人；经人民法院决定，可以包括企业的财务管理人员和其他经营管理人员。"

状况不清的债务人申请破产清算案件如何处理的批复》（以下简称《批复》）对不履行配合义务的法律后果作了相应规定，[①] 义务人不配合清算义务导致无法清算或者造成损失的，应承担侵权赔偿责任。2019 年《全国法院民商事审判工作会议纪要》（以下简称《九民纪要》）中对《批复》的适用作了进一步解读。基于该类案件系破产衍生诉讼特有案件，且侵权行为的构成要件有其特殊性，结合本案的审理进行梳理，并积极探索该类案件的裁判思路。

一、要件分析：不配合清算行为之侵权责任要件

根据中国裁判文书网，2019 年至 2023 年全国法院分别审结“损害债务人利益赔偿纠纷”案件 40 件、55 件、107 件、157 件、226 件；其中，2023 年审结的案件数约为 2019 年的 6 倍。因此，该类案件日趋成为管理人采用的“兜底”诉讼，在破产衍生诉讼中占比越来越重。依据侵权责任构成要件作如下分析。

（一）侵权主体及其主观状态

《企业破产法》第 15 条第 2 款对债务人的有关人员即配合清算义务人有明确的规定，是指债务人的法定代表人、财务管理人员和其他经营管理人员。但实践中，仍存在企业破产法下配合清算责任与公司法下清算责任的混淆，而将股东、董事等列为配合清算责任的被告。对此，《九民纪要》第 118 条第 2 款明确指出，人民法院在适用《批复》第 3 款的规定判定债务人相关人员承担责任时，应当依照《企业破产法》的相关规定来确定相关主体的义务内容和责任范围，不得根据《最高人民法院关于适用〈中华人民共和国公司法〉若干问题的规定（二）》（以下简称《公司法司法解释二》）第 18 条第 2 款的规定来判定相关主体的责任。故，在未能证明股东、董事等人员同时担任《企业破产法》第 15 条第 2 款列明的职务的情况下，不能将股东、董事等列为配合清算义务人即侵权主体，避免不当突破股东有限责任原则。此外，还应当注意，公司法下的清算义务人是指有限责任公司的股东（2013 年《公司法》）、股份有限公司的董事和控股股东，与配合清算义务的主体不一致，且

---

① 《最高人民法院关于债权人对人员下落不明或者财产状况不清的债务人申请破产清算案件如何处理的批复》规定：“债务人的有关人员不履行法定义务，人民法院可依据有关法律规定追究其相应法律责任；其行为导致无法清算或者造成损失，有关权利人起诉请求其承担相应民事责任的，人民法院应依法予以支持。”

《公司法司法解释二》已就清算义务人的清算责任进行了规范，[①] 不应在企业破产法下的配合清算责任中重复审查。本案中，黄某某既为食品公司的股东，亦是法定代表人，其承担的是法定代表人的配合清算义务，故其主体身份与《九民纪要》第 118 条第 2 款规定一致，系企业破产法下适格的主体。

根据公司治理理论，公司的管理人员，必须有为信义义务受益人（beneficiareies）的利益而正直行事的义务，包括忠实义务（duty of loyalty）和注意义务（duty of care）。[②] 显然，公司管理层除负有对投资人的忠实经营义务外，还负有管理公司财物及经营资料的注意义务，并应履行法律规定的法定义务。《企业破产法》规范了法定代表人、财务管理人员和其他经营管理人员所负有的在债务人进入破产程序后负有的妥善保管并向管理人移交财物及经营资料的配合清算的法定义务，违反该义务，则应承担不利的法律后果。在配合清算责任中，除有证据证明存在特别事由客观上阻却义务人履行该法定义务外，均应推定其存在主观上的故意或过失，视为该侵权行为成立。本案为公司管理人员丧失管理公司职能的特例，黄某某因受到刑事处罚而客观上丧失占有、管理财产与资料的可能，难以认定其存在主观故意。

（二）侵权行为及损害后果

根据《批复》的规定，配合清算义务人未履行义务的行为存在两个层级。第一层级是不履行法定义务，具体指违反《企业破产法》第 15 条第 1 款所列举的行为，司法审查中主要指配合清算义务人主观上拒绝履行，该行为根据《九民纪要》第 118 条第 3 款规定，可依法予以罚款、拘留、限制出境等司法强制措施，非本文所讨论的侵权行为范畴。第二层级是“其行为导致无法清算

---

① 《公司法司法解释二》第 18 条规定：“有限责任公司的股东、股份有限公司的董事和控股股东未在法定期限内成立清算组开始清算，导致公司财产贬值、流失、毁损或者灭失，债权人主张其在造成损失范围内对公司债务承担赔偿责任的，人民法院应依法予以支持。有限责任公司的股东、股份有限公司的董事和控股股东因怠于履行义务，导致公司主要财产、账册、重要文件等灭失，无法进行清算，债权人主张其对公司债务承担连带清偿责任的，人民法院应依法予以支持。上述情形系实际控制人原因造成，债权人主张实际控制人对公司债务承担相应民事责任的，人民法院应依法予以支持。”

② 参见［美］弗兰克·伊斯特布鲁克、［美］丹尼尔·费希尔：《公司法的经济结构》，张建伟、罗培新译，北京大学出版社 2005 年版，第 104~106 页。

或者造成损失”，《九民纪要》第118条第4款[①]对此解读为两种情形：（1）债务人的有关人员不配合清算的行为导致债务人财产状况不明；（2）公司法下的清算责任人未及时履行破产申请义务，“导致债务人主要财产、账册、重要文件等灭失，致使管理人无法执行清算职务，给债权人利益造成损害”。后一层级是从行为后果角度所作的说明，且两种情形下，义务人均应承担侵权责任，由此造成与第118条第2款责任主体的冲突及公司法下清算责任的冲突。故，该类纠纷中的侵权行为应以配合清算义务人是否违反《企业破产法》第15条第1款规定的义务且造成破产企业无法清算为判断标准。本案中，黄某某未妥善保管并向管理人移交财务账册，且造成食品公司无法清算，故法院认定黄某某存在侵权行为。

“侵权行为损害赔偿请求权，以受有实际损害为成立要件，若绝无损害亦无赔偿之可言”，该“损害包括财产上的损害及非财产上损害。财产上损害指损害得以金钱加以计算”，“后者指不能以金钱衡量的精神或肉体痛苦而言”，“关于非财产损害，以法律有特别规定者为限”。[②]《九民纪要》第118条第4款将无法清算行为所导致的“财产状况不明”作为损害后果来界定。财产状况不明虽是行为后果，但不必然产生损失，行为与损失间不具有必然的因果关系；同理，无法清算亦是行为后果，并非损害后果。本案中，食品公司进入破产程序后，管理人仅接管到少量财产，仍存在债权人大量债权未获清偿的情况，管理人以此作为损害后果进行主张，法院予以确认。但需要注意的是，损害后果与损失额间并非简单等同，损失额需要结合因果关系证据进一步认定。

（三）侵权行为与损害后果间的因果关系

根据相当因果关系理论，侵权法上的因果关系分为责任成立因果关系及责任范围因果关系，即“条件关系”与“相当性”，前者指可归责的行为与权利受侵害之间具有因果关系，后者指权利受侵害与实际损害之间的因果关

---

① 《九民纪要》第118条第4款规定：“上述批复第3款规定的‘其行为导致无法清算或者造成损失’，系指债务人的有关人员不配合清算的行为导致债务人财产状况不明，或者依法负有清算责任的人未依照《企业破产法》第7条第3款的规定及时履行破产申请义务，导致债务人主要财产、账册、重要文件等灭失，致使管理人无法执行清算职务，给债权人利益造成损害。‘有关权利人起诉请求其承担相应民事责任’，系指管理人请求上述主体承担相应损害赔偿责任并将因此获得的赔偿归入债务人财产。管理人未主张上述赔偿，个别债权人可以代表全体债权人提起上述诉讼。”

② 参见王泽鉴：《侵权行为法》，中国政法大学出版社2001年版，第182~184页。

系。因果关系是侵权行为及损害赔偿法的核心问题，甚为复杂而具争议，研究方法上最为重要的是把握其基本概念，建立理论架构，并借此分析实务上的重要案例。[①] 如前所述，侵权行为、主观状态及损害后果的审查标准虽或有争议，但基本属于可调和范畴，或者对判决结果影响不大。但侵权行为与损害后果间因果关系的认定则是案件争议的焦点及审查的难点，亦会对裁判结果产生重要影响。根据《九民纪要》第 118 条第 4 款，将无法清算导致“财产状况不明”作为损害后果所产生的一个不利影响，无须再对行为与后果间是否存在因果关系进行实质性审查，即仅证明了相当因果关系理论中的“条件关系”，缺乏“相当性”因果关系证明，在实践操作中亦存在分歧。

本案中，法院认为配合清算责任的追责逻辑应当是，义务人未妥善保管并移交财物、资料等，导致管理人无法对债务人进行清算从而财产状况不明，进一步使债务人丧失了归集财产的可能，造成债务人资产减损，最终损害了债权人的利益，产生损害后果；侵权行为与损害后果间的因果关系核心应就债务人存在尚未归集的财产且与未能清算的侵权行为间存在因果关系进行实质审查。经审查，黄某某虽未履行配合清算义务，食品公司亦存在损失后果，但无证据证明食品公司成立以来开展了正常的经营活动且对债务具有偿债能力，管理人亦未查找到存在其他无法收回的资产或不具备合理解释的资产处置，无证据表明食品公司仍存在其他未予接管的财产，管理人仅因未接管到财务账册等资料无法进行清算，进而主张债权人债权未获清偿与黄某某未履行配合清算义务间存在直接的、必然的因果关系的理由不成立。

二、审查标准：基于举证责任分配与证明标准的分析

（一）合理分配管理人的举证责任与相对方的反证责任

目前，对于该类案件的举证责任分配仍存在较大且难以调和的分歧。有观点认为，管理人只要证明配合清算义务人存在不移交、不充分移交的行为，且导致无法查清债务人财产状况即可认为完成举证责任，即举证存在侵权行为后，可推定债务人存在损失而造成债权人债权无法获得清偿的后果，行为人承担侵权责任。另有观点认为，管理人不掌握公司的经营状况，在举证上有一定困难，因此，在管理人完成侵权行为证明后，再根据举证责任倒置的

① 参见王泽鉴：《侵权行为法》，中国政法大学出版社 2001 年版，第 187~205 页。

规定，由配合清算义务人承担其行为与债权未获清偿的后果间不存在因果关系的证明义务，举证不能，则推定因果关系成立，行为人承担侵权责任。本文认为，上述观点均失之偏颇。前者仅审查了侵权行为，并未对因果关系进行实质性审查；后者不当分配举证责任，违反了“谁主张，谁举证”的一般民事证据原则。举证责任之分配原则上首先要依据法律以及司法解释进行举证责任之分配；法无明文规定，法官可依经验法则来分配；既无法律规定和司法解释，也没有可以适用的经验法则，以公平及诚信原则为基础，合理地分配举证责任。[①] 法律未对管理人举证责任作例外规定，故在举证责任分配上仍应遵循“谁主张，谁举证”的基本原则，由管理人承担举证责任，包括对侵权行为与损害后果间具有因果关系充分举证，法院对此进行实质审查，不可仅因存在侵权行为即推定因果关系成立。

本案中，管理人应对食品公司的主张承担举证责任；同时法院注意到，基于破产衍生诉讼案件的特殊性，管理人接管到的财产、资料有限，往往无法全面掌握债务人的实际经营状况，无法提交充分的证据，在此情况下，可由配合清算义务人对存在阻断侵权行为与损害后果间因果关系的事由进行举证，但该举证系对管理人主张的反证，并非举证责任倒置，阻断理由成立，则不产生法律上的后果，即“侵害他人权利的行为，以违法为原则，于有违法阻却事由存在时，则例外地不为违法”[②]，但对于配合清算义务人的反证不应苛责，且其能否反证亦不影响管理人应承担的举证责任，故在黄某某被羁押而无法完成反证的情况下，法院未因此判令其承担不利的后果。

（二）侵权行为与损害后果间应具有因果关系的高度盖然性

管理人提起损害债务人利益赔偿之诉时，应当就债务人存在财产、债权的事实或线索提交证据，且因未接管到相关资料而无法追回财产或主张债权，对于导致债务人的资产减损具有较大可能性，损害债权人的利益，以此为依据判断不配合清算行为与债权人债权未获清偿间是否存在因果关系。需要注意的是，基于破产衍生诉讼中管理人接管到的资料有限，往往无法提交直接的证据，为避免加重管理人的举证责任而使配合清算义务人逃避应承担的法律责任，对于管理人的证明标准不应过于严苛，实则是法院就间接证据进行

---

① 参见程春华：《举证责任分配、举证责任倒置与举证责任转移——以民事诉讼为考察范围》，载《现代法学》2008 年第 2 期。

② 史尚宽：《债法总论》，中国政法大学出版社 2000 年版，第 121 页。

综合判断的过程，在管理人的举证达到高度盖然性标准时可认定完成举证责任，推定因果关系成立。

本案在审查中，具体从以下几个方面进行：（1）审查食品公司注册资本金是否实缴、是否存在被吊销营业执照等情况，初步判断其经营状况。（2）通过完税证明、涉税信息等资料反映的经营收入判断食品公司是否存在盈利性经营行为。若发现债务人经营良好，则短期内因无法清偿债务而进入破产程序的资产现状存疑，很可能存在管理人未获知的财产线索，则配合清算义务人或将承担侵权责任。（3）通过银行流水审查食品公司是否存在不具备合同依据的款项支出，若存在且因缺少向相对方主张权利的其他依据，则有造成债务人财产损失的极大可能。（4）通过审计报告、企业年报等核查食品公司是否存在应收款或者应取回的财产，若有且因缺少证据导致无法催收或追回，则属于造成债务人责任财产减少的情况。

通过上述审查，本案无法认定食品公司开展了正常的经营行为且因黄某某未履行配合清算义务与债权人债权未获清偿间存在因果关系，故管理人未能完成举证责任。需要注意的是，以上审查情形仅为部分列举，实践中，管理人可围绕债务人是否存在财产或债权线索进行充分举证，法院综合判断侵权行为与损害后果间的因果关系是否达到高度盖然性标准。此时，若配合清算义务人无法予以合理解释或提供反证，则推定因果关系成立，配合清算义务人承担侵权赔偿责任。

三、延伸思考：赔偿金额的范围如何认定

本案黄某某的侵权责任虽未成立，但在侵权责任成立的情形下，即相当因果关系中“条件关系”成立，则推进至“相当性”因果关系的审查，具体是指侵权行为所导致的损害范围及其大小，这直接影响侵权责任人所承担的赔偿金额。如前所述，侵权责任损害是指财产权益的损失或者法定的非财产损失，究其根本，均可以用金钱来计算。《民法典》侵权责任编第1184条规定了财产遭受损失的赔偿标准，按照损失发生时的市场价格或者其他合理方式计算。依此规定，配合清算责任中，债务人所受损失应依据填平原则予以赔偿。同时，不排除根据实际情况考虑是否适用衡平原则，以实现公平、公正及社会效果的统一。实践中，管理人一般均按照填平原则主张赔偿金额，但在赔偿范围的确定上存在较大差异，如破产费用是否可列为损失范围、损

害赔偿金额是否有参考标准或上限总额等。具体可从以下两个方面把握。

（一）破产成本为破产程序的必要支出而非损失范畴

破产成本是债务人在破产程序中依法产生的相关费用，主要包括破产案件的受理费，管理、变价和分配债务人财产的费用，管理人执行职务的费用、报酬和聘用工作人员的费用以及共益债务等。上述费用的支出是债务人在破产程序中必要的支出，并非因侵权行为而产生的损害后果。换言之，即使配合清算义务人移交了全部资料，债务人可以进行清算，但上述破产费用仍需支出。因此，破产成本并非侵权损失，在赔偿范围的审查中，应当注意区分管理人是否将破产费用一并进行了主张。此外，对于管理人主张的律师费损失，除因法律规定或双方约定外，也不在赔偿范围内。

（二）赔偿金额应以债权人未获清偿的债权总额为限确定合理金额

除去破产成本后，损害赔偿的范围仅需考虑债权人未获清偿的债权额，但赔偿额并非等同于未获清偿的债权总额。债务人存在资产不足以清偿全部债务或者明显缺乏清偿能力而进入破产程序的情况。简言之，排除逃废债情形，若债务人资产可以清偿全部债务，则不需要进入破产程序，故配合清算义务人侵权行为对债务人造成的最大损失应以全部未获清偿的债权为限，并根据管理人举证证明的财产线索，预估某一合理的损失额，使其更接近客观真实。例如，通过银行流水中转出的不明款项金额、企业资产负债表中记载的应收账款金额，或企业年报中披露的资产信息等，掌握债务人合计的财产损失，并与债权人未获清偿的债权总额比较，最终可考虑以合计的财产损失总额为主要依据确定赔偿金额。该赔偿金额并非数据的简单统计，还需结合债务人的实际经营状况、配合清算义务人的实际履行能力等各种因素进行综合判断，是法院结合证据、案情等因素综合推定的结果。因此，管理人应尽可能举证，除加强因果关系推定外，对于赔偿金额的确认亦有较大帮助。但无论如何举证，在债务人符合破产原因的情况下，损害赔偿额不应突破未获清偿的债权总额。

关联索引

《中华人民共和国企业破产法》（2006 年 8 月 27 日）

第十五条　自人民法院受理破产申请的裁定送达债务人之日起至破产程序终结之日，债务人的有关人员承担下列义务：

（一）妥善保管其占有和管理的财产、印章和账簿、文书等资料；

……

前款所称有关人员，是指企业的法定代表人；经人民法院决定，可以包括企业的财务管理人员和其他经营管理人员。

《全国法院民商事审判工作会议纪要》（2019 年 11 月 8 日 法〔2019〕254 号）

118. 人民法院在审理债务人相关人员下落不明或者财产状况不清的破产案件时，应当充分贯彻债权人利益保护原则，避免债务人通过破产程序不当损害债权人利益，同时也要避免不当突破股东有限责任原则。

人民法院在适用《最高人民法院关于债权人对人员下落不明或者财产状况不清的债务人申请破产清算案件如何处理的批复》第 3 款的规定，判定债务人相关人员承担责任时，应当依照企业破产法的相关规定来确定相关主体的义务内容和责任范围，不得根据公司法司法解释（二）第 18 条第 2 款的规定来判定相关主体的责任。

上述批复第 3 款规定的“债务人的有关人员不履行法定义务，人民法院可依据有关法律规定追究其相应法律责任”，系指债务人的法定代表人、财务管理人员和其他经营管理人员不履行《企业破产法》第 15 条规定的配合清算义务，人民法院可以根据《企业破产法》第 126 条、第 127 条追究其相应法律责任，或者参照《民事诉讼法》第 111 条的规定，依法拘留，构成犯罪的，依法追究刑事责任；债务人的法定代表人或者实际控制人不配合清算的，人民法院可以依据《出境入境管理法》第 12 条的规定，对其作出不准出境的决定，以确保破产程序顺利进行。

上述批复第 3 款规定的“其行为导致无法清算或者造成损失”，系指债务人的有关人员不配合清算的行为导致债务人财产状况不明，或者依法负有清算责任的人未依照《企业破产法》第 7 条第 3 款的规定及时履行破产申请义务，导致债务人主要财产、账册、重要文件等灭失，致使管理人无法执行清算职务，给债权人利益造成损害。“有关权利人起诉请求其承担相应民事责任”，系指管理人请求上述主体承担相应损害赔偿责任并将因此获得的赔偿归入债务人财产。管理人未主张上述赔偿，个别债权人可以代表全体债权人提起上述诉讼。

上述破产清算案件被裁定终结后，相关主体以债务人主要财产、账册、重要文件等重新出现为由，申请对破产清算程序启动审判监督的，人民法院不予受理，但符合《企业破产法》第 123 条规定的，债权人可以请求人民法院追加分配。

案　号：（2021）沪 03 民初 839 号
合议庭： 刘　琳　宋爱琴　徐爱华
编写人： 宋爱琴

4. 破产申请受理后债务人股东代为履行形成的债权不得抵销

——上海某光电科技有限公司诉潘某损害公司利益责任纠纷案

关键词

第三人代为履行　破产程序中形成的债权　破产抵销权

裁判要旨

法院受理破产申请后，债务人股东自愿代债务人履行债务，债权人受领该股东清偿后，相应债权移转给股东，股东获得对债务人的债权。该债权是否可与股东对债务人负有的债务相抵销，根据《企业破产法》第 40 条等规定，股东明知债务人进行破产清算，仍通过代为履行的方式取得对债务人的债权，如可抵销，该股东将获得优先于其他债权人的清偿，而减损破产财产，有违破产程序集体、公平清偿原则，故对股东的抵销主张，不予准许。

基本案情

上海某光电科技有限公司（以下简称光电公司）诉称：潘某作为股东，以借款名义从光电公司获得款项 27.4 万元，损害了光电公司的合法权益，故起诉请求判令潘某返还。

潘某辩称：其已代光电公司向某电器公司偿还借款 4 万元，应当予以抵销。

经审理查明，潘某是光电公司的股东。2016 年 5 月至 9 月，光电公司多次向潘某转账合计 27.4 万元，银行业务回单记载用途为“借款”，记账凭证记载为“潘某借款”。2016 年 6 月，某电器公司及其股东颜某、监事葛某分别向光电公司转账合计 60 万元。2020 年 12 月，上海市第三中级人民法院（以下简称三中院）裁定受理光电公司破产清算案并指定管理人。2021 年 1

月至7月，潘某通过微信先后向颜某转账合计4万元。审理期间，某电器公司向三中院出具《情况说明》表示：2016年6月光电公司因经营需要，向我公司借款60万元，我公司分别用股东颜某、监事葛某以及公司的账户打款各20万元。后相关款项由光电公司股东潘某及其父亲承诺并实际归还，至今已还款4万元，故未在光电公司破产清算案件中申报债权。

三中院经审理后认为，潘某以借款方式从光电公司获得的款项，应当归还给光电公司。潘某代光电公司向某电器公司偿还借款，以此取得对光电公司的债权，产生于法院受理光电公司破产清算案件后，属于禁止抵销的情形。如该债权与潘某对光电公司所负债务相互抵销，将减损光电公司的破产财产，并使潘某获得优先于其他债权人的个别清偿利益，违反破产法集体、公平清偿的原则。因此，潘某代光电公司向某电器公司偿还借款，而取得的对光电公司的债权，与其对光电公司所负的债务，不能相互抵销。法院遂判令潘某向光电公司返还27.4万元，并归入破产财产。宣判后，当事人未提出上诉，判决已发生法律效力。

案例分析

本案涉及破产抵销权制度的适用。在破产程序中，债务人股东以代债务人向其他债权人清偿债务为由，提出抵销其对债务人负有的债务，可否予以支持？结合案情作如下分析。

一、股东自愿代债务人清偿债务后，是否对债务人形成债权

合同关系是特定当事人之间的权利义务关系，原则上仅在合同当事人之间发生效力，并不及于第三人，此即“合同的相对性”。但随着社会经济的发展，合同的内容和履行越来越多地涉及合同外的第三人。《民法典》颁布前，我国《合同法》（已失效）第64条规定了“向第三人履行的合同”，即当事人约定由债务人向第三人履行债务的，债务人未向第三人履行债务或者履行债务不符合约定，应当向债权人承担违约责任；第65条规定了“第三人不履行合同的责任承担”，即当事人约定由第三人向债权人履行债务的，第三人不履行债务或者履行债务不符合约定，债务人应当向债权人承担违约责任。在这两类合同中，第三人接受履行或代为履行均由合同双方明确约定。但实践中，常常会出现第三人在既无法律规定，又无合同约定的情况下自愿代债务

人向债权人履行合同义务的情形，如本案中股东潘某代债务人光电公司向债权人某电器公司偿还部分债务。我国《合同法》对此情形并无明确规定。《民法典》颁布后，第524条规定的第三人单方自愿代为履行制度（以下简称第三人代为履行制度），填补了这一立法空白。该条规定，债务人不履行债务，第三人对履行该债务具有合法利益的，第三人有权向债权人代为履行；债权人接受第三人履行后，其对债务人的债权转让给第三人，但债务人和第三人另有约定的除外。

根据前述规定可知，第三人代为履行的构成要件如下：一是债务人不履行债务，包括预期违约和实际违约；二是第三人从法律规定或合同约定角度均没有履行义务，系单方、自愿履行，无须债务人同意即可产生效力；三是第三人对履行该债务具有合法利益；四是根据债务性质、当事人约定或法律规定，不存在必须由债务人履行的情形。其中，关于第三人代为履行是否需经债务人同意，有观点认为在其他各国对于第三人代为履行的立法中，法律会在某些情况下赋予有异议的债务人以拒绝权，以能够阻止第三人代为履行产生法律效果，故有必要分析我国的第三人代为履行制度是否也需要赋予债务人以拒绝权。① 第三人通过代为履行，介入债权人和债务人的法律关系中，并发生债务清偿的法律效果。为避免债权债务关系以外的第三人过分干预他人之间的法律关系，应当通过"对履行债务具有合法利益"的准确界定，对第三人的范围予以限制。

传统民法理论认为，"所谓债之履行有利害关系，指因清偿当然受有法律上之利益者而言。纵令就清偿有事实上之利害关系，而非当然受法律上之利益者，不在其内。盖此等利害关系人若不为清偿，则在于自己受损失之法律地位。有法定代位之利益之第三人，其主要者如下：（1）物上保证人；（2）担保财产之第三取得人；（3）债务之担保债权人；（4）共有人；（5）对债务人财产有使用收益权人"②。最高人民法院认为，第三人代为履行属于民事行为，"法无禁止即可为"，只要第三人履行该债务目的合法或者不违反法律、行政法规的强制性规定，即可认定第三人对履行该债务具有合法利益。③ 最高人民

① 袁东莜：《第三人单方自愿代为履行制度的体系化解读》，江苏省法学会民法研究会2021年论文。

② 史尚宽：《债法总论》，中国政法大学出版社2000年版，第806页。

③ 最高人民法院民法典贯彻实施工作领导小组主编：《〈中华人民共和国民法典〉合同编理解与适用（一）》，人民法院出版社2020年版，第442页。

法院的上述观点，关于“对履行债务具有合法利益”的界定持比较开放的态度，大概因为《民法典》增设第三人代为履行制度，为实践中常见的第三人代替债务人清偿债务问题提供了明确的规则供给，担保人，对特定财产享有物权、占有等权益的人，债务人的出资人、设立人、近亲属等特定关系人，应归入“对履行债务具有合法利益的第三人”的范围；同时，债务人不履行债务，虽然不影响第三人在法律上的权利义务，却致第三人在经济、道义、情感等方面受到直接或间接的影响，只要不违反法律、行政法规的强制性规定，将之认定为对债务履行具有合法利益的第三人，有利于实现消灭债务、提高交易效率的立法目的。《最高人民法院关于适用〈中华人民共和国民法典〉合同编通则若干问题的解释》第 30 条进一步明确了“对履行债务具有合法利益的第三人”的范围，其中包括债务人的出资人。

第三人代为履行发生法定债权移转的法律效力。对债权人而言，第三人代为履行后，已履行部分的债权因清偿而消灭。对第三人而言，债权人对债务人的相应债权移转给第三人，第三人替代原债权人。对债务人而言，对原债权人的抗辩可以向新债权人即第三人主张，如同时履行抗辩、时效抗辩等。

结合本案例，对照第三人代为履行的构成要件：首先，光电公司与某电器公司虽然没有签订书面的借款合同，但某电器公司及股东颜某、监事葛某于 2016 年 6 月向光电公司转款 60 万元，某电器公司于案件审理期间出具《情况说明》，确认通过股东颜某、监事葛某及公司账户向光电公司出借 60 万元，光电公司亦未举证证明双方存在其他性质的法律关系，故应认定光电公司与某电器公司存在借款法律关系。其次，股东潘某不是该借款法律关系的当事人，在法律上或合同约定上均没有向某电器公司偿还债务的义务，其向某电器公司还款属单方、自愿的行为。再次，股东潘某对履行债务具有合法利益，在光电公司不偿还借款的情况下，股东潘某代光电公司向某电器公司偿还债务，有利于股东潘某维护与某电器公司原有的合作关系、利益关系等，也有利于某电器公司及时兑现债权利益。最后，借款债权系金钱之债，不存在不得由第三人代为清偿的限制。故此，根据《民法典》第 524 条、《最高人民法院关于适用〈中华人民共和国民法典〉合同编通则若干问题的解释》第 30 条，股东潘某作为对履行债务具有合法利益的第三人，有权代光电公司向某电器公司清偿债权；某电器公司受领潘某的部分还款后，相应的债权发生清偿的法律效果，其对光电公司的该部分债权即移转给潘某，潘某成为光电公司的债权人。

二、股东代为履行取得的债权是否可与其对债务人负有的债务相抵销

民法上的抵销是当事人互负给付债务，各以其债权充当债务的清偿，而使其债务与对方的债务在对等额内相互消灭的法律制度。抵销有利于简化债的履行，使一方当事人可不必借助起诉、法院判决及公权力的强制执行而满足其债权，是法律允许自力实现债权的方法。抵销须具备四个要件：一是须二人互负债务；二是须给付之种类相同；三是须均届清偿期；四是须双方之债务非不能抵销之债，不存在约定或法定不得抵销的情形。[①] 破产法上的抵销，是指债权人在破产程序开始时对债务人负有债务，不论其债权与所负债务的种类是否相同，也不论其债权是否已到期，可不依破产程序主张抵销其对债务人所负债务，而消灭其所负债务的现象。债权人在破产程序开始后抵销其对债务人所负债务的权利即为破产抵销权。[②]

与民法上的抵销相比，破产法上的抵销具有三个鲜明的特征。一是破产抵销权的权利人以债权人为限。在破产程序中，管理人不得随意放弃债务人对外享有的债权，也不得对债权人进行个别清偿。如管理人主动抵销，等于放弃请求债权人（同时也是债务人的债务人）清偿债务的权利，会造成债务人财产价值的减少，结果必然有利于进行抵销的债权人而损害其他债权人的共同利益。所以，破产抵销权只能由债权人行使。二是破产抵销权不受债务种类和履行期限的限制。破产程序的开始使得债权和债务给付种类趋同于金钱给付，履行期限确定于破产程序开始之时，民法有关抵销的债权债务的种类相同、均已届清偿期的要求已无实际意义，故管理人不得以债权债务尚未到期、债务标的物种类、品质不同对抗债权人的抵销主张。三是债权人主张抵销对债务人的债务，以破产程序开始前负担的债务为限。在破产程序中主张抵销权，实际上是用债务人财产优先清偿该债权人的普通债权，直接影响其他债权人受偿利益，如再允许破产程序开始后才对债务人所负债务进行抵销，则无异于个别清偿，对其他债权人极为不公。因此，债权人可主张抵销

---

① 王泽鉴：《民法概要》，中国政法大学出版社 2003 年版，第 305 页。

② 邹海林：《破产法——程序理念与制度结构解析》，中国社会科学出版社 2016 年版，第 321 页。

的债务，仅限于破产程序开始前已发生的债务。

破产抵销权使得债权人以其债权抵销其对债务人所负的债务，不必参与破产程序接受分配，具有简化破产程序的功能。但是，债务人在申请破产时已无力清偿全部债权，如允许债权人不受限制地行使抵销权，则该债权人将获得全额清偿，破产财产相应减少，债权人团体利益受损，故有必要对破产抵销权予以规制。我国《企业破产法》第40条明确规定了不得抵销的三种情形：债务人的债务人在破产申请受理后取得他人对债务人的债权；债权人已知债务人有不能清偿到期债务或者破产申请的事实，对债务人负担债务；债务人的债务人已知债务人有不能清偿到期债务或者破产申请的事实，对债务人取得债权。在破产程序开始后，债务人的债务人因法律规定或者法律行为而取得的他人在破产程序开始前对债务人享有的债权，称之为“事后取得的他人债权”①。破产程序开始后，债务人的债务人应当向管理人清偿债务并归入债务人财产，而债权人则应当依破产程序规定的顺位和比例受偿。在一般情况下，破产程序减值清偿的风险很高，破产债权的实际价值相应降低，该债权在破产程序开始后转让给债务人的债务人，再通过抵销而消灭债务人的债务人所负的全部或部分债务，实际上将直接减少债务人的财产，还可能诱发债务人的债务人在破产程序开始后先低价收购他人债权，再抵销对债务人的债务的道德风险，损害其他债权人的利益，有违破产程序公平清偿宗旨。因此，事后取得的他人债权不得抵销，主要目的在于防止债务人的债务人通过新取得的债权主张抵销，使自己新取得的债权获得优先清偿，使自己的债务得以免除，损害其他债权人利益。

对照破产抵销权的特征，结合本案例，一是在破产抵销权的行使主体方面，股东潘某通过代为履行取得某电器公司对光电公司的部分债权，是光电公司的债权人；二是在债务种类和履行期限方面，潘某通过代为履行取得的债权，以及其对光电公司负有的债务，均为金钱之债，债务的履行期限于破产受理日视为到期，不存在法定或约定不得抵销的情形；三是在债务形成时间方面，潘某于2016年向光电公司借款，光电公司于2020年12月进入破产程序，潘某对光电公司所负的债务形成于光电公司破产申请受理前，属于可以抵销的债务。因此，股东潘某作为光电公司的债权人，有权向管理人提出抵销的主张。但是，潘某对光电公司享有的债权，系在光电公司破产程序开

① 邹海林：《破产法——程序理念与制度结构解析》，中国社会科学出版社2016年版，第358页。

始后，通过代为履行的法律行为取得，如允许抵销，则潘某在抵销的金额范围内，债权获得全额清偿，并免除了相应债务，实质上减少了债务人财产，损害了其他债权人获得公平清偿的利益。依照我国《企业破产法》第 40 条第 1 项，潘某的债权属于“破产申请受理后取得他人对债务人的债权”，因此不得抵销。

综上所述，在法院受理债务人破产申请后，股东通过代为履行取得债权，属于事后取得的他人债权，不得与股东对债务人负有的债务相抵销。股东代为履行后，应当向管理人申报债权，同时向债务人清偿债务，并归入债务人财产。本案通过依法严格适用破产抵销权制度，判令股东向债务人返还财产，增加了破产财产，有效维护了全体债权人公平受偿的权利。

关联索引

《中华人民共和国民法典》（2020 年 5 月 28 日）

第五百二十四条第一款 债务人不履行债务，第三人对履行该债务具有合法利益的，第三人有权向债权人代为履行；但是，根据债务性质、按照当事人约定或者依照法律规定只能由债务人履行的除外。

《中华人民共和国企业破产法》（2006 年 8 月 27 日）

第四十条 债权人在破产申请受理前对债务人负有债务的，可以向管理人主张抵销。但是，有下列情形之一的，不得抵销：

（一）债务人的债务人在破产申请受理后取得他人对债务人的债权的；

（二）债权人已知债务人有不能清偿到期债务或者破产申请的事实，对债务人负担债务的；但是，债权人因为法律规定或者有破产申请一年前所发生的原因而负担债务的除外；

（三）债务人的债务人已知债务人有不能清偿到期债务或者破产申请的事实，对债务人取得债权的；但是，债务人的债务人因为法律规定或者有破产申请一年前所发生的原因而取得债权的除外。

《最高人民法院关于适用〈中华人民共和国民法典〉合同编通则若干问题的解释》（2023 年 12 月 4 日　法释〔2023〕13 号）

第三十条 下列民事主体，人民法院可以认定为民法典第五百二十四条第一款规定的对履行债务具有合法利益的第三人：

（一）保证人或者提供物的担保的第三人；

（二）担保财产的受让人、用益物权人、合法占有人；

（三）担保财产上的后顺位担保权人；

（四）对债务人的财产享有合法权益且该权益将因财产被强制执行而丧失的第三人；

（五）债务人为法人或者非法人组织的，其出资人或者设立人；

（六）债务人为自然人的，其近亲属；

（七）其他对履行债务具有合法利益的第三人。

第三人在其已经代为履行的范围内取得对债务人的债权，但是不得损害债权人的利益。

担保人代为履行债务取得债权后，向其他担保人主张担保权利的，依据《最高人民法院关于适用〈中华人民共和国民法典〉有关担保制度的解释》第十三条、第十四条、第十八条第二款等规定处理。

《最高人民法院关于适用〈中华人民共和国企业破产法〉若干问题的规定（二）》（2020 年 12 月 29 日修正）

第四十一条 债权人依据企业破产法第四十条的规定行使抵销权，应当向管理人提出抵销主张。

管理人不得主动抵销债务人与债权人的互负债务，但抵销使债务人财产受益的除外。

第四十三条 债权人主张抵销，管理人以下列理由提出异议的，人民法院不予支持：

（一）破产申请受理时，债务人对债权人负有的债务尚未到期；

（二）破产申请受理时，债权人对债务人负有的债务尚未到期；

（三）双方互负债务标的物种类、品质不同。

案　号：（2021）沪 03 民初 771 号

合议庭：顾鸣香　姚　磊　陆金华

编写人：顾鸣香

5. 商品房消费者过户登记优先权与他人抵押权冲突之解决

——陈某诉上海某置业发展有限公司、吉林某信托有限责任公司房屋买卖合同纠纷案

关键词

商品房消费者　过户登记优先权　抵押权涤除

裁判要旨

商品房消费者的特殊保护原则是指商品房消费者权利优先于建设工程价款优先权与抵押权。破产程序作为集体性程序，面对有限的破产财产，需遵循居住权优先保护的理念。在商品房消费者过户登记请求权与他人抵押权形成冲突时，在综合考虑商品房消费者优先权的全面保障、抵押权设立时间与抵押权人注意义务、抵押权人权利的其他实现途径等因素后，支持商品房消费者过户登记优先权，可涤除他人所设立的抵押权。本案明晰了商品房消费者优先权利的意涵及其权利顺位，并在全面查明事实的基础上，围绕居住权优先属性、金融机构设立抵押权应负注意义务，以及替代性权利保障等方面进行释法析理，最终作出过户登记请求权可涤除抵押权的认定。本案为破产程序依法保护商品房消费者过户登记优先权，并审慎涤除金融机构抵押权，提供了参考样本。

基本案情

原告陈某诉称，在上海某置业发展有限公司（以下简称置业公司）向吉林某信托有限责任公司（以下简称信托公司）就上海市人民西路××××号房屋（以下简称涉案房屋）设定抵押登记前，陈某已经与置业公司签订了商

品房买卖合同，陈某付清了全款并实际占有房屋，缴纳了物业维修基金、物业费、燃气安装费、垃圾清运费，并且除案涉商品房外陈某在上海市也无其他用于居住的房屋，故陈某是商品房消费者，其权利可以对抗信托公司在本案房屋上设定的抵押登记。请求法院判令：（1）被告置业公司、信托公司于判决生效之日起30日内共同涤除在涉案房屋上设立的抵押权人信托公司的抵押登记；（2）被告置业公司于涤除上述抵押登记后7日内配合原告陈某办理涉案房屋不动产权转移登记手续，将上述房屋不动产权转移登记到原告陈某名下。

被告置业公司辩称，对陈某主张的事实没有异议，陈某签订合同及付款在信托公司放款及设定抵押权之前。信托公司放款时，置业公司财务凭证中已经记录了陈某付款的经过，可见信托公司放款审查是有过失的。抵押权不涤除就不能办理过户登记。抵押权涤除或抵押权人同意的情况下，管理人愿意配合办理过户手续。

被告信托公司辩称，陈某不具备上海市住房购买资格，涉案房屋面积大、房价高，不属于上海市普通住宅，因此陈某不属于商品房消费者，其权利不属于为保护消费者生存权而设立的超级优先权。陈某明知房屋有权利瑕疵而购买，未向信托公司求证，未将房款交付信托公司，也未及时采取措施减少损失，故应自行承担不能过户的风险，其权利不能对抗信托公司的抵押权。信托公司请求法院驳回陈某全部诉讼请求。

法院经审理查明：2017年11月24日，置业公司与陈某签订《定金合同》并支付定金10万元，陈某预订涉案房屋。后双方又签订样张版《商品房出售合同》，约定陈某向置业公司购买涉案房屋，建筑面积189.41平方米，单价31 386.94元，总价594.5万元。2017年11月至2018年4月，陈某分数笔付清全部购房款。2018年5月2日，信托公司、置业公司与置业公司的关联公司上海鸿某贸易发展有限公司（以下简称鸿某公司）签订《最高额抵押合同》，信托公司向鸿某公司提供贷款，置业公司以包含涉案房屋在内的36套房屋（其中20套已对外销售）为信托公司提供抵押，并办理抵押登记。后信托公司向鸿某公司发放贷款4亿元。6月18日，陈某与置业公司签订网签版《商品房出售合同》。9月8日，置业公司交付房屋给陈某。因鸿某公司违约未归还贷款，信托公司向吉林省长春市中级人民法院（以下简称长春中院）起诉主张权利，长春中院于2020年12月24日判决鸿某公司返还4亿元本金及相应利息，信托公司有权对置业公司上述房产行使抵押权，置业公司可就房屋销售不能实现抵押部分承担连带清偿责任。该案经吉林省高级人民法院二审维持。2020年1月，上海市第三中级人民法院（以下简称三中院）裁定受理置业公司破产清算一案并指定管理人。鉴于涉案房屋仍登记在破产企业置业公司名下，陈某以其系商品房消费者为由主张过户登记并涤除信托公司的抵押权，遂引发本案。

三中院经审理判决置业公司与信托公司共同为陈某办理抵押登记注销手续；置业公司于注销抵押登记后7日内将涉案房屋过户给陈某。信托公司不服提起上诉。上海市高级人民法院终审判决：驳回上诉，维持原判。

案例分析

房企破产案件具有极强的涉众性，购房者、建设工程承包人、供应商、金融机构等各类利益主体面对有限的破产财产，纷纷对仍登记在破产企业名下的房屋或在建工程，主张商品房消费者优先权、建设工程价款优先权、抵押担保权等各类优先权。本案即属商品房消费者对仍登记在破产企业名下的房屋主张过户登记请求优先权与金融机构欲对同一房屋行使抵押权而引发的争议。

在《最高人民法院关于商品房消费者权利保护问题的批复》（法释〔2023〕1号）（以下简称《商品房消费者保护批复》）出台之前，人民法院参照《最高人民法院关于人民法院办理执行异议和复议案件若干问题的规定》（以下简称《执行异议复议规定》）第29条处理破产程序中商品房消费者过户登记请求权。2023年2月，最高人民法院出台了《商品房消费者保护批复》，对商品房消费者的过户登记请求权与价款返还请求权的优先性给予明确。但无论《执行异议复议规定》还是《商品房消费者保护批复》，抑或其他法律、司法解释，均未对商品房消费者过户登记请求权能否涤除他人的抵押权作出规定。本案破产企业在收取购房者购房款后，又将同一房屋抵押给金融机构，在金融机构未实现抵押权时，购房户能否主张过户登记请求优先权的同时涤除抵押权，这是本案审理的难点和重点。

一、商品房消费者的身份认定

（一）破产程序中消费者权利的保护

商品房属消费者购买的财产。我国《消费者权益保护法》第2条规定，

“消费者为生活消费需要购买、使用商品或者接受服务，其权益受本法保护”。依据该条的规定，《消费者权益保护法》所调整的法律关系主要为生活消费关系。对于什么是消费者，理论界与实务界皆存在一定的争议。较为普遍接受的定义是消费者是指非以盈利为目的购买商品或者接受服务的人。[①]《消费者权益保护法》第7条规定了消费者的安全保障权，即“消费者在购买、使用商品和接受服务时享有人身、财产安全不受损害的权利”，该法第11条进一步规定“消费者因购买、使用商品或者接受服务受到人身、财产损害的，享有依法获得赔偿的权利”。由此可知，消费者权利可分为人身性权利与财产性权利两类。现代工业化社会下生产、销售的规模效应引发的食品安全问题极易引发大规模人身侵权事件，消费者在消费关系中处于弱势地位，国家一般通过食品安全立法、侵权责任立法等对消费者进行特殊保护。大规模侵权亦可能导致生产商或销售商破产，生产商或销售商进入破产程序后，消费者人身损害权利能否优先清偿，我国《企业破产法》对此未作规定，许多学者建议破产法对人身损害赔偿权作出优先保护。2018年3月，最高人民法院出台《全国法院破产审判工作会议纪要》，首次确立人身损害债权优先于财产性债权，参照职工债权顺位清偿的规则。源于破产财产的有限性，优先权的设定使相关权利主体在破产程序中得到特别保护的同时，亦让渡甚至牺牲了担保债权人和普通债权人的权益，因此过多设定优先权，并不能达到公平清偿的目的，目前对消费者的财产性权利，法律及司法解释并未规定优先性。

（二）商品房消费者的身份认定

商品房原属消费者财产性权利，但商品房兼具商品属性和生活居住功能属性，商品属性源于商品房承载着特殊的市场价值，而居住功能除了体现“居者有其屋”外，还承载着子女教育、生活便利和家庭财产安全等功能。[②]因此，法律对商品房消费者的优先权作了专门规定。关于商品房消费者优先权的司法文件最早出现在《最高人民法院关于建设工程价款优先受偿权问题的批复》（法释〔2002〕16号，以下简称《建设工程价款优先受偿权批复》）中。根据《建设工程价款优先受偿权批复》，人民法院在审理房地产

① 参见王利明：《消费者的概念及消费者权益保护法的调整范围》，载《政治与法律》2002年第2期。

② 陆家豪：《商品房消费者权利优先保护的理论基础与规范适用》，载《法学家》2024年第6期。

纠纷案件和办理执行案件中，应当依照1999年《合同法》（已失效）第286条的规定，认定建筑工程的承包人的优先受偿权优于抵押权和其他债权。消费者交付购买商品房的全部或者大部分款项后，承包人就该商品房享有的工程价款优先受偿权不得对抗买受人。相关权利顺位如下：商品房消费者优先权>建设工程承包人优先权>抵押权>其他债权。此后，《执行异议复议规定》第29条对商品房消费者的构成条件作出了规定，主要包含三个方面的内容：一是在人民法院查封之前已签订合法有效的书面买卖合同；二是所购商品房系用于居住且买受人名下无其他用于居住的房屋；三是已支付的价款超过合同约定总价款的百分之五十。但对于如何界定具体情形并准确适用上述条件认定商品房消费者，审判实践中仍存在不少争议。

2019年11月出台的《全国法院民商事审判工作会议纪要》（法〔2019〕254号）对前述问题进行了更加具体的回应，总体对商品房消费者的认定呈宽松趋势，并不局限于消费者名下只有一套商品房者才可认定。2023年《商品房消费者保护批复》则进一步聚焦“以居住为目的”，为实践操作中争议颇大的“套数”和“面积”进一步松绑，不再予以规定，顺应了当前保民生、保交楼、促发展的经济形势。

本案审理时《商品房消费者保护批复》并未颁布，故一审判决参照《执行异议复议规定》第29条对陈某的商品房消费者身份作出认定。首先，陈某与置业公司分别于2017年11月、2018年6月签订了样张版《商品房出售合同》及网签版《商品房出售合同》，后签的网签版《商品房出售合同》中的标的物、价款、签约主体等内容均与样张版《商品房出售合同》一致，并未在双方之间设立新的房屋买卖合同关系，故应认定陈某与置业公司已于2017年11月签订了合法有效的书面买卖合同。合同签订时间早于2018年5月设立的抵押权。其次，涉案房屋系陈某及其家人在上海购买的唯一住宅商品房，用于个人及家庭的日常居住，具有居住属性。最后，涉案房屋已于抵押权设立之前付清全款并交付，符合《执行异议复议规定》第29条之规定。据此，法院确认陈某属于消费型购房者，其过户登记请求权具有优先性，依法应予支持。

二、商品房消费者过户登记请求权之属性

本案商品房消费者已付清全款，且已交房，但房屋登记并未办理。从请

求权角度而言，商品房消费者主张房屋为己所有有两条途径：一是基于自身对涉案房屋具有物权而行使《企业破产法》第38条项下的取回权；二是主张继续房屋买卖合同下的过户登记请求权。

对于房企进入破产程序后，未完成过户的房屋是否属于债务人财产（或称破产财产），存在不同观点。第一种观点认为，《企业破产法》对上述情形未作规定，但2002年《最高人民法院关于审理企业破产案件若干问题的规定》第71条第6项规定“尚未办理产权过户手续但已向买方交付的财产”不属于破产财产。该规定虽然颁布于1986年《企业破产法（试行）》施行期间，但在现行《企业破产法》及司法解释颁布后，并未被明令禁止，相关内容与现行规定也不直接冲突，应当继续适用。第二种观点认为，原《物权法》及《民法典》物权编采用不动产物权登记生效原则，除法律另有规定外，不动产登记是不动产权利变动的生效要件，在房屋未过户情形下，房屋所有权属于出卖人。2002年《最高人民法院关于审理企业破产案件若干问题的规定》系针对已失效的1986年《企业破产法（试行）》的司法解释，该规定第71条所列不属于破产财产的情形，其实已被现行《企业破产法》下的《最高人民法院关于适用〈中华人民共和国企业破产法〉若干问题的规定（二）》（以下简称《破产法司法解释二》）所取代。后者第2条关于“不应认定为债务人财产”的规定删除了2002年《最高人民法院关于审理企业破产案件若干问题的规定》下原有的六项情形，包括“尚未办理产权过户手续但已向买方交付的财产”，同时规定“本规定施行前本院发布的有关企业破产的司法解释，与本规定相抵触的，自本规定施行之日起不再适用”。可见，2002年《最高人民法院关于审理企业破产案件若干问题的规定》第71条与《破产法司法解释二》第2条规定不一致的内容，已经不再适用。故而仍登记在出卖方房企名下的财产，仍应认定其为破产财产。本案采纳第二种观点，商品房消费者要求过户系依据其与房地产企业签订的商品房买卖合同，主张继续履行该合同，完成过户登记，过户登记请求权系债权请求权。

三、商品房消费者过户登记请求权与他人抵押权冲突之解决

（一）商品房消费者过户请求权的优先性

鉴于尚未完成过户的房屋仍属于破产财产，商品房消费者不能依《企业破产法》第38条行使建立其对涉案房屋拥有所有权基础上的取回权，只能主

张过户登记请求权，该请求权系依据房屋买卖合同主张继续履行合同过户登记之债权请求权。本案因涉案房屋事后抵押给金融机构，金融机构向房企提供了融资但并未收到购房款而实现抵押权，在此情形下，陈某过户登记请求权与金融机构抵押权直接形成冲突。

对商品房消费者权利的保护关系购房者的居住权利，对金融机构抵押权的保护则关系到企业融资与交易安全。商品房消费者过户登记请求权与金融机构抵押权何者优先需慎重对待。居住为人生之基本需要，实有特殊保护之必要。[①] 而住房权利作为生存权的重要权能之一，不仅关系到每个个体的安居乐业，同时也关系到国家整个经济社会的发展。从权利属性与立法目的上看，商品房消费者的居住权关系生存权，而生存权是最首要的人权，保护商品房消费者的生存权优先于财产权的保护。最高人民法院根据多年司法实践形成的《建设工程价款优先受偿权批复》和《执行异议复议规定》确立了针对商品房消费者的特殊保护原则，《商品房消费者保护批复》吸收了先前司法解释的内容，规定符合一定条件的消费购房者的房屋交付请求权与价款返还请求权优先于建设工程价款优先受偿权、抵押权以及其他债权。确定商品房消费者的优先权利，更有利于保护相对处于弱势的商品房消费者，同时有利于维护房地产市场秩序，进而促进社会和谐稳定。

破产程序是集体性程序，由于破产财产不足以满足所有债权的清偿要求，故而破产财产分配需遵循顺位法定原则和平等清偿原则。陈某请求将涉案房屋办理过户登记，系依据房屋买卖合同主张继续履行合同过户登记之债权请求权，陈某属商品房消费者，法院同时认为陈某目前虽居住在国外但仍为中国公民，有权回国居住并使用涉案房屋，从商品房另承载的子女教育、生活便利等其他居住功能，对陈某主张的过户请求权优先权给予保护。

（二）商品房消费者过户登记请求权能否涤除抵押权

2007 年《物权法》（已失效）第 177 条和《民法典》第 393 条规定："有下列情形之一的，担保物权消灭：（一）主债权消灭；（二）担保物权实现；（三）债权人放弃担保物权；（四）法律规定担保物权消灭的其他情形。"严格地说，本案并不存在上述情形。在商品房消费者过户登记请求权与他人抵押权发生冲突时，能否涤除他人尚未实现的抵押权，现行法律及司法解释并

① 参见王泽鉴：《用益物权 · 占有》，中国政法大学出版社 2010 年版，第 177 页。

未作出明文规定。这是本案审理最大的难点。综合全案案情，本案基于以下综合考量，作出了支持商品房消费者要求过户且一并涤除抵押权的判决。

1. 商品房消费者优先权利的全面保障

对于商品房消费者过户登记请求权能否直接涤除抵押权，目前法律及司法解释均无明确规定。广东省高级人民法院于 2019 年出台的《关于审理企业破产案件若干问题的指引》对商品房消费者过户登记请求权予以支持的同时，作出了“所有权转移的同时担保物权消灭”的规定。[①]《民法典》与《物权法》对抵押财产转让后的法律效果作出了不同的规定。《民法典》第 406 条修改了《物权法》第 191 条“抵押人未经抵押权人同意，不得转让抵押财产”的规定，允许抵押人在设定抵押权后转让抵押物，同时规定抵押权可以追及受让人。实践中基于《民法典》的上述规定产生了“带押过户”的做法。

但本案赞同在优先保护生存权、居住权的价值选择下，抵押权人的追及力应有所限制，不能及于商品房消费者[②]的这一观点。本案认为，陈某作为商品房消费者，其过户登记请求权相比抵押权的优先性，不仅应体现在过户上，还应全面体现在过户后财产所有权的保障上。如果再将抵押权的负担转移给购买人陈某，涉案房屋用以担保的债权并不能通过行使抵押权的方式实现，反而会影响陈某过户后基于房屋所有权人行使对外转让等处分权利，无从全面体现商品房消费者权利的优先性，因此不涤除抵押权的过户显然对陈某有失公允。

2. 抵押权涤除之考量要素

无论是涉及房屋买卖合同纠纷，还是担保物权设立纠纷，是否尽到审慎注意义务是决定责任分配的重要因素之一。就房屋的交易风险预防和控制能力而言，商品房消费者远低于专业金融机构。因此，专业金融机构在对外出借款项、接受抵押时负有更高的审查注意义务。本案商品房消费者购房、付款及交付在前，而金融机构抵押在后，置业公司未将转让房屋价款所得清偿信托公司的债权，与陈某无涉。就交易风险预防和控制能力而言，作为普通消费者的陈某远低于作为专业金融机构的信托公司。因此，信托公司负有更

---

① 《广东省高级人民法院关于审理企业破产案件若干问题的指引》（粤高法发〔2019〕6 号）第 113 条规定：“买受人依据本指引第一百一十一条、第一百一十二条规定取得所有权的，附着在标的物上的担保物权消灭，担保物权人可以就买受人支付的剩余价款优先受偿。”

② 参见王利明：《论抵押权的追及效力——以〈民法典〉第 406 条为中心》，载《政法论丛》2023 年第 1 期。

高的审查义务，理应对抵押物状况、是否已对外出售等情况进行充分详尽的调查，以保障自身交易安全。然而从《最高额抵押合同》的签订内容来看，信托公司并未对抵押物的状况进行充分的尽职调查与风险防范。

在保障商品房消费者优先权利的基础之上，抵押权人的相关财产权益同样不可忽视。本案中，信托公司在向长春中院提起的（2019）吉01民初1102号案中，已对因抵押房屋被销售后抵押财产减少导致的损失进行了主张，长春中院查明20套抵押房屋已被销售后，判令置业公司就抵押权不能实现部分承担连带给付责任，鉴于抵押权可能无法实现，给予替代性权利保障，从而维护了信托公司的合法权利。由此可见，在房屋买卖合同纠纷个案中是否涤除抵押权，也应基于公平原则平衡各方利益，适当考量抵押权人的利益实现是否具有其他的法律途径。

关联索引

《中华人民共和国民法典》（2020年5月28日）

第三百九十三条　有下列情形之一的，担保物权消灭：

（一）主债权消灭；

（二）担保物权实现；

（三）债权人放弃担保物权；

（四）法律规定担保物权消灭的其他情形。

《最高人民法院关于人民法院办理执行异议和复议案件若干问题的规定》（2020年12月29日修正）

第二十九条　金钱债权执行中，买受人对登记在被执行的房地产开发企业名下的商品房提出异议，符合下列情形且其权利能够排除执行的，人民法院应予支持：

（一）在人民法院查封之前已签订合法有效的书面买卖合同；

（二）所购商品房系用于居住且买受人名下无其他用于居住的房屋；

（三）已支付的价款超过合同约定总价款的百分之五十。

《最高人民法院关于商品房消费者权利保护问题的批复》（2023年4月20日　法释〔2023〕1号）

二、商品房消费者以居住为目的购买房屋并已支付全部价款，主张其房屋交付请求权优先于建设工程价款优先受偿权、抵押权以及其他债权的，人民法院应当予以支持。

只支付了部分价款的商品房消费者，在一审法庭辩论终结前已实际支付剩余价款的，可以适用前款规定。

三、在房屋不能交付且无实际交付可能的情况下，商品房消费者主张价款返还请求权优先于建设工程价款优先受偿权、抵押权以及其他债权的，人民法院应当予以支持。

案　号：（2020）沪 03 民初 352 号

合议庭：黄贤华　王益平　徐玉兰

编写人：黄贤华　刘　飏

6. 误付但未“特定化”的货币资金不适用破产取回权

——西安某投资发展有限公司诉中国某物资华东有限公司一般取回权纠纷案

关键词

破产　取回权　货币　误付　特定化

裁判要旨

货币资金一般适用“占有即所有”的物权变动规则，银行一般存款账户本身并不具备将货币资金特定化的属性或功能，因混同后的钱款没有“特定化”，债权人不能行使破产取回权从破产财产中取回货币资金，但可以不当得利向管理人申报债权并进行分配。破产程序是集体性程序，旨在保证全体债权人的公平清偿，因此，破产取回权诉讼相比执行异议之诉，更需兼顾其他债权人的清偿利益。本案为破产程序如何处理债权人误付的货币资金提供了明确的审理思路。

基本案情

2018 年 3 月 30 日，原告西安橡某投资发展有限公司（以下简称发展公司）与案外人中国兵某物资集团有限公司（以下简称物资集团）签订销售合同，约定发展公司向物资集团购买铝锭 166. 10 吨，总价 2 267 155. 80 元。当日 14 时 34 分，发展公司误将款项汇入被告中国某物资华东有限公司（以下简称华东公司，系物资集团子公司）一般存款账户。发展公司发现汇款错误后，于 17 时 08 分另行向物资集团汇入 2 267 155. 80 元，随后提货。发展公司汇款至华东公司账户时，该账户因其他经济纠纷被广东省深圳市中级人民法院冻结查封，账户内有历年往来结余款 301 824.90 元，汇入后款项共计 2 568 980.70 元。此后除产生利息外，并未有其他款项进入。

2019 年 9 月 25 日，上海市第三中级人民法院（以下简称上海三中院）裁定受理华东公司破产清算案，并指定管理人。发展公司向管理人主张取回系争款项遭拒，遂提起本案诉讼。发展公司诉称，其与华东公司并无往来结欠款，因留有该公司账户，且名称与物资集团相近，财务人员误付款。双方并无交付与接受的意思表示，不发生转移款项实体权益的法律效果；误付后，亦无其他钱款进入华东公司涉案账户，账户也处于司法查封状态，因此，款项已经特定化，要求在破产程序中对上述钱款行使取回权。

华东公司辩称，货币资金适用“占有即所有”规则，款项一经汇入即由华东公司占有，所有权已归属华东公司；涉案账户系一般存款账户，账户内原有资金余额 30.1 万余元，系争钱款汇入后已经混同，不具备特定化前提；误付款项构成不当得利，发展公司可以不当得利向管理人申报债权，并在破产程序中分配。华东公司请求驳回发展公司的诉讼请求。

上海三中院认为，第一，关于钱款是否混同。涉案账户系华东公司的一般存款账户，开设与使用并无特殊限制与安排，系争钱款进入该账户后，即与账户内历年结余款项混同，并共同产生利息，对外表现为包括所有本金和利息在内的同一整体，不能作出特定化区分。司法查封影响的是对钱款的使用，但并不影响对钱款的所有和占有。第二，关于误付的法律效果及救济途径。发展公司误付虽属实，但并不等同于因误付而转移且留存在系争账户内的钱款属“原物”，本案所涉款项混同后对外是含所有本金、利息在内的一个整体，不再是“原物”。误付即意味着付款人并不明知自己无给付义务，在债法上可构成不当得利，发展公司可向管理人申报不当得利债权，并在破产程序中进行分配。综上所述，上海三中院依照《最高人民法院关于适用〈中华人民共和国民事诉讼法〉的解释》第 90 条之规定，判决驳回发展公司的诉讼请求。

发展公司未提出上诉，一审判决已发生法律效力。

案例分析

破产取回权，是指财产的权利人可以直接从管理人占有和管理的债务人财产中，取回原本不属于债务人财产的权利。破产取回权分为一般取回权和特殊取回权，《企业破产法》第38条规定了一般取回权，第39条规定了特殊取回权。[①]《企业破产法》第38条规定："人民法院受理破产申请后，债务人占有的不属于债务人的财产，该财产的权利人可以通过管理人取回。"《最高人民法院关于适用〈中华人民共和国企业破产法〉若干问题的规定（二）》第2条进一步对《企业破产法》第38条所涉"不属于债务人财产"作了规定。[②]

一、货币取回权法理分析

破产取回权来源于民法关于物的返还请求权。《民法典》第235条规定，无权占有不动产或者动产的，权利人可以请求返还原物。破产程序中较常见的情况是权利人向管理人主张返还租赁物、保管物等，但司法实践中涉及对货币资金行使取回权的案例亦不少见。本案因误付款引发，发展公司诉请取回的标的物是226万余元的货币资金。

（一）以往案例确立的一般规则

货币作为特殊动产，适用"占有即所有"的物权变动规则。当货币资金基于各种基础法律关系给付破产企业后，所有权发生变动，原则上给付方不能再行使取回权。正如《最高人民法院关于河南省高级人民法院就郑州亚细亚五彩购物广场有限公司破产一案中董桂琴等50家商户能否行使取回权问题请示的答复》（〔2003〕民二他字第14号）载明："……董桂琴等50家商户与亚细亚五彩购物广场有限公司（以下简称五彩购物广场）形成委托收取销售货款的关系，现有证据不能证明五彩购物广场对所收取的货款开立专门账户加以管理，即五彩购物广场代收的货款没有特定化。由于货币作为动产的特殊属性，董桂琴等50家商户对没有特定化的货款不具有所有权关系，在企业破产还债程序中不能行使取回权，可以以普通债权人的身份参与破产财产的分配。"故而原则同意河南省高级人民法院不支持董桂琴等50家商户行使取回权的意见。上述答复确立的一般取回权的行使规则是，除非专门账户管理货币资金特定化，否则货币资金不成立取回权，以普通债权人身份参与破产分配。

---

① 特殊取回权，即在途运输标的物取回权。

② 主要包括以下财产：（1）债务人基于仓储、保管、承揽、代销、借用、寄存、租赁等合同或者其他法律关系占有、使用的他人财产；（2）债务人在所有权保留买卖中尚未取得所有权的财产；（3）所有权专属于国家且不得转让的财产；（4）其他依照法律、行政法规不属于债务人的财产。

（二）货币可取回的发展演变

原《最高人民法院关于适用〈中华人民共和国担保法〉若干问题的解释》第 85 条①和现《最高人民法院关于适用〈中华人民共和国民法典〉有关担保制度的解释》第 70 条②规定了债权人对特定化后的保证金等的优先受偿权。

破产审判在长期的实践过程中，逐步围绕“特定化”发展出货币资金的取回权规则，这在证券公司破产案件的审理中比较典型。在独立封闭证券账户和资金账户内运作的委托资产，能与证券公司的自有资产及其他客户资产相区别的，委托理财账户内资产应归属于委托人所有，委托人可以行使取回权。在上海精某投资有限公司（以下简称精某公司）与亚某证券有限责任公司（以下简称亚某证券）一般取回权纠纷一案③中，精某公司根据与亚某证券安某路营业部签订的《保值增值协议书》约定，将 8000 万元资金存入其在安某路营业部开设的资金账户，该账户被安某路营业部相关人员下挂股票账户用于购买股票，精某公司要求对账户内的货币余额及股票行使取回权。法院认为，精某公司的 8000 万元进入并存放于亚某证券安某路营业部专门开立的账户，可以认定特定化的货币占有与所有相互分离，而该账户下挂的全部股票账户都是处于独立和封闭的状态，每一手股票都是使用前述账户内的资金买入，故而下挂股票账户剩余股票能够与亚某证券的自有资产及其他客户资产相区别，遂判决支持了精某公司的诉讼请求。

二、本案不适用取回权的法理分析

（一）本案欲取回货币不具特定化特质

如前所述，货币资金一般“占有即所有”，符合“特定化”情形下才使占有与所有相分离。申言之，对于货币的权利归属，一般根据占有的表面状态即推定占有人（如现金持有人、银行账户开户人）为实际权利人；当货币

① 《最高人民法院关于适用〈中华人民共和国担保法〉若干问题的解释》第 85 条规定：“债务人或者第三人将其金钱以特户、封金、保证金等形式特定化后，移交债权人占有作为债权的担保，债务人不履行债务时，债权人可以以该金钱优先受偿。”

② 《最高人民法院关于适用〈中华人民共和国民法典〉有关担保制度的解释》第 70 条第 1 款规定：“债务人或者第三人为担保债务的履行，设立专门的保证金账户并由债权人实际控制，或者将其资金存入债权人设立的保证金账户，债权人主张就账户内的款项优先受偿的，人民法院应予支持……”

③ 参见上海市第二中级人民法院（2015）沪二中民六（商）初字第 17 号民事判决书、上海市高级人民法院（2016）沪民终 362 号民事判决书。

通过特户、专户、封金等方式特定化，足以证明所有与占有相分离的，根据真实的权利归属确定实际权利人，在破产程序中可以行使取回权。本案发展公司将系争款项支付给华东公司的确出于误付，但因该账户为一般存款账户，账户本身并不具备将货币资金特定化的属性或功能，并且账户内结余了历年往来款，系争资金与历年往来款混同，对外已形成包含所有本金、利息在内的整体，无法区分，故而没有“特定化”。

关于误付的法律效果及救济。有观点认为，在误付情形下，双方并无交付与接受的意思表示，不能产生误付款项实体权益转移的法律效果。比如，再审申请人刘某荣与被申请人河南省金某土地开发有限公司等案外人执行异议之诉一案①。该案主要案情是，金某公司结欠元某公司工程款，案外人万某公司也结欠元某公司工程款，因金某公司与万某公司外聘同一名财务人员，名称又相近，误将万某公司欠付钱款通过金某公司账款一并转给元某公司，该账户又因刘某荣另案诉讼执行而被榆林市人民法院司法查封。金某公司以误付为由，提起执行异议之诉。原审支持了金某公司的诉讼请求，判决不得执行上述款项。刘某荣向最高人民法院申请再审。最高人民法院认为：“金某公司向元某公司划款 424 476.06 元系误转，金某公司对于划款行为不具有真实的意思表示，元某公司亦缺乏接受款项的意思表示，故该划款行为不属于能够设立、变更、终止民事权利和民事义务的民事法律行为，而仅属于可变更或可撤销的民事行为，即该误转款项的行为未能产生转移款项实体权益的法律效果，该款项的实体权益仍属金某公司所有，而不属于元某公司。”

审理中，发展公司以上述案例作为参考，主张取回权成立。最终，法院并未采纳发展公司上述观点。法院认为，对于该错划款项，在债法上可构成不当得利。根据《民法典》第 985 条规定，得利人没有法律根据取得不当利益的，受损失的人可以请求得利人返还取得的利益。因此，发展公司可以不当得利为由向管理人申报债权。

（二）破产程序关于货币取回权的特殊考量

比较本案与前述金某公司执行异议案，相同点在于钱款都基于误付错划进了收款方账户，该账户也都被司法查封。不同点在于，本案钱款一直在华东公司被查封的账户内，司法查封影响的是该公司对钱款的使用而非占有；

① 参见最高人民法院（2017）最高法民申 322 号民事裁定书。

而金某公司执行异议案中，案涉款项转账进入冻结账户后直接扣划至法院的执行账户，元某公司并未实际占有、控制或支配错划款项。尤需关注的是，本案华东公司已进入破产清算程序，该公司资产并不足以清偿债务。如果取回权成立，将使发展公司获得全部款项，其他债权人无权分配；如果以不当得利之债参与破产分配，则发展公司与普通债权人的清偿比例一致。因此，在判断发展公司行使取回权还是申报不当得利债权时，除了分析取回权成立的构成要件之外，还需要兼顾破产程序其他债权人的公平清偿利益。与破产程序不同的是，执行异议之诉旨在保护案外人合法的实体权利，兼顾节省司法资源和当事人的诉讼成本，正如该案民事裁定书所述："如仍要求金某公司另行通过不当得利之诉寻求救济，并不能产生更为良好的法律效果和社会效果，亦不符案外人执行异议之诉的立法初衷。"

综上所述，误付但未"特定化"的货币资金不符合取回权的构成要件，通过不当得利申报债权也符合破产程序集体公平清偿的立法宗旨。

关联索引

《中华人民共和国企业破产法》（2006 年 8 月 27 日）

第三十八条　人民法院受理破产申请后，债务人占有的不属于债务人的财产，该财产的权利人可以通过管理人取回。但是，本法另有规定的除外。

案　号：（2020）沪 03 民初 99 号

合议庭：黄贤华　王益平　李丽丽

编写人：黄贤华

7. 支付宝账户资金是否适用破产取回权

——某科技（上海）股份有限公司取回权纠纷案

关键词

支付宝账户　破产取回权　实名登记　所有权转移　实际控制

裁判要旨

本案是破产清算程序中主张对债务人支付宝账户内资金行使取回权的案例，《企业破产法》所规定的取回权基础是民法上的返还原物请求权，支付宝账户内资金等货币资金能否取回，需聚焦两点：一是货币资金能否成为取回的标的；二是取回权请求权人主体是否适格。鉴于货币资金是特殊动产，一般遵循所有与占有一致的原则，普通银行账户、收款账户、支付宝账户内的资金不能成为取回的标的，账户权利人即为货币资金权利人。货币资金被以“专款专户”形式予以特定化的例外情况下，与其他资金不发生混同，达到物权法上排他性和专属性程度时才能成为取回的标的。

基本案情

一审原告李某诉请判令确认一审被告某科技（上海）股份有限公司（以下简称科技公司）支付宝账户中的人民币546.50万元归其所有，并由科技公司承担诉讼费用。其诉称：因李某向科技公司及其关联方于2015年出借1000万元未归还。李某与科技公司于2017年10月16日签订《关于科技公司库存积压产品清仓处理的协议》，约定将科技公司库存商品全部销售给李某，双方约定在交接表上签字，交接手续完成。其后货物所有权和处置权归李某所有，科技公司不得再行销售或设定其他任何权利。2017年10月23日，李某、科技公司签订《关于科技公司库存积压产品清仓处理的协议的补充协议》（以下简称补充协议），双方约定所涉货物以案外人上海某实业发展有限公司（以下简称实业公司）为销售平台，销售该批货物，李某向平台注入流动资金借款500万元左右，用于采购新品、增加“双11”投入等；平台销售回款，首先用于归还李某流动资金借款，其余回款支付平台代李某销售商品的费用；科技公司应收李某货款，首先用于归还科技公司及其关联方所借李某款项本金及利息；到2018年2月底结算前，李某可退货。协议签订后，科技公司将其名下的“YELLOWEARTH”天猫旗舰店及支付宝账户交由李某管理使用。嗣后李某利用该天猫旗舰店平台销售商品。所获货款均进入登记在科技公司名下支付宝账户内，截至2018年11月，该支付宝账户中余额共计546.50万元。2018年11月28日，上海市第三中级人民法院（以下简称三中院）受理科技公司破产清算一案，将涉案支付宝账户冻结。2019年4月29日，李某向科技公司破产管理人提出取回权申请，请求取回涉案支付宝账户内的546.50万元。2020年7月17日，科技公司管理人以未占有任何不属于科技公司的财产为由对李某主张取回权不予认可。根据《企业破产法》第38条规定，本案涉案支付宝账户系支付宝公司为科技公司开立的唯一账户，仅用于天猫旗舰店销售回款使用。该支付宝账户余额中的款项均来自2017年10月后，李某通过天猫旗舰店销售平台销售货物所得的销售货款，虽然货币为种类物，但在本案所涉支付宝账户中的资金系由李某合法占有的货物销售对价构成，是特定化的，是属于李某所有的资金。

科技公司管理人辩称：（1）支付宝账户及其中资金属于科技公司所有并由科技公司享有支配权。①支付宝账户应实名登记，登记对外具有公示作用。②支付宝账户中资金应按照登记的实际投资人账户名称判断权利人，货币作为一种特殊动产是种类物，依占有状态来判断所有权，判断占有的依据是账户的登记情况；经实名认证的支付宝账户中资金所有权归属于登记人。③李某从未取得对支付宝账户及其中的资金以及天猫旗舰店的所有权和控制权。除离婚（协议离婚或判决离婚）和继承过户外，淘宝网不受理其他原因的店铺转让请求；支付宝本身不能进行转让变更。事实上，天猫主体变更流程也尚未完成，故无论是天猫店铺还是支付宝账户始终登记在科技公司名下，李某对其不享有支配权。且因科技公司涉及多起诉讼执行案件，该支付宝账户已经被查封冻结，仅在进入破产清算程序后管理人才协调完成解封并申请破产法院对支付宝内资金进行了划扣。故，无论是从公示的登记，还是从实际控制而言，李某都从未也不可能对支付宝账户中的资金进行占有使用等支配。

（2）李某主张支付宝账户内的资金系债务人占有的不属于债务人的财产，支付宝账户内的资金依占有状态来判断所有权，判断占有的依据是账户的登记情况，支付宝账户中的资金由科技公司所有并享有支配权。故，无论是从公示的登记，还是从实际控制而言，李某都从未也不可能对支付宝账户中的资金进行占有使用等支配。李某主张本案所涉支付宝账户中的资金系由李某合法占有的货物销售对价构成。但一方面，李某从科技公司处购买货物从未支付过相应货物对价，虽主张就货款先抵销科技公司及其关联方、员工等的借款，但李某实际已经在破产程序中向管理人申报了3笔债权，在申报过程中未对货款债权主张抵销。另一方面，即使李某享有货物所有权，对于科技公司而言，在自己的天猫旗舰店销售他人货物并取得的销售款，李某也仅能主张相应赔偿，而此项请求权是一项债权请求权。与本案诉争支付宝账户内资金所有权属无关，应通过向管理人进行债权申报以及破产债权确认纠纷的形式予以实现。

2017年10月16日，李某与科技公司签订《关于科技公司库存积压产品清仓处理的协议》（以下简称主协议），主协议约定，科技公司将库存商品全部销售给李某，交易价格以采购价格为基准价格并根据库存商品采购时间不同约定不同折扣，未列明商品根据具体情况协商定价。2017年10月20日前对货物进行盘点，确认数量、价格后，在交接表上签字，交接手续完成，其后货物所有权和处置权归李某所有，科技公司不得再行销售或设定其他任何权利。货物交接完成后一周内，支付100万元，2018年2月底前，双方核对销售情况，对于完成销售部分，科技公司开具发票后予以结算，其余货物双方另行协商。

科技公司将其持有100%股权的全资子公司实业公司（财务报表显示其所有者权益为负）股权作价100元转让给李某。2017年10月19日，实业公司的股东变更为李某。

2017年10月23日，李某与科技公司再次签订补充协议。补充协议约定，根据之前主协议约定的定价规则，经双方清点核实后的主协议项下交易商品总数量为195 418件，总金额为19 755 200.18元；科技公司给予李某折让2 489 211.31元，实际交易价格为17 265 978.87元；双方根据实际情况，协商确定如下处理方法：以实业公司为销售平台，销售该批货物，销售渠道包括天猫等电商、DFO、其他店铺，李某将货物交平台代售，李某向平台注入流动资金借款500万元左右，用于采购新品等；平台销售回款首先用于归还李某流动资金借款，其余回款支付平台代李某销售商品的费用。科技公司应收李某货款，首先用于归还科技公司及其关联方所借李某款项本金及利息，抵顶完后其余款项由李某支付科技公司。李某、科技公司同时签订《货品交接单》一份，其中列明货物数量195 418件、货品金额1 975 520. 18元。主协议以及补充协议签订后，李某未向科技公司支付过货款，也未行使过抵销权。

同日，科技公司与实业公司签订《关于“YELLOWEARTH”天猫旗舰店主体变更的协议》，双方同意将科技公司申请注册的“YELLOWEARTH”天猫旗舰店主体由科技公司变更为实业公司。但天猫平台回复称，因科技公司在法院失信名单中，故本次无法支持变更。

2018年11月28日，上海市青浦区人民法院受理科技公司破产清算一案，并指定管理人，管理人履职清查资产中发现科技公司名下支付宝账户中存在相关冻结资金，后根据管理人申请经上海市青浦区人民法院划转收到5 301 409. 12元。

在破产程序中，李某一方面就出借资金款项向管理人申报债权，另一方面并未支付所购库存积压产品对价。2019年4月29日，李某向科技公司管理人申请取回天猫旗舰店所绑定支付宝账户内的5 465 000元款项。管理人审查后对李某主张的取回权不予认可。

本案一审法院作出（2020）沪0118民初21307号民事判决书，认为应当参照《最高人民法院关于人民法院办理执行异议和复议案件若干问题的规定》（以下简称《执行异议复议规定》）第25条规定判断权利人，货币作为一种特殊动产，是种类物，也即依占有状态来判断所有权，而判断占有的依据就是账户的登记情况。即便科技公司有向李某交付支付宝账户和密码的行为，但该行为违反相关监管政策的规定亦违反支付宝服务协议等约定，且由于货币的种类物属性，该约定不能产生货币所有权转移的法律后果。即便系争款项系货物销售后的回款，李某也仅享有债法上的资金返还请求权。故，一审法院依照《企业破产法》第38条规定，判决驳回李某的诉讼请求。

李某不服一审判决，向三中院提起上诉，请求撤销上海市青浦区人民法院作出的（2020）沪0118民初21307号民事判决，发回重审或依法改判支持上诉人的诉讼请求。李某上诉认为一审法院判决认定基本事实不清，主张其已实际取得涉案天猫旗舰店的所有权以及支付宝账户及其内资金的控制权，一审判决认为违反了《支付宝服务协议》的约定而作出相关判决，但《支付宝服务协议》仅仅是企业单方规定，并不构成法律的强制性规定，该协议并不能否定李某与科技公司之间签订转让协议的效力，不能否认涉案天猫店铺及关联支付宝账户已经处于李某控制之下的事实。此外，李某还认为一审判决适用《执行异议复议规定》，法律适用错误，该规定应当适用于执行异议和复议案件，本案是取回权案件，不适用该规定。

被上诉人科技公司管理人辩称一审判决认定事实清楚，适用法律正确，应当依法驳回上诉。其认为：（1）《支付宝服务协议》相关内容是对法律规定的重申与提示，不管《支付宝服务协议》有无规定，均不得实施相关违法行为。（2）货币作为一种特殊动产，是种类物，依占有状态来判断所有权，判断占有的依据是账户的登记情况。参照《执行异议复议规定》第25条规定确定权利人适用法律正确。（3）李某从未取得对支付宝账户及其内资金以及天猫旗舰店的所有权和控制权。

三中院作出（2022）沪03民终72号民事判决书，认为天猫店铺转让实际是科技公司将其与天猫平台之间合同关系项下的权利义务一并转让给实业公司。根据《民法典》第555条的规定，该转让行为因天猫平台未同意，故转让行为不发生法律效力。且李某身份是实业公司的股东，也不是天猫店铺的实际所有者。天猫店铺相关联的支付宝账户涉及科技公司企业身份及银行卡，相关信息均已经过实名认证，根据账户监管要求以及《支付宝服务协议》的规定，支付宝账户仅限本人使用亦不可变更或过户。虽科技公司将支付宝账户、密码告知实业公司，但不能证明李某是支付宝账户的所有者。故，二审法院判决驳回李某的上诉请求，维持原判。

案例分析

本案李某与科技公司之间存在多重法律关系：一是李某向科技公司提供的流动资金借款所形成的借款关系。二是李某向科技公司购买库存货物所形成的买卖关系。三是科技公司将其100%持股的实业公司的全部股权转让给李某，并约定将科技公司注册的“YELLOWEARTH”天猫旗舰店变更主体为实业公司，科技公司同时告知了实业公司该天猫旗舰店所绑定的支付宝账户及密码。

李某诉请主张取回的是其通过“YELLOWEARTH”天猫旗舰店所销售货

物的货款，而该货款以该店铺所绑定的支付宝账户余额的形式体现。管理人不予认可取回权则是主张支付宝及天猫旗舰店均登记在科技公司名下，科技公司对支付宝账户内资金余额享有所有权。案件的争议焦点：一是对于系争支付宝账户内的余额的权利主体如何认定；二是相关资金是否构成取回权的标的。

一、关于支付宝账户资金的权利主体的判断

《企业破产法》第38条规定："人民法院受理破产申请后，债务人占有的不属于债务人的财产，该财产的权利人可以通过管理人取回。但是，本法另有规定的除外。"《最高人民法院关于适用〈中华人民共和国企业破产法〉若干问题的规定（二）》第2条规定："下列财产不应认定为债务人财产：（一）债务人基于仓储、保管、承揽、代销、借用、寄存、租赁等合同或者其他法律关系占有、使用的他人财产；（二）债务人在所有权保留买卖中尚未取得所有权的财产；（三）所有权专属于国家且不得转让的财产；（四）其他依照法律、行政法规不属于债务人的财产。"破产法司法解释以列举的形式界定了不属于债务人财产的情形，故如在破产程序中管理人接管了不属于债务人的财产，则该财产的权利人享有向管理人要求取回的权利，即破产取回权。鉴于破产取回权是民法上物的返还请求权在破产程序中的映射，故在破产取回权诉讼中，对取回物主张权利的主体必须举证证明其对系争财产享有排他性的物权。

目前，法律上对于支付宝账户内相关资金余额的法律性质存在"债权说"和"数字化财物说"之争。"债权说"认为第三方支付平台内的资金与银行存款类似，认为权利人将资金存入银行即在双方之间成立了债权债务关系，而支付宝账户的作用与银行卡、存折等的作用相同，是一种债权凭证。①"数字化财物说"认为支付宝内的财产属于网络环境下的数字货币，具有与现金货币相同的价值尺度和流通手段，是科技发展之下出现的新的货币表现形式，本质上仍为一般等价物。②

《非银行支付机构网络支付业务管理办法》第7条第2款规定："支付机

① 参见钱叶六：《存款占有的归属与财产犯罪的界限》，载《中国法学》2019年第2期。

② 参见王双：《利用第三方支付平台侵犯他人财产行为的定性分析——以支付宝为例》，载微信公众号"湖南省刑事法治研究会"，2019年10月23日。

构为客户开立支付账户的，还应在服务协议中以显著方式告知客户，并采取有效方式确认客户充分知晓并清晰理解下列内容：‘支付账户所记录的资金余额不同于客户本人的银行存款，不受《存款保险条例》保护，其实质为客户委托支付机构保管的、所有权归属于客户的预付价值。该预付价值对应的货币资金虽然属于客户，但不以客户本人名义存放在银行，而是以支付机构名义存放在银行，并且由支付机构向银行发起资金调拨指令。’”支付宝平台公示的《支付宝服务协议》也已经明确：“支付宝支付服务是支付宝公司通过支付宝网站、小程序、软件工具开发包以及随技术发展出现的新形态向客户提供的非金融机构支付服务，是受支付宝用户委托代收付款的资金转移服务。”同时，上述协议还明确：“支付账户所记录的资金余额不同于您本人的银行存款，不受《存款保险条例》保护，其实质为您委托我们保管的、所有权归属于您的预付价值。该预付价值对应的货币资金虽然属于您，但不以您本人名义存放在银行，而是以我们的名义存放在银行，并且由我们向银行发起资金调拨指令。”由此可见，支付宝账户资金余额是用户委托支付宝进行保管，以支付宝名义将对应的货币资金存放在银行的预付价值。

就当前普遍司法实践而言，支付宝账户余额通常被视作一种新型财产形式，以账户持有人的自有财产予以认定，可以被查封、扣押、冻结。同时我们也应注意到，即便采“债权说”，存款或账户登记权利人并未对存款或账户内资金这一法定货币本身直接占有，但这是通过法律或者社会一般观念对具有权利义务关系项下的存款金额能够予以控制的确认。即支付宝账户对应的权利人是基于《非银行支付机构网络支付业务管理办法》等相关的规范对支付账户中所记录的资金余额这一财产性利益进行观念占有。[①] 由此可见，采“数字化财物说”的，支付宝账户内资金余额是一种新型财产形式，所有权人是账户所有人；采“债权说”的，则支付宝账户内资金余额由账户所有人对支付宝享有预付价值，其仍对对应的货币进行观念占有。也即无论学理争论如何，从法律、社会一般观念上以及司法实践来看，支付宝账户内资金余额的归属始终是账户所有人。

支付宝提供收付款的资金转移服务，该服务以实际资金为基础，以网络化方式为载体进行，支付宝作为结算账户具有专属性和公信力。《执行异议复

---

① 参见赵拥军：《新型网络支付方式下非法取财行为的类型化定性——以账户中资金的性质及占有为视角》，载微信公众号“上海市法学会 东方法学”，2024 年 10 月 14 日。

议规定》第 25 条规定："对案外人的异议，人民法院应当按照下列标准判断其是否系权利人：……（三）银行存款和存管在金融机构的有价证券，按照金融机构和登记结算机构登记的账户名称判断；有价证券由具备合法经营资质的托管机构名义持有的，按照该机构登记的实际出资人账户名称判断……（五）其他财产和权利，有登记的，按照登记机构的登记判断；无登记的，按照合同等证明财产权属或者权利人的证据判断。"参照该规定，账户余额资金的权利归属，原则上应当按照登记的账户主体来判断。支付宝提供非金融机构支付服务，该服务以实际资金为基础，以网络化方式为载体进行，判断占有或所有的依据就是账户的登记情况。

支付宝账户具有专属性，国务院颁布的《非银行支付机构监督管理条例》规定："本条例所称支付账户，是指根据用户真实意愿为其开立的，用于发起支付指令、反映交易明细、记录资金余额的电子簿记载体。支付账户应当以用户实名开立。任何单位和个人不得非法买卖、出租、出借支付账户。"另外，《支付宝服务协议》约定："用户标识和账户仅限您本人使用，请勿转让、借用、赠与，也无法继承，但支付账户内的相关财产权益可被依法继承。"因此，支付宝账户的登记主体向其他民事主体告知账户和密码将支付宝账户交由其他主体使用的行为是违反《非银行支付机构监督管理条例》规定出借支付账户的行为，该行为本身即违反了行政法规的强制性规定，同时亦违反《支付宝服务协议》等约定，相关出借账户或转让账户行为无效，不能产生账户内货币所有权控制转移的法律后果。

二、支付宝账户内余额是否构成取回的标的

取回权的法理依据来源于民法上的返还原物请求权，从性质上来说属于物权。破产取回权是物的返还请求权在破产法上的适用，其权利基础主要是所有权以及其他权利。

尽管《企业破产法》第 38 条规定的取回权的客体包括民法上的所有权和其他财产权利，但包括存款在内的货币财产是否适用取回权，存在严格的限制。

最高人民法院于 2008 年 11 月 6 日对海南省高级人民法院所作出的《关于长峰公司对一般结算账户上的资金能否行使取回权的问题请示的答复》（〔2008〕民二他字第 33 号）中称："根据货币所有与占有一致的原则，海南

汇通国际信托投资公司对其占有的结算账户内资金享有所有权。海南汇通国际信托公司破产时，海南长丰有限公司可以申报债权，不享有所有权。”另，《最高人民法院关于河南省高级人民法院就郑州亚细亚五彩购物广场有限公司破产一案中董桂琴等50家商户能否行使取回权问题请示的答复》（〔2003〕民二他字第14号）明确，董桂琴等50家商户与亚细亚五彩购物广场有限公司形成了委托收取销售货款的关系，现有证据不能证明五彩购物广场对所收取的货款开立专门账户加以管理，即五彩购物广场代收的货款没有特定化。由于货币具有动产的特殊属性，董桂琴等50家商户对没有特定化的货款不具有所有权，在企业破产还债程序中不能行使取回权，可以以普通债权人的身份参与破产财产的分配。也即最高人民法院认为货币是特殊动产，遵循所有与占有一致的原则，账户内资金所有权属于账户登记权利人，原则上账户内资金不能成为取回的标的，当且仅当账户内资金特定化后才可以成为取回的标的。

在（2016）沪民终362号取回权纠纷案中，上海市高级人民法院支持了货币资金的取回权主张。判决认为：货币资金是一种具有特殊性的动产，通常情况下，货币的所有者与占有者一致，不同于一般物品能够取回。但在特定情况下可以认定特定化的货币占有与所有相互分离。这种特定化，不仅仅要依据合同约定，而且必须开立专门账户存放资金，也即货币资金成为取回的标的需要满足特定化，且没有与其他资产混同。

从前述最高人民法院的相关答复及上海市高级人民法院的判决可见，权利人主张取回账户内货币资金的需要满足以下几个条件：一是货币资金属于权利人，且转移占有的方式必须将资金以“物”的形式交付；二是货币资金的转移占有必须采取“专款专户”的形式予以特定化，不得有他人的账户资金进入而导致资金混同，即从形式上和实质上都要满足相关货币资金在物权法上的排他性和专属性。实践中支持对货币资金取回的司法案例，需要满足该价款已经采用封金、保证金账户或者其他专门账户的形式予以特定化，未与债务人财产混同，也即权利主张人需要对账户内货币达到实际排他性的占有。换言之，只有当相关货币资金具备了物权属性或特定化特征后，才可以构成破产取回权的标的。

结合本案，尽管李某称其已完全占有并控制诉争的支付宝账户及密码，但实际上该账户已被司法冻结，且李某主张取回权诉请的金额与进入破产程序后管理人接管到的资金金额并不一致；李某不仅无法变更天猫旗舰店登记主体，也无法实际使用支付宝账户内的资金。一方面，李某出借给科技公司的款项并没有以专项资金的形式移交，本身不能构成取回权标的。另一方面，李某主张支付宝账户内资金系委托科技公司代售其货物所得的销售回款，但系争支付宝账户并非特定专用账户，不具有将相关资金特定化之功能，故支付宝账户内资金不能成为取回的标的。即使诉称代售行为真实存在，李某也未取得销售回款的所有权，而仅是债法上的资金返还请求权。

关联索引

《中华人民共和国民法典》（2020 年 5 月 28 日）

第五百五十五条 当事人一方经对方同意，可以将自己在合同中的权利和义务一并转让给第三人。

《中华人民共和国企业破产法》（2006 年 8 月 27 日）

第三十八条 人民法院受理破产申请后，债务人占有的不属于债务人的财产，该财产的权利人可以通过管理人取回。但是，本法另有规定的除外。

《非银行支付机构监督管理条例》（2023 年 12 月 9 日）

第二十一条 非银行支付机构应当建立持续有效的用户尽职调查制度，按照规定识别并核实用户身份，了解用户交易背景和风险状况，并采取相应的风险管理措施。

非银行支付机构不得将涉及资金安全、信息安全等的核心业务和技术服务委托第三方处理。

第二十三条 从事储值账户运营业务的非银行支付机构为用户开立支付账户的，应当遵守法律、行政法规以及中国人民银行关于支付账户管理的规定。国家引导、鼓励非银行支付机构与商业银行开展合作，通过银行账户为单位用户提供支付服务。

前款规定的非银行支付机构应当建立健全支付账户开立、使用、变更和撤销等业务管理和风险管理制度，防止开立匿名、假名支付账户，并采取有效措施保障支付账户安全，开展异常账户风险监测，防范支付账户被用于违法犯罪活动。

本条例所称支付账户，是指根据用户真实意愿为其开立的，用于发起支付指令、反映交易明细、记录资金余额的电子簿记载体。支付账户应当以用户实名开立。

任何单位和个人不得非法买卖、出租、出借支付账户。

《最高人民法院关于人民法院办理执行异议和复议案件若干问题的规定》（2020 年 12 月 29 日修正）

第二十五条 对案外人的异议，人民法院应当按照下列标准判断其是否系权利人：

（一）已登记的不动产，按照不动产登记簿判断；未登记的建筑物、构筑物及其附属设施，按照土地使用权登记簿、建设工程规划许可、施工许可等相关证据判断；

（二）已登记的机动车、船舶、航空器等特定动产，按照相关管理部门的登记判断；未登记的特定动产和其他动产，按照实际占有情况判断；

（三）银行存款和存管在金融机构的有价证券，按照金融机构和登记结算机构登记的账户名称判断；有价证券由具备合法经营资质的托管机构名义持有的，按照该机构登记的实际出资人账户名称判断；

（四）股权按照工商行政管理机关的登记和企业信用信息公示系统公示的信息判断；

（五）其他财产和权利，有登记的，按照登记机构的登记判断；无登记的，按照合同等证明财产权属或者权利人的证据判断。

案外人依据另案生效法律文书提出排除执行异议，该法律文书认定的执行标的权利人与依照前款规定得出的判断不一致的，依照本规定第二十六条规定处理。

《最高人民法院关于适用〈中华人民共和国民法典〉有关担保制度的解释》（2020 年 12 月 31 日　法释〔2020〕28 号）

第七十条 债务人或者第三人为担保债务的履行，设立专门的保证金账户并由债权人实际控制，或者将其资金存入债权人设立的保证金账户，债权人主张就账户内的款项优先受偿的，人民法院应予支持。当事人以保证金账户内的款项浮动为由，主张实际控制该账户的债权人对账户内的款项不享有优先受偿权的，人民法院不予支持。

在银行账户下设立的保证金分户，参照前款规定处理。

当事人约定的保证金并非为担保债务的履行设立，或者不符合前两款规定的情形，债权人主张就保证金优先受偿的，人民法院不予支持，但是不影响当事人依照法律的规定或者按照当事人的约定主张权利。

《非银行支付机构网络支付业务管理办法》（2015年12月28日）

第七条 支付机构应当与客户签订服务协议，约定双方责任、权利和义务，至少明确业务规则（包括但不限于业务功能和流程、身份识别和交易验证方式、资金结算方式等），收费项目和标准，查询、差错争议及投诉等服务流程和规则，业务风险和非法活动防范及处置措施，客户损失责任划分和赔付规则等内容。

支付机构为客户开立支付账户的，还应在服务协议中以显著方式告知客户，并采取有效方式确认客户充分知晓并清晰理解下列内容：“支付账户所记录的资金余额不同于客户本人的银行存款，不受《存款保险条例》保护，其实质为客户委托支付机构保管的、所有权归属于客户的预付价值。该预付价值对应的货币资金虽然属于客户，但不以客户本人名义存放在银行，而是以支付机构名义存放在银行，并且由支付机构向银行发起资金调拨指令。”

支付机构应当确保协议内容清晰、易懂，并以显著方式提示客户注意与其有重大利害关系的事项。

案　号：（2022）沪03民终72号
合议庭：郭大梁　黄宗琴　王冰如
编写人：黄宗琴　马珂君　李睿浩

8. 破产程序中配合清算义务人的责任认定

——某资产管理有限责任公司诉唐某川等损害债务人利益赔偿纠纷案

关键词

配合清算义务人　主体范围　侵权行为构成要件　损害赔偿范围

裁判要旨

在债务人有关人员不履行配合清算义务引起的侵权责任案件中，法院应从侵权主体、侵权行为、主观过错、损害事实及因果关系方面进行认定。配合清算义务人的主体范围应限定在法定代表人、经人民法院决定的财务管理人员和其他经营管理人员，而不应扩展到未参与经营管理或不负有保管账簿、文件之责的股东或者监事。损害赔偿范围应限定在债权人未获清偿额之内，并综合考虑各种因素予以认定。

基本案情

原告某资产管理有限责任公司（以下简称资产管理公司）诉称：原告已被法院裁定受理破产清算，破产管理人通过多种方式与原告的法定代表人、股东等进行联系，但未接管到该公司的账册证照、银行信息、员工资料、实物财产等任何资料，无法调查该公司财产、清理债权债务，无法进行清算。被告唐某川系原告法定代表人及执行董事，被告李某系监事，被告严某、夏某、贾某、徐某、刘某、王某、唐某军系股东，上述被告未履行配合清算义务导致管理人无法清算，致使法院裁定确认的债权约9800万元未获清偿，上述被告应承担赔偿责任。为节约诉讼成本，仅主张500万元。遂诉请要求：被告唐某川等九名被告对资产管理公司500万元债权承担赔偿责任，并归入破产财产。

被告唐某川辩称：其不是清算义务人；其对原告所述的损害后果没有任何过错，原告系原“某隆”体系内公司，因某隆案件涉及证监局处罚、刑事处罚，且经政府干预已将原告所有资产托管给中国某融资产管理股份有限公司（以下简称某融公司），其已无义务配合清算，其行为与原告主张的损害后果之间无因果关系。

被告李某辩称：其只是形式上的监事，实际未履行监事职务。

被告严某、夏某等股东辩称：该公司的登记股东仅是名义上的股东，本案没有证据证明股东系财务管理人员和其他经营管理人员，股东不应是配合清算义务人。

法院经审理查明：资产管理公司的股东为严某、夏某、贾某、徐某、刘某、王某、唐某军，法定代表人及执行董事为唐某川，监事为李某。

2019 年 8 月 15 日，上海市第三中级人民法院（以下简称三中院）裁定受理了资产管理公司破产清算一案并指定了德勤华永会计师事务所（特殊普通合伙）为管理人。三中院裁定确认债权总金额约 9800 万元。因资产管理公司财产不足以清偿破产费用，三中院裁定宣告资产管理公司破产。管理人在履行职务过程中通过发函及报纸公告方式通知法定代表人、股东向管理人移交财产、账簿等资料，但无人向管理人移交，管理人未能接管到资产管理公司的原始财务凭证、纸质账册、文件等资料。管理人亦未能在税务部门调取到资产管理公司的资产负债表等报税资料。

另查明，2004 年 8 月 26 日，某国际战略投资有限公司等（甲方）与某融公司（乙方）签订《资产托管协议》，约定甲方向乙方提供托管资产清单、相关凭证、法律文件、资金账户资料、公章印鉴等与托管事务有关的全部资料和物品，因相关资料不完整造成托管资产损失的，由甲方自行承担。李某在 2001 年 10 月至 2004 年 6 月在资产管理公司工作，职务为文秘。唐某川于 2004 年年初移民至加拿大，通过电话指挥资产管理公司主要事务。某融公司称托管的资料中无资产管理公司的资料。

本案为损害债务人利益赔偿纠纷，法院从主体、侵权行为、损害结果、因果关系及主观过错方面判断各被告应否承担赔偿责任。

第一，从主体方面来看。《企业破产法》第 15 条第 2 款对履行配合清算义务人的主体范围作出了明确规定，即法定代表人、经人民法院决定的财务管理人员和其他经营管理人员。履行配合清算义务的目的在于要求参与公司经营管理、控制公司重要文件的有关人员配合管理人全面调查公司资产负债状况，以便顺利开展清算工作。因此，股东身份并非识别配合清算义务履行主体的要件，关键在于该人员是否具备配合清算的条件和能力，即是否在公司担任相关职务，承担经营管理、财务管理、保管重要文件等职权。本案中，虽然严某等为股东身份、李某为监事身份，但尚无证据证明上述被告实际参与了公司经营管理，故上述被告非侵权主体。而唐某川作为法定代表人及执行董事，实际参与了公司经营管理，负有保管财产、账册之职责，系资产管理公司破产程序的配合清算义务人。

第二，从侵权行为来看。《资产托管协议》约定由某国际战略投资有限公司等向某融公司提供托管资产清单、相关凭证、资金账户资料等与托管事务有关的全部资料和物品，而某融公司表示未查到接管资产管理公司的资产、账册，应由唐某川举证证明实际已将资产管理公司的资产、账册移交给某融公司，但唐某川未完成举证责任，故唐某川应承担举证不能的法律后果，法院对唐某川的辩称不予采信。唐某川无法向管理人提交账册、重要文件，存在拒不履行配合清算义务的侵权行为。

第三，从损害结果和因果关系来看。唐某川未依法履行移交债务人主要财产、账册、重要文件等义务，导致管理人无法履行破产清算职务，最终使得现有债权人的债权得不到清偿。由于其未履行配合清算义务的行为与管理人无法履行破产清算职务具有直接的因果关系，资产管理公司无法破产清算也势必导致债权人的合法权益受到损失，因此，管理人已经尽到了举证证明责任，唐某川应承担阻断因果关系的举证证明责任，然其未能举证，应当承担举证不能的不利后果。

第四，从主观过错来看。唐某川作为法定代表人负有妥善保管账册、重要文件之责，即使资产管理公司属于某隆资产托管范围，唐某川在账册、财产未移交出去之前仍应妥善保管，然而其在2004年年初移民国外，未能妥善安排人员保管相应资料或者做好移交工作，放任不管，导致账册去向不明，主观上存在过错。

综上所述，严某等股东及李某非侵权主体，资产管理公司对该部分被告的诉请，依据不足，法院不予支持。唐某川构成侵权行为，应承担赔偿责任。法院裁定确认的债权金额约9800万元，而资产管理公司仅主张500万元，在合理范畴之内，故法院判决：（1）被告唐某川于本判决生效之日起 10 日内赔偿原告资产管理公司损失 500 万元并归入破产财产；（2）驳回原告资产管理公司其余诉讼请求。

唐某川不服一审判决，提起上诉。上海市高级人民法院经审理后判决：驳回上诉，维持原判。

案例分析

破产程序作为市场经济中企业退出机制的重要法律程序，旨在公平清理债权债务关系，保护债权人和债务人的合法权益，维护市场经济秩序。在破产程序中，债务人有关人员配合清算义务履行与否，直接关系到破产程序能否顺利推进以及各方利益的平衡与保障。实践中，因配合清算义务人不履行或不当履行义务而引发的纠纷屡见不鲜，如何准确认定责任主体和责任承担范围是本案关键。

一、管理人提起配合清算责任诉讼的法律依据

《最高人民法院关于债权人对人员下落不明或者财产状况不清的债务人申请破产清算案件如何处理的批复》（法释〔2008〕10 号）规定：“债务人的有关人员不履行法定义务，人民法院可依据有关法律规定追究其相应法律责任；其行为导致无法清算或者造成损失，有关权利人起诉请求其承担相应民事责任的，人民法院应依法予以支持。”该规定为管理人或债权人追究配合清算义务人的法律责任提供了重要依据。《企业破产法》第 15 条则详细列举了债务人有关人员在破产程序中的一系列义务，涵盖财产、印章、账簿等资料的妥善保管等多个方面。“现行法设定的配合清算义务旨在督促管理人迅速接管破产财产、确保企业破产程序的顺畅运行。”① 破产管理人在进入破产程序后，需要迅速了解公司的资产负债状况，但往往面临着对公司内部运营情况不熟悉的困境。而法定代表人、财务管理人员和其他经营管理人员由于其在公司日常运营中的角色定位，掌握着大量与公司财务、资产和经营相关的关键信息，因此有义务协助管理人进行清算工作。法律规定配合清算义务人的配合义务及其相应法律责任，有利于防止有关人员利用对企业的控制权转移关键资产或销毁重要财务资料，有利于保护债权人的利益。

---

① 蒋黔贵：《中华人民共和国企业破产法释义》，中国市场出版社 2006 年版，第 80 页。

二、配合清算义务人的主体范围

《全国法院民商事审判工作会议纪要》第118条明确：“人民法院在适用《最高人民法院关于债权人对人员下落不明或者财产状况不清的债务人申请破产清算案件如何处理的批复》第3款的规定，判断债务人相关人员承担责任时，应当依照企业破产法的相关规定来确定相关主体的义务内容和责任范围，不得根据公司法司法解释（二）第18条第2款的规定来判定相关主体的责任。上述批复第3款规定的‘债务人的有关人员不履行法定义务，人民法院可依据有关法律规定追究其相应法律责任’，系指债务人的法定代表人、财务管理人员和其他经营管理人员不履行《企业破产法》第15条规定的配合清算义务……”

关于如何认定配合清算义务人的主体范围，有学者认为：“配合清算义务人认定的实质标准应界定为‘掌握债务人财产与清算资料，或具有制作清算资料的一手便利的主体’，否则，对不符合该标准的相关主体科以配合清算义务并无意义。在形式标准上，不宜直接将有限公司的股东与监事推定为配合清算义务人。从公司治理中所有权与经营权相分离的角度来看，考虑到中小股东大多并不参与债务人的日常经营管理活动，其对于债务人的债权债务关系、资产状况及财务状况无法进行实时监管，因而将股东推定为破产配合清算的责任主体并不妥当，除非其同时兼任公司的法定代表人、董事等实际经营管理职务。”① “所谓配合清算义务人，是指在公司清算程序中负有全面配合和协助清算组清算工作义务的公司内部人员（而非公司外部的股东）。妥善保管并向清算组移交公司财产、账册、重要文件等，便是配合清算义务人最为重要的义务。需强调指出的是，一般而言，清算义务人并不负有保管移交公司财产、账册、重要文件等的义务。根据《公司法司法解释二》的规定，‘有限责任公司的股东、股份有限公司的董事和控股股东’是清算义务人，但在企业的日常经营过程中，实际掌管公司财产、账册、重要文件等资料的人是公司的法定代表人、高级管理人员及财务工作人员等相关人员，而不是公司的股东以及不担任管理职务的非执行董事。”②

审判实践中，法院亦采纳上述观点，如（2022）沪0115民初87163号、（2021）沪0110民初16169号、（2021）沪0104民初24658号、（2024）豫14

① 韩长印主编：《破产疑难案例研习报告（第3辑）》，法律出版社2024年版，第364页。
② 王欣新：《论清算义务人的义务及其与破产程序的关系》，载《法学杂志》2019年第12期。

民终1953号等配合清算责任案件中，管理人将法定代表人、股东或监事等有关人员一并作为被告，而法院则以“未参与实际经营管理或者不负责保管财产、账册等重要文件的股东或监事并非配合清算义务人”为由驳回了管理人对股东或监事的主张。本案中，唐某川系资产管理公司的法定代表人及执行董事，实际参与了公司经营管理，负有保管财产、账册之责，故法院认定其为配合清算义务人。严某、夏某等为股东，李某为监事，但无证据证明股东、监事实际参与了经营管理或负有保管财产、账册之责，故法院不予认定该等人员为配合清算义务人。

三、配合清算责任构成要件

配合清算责任系侵权责任，应从侵权责任的构成要件进行分析。

（一）违法行为

债务人有关人员不履行《企业破产法》第15条第1款第1项规定义务的行为主要表现为消极不作为和积极作为两种形式。消极不作为较为常见，如相关人员在收到管理人接管通知后，对公司财产、账簿等资料未妥善保管或拒不移交。本案中，管理人已通过发函及公告方式通知唐某川，唐某川无正当理由未向管理人移交资料，其行为即属于消极不作为。这种行为严重阻碍了管理人对破产企业资产负债状况的清查工作，使得破产程序陷入僵局。而积极作为的行为表现在如故意损毁财产、账簿等资料，拒绝向管理人提供财务账册，这些行为不仅直接破坏了破产企业的资产完整性和财务信息的真实性，而且对破产程序的冲击和债权人权益的损害往往也是巨大的。

（二）主观过错

关于配合清算责任的归责原则，依据《民法典》第1166条的规定以及《企业破产法》的相关规定，应适用过错责任原则。这意味着只有当债务人有关人员在主观上存在故意或过失时，才需对其不履行配合清算义务的行为承担侵权责任。从法理学角度来看，过错责任原则体现了对行为人自由意志和行为选择的尊重，只有在行为人能够预见其行为可能导致的损害后果并且有能力避免这种后果时，才要求其承担责任。在破产程序中，这一原则的适用有助于平衡债务人有关人员与债权人之间的利益关系，体现了公平。例如，若企业的法定代表人因不可抗力（如自然灾害导致账册灭失）而无法履行配合清算义务，其在主观上不存在故意或过失，那么要求其承担赔偿责任则有失公平。

司法实践中，债务人有关人员常常以财产、账簿等资料因客观原因遗失为由进行抗辩，试图证明自己不存在主观过错。然而，此时应由行为人对其主张承担举证责任，证明其确实因客观原因无法履行配合清算义务且不存在主观过错。本案中，唐某川作为法定代表人，即使企业存在资产托管等特殊情况，在账册未实际移交之前，仍有义务确保账册的安全与完整，其在2004年年初移民国外，却未能妥善安排人员保管相应资料或做好移交工作，导致账册去向不明，这种行为在主观上明显存在过错。

（三）损害事实

损害事实要件对于准确界定责任范围和保障债权人合法权益具有重要意义。在债务人的有关人员不配合清算的情形下，损害事实指债务人资产状况不明、清算程序受阻而致使债权的回收比例大幅降低，最终导致债权人的债权无法得到充分清偿，债权人经济利益受损。实践反映，由于账册缺失，管理人无法核实企业的应收账款情况，一些原本可以追回的债权无法得到有效追讨，从而减少了可供分配的破产财产。本案中，唐某川未依法履行移交债务人账册、重要文件等义务，导致管理人无法履行破产清算职务，无法有效归集财产，使得债权人的债权不能获得完全清偿，存在法律规定的损害事实要件。

（四）因果关系要件

认定配合清算义务人承担责任的前提要件之一须为其行为与损害后果之间有因果关系。实践中，管理人大多提供未接管到账册、文件等资料及债权人未获清偿等证据证明其主张，而配合清算义务人经常提出抗辩，称公司早已无资产，即使其提供了账簿，清算的结果也是无财产可供分配，故债权人无法获得清偿与其是否履行配合清算义务之间无因果关系。关于因果关系举证责任分配，上海铁路运输法院（2022）沪7101民初672号民事判决认为，“在人民法院已经裁定确认债权金额、终结破产清算程序且债权人因财务状况不明等未获得清偿的情况下，可以推定管理人已经尽到了初步举证的责任。债务人有关人员应就其未提交公司财务账册等重要资料与造成债权人损失之间存在阻断因果关系的事由承担证明责任”。本案亦采纳该观点，从证据掌握情况来看，管理人或债权人作为破产程序的外部参与者，其对企业内部的经营管理情况和财务状况了解有限，要求他们举证证明企业原本的资产状况是不可能完成的。而配合清算义务人作为企业的实际经营管理者，对企业的运营情况了如指掌，掌握着企业内部信息和关键证据，应当承担举证责任。这种举证责任分配方式体现了公平原则，也符合相当因果关系标准，即债务人的有关人员不履行配合清算义务的行为，通常会增加债权人受偿不能或受偿减少的风险，且在该行为发生后，债权人确实遭受了此类不利后果，可认定二者之间存在因果关系。本案中，唐某川辩称其行为与损害后果无因果关系，但其在财务资料缺失的情况下未能提供证据证明资产管理公司的经营情况，无法证明即使移交了资料，清算结果也不会改变。因此，法院认定唐某川的侵权行为与无法清算的损害结果之间存在因果关系。

四、损害赔偿范围的认定

配合清算义务人的赔偿责任范围认定是一个关键且有争议的问题。在众多司法实践案例中，管理人大多主张以债权人未获清偿的债权额为赔偿金额；另有部分案件中，原告另行主张了破产费用，但未获支持，法院认为破产费用为办理破产清算案件所产生的费用，与侵权行为没有因果关系，应从破产财产中清偿，不属于债务人的损失，不应纳入赔偿责任范围。但也有观点认为，“人民法院不应当直接以破产程序确认的债权作为损害赔偿数额，而需在考察企业破产原因、违法行为与损害后果之间的因果关系以及该破产法院或该地区往年同类案件或同类企业清偿率的情形下，综合认定破产程序无法清算责任的损害赔偿数额”。①

本案认为，破产费用不应纳入赔偿责任范围，破产费用是为推动破产清算案件顺利进行而产生的必要开支，其产生源于破产程序本身的运行需求，与配合清算义务人的侵权行为缺乏直接因果关系。赔偿责任范围应限定在债权人未获清偿的债权之内。司法实践中，法院应结合具体案例，综合考量多方面因素进行具体分析，如配合清算义务人的配合程度、破产企业资产、负债和经营状况恶化原因等因素。合理认定损害赔偿范围，有利于避免配合清算义务人责任的过度扩张，保障债权人利益、规范配合清算义务人行为以及确保破产程序顺利推进之间达成平衡。

综上所述，破产程序中，债务人有关人员配合清算义务的责任认定涉及法律规定的准确把握、主体范围界定、责任构成要件分析、赔偿责任范围的

---

① 傅莲芳、张少东：《破产程序无法清算责任案件相关实务问题研究——基于〈九民纪要〉规定及民事审判的实例考证》，载微信公众号“上海市破产管理人协会”，2021 年 9 月 9 日。

综合认定等多个方面。依法追究配合清算义务人的责任，不仅有助于破产管理人在实践中更好地履行职责，也能促使义务人依法履行配合清算义务，从而保障破产程序的顺利进行，维护债权人的合法权益。

关联索引

《中华人民共和国企业破产法》（2006年8月27日）

第十五条 自人民法院受理破产申请的裁定送达债务人之日起至破产程序终结之日，债务人的有关人员承担下列义务：

（一）妥善保管其占有和管理的财产、印章和账簿、文书等资料；

（二）根据人民法院、管理人的要求进行工作，并如实回答询问；

（三）列席债权人会议并如实回答债权人的询问；

（四）未经人民法院许可，不得离开住所地；

（五）不得新任其他企业的董事、监事、高级管理人员。

前款所称有关人员，是指企业的法定代表人；经人民法院决定，可以包括企业的财务管理人员和其他经营管理人员。

《最高人民法院关于债权人对人员下落不明或者财产状况不清的债务人申请破产清算案件如何处理的批复》（2008年8月7日 法释〔2008〕10号）

债权人对人员下落不明或者财产状况不清的债务人申请破产清算，符合企业破产法规定的，人民法院应依法予以受理。债务人能否依据企业破产法第十一条第二款的规定向人民法院提交财产状况说明、债权债务清册等相关材料，并不影响对债权人申请的受理。

人民法院受理上述破产案件后，应当依据企业破产法的有关规定指定管理人追收债务人财产；经依法清算，债务人确无财产可供分配的，应当宣告债务人破产并终结破产程序；破产程序终结后二年内发现有依法应当追回的财产或者有应当供分配的其他财产的，债权人可以请求人民法院追加分配。

债务人的有关人员不履行法定义务，人民法院可依据有关法律规定追究其相应法律责任；其行为导致无法清算或者造成损失，有关权利人起诉请求其承担相应民事责任的，人民法院应依法予以支持。

《全国法院民商事审判工作会议纪要》（2019年11月8日 法〔2019〕254号）

118. 人民法院在审理债务人相关人员下落不明或者财产状况不清的破产

案件时，应当充分贯彻债权人利益保护原则，避免债务人通过破产程序不当损害债权人利益，同时也要避免不当突破股东有限责任原则。

人民法院在适用《最高人民法院关于债权人对人员下落不明或者财产状况不清的债务人申请破产清算案件如何处理的批复》第 3 款的规定，判定债务人相关人员承担责任时，应当依照企业破产法的相关规定来确定相关主体的义务内容和责任范围，不得根据公司法司法解释（二）第 18 条第 2 款的规定来判定相关主体的责任。

上述批复第 3 款规定的“债务人的有关人员不履行法定义务，人民法院可依据有关法律规定追究其相应法律责任”，系指债务人的法定代表人、财务管理人员和其他经营管理人员不履行《企业破产法》第 15 条规定的配合清算义务，人民法院可以根据《企业破产法》第 126 条、第 127 条追究其相应法律责任，或者参照《民事诉讼法》第 111 条的规定，依法拘留，构成犯罪的，依法追究刑事责任；债务人的法定代表人或者实际控制人不配合清算的，人民法院可以依据《出境入境管理法》第 12 条的规定，对其作出不准出境的决定，以确保破产程序顺利进行。

上述批复第 3 款规定的“其行为导致无法清算或者造成损失”，系指债务人的有关人员不配合清算的行为导致债务人财产状况不明，或者依法负有清算责任的人未依照《企业破产法》第 7 条第 3 款的规定及时履行破产申请义务，导致债务人主要财产、账册、重要文件等灭失，致使管理人无法执行清算职务，给债权人利益造成损害。“有关权利人起诉请求其承担相应民事责任”，系指管理人请求上述主体承担相应损害赔偿责任并将因此获得的赔偿归入债务人财产。管理人未主张上述赔偿，个别债权人可以代表全体债权人提起上述诉讼。

上述破产清算案件被裁定终结后，相关主体以债务人主要财产、账册、重要文件等重新出现为由，申请对破产清算程序启动审判监督的，人民法院不予受理，但符合《企业破产法》第 123 条规定的，债权人可以请求人民法院追加分配。

案　号：（2021）沪 03 民初 635 号

合议庭：刘　琳　徐晓丽　石明清

编写人：徐晓丽　马发容

其他篇

1. 关联企业是否实质合并破产属于法院职权审查范围

——上海某铝业有限公司等三家关联公司实质合并破产清算申请复议案

关键词

关联企业　实质合并　复议

裁判要旨

实质合并破产系为纠正法人人格混同情况下不当关联交易行为所产生法律后果的司法措施。该程序的适用审查并非债权人会议自治权利，而属于司法裁判权范畴。法院应以保护全体债权人利益及程序效率为原则，以“法人人格混同”“区分成本过高”“损害债权人公平清偿利益”为审查要件。利害关系人对实质合并裁定申请复议的，复议法院应对原审法院的审查程序以及适用实质合并的实体要件进行全面审查。

基本案情

原审法院根据债权人申请分别裁定受理上海某铝业有限公司（以下简称铝业公司）、某铝业（上海）有限公司（以下简称铝业上海公司）、上海某复合金属材料有限公司（以下简称材料公司）破产清算。管理人接受指定后，委托审计机构就案涉三公司的法人人格混同情况进行审计。审计机构出具专项审核报告认为三公司存在法人人格高度混同情况。在原审法院组织召开的三公司第一次债权人会议中，管理人将适用实质合并破产作为会议提案，提交债权人会议审议表决，但未经表决通过。管理人因统计有误而认为债权人会议通过了实质合并破产方案，申请法院裁定确认。债权人某银行向原审法院提出书面异议，认为原审法院程序违法。此后，原审法院组织各方就应否适用实质合并程序审理进行听证。

原审法院认为，债权人会议可以对合并破产清算提案进行审议、表决，各方利害关系人的观点及表决结果可作为法院裁断考量因素，但债权人会议无须作出决议，且该决议在表决时不符合法律规定的代表债权额应占无财产担保债权总额半数以上的条件，应予撤销。案涉三公司人格高度混同，公司间互负债务、关联交易金额巨大，财务账册一处存放、未做区分，且铝业公司和铝业上海公司几乎无资产可用于偿债，如不适用实质合并破产，将严重损害铝业公司和铝业上海公司债权人的公平清偿利益。据此，裁定撤销债权人会议关于合并破产清算提案的决议，对案涉三公司适用实质合并破产清算程序审理。

原审法院作出裁定后，某银行不服申请复议，认为原审法院召开债权人会议形成决议后又不采纳实质合并表决结果，与之后的听证程序相矛盾，作出合并破产的裁定程序违法，且本案不符合实质合并破产清算的适用要件。

复议法院认为，在程序方面，管理人向全体债权人公开披露案涉三公司人格混同相关情况，虽并未损害债权人的知情权和参与权，但以债权人会议议案方式对实质合并进行表决，混淆了法院司法裁判权与债权人会议自治权的界限。但事后，原审法院又组织了听证，就应否适用实质合并程序充分举证、质证，听取意见，保障了异议债权人的权利行使。在实体方面，结合三公司工商备案材料、财务付款凭证、劳动人事材料、关联交易凭证及三公司共同法定代表人的自述等证据材料，认为三公司构成法人人格混同，实质合并有利于保障整体债权人清偿利益，符合实质合并的适用要件。据此，复议法院驳回复议申请、维持原审裁定。

案例分析

公司独立人格和股东有限责任是公司法人制度的两大基石。为纠正关联企业在法人人格混同情况下通过利益输送等不当行为损害全体债权人的公平受偿利益，以及提高破产程序效率，《全国法院破产审判工作会议纪要》（以下简称《破产审判纪要》）明确，关联企业成员之间存在法人人格高度混同、区分各关联企业成员财产的成本过高、严重损害债权人公平清偿利益时，可例外适用关联企业实质合并破产方式进行审理。同时，赋予相关主体向上一级法院申请复议的权利。实质合并规则在我国司法实践中虽然已多有应用，但有关制度设计尚未完善。本案涉及司法实践中争议的几个问题：第一，程序适用的决定主体，能否由债权人会议对实质合并议案进行表决，并以表决结果作为适用前提；第二，程序适用的条件，如何把握《破产审判纪要》的三项要件；第三，程序适用的异议救济程序，复议法院是否需在异议范围内对实质合并进行实体、程序的全面审查。

一、实质合并的决定主体——司法裁判权不应由债权人会议行使

债权人会议是债权人参加破产程序进行权利自治的机构。关于债权人会议的性质，理论界有“代理说”“职务说”“财团代表说”等学说。[①] 概括而言，债权人会议的作用是债权人对内协调和形成共同意思，对外参与、监督破产程序相关的实体和程序性权利的行使。司法裁判权则是法院就案件的程序和实体问题作出处分的权利。两者分别体现了债权人意思自治原则和司法职权主义，有着本质区别。第一，债权人会议体现债权人自治和集体利益，其成立和运作旨在协调债权人利益，表达集体意见，确保破产程序中债权人的集体决策权。司法裁判权是司法职权主义的体现，具有法定性和强制性，旨在对破产程序中的实体争议问题作出裁决。第二，债权人会议围绕《企业破产法》第 61 条的规定行使职权，主要包括通过表决参与破产财产管理、变价和分配，以及批准重整计划等决议，监督管理人履职以确保管理人依法履行职责等方面，而司法裁判权的功能在于纠纷解决。在涉及破产程序性事项的认定时，司法裁判起到终局性决定作用，如债务人财产管理、变价方案经债权人会议表决未通过的，由人民法院裁定。但在涉及破产实体性权利的情况下，如实质合并审查、债权异议之诉，不能由债权人会议决议，而应经法院审理程序确定。

本案中，债权人某银行的复议理由之一是实质合并破产议案经债权人会议表决未通过，但法院不顾决议结果，径行裁定实质合并，属程序违法。复议法院对此审查主要基于如下理由：实质合并规则的实质是破产程序中对公司法人人格进行否认，涉及事实认定及法律适用问题。正如有观点认为，实质合并制度是破产法对公司法基本原则的重构，同时挑战或调整了破产法的

① 参见王欣新：《破产法》（第四版），中国人民大学出版社 2019 年版，第 76 页。

基本规则。[①]《破产审判纪要》的三项要件涉及具体事实和法律适用的审查，应由法院结合申请方、异议方的意见及证据材料作出判断。实质合并规则的适用结果将对关联企业成员及部分债权人利益产生重要影响，主要表现如下：第一，将被合并实体的资产合并，不同实体债务则成为合并实体的债务统一清偿，承认对集团个别成员确定的优先权即为对合并破产财产确定的优先权；第二，消灭不同被合并实体之间的债权债务关系；第三，在重整过程中，不同实体的债权人合并对重整计划进行投票。[②] 正是基于上述结果，《破产审判纪要》强调适用实质合并应秉持审慎原则。如将审查权交给债权人会议，在各债权人基于“自身清偿率”考量标准下形成的会议决议，会影响到整体债权人的公平清偿利益，故不应将属于司法裁判的审查权交由债权人会议行使。

二、实质合并的适用标准——《破产审判纪要》第32条适用要件解析

破产实质合并规则是对关联企业法人人格的永久、全面否定，应予审慎认定“法人人格混同”“区分成本过高”“损害债权人公平清偿利益”三项要件，具体如下。

（一）法人人格高度混同要件的审查

在一些大型企业集团破产案件中，关联企业众多、财产状况复杂、核心企业对于成员企业的控制力强弱程度不同，要注重审查企业意志、财产、人员、财务、场所等是否存在混同。本案中，经原审法院审理查明，三公司一体运作，交叉持股，经营地址位于同一处，法定代表人及实际控制人均为周某，指派财务负责人统一管理、记账及调配资金，工资均由管理层统一安排发放；三公司在业务上互为上下游关系，铝业上海公司接单，委托铝业公司向材料公司采购原材料，加工产品销售给铝业上海公司；三公司的登记经营范围均为铝合金门窗、幕墙等研发、生产、加工销售等。破产程序中，管理人委托审计机构就案涉三公司的法人人格混同情况进行审计。审计反映，三公司之间有长达10年的大额往来，除在经营地址、人员用工等方面存在高度混同外，审计机构还就三公司之间的购销、营收额所占比重等财务数据进行

① 贺丹：《企业集团破产——问题、规则与选择》，中国法制出版社2019年版，第90页。
② 贺丹：《企业集团破产——问题、规则与选择》，中国法制出版社2019年版，第89页。

了分析，三公司之间长期挂账未销账，相互之间代收、代付款情形普遍存在且金额巨大，法人人格混同的表征较为明显。

（二）区分成本过高要件的审查

区分成本要件体现的是破产法的效率价值。当清理资产与债务混同的费用高过无担保的普通债权人可能受偿的大部分甚至全部财产，继续以企业间人格独立作为破产程序基础就丧失了意义。[①] 对于资产区分成本的审查不应仅仅局限于现状，关联企业之间相互调拨资金购买资产，登记在某企业名下往往是统一安排的结果，要对资产、资金来源和现状进行综合分析判断。本案中，审计情况显示，三公司主要财产为登记在材料公司名下的不动产，系关联企业资产安排的结果。资金来源为三公司共同出资，各公司投入资金的份额难以区分。另外，财务报告中体现的机器设备等固定资产、原材料、产成品等存货物资混合堆放在一起，难以通过清点造册、审计评估等方式进行区分。如管理人提起撤销权或无效诉讼将产生高昂的诉讼成本，从而影响破产程序效率和债权人公平清偿利益，采用实质合并方式能有效提效率、降成本，保障债权人利益。

（三）是否损害债权人公平清偿利益要件的审查

实务中，单个债权人提出清偿率降低异议的，法院可要求清偿率降低的债权人对合并有损其债权进行举证，也可允许其查阅债务人企业破产资料，审查合并破产情形下单个债权人受偿利益与全体债权人公平受偿利益之间的关系，以及影响后果。本案中，关联企业的主要资产登记在材料公司名下，复议申请人某银行认为实质合并将降低材料公司债权人的清偿率，损害材料公司债权人的清偿利益。管理人测算后提出，三公司合并破产情况下，第三顺位普通债权清偿率为1.9%，高于材料公司单独破产情况下的清偿率0.7%，并向法院出具了分配方案预测说明。法院认为，某银行并未对其异议提供翔实的清偿率说明及相关依据，其主张实质合并损害债权人利益的意见依据不充分。适用实质合并破产清算的前提并非要确保每一位债权人的清偿利益均高于分别破产时，而是指有利于保障大多数债权人的利益，本案通过实质合并程序可确保全体债权人基于整体财产清偿比例而获得公平偿债机会，有利于保障全体债权人利益，应依法予以适用。

① 王欣新：《关联企业实质合并破产标准研究》，载《法律适用》2017年第8期。

三、实质合并的异议复议程序——在申请人的异议范围内进行全面审查

《企业破产法》第12条规定："人民法院裁定不受理破产申请的，应当自裁定作出之日起五日内送达申请人并说明理由。申请人对裁定不服的，可以自裁定送达之日起十日内向上一级人民法院提起上诉。人民法院受理破产申请后至破产宣告前，经审查发现债务人不符合本法第二条规定情形的，可以裁定驳回申请。申请人对裁定不服的，可以自裁定送达之日起十日内向上一级人民法院提起上诉。"第66条规定："债权人对人民法院依照本法第六十五条第一款作出的裁定不服的，债权额占无财产担保债权总额二分之一以上的债权人，可以自裁定宣布之日或者收到通知之日起十五日内向该人民法院申请复议。复议期间不停止裁定的执行。"

破产程序中，异议人寻求救济的基本方式主要分为诉讼、复议。复议又可以分为向原审申请复议及向上一级法院申请复议。例如，依据《企业破产法》第66条、《全国法院民商事审判工作会议纪要》第112条、《破产审判纪要》第34条的规定，对于债务人财产的管理、变价及分配方案的裁定有异议，可以自裁定宣布之日或者收到通知之日起15日内向该人民法院申请复议；对于不予批准恢复担保物权行使的裁定有异议的，担保物权人可以自收到裁定书之日起10日内向作出裁定的人民法院申请复议。对适用实质合并裁定有异议的，相关利害关系人可向上一级法院申请复议。实务中，复议案件需明确的问题为，复议法院是否应对实质合并进行实体、程序的全面审查。本案认为，实质合并程序往往涉及多家关联企业之间较为复杂的资产、债务、资金安排，关乎当事人的实体权利义务，全面审查有助于法院充分审查相关事实及法律依据，准确评估实质合并破产对于债权人权益的影响，进而保障各方合法利益。由此，相应的复议程序应参照《民事诉讼法》第175条"第二审人民法院应当对上诉请求的有关事实和适用法律进行审查"的规定，就原审事实、程序方面的内容进行全面审理，审查范围应以当事人异议范围为限，但原审违反法律禁止性规定，或者损害国家利益、社会公共利益、他人合法权益的除外。

关联索引

《中华人民共和国民事诉讼法》（2023 年 9 月 1 日修正）

第一百七十五条　第二审人民法院应当对上诉请求的有关事实和适用法律进行审查。

第二百三十六条　当事人、利害关系人认为执行行为违反法律规定的，可以向负责执行的人民法院提出书面异议。当事人、利害关系人提出书面异议的，人民法院应当自收到书面异议之日起十五日内审查，理由成立的，裁定撤销或者改正；理由不成立的，裁定驳回。当事人、利害关系人对裁定不服的，可以自裁定送达之日起十日内向上一级人民法院申请复议。

《中华人民共和国公司法》（2023 年 12 月 29 日修订）

第二十二条　公司的控股股东、实际控制人、董事、监事、高级管理人员不得利用关联关系损害公司利益。

违反前款规定，给公司造成损失的，应当承担赔偿责任。

第二十三条　公司股东滥用公司法人独立地位和股东有限责任，逃避债务，严重损害公司债权人利益的，应当对公司债务承担连带责任。

股东利用其控制的两个以上公司实施前款规定行为的，各公司应当对任一公司的债务承担连带责任。

只有一个股东的公司，股东不能证明公司财产独立于股东自己的财产的，应当对公司债务承担连带责任。

《全国法院破产审判工作会议纪要》（2018 年 3 月 4 日　法〔2018〕53 号）

32. 关联企业实质合并破产的审慎适用。人民法院在审理企业破产案件时，应当尊重企业法人人格的独立性，以对关联企业成员的破产原因进行单独判断并适用单个破产程序为基本原则。当关联企业成员之间存在法人人格高度混同、区分各关联企业成员财产的成本过高、严重损害债权人公平清偿利益时，可例外适用关联企业实质合并破产方式进行审理。

36. 实质合并审理的法律后果。人民法院裁定采用实质合并方式审理破产案件的，各关联企业成员之间的债权债务归于消灭，各成员的财产作为合并后统一的破产财产，由各成员的债权人在同一程序中按照法定顺序公平受偿。采用实质合并方式进行重整的，重整计划草案中应当制定统一的债权分类、债权调整和债权受偿方案。

37. 实质合并审理后的企业成员存续。适用实质合并规则进行破产清算的，破产程序终结后各关联企业成员均应予以注销。适用实质合并规则进行和解或重整的，各关联企业原则上应当合并为一个企业。根据和解协议或重整计划，确有需要保持个别企业独立的，应当依照企业分立的有关规则单独处理。

案　号：（2019）沪 03 破监 2 号

合议庭：黄贤华　刘　琳　姚　磊

编写人：刘　琳　李　想

2. 重整中担保权恢复行使的审查标准及程序

——上海某房地产经纪发展有限公司重整案

关键词

破产重整　担保权　恢复行使

裁判要旨

《企业破产法》第 75 条规定了重整期间债务人特定财产享有的担保权暂停行使。但在例外情形下，担保权人有权向人民法院请求恢复行使担保权。重整程序中担保权人申请恢复行使担保权时，法院审查应以挽救企业和有助于企业继续经营为原则，平衡好担保权人利益与重整价值所必要之间的关系：一是若担保财产非企业重整所必需，则建立在该财产上的担保权行使不受限制；二是担保物有损坏或者价值明显减少可能，足以危害担保物权人权利的，担保物权人可以请求恢复行使。

基本案情

上海某房地产经纪发展有限公司（以下简称房产公司）于 2003 年 11 月成立，主要从事房地产经纪等业务，因严重缺乏清偿能力及具备一定重整价值，该公司向上海市第三中级人民法院（以下简称三中院）申请破产重整，法院于 2021 年 4 月裁定受理后指定联合管理人。

重整中，担保权人上海某信托有限责任公司（以下简称信托公司）提出要求恢复行使担保物权的申请，主要理由如下：该公司是债务人房产公司名下持有的某 ST 股 1050 万股的担保债权人，担保债权金额为 2 亿余元，在判决生效后向上海金融法院申请强制执行过程中，该院通过“大宗股票司法协助执行平台”处置股票，2021 年 3 月 26 日，信托公司以 3.3 元/股、总价 3465 万元的价格竞买成功，并经上海金融法院确认成交，2021 年 4 月 1 日，信托公司支付尾款，具备担保物权人和竞买人的双重身份。房产公司进入重整程序后，上海金融法院中止了后续股票过户及执行款分配工作，裁定书尚未送达信托公司，股票过户手续尚未办理。信托公司认为因股票存在价值明显减少的可能，足以危害担保权人权利，故向法院申请准许恢复行使担保权，按照 3.3 元/股的价格将股票转移至该公司名下，并向其发还 3465 万元的成交款。管理人同意该请求，但房产公司的股东提出异议，认为信托公司与其所涉执行程序应当中止，该股票为房产公司重整成功的核心资产，担保物权应受制于重整程序而暂停行使。

法院听证后认为，判断担保权暂停行使范围需综合考虑如下因素：一是若担保财产非企业进行重整所必需，则该财产上的担保权不暂停行使。二是担保物有损坏或者价值明显减少的可能，足以危害担保权人权利的，担保权人可以向法院请求恢复行使担保权。结合管理人对房产公司财产接管、调查的结果，房产公司主要资产为对非上市公司的长期股权投资、持有的某上市公司部分股票及大额应收账款等。截至重整招募期结束，尚无投资人基于房产公司持有的某上市公司股票或其他资产报名及开展尽调工作，债务人的股东亦未提供证据证明担保物为重整所必需，故涉案股票并非房产公司重整所必需。另因涉案股票未办理过户手续，故所有权变动尚未完成，1050 万股股票属于重整程序中的债务人财产。涉案股票自当年 7 月 14 日后呈现整体走低趋势，收盘价未超过 3 元/股，存在面临退市等不确定风险，故认定担保物存在价值明显减少可能，足以危害信托公司作为担保权人的权利。

三中院遂依据《民事诉讼法》第 154 条第 1 款第 11 项、《最高人民法院关于适用〈中华人民共和国民事诉讼法〉的解释》第 493 条之规定裁定：（1）准许信托公司对房产公司名下持有的 1050 万股某上市公司股票恢复行使担保权；（2）管理人应对担保物拍卖所得价款在扣除必要费用后优先清偿信托公司的债权；（3）1050 万股某上市公司股票归信托公司所有，股票所有权自裁定送达买受人信托公司时转移；（4）信托公司可持裁定书至登记机构办理相关股票过户登记手续。

该裁定已发生法律效力并执行完毕。

案例分析

一、重整程序中担保权暂停行使的规则

本案重整中担保权恢复行使所涉问题如下：第一，对于正在强制执行程序中的担保权人而言，重整中担保权暂停行使产生何种影响，如何认识和处理强制执行中的担保权；第二，担保债权恢复行使的审查标准为何，如何认定担保物是否为企业重整所必需。

（一）重整程序中担保权暂停行使的基本原理

破产重整制度对担保债权的规制并不遵循传统民法上优先受偿之路径，担保债权行使的时机及方式都受到一定的限制。[①] 一方面，如不对担保权优先清偿进行限制，企业复兴重建的主要财产被担保之债覆盖，陷入债务危机的企业难以重生。但另一方面，担保权因重整程序长时间搁置，担保债权人需承受重整期间担保物价值贬损、机会成本丧失的风险。由此，《企业破产法》第 75 条第 1 款规定，在重整期间，对债务人的特定财产享有的担保权暂停行使。但是，担保物有损坏或者价值明显减少的可能，足以危害担保权人权利的，担保权人可以向人民法院请求恢复行使担保权。该条明确了担保权暂停行使原则，意在“给企业重整创造良好的外部条件，避免因担保财产被执行而影响企业的挽救与生产经营，要实现债务人财产的价值最大化，而不是单纯为了阻止担保权人行使权利”[②]。根据该规定，债务人进入重整程序后，针对债务人的执行程序和担保权行使被暂停，债务人获得集中资源的重整“喘息期”，为后续改善财务状况并制定可行的重整计划创造机会。然而，担保物权人要求就担保物价值优先清偿是实现其财产权的基本要求，受到民法及担保法等法律制度的保护，对担保权限制与保护的矛盾背后，是民法维护担保权的优先性与破产法挽救企业理念之间的平衡。

为防止实践中对担保权不加区分暂停行使而损害担保权人正当权益的做法，《全国法院民商事审判工作会议纪要》（以下简称《九民纪要》）第 112 条明确：“在担保物权暂停行使期间，担保物权人根据《企业破产法》第 75 条的规定向人民法院请求恢复行使担保物权的，人民法院应当自收到恢复行

① 李忠鲜：《担保债权受破产重整限制之法理与限度》，载《法学家》2018 年第 4 期。

② 王欣新：《论破产程序中担保债权的行使与保障》，载《中国政法大学学报》2017 年第 3 期。

使担保物权申请之日起三十日内作出裁定。经审查，担保物权人的申请不符合第75条的规定，或者虽然符合该条规定但管理人或者自行管理的债务人有证据证明担保物是重整所必需，并且提供与减少价值相应担保或者补偿的，人民法院应当裁定不予批准恢复行使担保物权。担保物权人不服该裁定的，可以自收到裁定书之日起十日内，向作出裁定的人民法院申请复议。人民法院裁定批准行使担保物权的，管理人或者自行管理的债务人应当自收到裁定书之日起十五日内启动对担保物的拍卖或者变卖，拍卖或者变卖担保物所得价款在支付拍卖、变卖费用后优先清偿担保物权人的债权。”该指导意见赋予了担保权人、管理人更为灵活的处置空间，但在担保权恢复行使的条件存在争议时，也对法院平衡处理各方利益诉求、准确判断企业商业价值、高效恢复担保权人的权利提出了更高要求。有必要对司法权干预担保权行使秉承审慎原则，考量重整对于担保权的影响，从而对担保权能否恢复行使作出正确的司法判断。

（二）执行中止与担保权暂停行使的关系

执行程序中，担保权人享有如下权利：一是对担保物的变现权，即以担保财产作为其受偿保障，并在债务人未清偿债务时对担保物予以变现，实现担保权；二是在担保物变现后，对变价款享有优先受偿权。前者是程序性权利，但影响到实体性权利的实现，而后者则是实体性权利。[①] 执行程序中，财产变现是执行法院将执行标的物依程序转换为金钱的过程，一般涉及评估、拍卖、支付价金、所有权转移等步骤，经历一定的流程、期限才能实现完全的变价。实务中区分两种情形：

第一，如已在执行程序中完成担保物变价处置程序，能否基于重整中担保债权暂停行使规则而向担保权人分配变现款项，待债权人会议表决后再行分配？担保权人在执行程序中因担保财产变现丧失特定财产形态的担保效应，可得行使的权利由变价权转化为对变现款项的优先受偿权，此时即使重整程序受理，本身也不存在对担保权暂停行使的限制问题，而是担保权人优先受偿问题，故不得挪用、扣留变现款项，或以债权人会议表决为由不及时向担保权人进行分配。此时，执行中止不等同于担保权暂停行使，但如存在诉讼

① 参见王欣新：《论重整中担保权的暂停行使》，载《人民法院报》2015年7月1日，第7版。

或者仲裁未决的法定情形，管理人可以将担保物变现款项进行提存。[①]

第二，如未在执行程序中完成担保物所有权转移，重整程序中是否需要重新启动担保物拍卖变价程序？本案中，在担保权人已经提出要求恢复权利行使的情形下，无须另行拍卖变价。在担保物权属认定方面，根据《最高人民法院关于适用〈中华人民共和国民事诉讼法〉的解释》第491条的规定，拍卖成交或者依法定程序裁定以物抵债的，标的物所有权自拍卖成交裁定或者抵债裁定送达买受人或者接受抵债物的债权人时转移。因本案1050万股股票的所有权并未变动，仍属于重整程序中的债务人财产，且进入重整程序时，执行法院尚未出具拍卖成交裁定，担保物权尚处于暂停行使状态，此时需对担保物是否属于重整所必需进行判断，如属于，则暂停行使担保权；反之，则应及时确保担保权人恢复行使担保权，避免因重整程序影响到担保权人及时受偿。

二、担保权恢复行使的审查标准

根据《企业破产法》第75条第1款的“但书”规定，原则上担保权在重整期间应当暂停行使，例外情形为“担保物有损坏或者价值明显减少的可能，足以危害担保权人权利的”。反向解释的结论应当是，担保权人申请恢复行使担保权应当满足“担保物有损坏或者价值明显减少的可能，足以危害担保权人权利的”条件。[②]《九民纪要》第112条细化明确“如果认为担保物不是重整所必需，管理人或者自行管理的债务人应当及时对担保物进行拍卖或者变卖，拍卖或者变卖担保物所得价款在支付拍卖、变卖费用后优先清偿担保物权人的债权”。因此，符合《企业破产法》第75条第1款的“但书”条款以及《九民纪要》第112条的，担保权即应恢复行使。但如果有证据证明担保物是重整所必需的，或者在提供担保或补偿的情况下，即便担保权人已完成了对《企业破产法》第75条第1款“但书”条款的举证责任，法院亦应裁定不批准担保权人恢复行使权利的申请。[③] 由此可见，重整程序中，担保权人提出恢复行使担保权的申请时，法院既要审查申请是否符合《企业破产法》第

① 参见乔博娟：《论破产重整中担保权暂停与恢复行使的适用规则》，载《法律适用》2020年第20期。

② 参见郁琳、吴光荣：《与破产法有关的几个担保问题》，载《法律适用》2021年第9期。

③ 参见最高人民法院民事审判第二庭编著：《〈全国法院民商事审判工作会议纪要〉理解与适用》，人民法院出版社2019年版，第569页。

75 条第 1 款“但书”条款的规定，亦应审查是否“非重整所必需”的理由及依据，并以担保物“非重整所必需”作为决定性要件。本案从以下角度综合考虑。

（一）从企业类型及财产结构角度

如果担保物对企业重整的增益明显高于财产单独处置的结果，可认定为重整所必需。本案债务人为非生产经营型企业，性质上属于集团公司中的持股平台公司，资产主要以非上市公司长期股权投资、涉案上市公司股票及大额应收账款等构成。主要重整价值在于所投资的标的公司股权价值，该标的公司名下持有位于浦东临港的未开发地块，具有一定重整价值。但涉案股票属于可流通的有价证券，既非与主营业务紧密相关的必要资产，亦不能产生与其他财产组合处置后获得更高市场竞价的效果，故并非体现债务人重整价值的主要因素。

（二）从重整类型及投资人招募情况角度

企业资产不作拆分处置的存续型重整一般较为重视财产整体市场价值，但在对担保物进行拆分处置的出售式重整中，管理人、投资人对于担保物留存需要作出选择，对于是否为重整所“必需”的标准需结合市场需求而定。本案拟采用存续型重整模式，投资人招募情况可反映出担保物的市场价值及其在企业重整资源中的作用，但截至招募期结束，并无投资人基于涉案股票开展意向投资报名及尽调工作，故系争股票对本案重整不产生实质性影响。

（三）从举证责任角度

申请人信托公司提出恢复其担保权的主要理由之一，在于进入重整程序后担保物价值明显减少，法院审查时涉及对《企业破产法》第 75 条第 1 款“但书”条文的理解。实践中，因该条文较为原则，适用较少，有学者认为“基本处于备而不用的状态”。本案中，执行程序中涉案股票的交易价格在进入重整程序后呈现整体走低趋势，低于执行程序中的买入价，所涉上市公司面临退市等不确定风险，故担保物存在价值明显减少的可能，足以危害信托公司作为担保权人的权利。更为关键的是，本案中担保权人同时具有竞买人身份，如重整中重新启动对担保物的拍卖程序，担保权人除可得分配收益减少之外，还面临股票询价竞买交易中的不确定性风险，可能丧失先前的竞买人资格，且受制于重整程序时间节点，增加担保权人权益受损风险。据此，法院认定其主张符合《企业破产法》第75条第1款“但书”条文的规定，可予以支持。本案的担保物属于公开定价的权益类资产，其价值减损相对较容易判断。在其他价值减损不易判断的抵押、质押资产方面，还需申请人提交相应评估、审计报告或其他证据以辅助判断其担保物的减损情况。

同时，根据《九民纪要》第112条的指导意见，如管理人或自行管理的债务人有证据证明担保物是重整所必需，并且提供与减少价值相应担保或补偿的，在充分保护担保权人利益的前提下，法院应当裁定不批准担保权人恢复行使权利的申请。本案中，首先，提出异议的为债务人股东，并非管理人或法院准许的自行管理的债务人，而本案中提出异议的股东并不享有法律赋予的异议权；其次，在管理人向异议人发出询证函，要求其于期限内提供相应担保或补偿的情况下，异议人并未提供，亦未提供证据证明担保物为重整所必需，故法院认定涉案股票并非为房产公司重整所必需。

三、担保权恢复行使的审查程序及实现方式

《九民纪要》第112条第2款明确了担保权恢复行使的审查期限，以及担保权人异议、复议权，但未对法院审查程序实体予以明确。

（一）关于担保债权核查

担保权人向法院提出恢复申请，一般要以申报、核查及裁定确认债权的程序为前提，否则难以确定担保权人资格及优先清偿的债权范围。由此，法院一般应于债权人会议债权核查程序结束后出具裁定。尤其是《民法典》及《最高人民法院关于适用〈中华人民共和国民法典〉有关担保制度的解释》实施后，破产中的担保债权认定规则出现较大变化，担保权人的债权审查较为复杂，应视个案情形开展审查处置工作。如担保权人于重整受理后即提出申请，此时距离第一次债权人会议召开的时间间隔较长，管理人应加快完成担保债权的审查程序，法院应及时裁定确认担保权人的债权。另一种紧迫情况下的变通处理方式为，可由法院先行就担保权恢复行使进行审查批准，由管理人实施担保物拍卖或者变卖程序，待担保债权裁定确认后再行分配，该种方式适用于无争议的担保债权人。

（二）关于核查程序

确定担保物是否为重整所必需直接影响到担保物的变现价值，不能单纯由管理人或自行管理的债务人自行判断。法院可通过组织听证方式，充分听

取申请人、主要债权人、债务人、管理人及利害关系人等主体的意见。实务中有观点认为，因担保物一般属于债务人重大资产，处置还需遵循《最高人民法院关于适用〈中华人民共和国企业破产法〉若干问题的规定（三）》第15条的规定，由债权人会议表决，否则管理人无权自行处分。本案认为，该观点应防止出现普通债权人利用债权人会议决议阻却担保权人优先受偿的情形，而“管理人或者自行管理的债务人应当自收到裁定书之日起十五日内启动对担保物的拍卖或者变卖”的规定，也意味着如果担保权人明确提出就该特定财产变价处置行使优先受偿权的，不必在债权人会议中设置专门的表决环节，否则会使担保物处分受限于债权人会议的决议结果。当然，担保物属于债务人企业重大资产的，管理人应就该担保物处分情况向债权人会议充分披露，以保障债权人等利害关系主体的知情权和异议权。

关联索引

《中华人民共和国企业破产法》（2006年8月27日）

第七十五条 在重整期间，对债务人的特定财产享有的担保权暂停行使。但是，担保物有损坏或者价值明显减少的可能，足以危害担保权人权利的，担保权人可以向人民法院请求恢复行使担保权。

在重整期间，债务人或者管理人为继续营业而借款的，可以为该借款设定担保。

《全国法院民商事审判工作会议纪要》（2019年11月8日 法〔2019〕254号）

112. 重整程序中，要依法平衡保护担保物权人的合法权益和企业重整价值。重整申请受理后，管理人或者自行管理的债务人应当及时确定设定有担保物权的债务人财产是否为重整所必需。如果认为担保物不是重整所必需，管理人或者自行管理的债务人应当及时对担保物进行拍卖或者变卖，拍卖或者变卖担保物所得价款在支付拍卖、变卖费用后优先清偿担保物权人的债权。

在担保物权暂停行使期间，担保物权人根据《企业破产法》第75条的规定向人民法院请求恢复行使担保物权的，人民法院应当自收到恢复行使担保物权申请之日起三十日内作出裁定。经审查，担保物权人的申请不符合第75条的规定，或者虽然符合该条规定但管理人或者自行管理的债务人有证据证明担保物是重整所必需，并且提供与减少价值相应担保或者补偿的，人民法院应当裁定不予批准恢复行使担保物权。担保物权人不服该裁定的，可以自收到裁定书之日起十日内，向作出裁定的人民法院申请复议。人民法院裁定批准行使担保物权的，管理人或者自行管理的债务人应当自收到裁定书之日起十五日内启动对担保物的拍卖或者变卖，拍卖或者变卖担保物所得价款在支付拍卖、变卖费用后优先清偿担保物权人的债权。

案　号：（2021）沪 03 破 129 号
合议庭：黄贤华　陈　锐　刘　琳
编写人：刘　琳　姚　敏

3. 债务人申请破产清算后续重整申请权的保护与限制

——上海某投资有限公司申请破产清算转重整上诉案

关键词

破产清算　后续重整申请　保护与限制

裁判要旨

《企业破产法》虽然未对债务人申请破产清算后能否再自行申请重整作出规定，但基于后续重整申请权的目的解释，仍应赋予债务人后续重整申请权，但需受必要限制：一是债务人应具重整价值，表现为营业持续及对债权清偿的提高等；二是重整应具可行性，当债权人会议已通过拍卖全部破产财产（股票）的决议后，该决议对全体债权人具有约束力，非经撤销即应当执行，由此重整不具可行性。

基本案情

上海某投资有限公司（以下简称投资公司）于2004年11月16日经上海市徐汇区市场监督管理局登记成立，企业类型为有限责任公司，史某任法定代表人，注册资本为人民币4000万元，股东史某持股53.45%，股东上海深某企业发展有限公司持股46.55%。经营范围为高科技投资、实业投资、资产经营管理、投资咨询等。经债务人投资公司申请，上海铁路运输法院于2019年10月28日裁定受理该公司破产清算。投资公司对外负债36亿余元，主要资产是持有的上市公司万某信息股份有限公司（以下简称信息公司）2亿余股股票（占总股本的17%）。投资公司进入清算程序后，债权人会议表决通过了拍卖全部股票的财产变价方案。在该方案执行期间，投资公司以其仍具备重整价值及可行性为由，申请转重整程序，同时提交了重整计划草案。上海铁路运输法院认为，投资公司的主要资产就是上市公司股票，本身无实质性经营，故无重整价值，对该申请裁定不予受理。

投资公司不服，向上海市第三中级人民法院（以下简称上海三中院）提起上诉称，本案将股票全部拍卖的做法会对股票二级市场造成较大冲击，投资公司本身具备重整价值及重整可行性，本案应由破产清算转重整。利害关系人信息公司在二审中述称，《企业破产法》第70条并未赋予债务人申请破产清算后再转重整的权利，债权人会议已表决通过拍卖全部股票的破产财产变价方案，意向投资人参加竞买即可，本案不应转入重整程序。投资公司管理人报告称，8户（合计约14亿元）担保债权中，1户（约9000万元）同意破产重整，其余不同意破产重整；7户（合计约21.5亿元）普通债权中，3户（合计约1.65亿元）同意破产重整，其余不同意。二审中，投资公司提交的重整计划草案所涉意向投资人虽向法庭力陈重整的优势及其偿债承诺，但却屡次违反承诺，不能提交其具备投资实力的相关凭证。

上海三中院经审查认为，《企业破产法》第70条虽未明确规定债务人申请破产清算后可自行再申请转重整，但基于对该条款的目的解释，仍应赋予债务人后续重整申请权。投资公司持有上市公司大宗股票，具有重整价值，但在破产清算程序中，债权人会议已经通过拍卖全部股票的财产变价方案。在该变价方案没有撤销前，债权人会议的决议对全体债权人均有约束力，本案应执行破产财产变价方案，现大部分债权人并不同意重整，且投资公司欲引入的意向投资人数次违背承诺，不能提供资金实力证明，故重整不具可行性。上海三中院裁定：驳回上诉，维持原裁定。

案例分析

本案涉及对债务人后续重整申请权的保护与限制，包含两个方面问题：一是债务人申请破产清算受理后，是否还享有后续重整申请权；二是后续重整申请权是否受必要限制。

一、后续重整申请权的保护——债务人清算后能否申请转重整

（一）后续重整申请权的法律规定

重整相比清算，是一种更积极的企业拯救程序。《企业破产法》对重整申

请权的规定，集中于第 7 条和第 70 条。其中，第 7 条第 1 款、第 2 款[①]和第 70 条第 1 款[②]规定了“初始重整申请权”。初始重整申请权指的是企业进入破产程序前，债权人或债务人一开始就直接向法院申请对债务人进行重整。《企业破产法》第 70 条第 2 款[③]规定了“后续重整申请权”，后续重整申请权指的是法院裁定受理债务人破产清算后，申请人再提出转为重整。初始重整申请权和后续重整申请权的主要区别如下：（1）申请时间。初始重整申请权发生在破产受理前，而后续重整申请权发生在破产受理后、宣告破产前。（2）申请人。初始重整申请权的申请人是债务人或者债权人，而后续重整申请人是债务人或出资额占债务人注册资本十分之一以上的出资人。

（二）后续重整申请权的争议

按照《企业破产法》第 70 条第 2 款的规定，债务人进入破产清算程序后，享有后续重整申请权的申请人是债务人和出资额占债务人注册资本十分之一以上的出资人，并且条件是在债权人申请破产清算受理后，宣告破产前。对于债权人申请债务人破产清算后，债权人可否申请债务人转重整，以及债务人申请破产清算受理后，债务人自身是否还能申请重整，《企业破产法》第 70 条第 2 款未作明确规定。本案属于债务人申请破产清算，且债务人后续又提出申请转重整的情况。

实务中对于《企业破产法》第 70 条第 2 款后续重整申请权主体的理解存在分歧。一种观点认为，债权人无后续重整申请权，并且当债务人申请清算后，债务人自己也无后续重整申请权。主要理由如下：一是后续重整申请权是一项程序性权利，应由法律作出明确规定。我国作为成文法国家，司法裁判无权创设此种程序性权利。二是申请重整还是破产清算基于申请人的自愿选择，特别是在债务人先行申请破产清算时，债务人本身对企业是否具有挽救价值最为清楚，其自行申请破产清算，说明企业不再具备重整价值或可能，

---

① 《企业破产法》第 7 条第 1 款规定：“债务人有本法第二条规定的情形，可以向人民法院提出重整、和解或者破产清算申请。”第 2 款规定：“债务人不能清偿到期债务，债权人可以向人民法院提出对债务人进行重整或者破产清算的申请。”

② 《企业破产法》第 70 条第 1 款规定：“债务人或者债权人可以依照本法规定，直接向人民法院申请对债务人进行重整。”

③ 《企业破产法》第 70 条第 2 款规定：“债权人申请对债务人进行破产清算的，在人民法院受理破产申请后、宣告债务人破产前，债务人或者出资额占债务人注册资本十分之一以上的出资人，可以向人民法院申请重整。”

此时赋予后续重整申请权，不利于破产程序的效率。另一种观点则认为，债权人和债务人都有后续重整申请权。主要理由如下：一是破产法虽未明确规定上述两类主体的后续重整申请权，但也没有禁止。破产法设立重整的目的是对陷入财务困境但又具有挽救希望的企业给予破产保护，使其免于破产清算。相比破产清算，重整更能兼顾各方利益。一些国家也允许法院依职权或应特定国家机关的申请受理重整案件，如《法国商法典》第6卷“困境企业”规定，法庭可以依职权或者应检察官的申请立案。[①] 二是随着破产清算程序的推进和各方主体的介入，企业的重整存续价值随之会被更好地发现。如果不赋予两类主体后续重整申请权，破产法的挽救功能便无法更好地实现，这不符合当下再建主义破产法的发展趋势。

（三）本案对债务人后续重整申请权的处理

本案采纳了后一种观点。二审法院认为，无论《企业破产法》第70条第1款规定债务人直接申请重整，还是第2款规定债权人申请破产清算后，债务人及十分之一以上出资人可以申请转重整，都体现了破产法倡导通过重整避免清算的立法旨趣。因此，在《企业破产法》并未禁止的情形下，不能轻易否认债务人启动程序转换的权利。事实上，债务人提起破产清算后，因市场环境因素等的转变，可能会发生债务人破产启动时陷入严重的财务困境，但启动后因资产升值（如本案所涉股票价格会随市场波动）从而具备从破产清算转向重整的可能。因此，债务人在申请破产清算受理后，仍可提出重整申请，其享有启动程序转换的权利。

二、后续重整申请权的必要限制——重整价值及重整可行性审查

从后续重整申请权的目的解释出发，应赋予债务人此项权利，以最大限度地通过重整发挥破产保护、拯救功能。但同时也应关注到程序转换所带来的不确定性和程序拖延，同样可能影响各方权益。因此，对后续重整申请权应予必要限制，主要体现为对重整价值及重整可行性的判断。

重整价值不可避免地涉及商业判断，关于法院是否介入及如何介入商业判断历来有不同的观点和做法。有的主张法院不应介入商业判断，原因在于商业判断不属于法院审判范围且法官不具备此项能力；有的主张应将重整价

① 王欣新：《破产法》，中国人民大学出版社2019年版，第293页。

值的判断纳入审查重整申请的一般事项。[①] 我国最早涉及重整可行性审查的司法规范性文件是《最高人民法院关于审理上市公司破产重整案件工作座谈会纪要》（法〔2012〕261号，以下简称《上市公司重整纪要》）。《上市公司重整纪要》第3条“关于上市公司破产重整的申请”规定，“申请人申请上市公司破产重整的，除提交《企业破产法》第八条规定的材料外，还应当提交关于上市公司具有重整可行性的报告”。2018年最高人民法院出台的《全国法院破产审判工作会议纪要》（法〔2018〕53号，以下简称《破产审判纪要》）对重整价值及“拯救可能性”作了相应规定。因此，在我国的司法实践中，需要法院介入审查重整价值及重整可行性，审查的主要方式是听证。[②]

（一）必要限制之一：债务人应具重整价值

《企业破产法》对重整价值及其判断并没有作出规定。《破产审判纪要》第14条规定：“人民法院在审查重整申请时，根据债务人的资产状况、技术工艺、生产销售、行业前景等因素，能够认定债务人明显不具备重整价值以及拯救可能性的，应裁定不予受理。”“困境企业的拯救价值体现在其继续经营价值高于清算价值，维持企业的继续经营有利于债权人、债务人、出资人、员工等各利害关系人，有利于社会整体价值最大化。”[③]

重整价值的判断涉及企业营运价值维持及债务清偿两个方面。《破产审判纪要》第17条规定：“重整不限于债务减免和财务调整，重整的重点是维持企业的营运价值。”企业的营运价值反映的是企业营业的存续价值。所谓营业，是指为实现一定的营业目的而组织化了的、被视为有机一体的机能性财产。[④] 其是由物、权利、技术秘密、商业信誉、客户关系等共同构成的有机整体。[⑤] 世界银行营商环境评估报告中“办理破产”指标所涉及的“回收率”计算公式，就是把评估案例所涉酒店在完成全部破产程序后能否继续经营（GC），作为一项重要的评估参数。如果经破产程序能够继续运营，GC为1，资产价值维持100%；拆散出售不能继续运营，则GC为0，资产价值降为

---

① 王欣新：《破产法》，中国人民大学出版社2019年版，第303页。

② 参见《最高人民法院关于审理上市公司破产重整案件工作座谈会纪要》第4条、《破产审判纪要》第15条。

③ 贺小荣、王富博、杜军：《破产管理人与重整制度的探索与完善——〈全国法院破产审判工作会议纪要〉的理解与适用（上）》，载《人民司法》2018年第13期。

④ 王保树：《商法总论》，清华大学出版社2007年版，第185页。

⑤ 王文胜：《论营业转让的界定与规制》，载《法学家》2012年第4期。

70%。由此，债务人能否维持继续经营成为影响回收率指标的重要因素。

《破产审判纪要》所列“资产状况、技术工艺、生产销售、行业前景”等是判断企业营运价值的重要因素。本案中，投资公司是信息公司的持股平台，因此有观点认为投资公司“没有实质性经营”，不具重整价值。这一观点值得商榷。投资公司作为持有信息公司总股本17%的第二大股东，按照信息公司的公司章程，向信息公司派驻董事，依法通过公司治理机制对信息公司的生产经营产生影响，从而参与决定信息公司的经营计划和投资方案，公司的控制权可以作为一项富有价值的资产，[①] 特别是上市公司的控制权本身具有稀缺性，因此投资公司自身有营业，公司也形成了资产负债。另外，从债务清偿角度，经测算，重整相比清算能够节约大笔税款，有利于破产财产价值最大化，提高债务清偿率，因此投资公司具有重整价值。

（二）必要限制之二——重整应具可行性

《破产审判纪要》第14条所涉“资产状况、技术工艺、生产销售、行业前景”等因素更加侧重重整价值的判断。重整可行性则是在债务人具备重整价值的情况下，注重考量重整计划草案能否表决通过，能否得以执行。本案重整可行性涉及对重整时机及重整资金保障的判断。（1）重整时机。通过破产财产变价方案是《企业破产法》第61条赋予债权人会议的一项职权。《企业破产法》第64条第3款规定：“债权人会议的决议，对于全体债权人均有约束力。”由此，债权人会议形成的决议非经法定程序撤销即应当执行。破产清算程序进入变价方案执行阶段后，原则上不应再转入重整程序，否则将有损债权人会议所作决议的效力和执行力，影响破产程序的确定性及效率，不符合各方预期。二审中，大部分债权人亦表达了其不同意重整的诉求，故而本案债权人会议已经通过的拍卖股票的破产财产变价方案非经撤销应当得到执行。因此，就重整时机而言，本案应对债务人后续重整申请权予以必要限制。（2）重整资金保障。重整需引入投资人，所投入资金用以清偿债务及投入企业营运，是重整成功必不可缺的经济保障。本案中，投资公司及意向投资人两次承诺投入首笔投资款，但都违反承诺，既有悖诚信原则，亦说明无法通过引入资金使投资公司实现债务清偿并保留营运价值，重整计划草案不具可行性。

---

① ［美］罗伯塔·罗曼诺编著：《公司法基础》（第二版），罗培新译，北京大学出版社2013年版，第515页。

综上所述，投资公司虽可提出后续重整申请权，其本身也有重整价值，但其应履行债权人会议通过的破产财产变价方案，意向投资人缺乏投资诚意，本案不具重整可行性，不应转入重整程序。

关联索引

《中华人民共和国企业破产法》（2006 年 8 月 27 日）

第七十条　债务人或者债权人可以依照本法规定，直接向人民法院申请对债务人进行重整。

债权人申请对债务人进行破产清算的，在人民法院受理破产申请后、宣告债务人破产前，债务人或者出资额占债务人注册资本十分之一以上的出资人，可以向人民法院申请重整。

案　号：（2020）沪 03 破终 6 号

合议庭：黄贤华　郭大梁　王益平

编写人：黄贤华

4. 依法更换失职管理人保障债权人权益

——上海某置业有限公司破产清算案

关键词

勤勉忠实义务　更换管理人　债权人监督权

裁判要旨

管理人是破产程序的主要推动者和破产事务的执行者，其履职能力和作风直接影响破产办理的质效。在管理人迟迟不召开债权人会议的情况下，单个债权人有权对管理人勤勉尽责、忠实执行职务予以监督，并可对失职管理人提出更换申请。

基本案情

2019年11月，上海市第三中级人民法院（以下简称三中院）依法裁定受理上海某置业有限公司（以下简称置业公司）破产清算案，并指定某会计师事务所担任管理人。为依法快速推进案件的审理，法院在受理后近9个月内先后4次召集管理人就该案所涉财产接管、债权审查等进行工作督导并提出明确要求，确定具体工作方向和时间节点。但管理人仍迟迟未完成债权审查确认及财产接管工作，甚至连置业公司名下的不动产被他人占用也浑然不知，案件进程处于停滞状态。因迟迟未能有效召开债权人会议，债权人孙某依据《企业破产法》第25条、第27条之规定向三中院提交书面申请，以该管理人不能勤勉专业地履行管理人职务为由请求予以更换。

该管理人在被指定后的9个月期间内仅接管了公司证照、印章及部分财务账册，未按要求向工商、税务、公安等职能部门以及不动产交易中心、金融机构核查企业的资产等情况；也未及时核查债权、掌握债务规模，且债权审核混乱，如对一债权申报凭证未进行审核便作出确认等；未调查破产受理后仍在进行的执行拍卖和分配企业财产的情况，致后续增加协调执行回转等工作。

三中院认为，在第一次债权人会议未召开的情况下，单个债权人有权依《企业破产法》对管理人予以监督，有权就管理人履职能力和勤勉度提出异议。该管理人在履职过程中严重不负责任，违反《企业破产法》规定的管理人应尽的勤勉履职义务，故孙某提出予以更换的理由充分，请求应予准许，遂依法决定解除该管理人职务，另行指定了管理人。

案例分析

管理人的履职能力和作风直接影响破产办理的质效，更关乎债权人的利益。根据我国《企业破产法》第 22 条“管理人由人民法院指定。债权人会议认为管理人不能依法、公正执行职务或者有其他不能胜任职务情形的，可以申请人民法院予以更换”的规定，破产管理人由法院指定，债权人会议在特定情形下有权申请更换。但在债权人会议迟迟不能有效召开的情况下，管理人未能勤勉尽责、忠实执行职务时，单个债权人也有权对管理人予以监督，并就管理人履职提出异议，有权向法院申请更换管理人。

一、管理人勤勉履职的法定义务及其违反后果

我国《企业破产法》第 27 条规定：“管理人应当勤勉尽责，忠实执行职务。”第 25 条则详细规定了管理人的八项职责：（1）接管债务人的财产、印章和账簿、文书等资料；（2）调查债务人财产状况，制作财产状况报告；（3）决定债务人的内部管理事务；（4）决定债务人的日常开支和其他必要开支；（5）在第一次债权人会议召开之前，决定继续或者停止债务人的营业；（6）管理和处分债务人的财产；（7）代表债务人参加诉讼、仲裁或者其他法律程序；（8）提议召开债权人会议。

本案中，债权人孙某依据《企业破产法》第 27 条的规定申请更换管理人，涉及管理人没有依法履行《企业破产法》第 25 条规定的具体职责。

一是管理人任职近 9 个月，既未通过实地调查、查阅账目、核实权属文件等多种方式，全面盘点清查并接管债务人所有的动产、不动产、知识产权等各类财产；也未积极通过非诉或诉讼等合法途径追收、尽力归集可供分配的破产财产，甚至还未掌握债务人财产仍被执行拍卖、分配的情况，故管理

人没有尽到维护债权人利益的职责。

二是管理人未妥善管理债务人财产，管理人未认真核查归集公司财产，导致一处不动产被他人长期占用，迟迟未予处置影响到债权人利益，应承担债务人财产贬值等责任。

三是管理人在9个月履职期间，迟迟未依法依规完成债权审查确认，甚至还出现对一债权申报凭证未进行审核便予以确认的混乱情况，未尽到依法及时对债权人申报债权进行审查的职责。

四是管理人应勤勉履职、高效推进破产程序，但本案管理人迟迟未完成债权审查确认，导致债权人会议一直无法召开；法院数次督导管理人推进财产接管、债权审查等工作，但管理人仍未能完成上述工作，直接影响了破产案件的审理效率。

二、单个债权人对管理人履职的监督权

根据《企业破产法》第22条的规定，管理人存在上述履职未勤勉尽责的情形，或不能依法公正执行职务，或不能胜任职务的，可以更换。《最高人民法院关于审理企业破产案件指定管理人的规定》第33条将管理人不能胜任的情形具象化并规定以下情形“人民法院可以根据债权人会议的申请或者依职权径行决定更换管理人”：（1）执业许可证或者营业执照被吊销或者注销；（2）出现解散、破产事由或者丧失承担执业责任风险的能力；（3）与本案有利害关系；（4）履行职务时，因故意或者重大过失导致债权人利益受到损害；（5）有重大债务纠纷或者因涉嫌违法行为正被相关部门调查的。因此，一般而言，更换管理人有三种启动方式：一是债权人会议申请法院予以更换；二是法院依职权更换；三是管理人自行辞任。

又据《企业破产法》第23条的规定，对管理人履职监督的主体分别是债权人会议和债权人委员会。因债权人委员会并非个案中的必设机构，故债权人会议主要发挥监督管理人履职的作用。但管理人履职起始于案件受理同时被指定履职之时，此时尚未产生债权人会议。也即，破产案件从裁定受理至召开第一次债权人会议之前，债权人会议并不具备履职能力，尤其是在管理人尚未完成全部债权的审查确认之时，债权人会议监督处于“空窗期”。

债权人会议是由全体单个债权人聚集而成的表达意愿、行使权利的结合体，即债权人会议监督来源于每一个债权人的监督意见，通过一定程序汇集

形成集体意志展现。本案中，在债权人申报债权长期未得到确认的情况下，债权人会议始终无法召开。法院虽已多次督导管理人履职，但管理人一直没有改进。对此情形，本案赋予已经审查确认的单个债权人对管理人监督并提出异议、申请更换的权利，有其必要性。

一是保障债权人利益的必要。债权人是破产程序中的重要利害关系人，每个债权人都对自己的债权能否得到公平清偿极为关注。在企业破产过程中，管理人承担着管理和处分债务人财产等诸多关键职责，管理人的履职行为可能会改变可供分配的财产状况。为了防止管理人滥用职权或者不当履职损害债权人利益，应赋予单个债权人及时异议的权利。

二是对管理人监督制衡机制的必要。破产程序规定了监督体系。管理人在破产程序中拥有较大的权利，包括接管债务人的财产、印章和账簿、文书等资料，决定债务人的内部管理事务等。债权人会议集体监督机制虽然发挥着重要作用，但债权人会议召开有一定的程序要求，未必能实时、随时对管理人履职进行监督。特别是在本案债权人会议迟迟未召开的情况下，单个债权人无法通过债权人会议行使监督权，故而赋予单个债权人提出异议的权利可以作为监督机制的补充，及时发现和纠正管理人的不当履职行为。

三是符合公平公正原则。所有债权人在破产程序中都应有平等的机会维护自己的权益。单个债权人提出异议的权利是这种公平原则的体现。无论是金融机构等大额债权人，还是普通的小额债权人，都有权对管理人的履职行为进行监督，促使破产程序公开、透明、高效运行。

因此，本案单个债权人提出更换管理人申请后，法院依法及时审查，支持债权人申请更换管理人的诉求，作出更换管理人的决定。

关联索引

《中华人民共和国企业破产法》（2006年8月27日）

第二十二条 管理人由人民法院指定。

债权人会议认为管理人不能依法、公正执行职务或者有其他不能胜任职务情形的，可以申请人民法院予以更换。

指定管理人和确定管理人报酬的办法，由最高人民法院规定。

第二十三条 管理人依照本法规定执行职务，向人民法院报告工作，并接受债权人会议和债权人委员会的监督。

管理人应当列席债权人会议，向债权人会议报告职务执行情况，并回答询问。

第二十五条第一款 管理人履行下列职责：

（一）接管债务人的财产、印章和账簿、文书等资料；

（二）调查债务人财产状况，制作财产状况报告；

（三）决定债务人的内部管理事务；

（四）决定债务人的日常开支和其他必要开支；

（五）在第一次债权人会议召开之前，决定继续或者停止债务人的营业；

（六）管理和处分债务人的财产；

（七）代表债务人参加诉讼、仲裁或者其他法律程序；

（八）提议召开债权人会议；

（九）人民法院认为管理人应当履行的其他职责。

第二十七条 管理人应当勤勉尽责，忠实执行职务。

第六十一条 债权人会议行使下列职权：

（一）核查债权；

（二）申请人民法院更换管理人，审查管理人的费用和报酬；

（三）监督管理人；

（四）选任和更换债权人委员会成员；

（五）决定继续或者停止债务人的营业；

（六）通过重整计划；

（七）通过和解协议；

（八）通过债务人财产的管理方案；

（九）通过破产财产的变价方案；

（十）通过破产财产的分配方案；

（十一）人民法院认为应当由债权人会议行使的其他职权。

债权人会议应当对所议事项的决议作成会议记录。

《最高人民法院关于审理企业破产案件指定管理人的规定》（2007年4月12日 法释〔2007〕8号）

第三十三条第一款 社会中介机构管理人有下列情形之一的，人民法院可以根据债权人会议的申请或者依职权径行决定更换管理人：

（一）执业许可证或者营业执照被吊销或者注销；
（二）出现解散、破产事由或者丧失承担执业责任风险的能力；
（三）与本案有利害关系；
（四）履行职务时，因故意或者重大过失导致债权人利益受到损害；
（五）有本规定第二十六条规定的情形。

案　号：（2019）沪 03 破 287 号
合议庭：岳琦亩　李丽丽　王益平
编写人：岳琦亩　宋一丁

附：上海破产法庭主要审理机制文件

1. 上海破产法庭《预重整案件办理规程（试行）》。

2. 上海破产法庭《关于依法高效办理小微企业破产案件行动方案》。

3. 上海破产法庭、上海市破产管理人协会《关于协力提升“办理破产”成效服务法治化营商环境行动指引》。

4. 上海破产法庭《集约化破产案件快速审实施规范（试行）》。

5. 上海破产法庭《快速审案件集约化指定管理人的实施方案（试行）》。

6. 上海破产法庭《关于规范破产案件接管工作办法》。

7. 上海破产法庭《关于规范债务人对外股权投资处置工作办法（试行）》。

8. 上海破产法庭《关于破产案件管理人账户监督管理规范（试行）》。

9. 上海破产法庭《关于破产案件确定管理人报酬操作规范（试行）》。

10. 上海市第三中级人民法院、上海仲裁委员会、上海市破产管理人协会《关于加强破产案件衍生纠纷与仲裁衔接工作机制的会商纪要》。

11. 上海市第三中级人民法院、上海市国际贸易促进委员会《关于建立庭外重组协作及破产衍生纠纷与仲裁衔接工作机制的备忘录》。

12. 上海破产法庭、北外滩企业庭外重组中心《关于庭外重组工作协作机制的备忘录》。

13. 上海破产法庭、上海市工商业联合会商会和法律服务部《关于司法服务保障民营经济高质量发展合作备忘录》。

14. 上海破产法庭、北京破产法庭、广州破产法庭、深圳破产法庭《关于建立京沪广深破产法庭工作协作机制的会商纪要》。

15. 上海市第三中级人民法院、上海市人民检察院第三分院《关于加强破产程序中打击“逃废债”法律监督的合作意见》。

16. 上海市第三中级人民法院、上海市人力资源和社会保障局《关于落实企业破产欠薪保障金垫付与追偿机制的操作规程》。

17. 上海破产法庭《关于执行〈企业破产专项援助资金管理和使用办法〉

的工作须知》。

18. 上海破产法庭《破产管理人邀请竞争评审工作操作规则》。

19. 上海破产法庭《网络债权人会议规程》。

20. 上海破产法庭《“四个一”管理人履职督导机制》（附管理人履职报告系列参考样式）。

后　记

本书收录的案例都是上海破产法庭的审判实例，这些案例不仅仅是我国《企业破产法》等法律条文的适用实例，更源于一个个经营主体破茧重生或清算退出的故事。在编撰过程中，我们努力确保每个案例解析能够客观、全面、深入，得以管窥管理人和破产法官的工作日常。在此，要感谢每一起破产典型案例管理人所凝聚的智慧和努力；要感谢上海破产法庭全体同仁，于繁忙的办案间隙勤于笔耕，边实践边总结，持续不懈地提高专业水平，让破产审判薪火传承。

本书能够出版，还要特别感谢人民法院出版社总编辑助理韦钦平和教普部副主任李安尼带领的整个编辑团队，短时间内对全书做了精细编排和校对，使本书得以高效完成。

因水平和精力有限，我们的思考和写作能力尚有欠缺，本书不足之处，敬请各位读者批评指正。

编　者

2025 年 3 月